KB063210

잡지 《모던일본》

조선판 1939 완역

어문학사

| 개정판 간행에 즈음하여 |

　이 책을 처음 번역 출간한 것은 2007년이다. 당시 일본잡지《모던일본
조선판 1939》를 발견하고 한국의 문화·예술을 일본어 독자에게 소개했
다는 점이 흥미로웠다. 우리는 책에 담겨있는 요소들 중에 문자 텍스트를
번역하는 것은 물론, 표지 광고 만화 사진 등을 그대로 번역서의 구성에
살리기로 했다. 그리고 이 기획은 나름 반향이 있었다.

　이제 십여 년의 시간이 흘러 개정판을 내게 되었다. 이 책이 1930년대
의 한국의 문화, 예술, 일상에 관한 생생한 장면들을 담고 있기에 여전
히 독자에게 역사적 상상력을 불러일으키리라 믿기 때문이다. 물론 잡지
《모던일본》과 그 속에 담겨진 〈조선〉이라는 상반된 요소 사이에는 서로
에 대한 비대칭적인 시선이 존재한다. 더불어 일본의 문화 예술계에 불어
온 '조선붐'도 엿볼 수 있기에 오늘날의 독자는 격세지감을 느끼게 될 것
이다.

　개정판 출간까지 꽤 시간이 지났고 그간 한일비교문화연구센터의 연구
원들에게는 변화가 많았다. 몸담는 조직이 달라졌고 세월이 흐른 만큼 각
자의 업무와 책임도 커졌다. 그래서 이번 개정판을 위한 공동 작업이 매
우 더디기도 했는데 무사히 출간에 도달하게 되어 다행스럽게 생각한다.

　개정판 간행을 흔쾌히 허락하신 어문학사 윤석전 사장님과 수고해주신
편집부 박은지 씨, 표지 디자이너 최소영 씨에게 감사의 말씀을 드린다.

2020년 11월 가을 한일비교문화연구센터 역자 일동

최근 인문학에서는 '일상사'라는 것이 새로운 관심을 끌고 있다. 우리들의 현재의 삶이 '살아 움직이는' 것처럼 과거 사람들의 삶도 '살아 움직이고' 있었다. 그러나 현재의 사람들이 과거의 일을 기억하는 것은 특정한 사람들, 특히 지배층이 남긴 문헌과 유물, 유적을 통해서라는 한계가 있을 수밖에 없고 따라서 우리의 과거에 대한 기억도 불완전할 수밖에 없다.

그러나 '근대'는 이러한 한계를 비교적 극복한 시기로 매력적이다. 문맹 퇴치와 인쇄매체, 사진의 발달로 인해 대중잡지가 탄생하고 다양한 장소에서 많은 이들이 선박과 철도로 운반된 대중잡지를 통해 동시대의 문화를 접함으로써 공통의 문화가 존재했던 시기이기 때문이다. 그뿐 아니라 현재의 시점에서 보다 흥미를 끄는 사실은 일제시기의 경우, 35년간 일본어와 일본 문화가 '근대'라는 이름으로 한국사회에 큰 영향을 끼친 시기였다는 점이다. 그러나 이 시대의 이러한 기억을 그동안 우리는 지배와 저항이라는 이분법하에서만 주목을 해왔을 뿐 한·일 문화가 교차한 '일상사'라는 관점에서는 거의 주의하지 않았다.

이번에 한일비교문화연구센터에서 공역한 『일본잡지 모던일본과 조선 1939』는 당시 조선의 이모저모를 한 권에 망라하고자 했던 일본잡지이다. 이 한 권의 잡지는 1939년의 조선이 무엇을 생각하고 무엇을 말하고자 했으며 어떠한 일상의 삶이 이루어지고 있었는가를 생생하게 오늘날의 우리들에게 전해 준다.

이 잡지를 번역하기 위해서 한일비교문화연구센터의 네 명의 연구원이 2006년 봄부터 일 년여를 분투했다. 워낙 원본의 글자가 작을 뿐 아니라

마모되어 식별이 안 되는 글자에 돋보기를 들이대면서 번역한 것은 그래도 쉬운 일이었다. 당시의 용어를 살리면서 매끄럽게 번역어를 만들어내는 것도 쉽지 않았고 여러 차례의 검토를 거듭하지 않으면 안 되었다. 더구나 잡지의 내용은 문학, 사회, 산업, 정치, 언어, 민속, 생활문화 각 방면에 걸쳐 있어서 난해한 당시의 전문용어와도 씨름해야 했다. 역시 일제 시기의 일본어 자료들을 한국의 독자들에게 알기 쉽게 번역하고 소개하는 일은 그리 용이한 일이 아니었다. 특히 일제시기를 포함한 역사적인 글들을 바르게 읽기 위해서는 문장의 행간을 예리한 시선으로 읽어내는 내공이 역자나 독자에게 모두 요구되기 때문이다.

이처럼 우리들의 번역이 완성되기까지는 만만치 않은 과정을 거쳤고 많은 시간과 열정이 소요되었다. 당시에는 이 잡지의 한국어 완역이 출간되는 의의를 충분히 되씹어 볼 여유조차 없이 말이다. 이윽고 번역을 마무리하고 원고를 다시 읽어 보며 이 책의 흥미로움을 새삼 발견하게 된다. 모쪼록 이 잡지의 완역 발간을 계기로 이 자료의 존재가 국내외에 널리 소개되어 인문학 연구자와 일반인들의 동시대 이해를 위한 좋은 자료로 활용되기를 바라 마지않는다.

끝으로 이 책의 발간에 힘써 주신 어문학사의 윤석전 사장님을 비롯하여 여러 차례의 원고 교정 작업에 고생한 어문학사 편집부 정지영 씨, 허선주 씨에게도 깊은 감사의 말씀을 전한다.

2007년 3월 새순 돋는 초록비 소리를 들으며 유성에서
한일비교문화연구센터 옮긴이 일동

| 목차 |

일러두기

1. 일본 고유명사의 음은 「외래어 한글 표기법」에 따랐으며 일부는 한자를 남겼다.
2. 일본식 한자는 모두 한국식 한자로 바꾸었다.
3. 중국 고유명사의 음은 우리말 한자음 표기를 원칙으로 했다.
4. 지나사변은 중일전쟁으로, 일본해는 동해로 번역했다.
5. 원문 중의 일본식 연도는 서력으로 표기했다.
6. 다음의 용어는 원문을 살려 번역했다.
   반도인(半島人), 내지인(內地人), 조선인(朝鮮人), 내지(內地), 조선(朝鮮), 북지(北支),
   북선(北鮮), 남선(南鮮)

모던일본

조선판

조선명인백인발표
조선예술상신설

임 시 대 증 간

빅터라디오

뉴스에 집중하는

세계의 귀!

가장 뛰어난
성능과 '소리'!

라디오는
빅터 슈퍼

5R-70型

¥155.-

위장전선(胃腸戰線) 이상 있음

식욕, 소화, 변통(便通) 어느 하나가 무너져도 건강은 총퇴각할 수밖에 없습니다. 내일로 미루지 말고 오늘부터 에비오스정으로 위장의 보강공작을 시작합시다.

이 정제에 포함되어 있는 진한 비타민B 복합체의 작용으로 위장 기능을 보강 갱생시켜 식욕을 되찾아 줍니다. 음식물의 흡수 동화를 촉진하고 노폐물을 빠르게 배출하여 변비나 설사를 방지하기 때문입니다.

300정 – 1원 60전

에비오스정

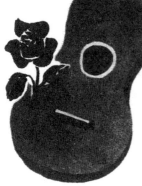

SPANISH GUITAR ALBUM

서반아
기타음악

가을밤에 듣는
기타의 애절한 선율…

★ 세계 일류의 기타 명연주자 총망라!
★ 고전, 근대의 대표적 기타 명곡

카프리초 아라베(다레가 作)

아람브라의 궁전(발가 作) 후리오·마르티네스·오양그랜

그라나다(알베니스 作) 마리아·루미사·아니드

붉은 탑(알베니스 作) 라리타·알미롬

파브아나(다레가 作)

미뉴엣 E장조(솔 作) 아랑·파라스·델·라모르

론다의 노래(다마스 作) 로베스·아렌시피아

걸작집 제321편
부록 오구라 슌(小倉俊)의 해설서
8·25

레코드는 콜롬비아 시대

성능 제일주의

(7인치 다이나믹 스피커 장착)
(마쓰다 진공관 4구식)

UZ 58
UZ 57
UY 47B
KX 12F

콜롬비아
라디오

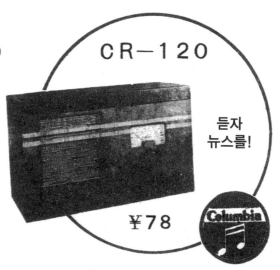

CR-120

듣자
뉴스를!

¥78

Columbia

임금님 크레용

임금님 크레용이라서 멋지다.

걸작 그려올게.

화구는 임금님

수채화용 물감

킹 수채화용 물감이라면 잘 그릴 수 있어요.

임금님 파스텔이 최고야

신 소묘용 재료

임금님 파스텔

포장용 목재 초크

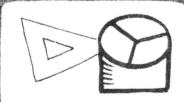

임금님 제도용 화구

東京・大阪・名古屋・大連・横濱

王様商會

모던일본·임시대증간·「조선판」·목차

표지 김소영(金素英)
목차 길진섭(吉鎭燮)
속표지 야마카와(山川秀峰)

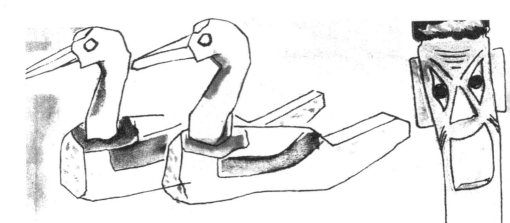

파란 하늘 아래에서 즐기는 맛

메이지 통조림

맛과 품질이
탁월하고 신선한
형형색색 40여 종

메이지제과주식회사

이춘연

부벽루에 선 미녀, 대동강 강변에 펼쳐지는 푸르른 산을
바라보네. 차분하게 이야기를 나누는 평양 기생. 두 사람
의 긴 치맛자락이 참으로 아름답다.

어쩐지 쓸쓸하고 고즈넉한 오래된 건물. 오후의 엷은 햇살
을 받으며 기둥에 기대어 선 당신은 무엇을 생각하나요.

(조선 영화의 샛별 문예봉)

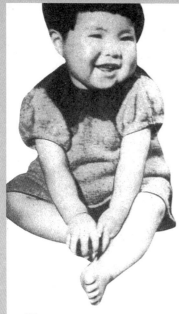

한술 한술이 아기를
통통하게 살찌웁니다.

모유는 변한다!

우량아 선발대회의 조사에 의하면 3, 4개월까지는 영양
상태가 매우 좋다가 이유기에 들어가는 6개월 이후부터
갑자기 마르는 아이가 많다.
왜 그럴까. 그 이유는 이 무렵부터 모유의 양과 질이 점
점 떨어지기 때문이다. 단백질은 5분의 1까지 줄어든다.
모유만으로는 영양이 부족하고 저항력이 떨어진다. 이
럴 때 젖을 떼기 시작하면 자칫 병에 걸리기 쉽다.
6, 7개월경부터는 소화에 가장 좋은 최고급 육아 영양이
들어있는 모리나가 분유를 병용하는 혼합 영양법으로
바꿔야 한다. 즉 모리나가 분유를 미음처럼 타 먹이다
가 미음을 점차 진하게 탄다.
그리고 모리나가 분유를 진하게 타서 아이의 위장을 지
켜주며 모유를 먹이는 횟수를 줄여가면 어느새 젖을 떼
게 된다.

어머!
"살이 통통하게 올랐네요."
라고 어디를 가나 칭찬을
듣는 아이는 대개
모리나가 분유를
먹고 자라 튼튼하고
건강합니다.

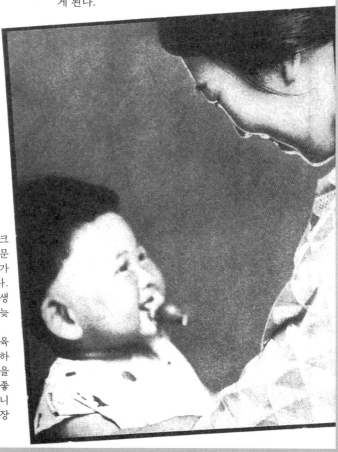

영양이 불충분해도 키가 크
고 인지능력이 생기기 때문
에 부모의 눈에는 아이가
성장하는 것처럼 보인다.
그래서 모유 부족이라는 생
각을 하지 못해 발육이 늦
어지는 경우가 많다.
모리나가 분유는 성장발육
을 빠르게 돕기 때문에 하
루 평균 약 20g씩 체중을
증가시킨다. 영양발육이 좋
고 소화가 잘 될 뿐만 아니
라 비타민과 효소를 가장
많이 함유하고 있다.

한 은 진

조선무용·삼태(三態)

춘향무(春香舞) 의상을 입은
이노 데코

깊고 우아한 영산조(靈山調)를 추는 최승희

아련한 망향의 그리움을
담아 「환타지 코리안」을
추는 조택원과 김민자
듀엣

가을 바람에

▲평양 대동강변, 손을 들어 '여기 보소'라고 부른다.

▶ 청일전쟁 당시 하라다 주키치(原田重吉)가 맨 처음 쳐들어간 곳으로 유명한 평양의 현무문(玄武門). 기생 박설중월(朴雪中月)과 장수복(張壽福)

▲ 평양 모란대 아래 읍취각(挹翠閣)에서
기생 김명오(金明梧)

▲평양 모란대 아래
전금문(轉錦門) 누각 위에서
기생 최금도(崔錦桃)와 김인숙(金仁淑)

치마가 나부낀다

대동강변에 가을바람이 상쾌하게 불고 모란
대에 갖가지 가을풀들이 흐드러지게 피어 있
다. 온통 가을 일색이다.

양산으로 햇빛을 가리고 들녘에 가면 기다란
치맛자락도 절로 가볍고 발아래로 떼지어 우
는 벌레소리가 희미하게 들린다.

고풍스런 사찰의 누각에 서서 멀리 내다보면
하얀 구름이 끝없이 펼쳐져 있어 마음도 어느
덧 풍요롭고 넉넉하다.

아득한 지난날을 생각하면 가슴이 답답하고,
행복했던 일을 생각하면 마음이 설레인다.

날씨도 화창하고 옷차림도 산뜻한 가을날. 시
원스런 눈썹에 젊고 열정적인 기생의 눈동자
는 내일을 느끼게 한다.

▲평양 모란대 최승대(最勝臺) 위에서 본 평양 교외 전망
   기생 김은홍(金銀紅)과 이화선(李花仙)

▶평양 모란대 최승대 위에서 본
   을밀대(乙密臺)의 전망
   기생 김은홍과 이화선

여행앨범

오사라기 지로

4

5

① 현무문(玄武門)하면 그 옛날 청일전쟁 당시 가장 먼저 입성했던 이야기가 떠올라 용맹스런 느낌이 든다. 그러나 실제의 현무문은 매우 작고 쉽게 쓰러뜨릴 수 있을 것처럼 귀엽다. 장난감 같은 이 성문은 아동 연극 이당내(和唐內)에게 줍시다.

② 나는 이 멋진 회색 초가지붕에 반했다. 은색 여우 털을 가지런히 한 듯한 차분하고 빛나는 아름다운 회색이다.

③ 개성의 뒷골목이다. 부인들이 물건을 사러 가는 모양이다. 그녀들이 좋아하는 빨랫감과 벽에는 영양제 광고가 붙어 있다. 머지않아 전신주에는 싹이 트고 가지가 자라나 조선 갈가마귀가 둥지를 틀겠지요.

④ 옛 왕성터 개성 만월대(滿月臺)이다. 완만한 산등성이에 영화로운 시절의 흔적을 푸르른 풀 속에 품고 있다. 사진 속 인물은 가토 다케오(加藤武雄) 씨와 데라다(寺田瑛) 씨이다.

⑤ 기생 박설중월(朴雪中月)과 이일지화(李一枝花)이다. 좋은 이름이지요. 그녀들은 헤이안시대(平安時代) 사람처럼 우아할 뿐만 아니라 이달에 유행하는 노래에 빠져 있답니다.

에서

(大佛次郎)

조선 부인과 흑발미(黑髮美) — 장혁주(張赫宙)

조선을 여행했던 사람들 중에 조선 부인의 머리카락이 참 고왔다고 하는 사람을 자주 만나는데, 조선 부인들은 상상 이상으로 머리 손질에 정성을 들인다.

아침에 일어나면 얼굴보다 먼저 머리 손질을 한다. 결이 고운 조선 빗으로 비듬을 걷어내고 기름을 바른다. 그리고 적어도 1주일에 한 번은 꼭 머리를 감고 탈모를 막기 위해 미역을 자주 먹는다.

옛날에는 머리를 감는데 보리 씻은 물을 데워 사용했고 기름은 동백 기름을 최고급으로 쳤지만, 손질이 어렵고 모발을 손상시켜 악취가 난다는 사실을 알게 되면서 피마자 기름을 사용해 왔다.

그러나 이제는 요모토닉과 같은 품질 좋은 양모제 덕분에 이러한 고민은 간단히 해소되었을 뿐 아니라 머리 손질하는 수고도 덜었다.

좋은 양모제 요모토닉

모토닉구
ヨウモトニック

제조발매원:東京室町三共株式會社, 총판매원:東京室町(三共직계) 泰昌製藥株式會社
(정가)¥1.45 ¥2.45 ¥6.80 그 밖에 백화점형이 있음.
내지는 물론 조선 전국의 유명 백화점·약국·화장품점에 있다.

보라!

一死報國
私ヨ志願兵ニ取ッテ下サイ
李賢雨

내선일체정화(內鮮一體精華)

황국신민의 서사(誓詞)

1. 우리들은 황국신민이며 충성을 다해 군국(君國)에 보답한다.

2. 우리들 황국신민은 서로 신애(信愛)하고 협력함으로써 굳게 단결한다.

3. 우리들 황국신민은 인고단련(忍苦鍛鍊)의 힘을 길러 황도(皇道)를 선양한다.

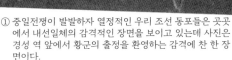

① 중일전쟁이 발발하자 열정적인 우리 조선 동포들은 곳곳에서 내선일체의 감격적인 장면을 보이고 있는데 사진은 경성 역 앞에서 황군의 출정을 환영하는 감격에 찬 한 장면이다.

② 열정적인 애국부인회원의 절미(節米) 헌납.

③ 가두에 선 조선의 한 학생. 행인에게 천인(千人)*의 서명을 요청하자 행인도 정성을 담아 '힘力'자를 써주어 무운(武運)을 기원한다.

④ 훈련소에서 미나미(南)총독의 열병을 받는 조선 지원병

⑤ 일사보은(一死報恩)의 충성된 마음을 억누르지 못하고 혈서로 지원병을 지원한 사람도 수없이 많다.

⑥ 황군 위문에 단결하여 분투하는 조선부녀 부대. 위문 주머니에 여성다운 정성을 담아서.

⑦ 애국부인회원의 조선신궁 청소 봉사. 한 번의 비질에도 정성이 묻어난다.

*천인의 힘(千人力): 헝겊에 천 명의 남자가 '力'자를 적어 무운장구를 기원하는 것.

비타민B2 복합체의 영양으로 특이한 점은 결핵균의 독소 해독 작용이 우수하다는 것입니다.

결핵환자 특유의 만성 식욕부진, 위장장애, 혹은 신경 흥분, 불면, 발열 등은 모두 결핵균의 독소 중독으로 일어나는 것인데, 환자에게 비타민B2 복합체를 보급함으로써 어떠한 중독 증상에서도 벗어나 식욕을 회복시키며, 위장장애를 완화하고 신경을 진정시켜 수면이 호전되고 발열도 점차 없어집니다. 따라서 환자의 체력과 자연 치유력은 현저하게 호전됩니다.

리켄(理研)**비타스정**은 이화학연구소가 제조한 비타민 B2 복합체로 그 우수한 효과는 이미 3여 년간의 임상 실험을 통해 확실하게 입증되었습니다.

리켄비타스정 100정: 2엔 50전 약국에 있음.

총대리점 東京日本橋 本町 주식회사 다마키 상점(玉置商店) 우편대체 東京 72番

결핵

비타스 정

반도 풍물시

▲남선(南鮮)의 목화

▲즐비하게 늘어선 항아리들

◀고려도기 제조

▲풍성한 사과

◀북선(北鮮)의 정어리

▶조선의 신발

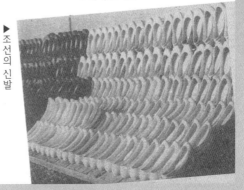

조선에 꽃피는

上左 한은진(韓銀珍) 씨는 청춘좌(靑春座)의 견습 여배우 모집에 선발된 것이 계기가 되어 2년 뒤에는 동아일보 주최의 연극 콩쿨에서 이미 다수의 선배와 동료를 제치고 개인 1등상의 영예를 획득, 그 다음 해에 영화계로 진출하여 이광수 원작「무정」의 히로인 으로 발탁되어 급성장한 여배우 입니다.

左 이난영(李蘭影) 씨는 오케이 레코드사의 프리마돈나 입니다. 매우 조용하고 상냥하 며 도쿄에서 출연했을 때 백의 의 용사를 위문하고 감격의 눈 물을 흘렸다는 아름다운 일화의 장본인입니다. 그녀만큼 조선 대중의 마음을 사로잡는 목소리 는 없다고 평가되고 있습니다.

右 박단마(朴丹馬)씨는 상당히 귀족적인 기품이 있는 아가씨입니다. 그녀의 매혹적 인 미성은 빅터 레코드로 널리 내지에 소개되었습니다.

원형 속 사진의 신카나리아 씨는 조선의 미마스아이(三鷹子)입니다. 기력도 좋고 노래도 잘하며 춤도 능숙한 사람으로 현재 만소좌(漫笑座) 라는 희극단의 인기스타 입니다.

여배우들

上右 지경순(池京順) 씨는 북선(北鮮) 함흥 출신의 여배우로 현재 비극 연기를 잘하는 성격파 여배우로 매우 인기를 얻고 있습니다. 문학을 좋아하여 매달 내지의 문예잡지를 통독하는 것으로 유명하다고 합니다.

中右 차홍녀(車紅女) 씨는 조선의 연인이라 불릴 정도로 사랑스러운 배우이고 연기에 열심이며 성실합니다. 그녀가 순박한 시골 처녀가 되어 연기할 때에는 모든 남성이 연정을 품게 된다고 합니다.

中左 선우일선(鮮于一扇) 씨는 미인 기생의 본고장, 평양 출신의 여인으로 현재 경성에서 목소리가 고운 명기(名妓)로 인기를 끌고 있습니다. 그녀의 미성은 폴리돌 레코드에 의해 널리 내지에도 소개되고 있습니다.

右下 문예봉(文藝峰)
그녀는 조선의 이리에 다카코(入江たかこ)라고 불립니다. 온순하고 애처로이 반짝이는 눈, 꼭 다문 입술은 그야말로 청초한 느낌입니다. 조선 제일의 스타이면서 염문을 뿌린 적이 없는 성실한 여배우입니다. 「여로」로 데뷔하여 최근에는 「군용열차」, 「무정」 등으로 이름을 떨치고 있습니다.

中下 김소영(金素英)
최근 「국경」의 히로인으로 명연기를 펼치고 있습니다. 이름처럼 청초하고 영리하며 아주 요염한 느낌입니다. 착실히 연기를 쌓으며 정진하면 대성할 소지가 충분합니다.

조선의

개성기(開城記)

고려의 수도, 조선 내 유수의 상업도시, 불로장수의 인삼 산지, 이 모두 솔직히 말하면 나는 별 흥미가 없었다. 이 옛 수도가 친구 마해송이 태어난 고향이 아니었다면 나는 이곳을 방문하지 않았을지 모른다. ①은 그가 태어난 집. 자세한 것은 본 호 좌담회 안에 서술해 두었다. ②는 그의 집에서 가까운 남대문. 작년 섣달 그믐날 나는 도쿄 라디오에서 이 범종의 소리를 들은 적이 있다. ③은 명승지 선죽교(善竹橋). 충신 성봉주의 혈흔이 지금도 석교에 남아 있는데, 진위는 차치하더라도 차마 떠나지 못하고 머뭇거리게 되는 것이 사실이다. ④는 마해송의 친척 마종태 씨의 별장 내에 있는 약수. 나는 술 마신 다음 날 이 약수를 마시고 심신이 상쾌해짐을 느꼈다. ⑤ 만월대의 궁궐터. 짧은 스커트를 입은 여학생들이 찬송가를 합창하며 즐겁게 거닐고 있다. 아름다운 여학생들은 우리가 가까이 다가가자 전설 속의 공주님처럼 서둘러 밖으로 나가 버렸다. ⑥은 관덕정의 활궁터로 시(市)의 진사들이 조선 고유의 활솜씨를 연마하던 곳. 현대의 진사는 이미 의관 속대를 한 양반이 아니다. 유행하는 양복을 입고 기분좋게 활과 화살을 잡고 있는 어느 한 노인의 모습에서 약진하는 개성의 진면목이 엿보인다. 가로 다케오(加藤武雄) 선배는 조선 내의 옛 도시 중에서도 개성이 가장 인상에 남는데 특히 만월대 위의 감개는 잊을 수 없다고 한다.

이모저모

사진과 글
하마모토 히로시(浜本 浩)

① 선배 가토 다케오(加藤武雄)와 함께 북선의 무역항 성진을 방문했다. 거기서 우리들은 정어리도 마그네사이트나 수연(水鉛)처럼 공업용으로나 국방용으로도 중대한 자원이라는 사실을 알았다. 그리고 고주파 정련공장을 견학하고 일본의 중공업에 새로운 광명을 느꼈다.② 로컬선 여행에서 자주 볼 수 있는 풍경이다. 마을을 떠나는 사람들은 가재도구를 싸지도 않은 채 플랫폼으로 가지고 들어온다. 그럴 여유가 없는 것인지 필요가 없는 것인지, 또 어디로 가는 것인지 내게는 전혀 알 길이 없다. ③ 아이들은 무임승차를 한다. 선로변에 나와 손님이 적은 2등차에 몰래 탄다. 들키는 것도 잊고 천진하게 잠이 들어 버린다. 젊은 차장은 이것을 보고도 굳이 나무라지 않고 위로하듯 미소지으며 지나친다. 이러한 차장에게도 역시 동일한 경험이 있었는지 모른다. 흐뭇하고도 즐거운 정경이다. ④ 평양 부근에서는 최근 고구려시대의 사적이 빈번하게 발굴되어 삼천년 전의 옛 문화가 새롭게 세상에 소개되고 있다. 이것은 모두 평양 박물관장 고이즈미 아키오 학사의 공적이다. 고이즈미 관장은 땡볕이 내리쬐는 들판에 진흙투성이가 되어 인부들과 함께 일하고 있다. 귀한 문화의 전사는 지금 대동강 해안에 나와 땀을 닦고, 애용하는 코닥을 꺼내 강 위의 놀잇배를 찍고 있는 학자다운 품격이 있는 신사이다. ⑤ 수원 팔달문 아래 서서 전쟁에 대비한 성벽에 이르기까지 미술적 안목이 반영되어 있음을 느꼈다.

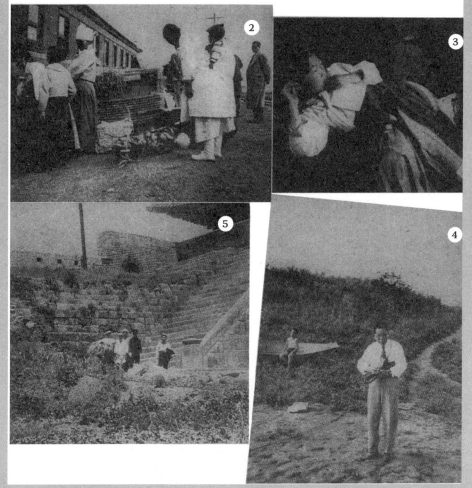

조선의 이모저모

사진과 글

하마모토 히로시(濱本浩)

처음에는 판잣집 마을이 생긴다. 판잣집이 페인트칠 장식을 한다. 이렇게 몇 년 후 시가로 발전한다. 이 사진은 드디어 국제 도시로도 약중인 만포진 신지구의 모습이다.

국경 마을 만포진(滿浦鎭)에서

▲철도 측량대가 밀림·맹수·노적·풍토병 모든 위험과 곤경을 정복하고 잠시 압록강의 피안에서 만령(滿嶺)의 산들을 바라보며 쉬고 있는 참이다.

오늘날 도적은 약탈만이 목적이 아니다. 공산 도적은 우리 영토에 침입하여 후방 교란을 임무로 여긴다. 그들은 훈련된 군대식 도적으로 신예 무기를 사용한다. 우리 경비대는 자주 격전을 거듭하여 수백 명의 희생자를 냈다. 순직 용사의 영혼은 국경의 하늘에 머물러 생전에 소속되어 있던 경찰서 구내의 자작나무 그늘에 영원히 잠들어 있다.

헤치마 코롱

코롱은 맨살을
위한 화장수.
피지 분비를
조절하고
깨끗하게 하여
기품과 매력이 넘치는
피부로 태어나게 합니다.

코롱을 바른 맨 얼굴로
다닙시다. 터질 듯한 젊
음과 강인함을 피부에
싣고 당당하게 가는 모
습이야말로 흥아 일본
여성의 상징이다!

본점·東京 株式會社 近源商店

고적·당시의

부여(夫余)

백마강에 면한 이 바위는 낙화암이라 불리며 예로부터 시문(詩文)의 소재가 되어 왔다. 이 일대는 백제의 옛 도읍지였는데, 백제가 신라 대군의 습격을 받았을 때 적의 포로가 되는 것을 수치로 여긴 궁녀들이 꽃이 지듯이 이 바위에서 강으로 몸을 던졌다는 일화에서 그렇게 불린다.
현재 이곳 부여 일대는 내선일체의 성지로 예정되어 있는 곳이다.

은진미륵(恩津-彌勒)

논산에 있는 석불로 조선 최대의 미륵불이며 한 개의 돌로 만들어져 있다. 조선시대에 만들어진 것이다.

경성(京城)

덕수궁 석조전(上)은 이왕조의 별궁이다. 경회루(下)는 총독부의 뒤뜰에 있으며, 조선시대의 화려한 모습을 볼 수 있다.

발자취

평양 대동강의 놀잇배

이쪽에 능라도가 있고 저쪽에 모란대와 부벽루가 있다.
대동강의 버드나무에 놀잇배를 띄우는 가인(佳人)의 마
음은 시간의 저편으로 끝없이 이어질 것이다.

수원의 봉화대(左)

조선시대까지 사건이 있을 때마다 타오
르던 봉화대이다. 경성의 급박한 상황을
지방에 전하기 위해 이 수원의 봉화대는
가장 먼저 중계역을 담당했다. 현재는
이미 그 필요성이 없어지고 풍우에 바
래어 옛 모습을 떠올리게 하는 추억으로
남았다.

경주 불국사(下)

경주 부근 일대는 신라왕조시대의 옛 도
읍지로 불국사도 그 유적 중의 하나이
다. 현재는 조선팔경으로 손꼽히며
부근의 능묘(陵墓)·성터(城跡) 등과 함
께 굴지의 유람지가 되어 있다.

간편하게 복용할 수 있다…

하리바는 유량(油量)은 적지만 비타민AD
가 농후한 고단위 간유입니다. 하루에 팥
크기의 알약 한두 알로 충분하며, 냄새도
나지 않고, 배가 더부룩하지도 않아서, 간
유를 싫어하는 어린이도 손쉽게 복용할
수 있습니다.

一日量

東京·大阪
田邊商店
百雄 胡辞應

건강 향상에

우리들이 이렇게
튼튼한 것은…

빛나는 눈, 튼튼한 치아, 골격, 사과 같은 볼…
이것이야말로 건강한 아동의 심볼입니다.

허약체질 강화

이것은 태양의 자외선, 신선한 공기, 적절한 수면, 영양 보급에 의해 배양됩니다. 특히 간유 하리바로 비타민AD를 축적하면 피부샘병*체질 아동이라도 저항력이 강화되어 피부는 윤기가 나고 튼튼해집니다.

하리바

*결핵균에 의해 피부통증이 없는 결점이나 궤양이 생기는 병

찌릿찌릿한 경련성 통증이 있을 때에는 무엇보다 먼저 스토마켈을 복용하세요. 1회 1정 통증을 순식간에 없애 주는 약효와 간편한 복용법에 틀림없이 만족을 느끼실 겁니다. 전국 유명 약방에 있음. 약값 20전·30전·50전·1엔

위병×복통×생리통에

스토마켈

東京神田 銀治町 大木合名會社 大阪淡路町 北東京安門

조선의 집들

지금은 경성도 발전에 발전을 거듭해 모든 구릉이 주택지로 개발되기 시작했다. 그리고 거기에 세워진 집은 모두 남향으로 줄지어 있다. 최근 시가지에서는 조선 특유의 아름다운 지붕선을 볼 수 없다. 그러나 도심을 조금 벗어나면 볼 수 있는 높은 바위산의 경사면에 계단을 만들어, 나란히 세운 기와지붕과 흰 벽의 집이 대륙적인 따가운 태양빛을 받아 비늘처럼 반짝이는 풍경은 역시 특별한 맛이 있다.

시가지 뒷편의 골목길을 걸어보는 것도 재미있다. 특히 경성 시가의 골목길은 어디를 어떻게 가면 빠져나갈 수 있을지 당황하게 된다. 땅에 뻗쳐있는 듯한 지붕을 쳐다보면 오른편에 빨강, 하양, 흑색 기와와 돌로 쌓아올린 훌륭한 벽 위에 처마선이 늘씬하게 뻗어있다. 사람들이 골목길에 서 있고 행상인이 기묘한 소리를 내며 그 사이를 지나간다.

가정 생활을 엿보다

　여자아이들이 좋아하는 널뛰기. 쿵덕쿵덕 앞집의 뜰이 보인다. 옆집에 복숭 아꽃이 피어 있다. 명절날 색색의 아름다운 옷을 입고 선녀처럼 높은 곳까지 날아오르며 그네를 타는 광경도 조선 특유의 풍물이다.

　그러나 아낙네들은 매일 빨래로 바쁘다. 흰옷은 청초하고 산뜻하지만, 쉽게 더러워진다. 작은 시냇가나 우물가에서 따뜻한 햇살을 즐기며 긴 낮 시간 동안 빨래에 여념이 없다. 남편의 귀가를 기다리며 한숨을 돌리는 초저녁, 멀리 다듬이질하는 소리에 귀를 기울이다가 정취있는 가야금 가락에도 마음이 이끌린다. 진주조개를 아로새긴 아름다운 치맛자락이 눈부시게 흔들리고 밤은 점점 깊어만 간다.

농촌풍경

▲집으로 돌아가는 길

화창한 햇살이 비치는 가을 한때, 낙엽을 밟으며 집으로 가는 길을 서두르는 여인의 머리에서 맛깔진 물동이의 물이 찰랑찰랑 흔들리고 있다.

▼가을걷이

벼 수확이다. 결실의 가을이다.
우리들의 긴 노동의 귀한 결실이다!

◀해 질 녘의 수다

오늘 일도 겨우 끝났다. 석양으로 물든 담에 기대어 보채는 아이에게 젖을 물리며 한가로이 이야기꽃을 피우는데 저녁밥을 재촉하는 개구쟁이 아이가 무릎에 달라붙어 보챈다.

맥주는 뉴·도쿄 체인에서

NEW TOKYO 별관
스키야바시 전화 긴자(57)924

뉴 도쿄 아사쿠사 이케노하시 지점
아사쿠사 공원 이케노하시

아사쿠사 뉴 도쿄
가미나리몬 친야요코 전화 아사쿠사(84)3233

마루빌딩 비어스탠드
마루빌딩 지하가

산노미야 비어홀
고베 산노미야 한큐라쿠덴처

긴자 뮌헨
긴자 덴킨요코쵸 전화 긴자(57)991

시부야 뮌헨
시부야역전 전화시부야(46)1366

뮌헨 비어가든
시부야역전 뮌헨근처

신쥬쿠 에비스 생맥주홀
신쥬쿠 역전 전화 요쓰야(35)1340

시부야 에비스 생맥주홀
시부야역전 전화 시부야(46)2056

뉴 교토
교토 가와바라마치 길목

동양 최대의 비어홀
뉴 도쿄
東京 스키야바시 전화 銀座(57)5281-3

험준한 대 금강산

기이한 나무가 하늘 높이 솟아 있고 상쾌하고 시원한 바람이 몸을 감싼다.

금강산 기슭 해안가에 있는 총석정은 천고의 꿈을 감추고 있다.

참으로 험준하다!
천하의 기이한 봉우리 대 금강.

이끼가 낀 암석에서,
발끝에 솟는 흰 구름에서
그 웅대함을 느낀다!

호르몬 배합
영양 크림

클럽 미신(美身) 크림

피부 영양에…

거친 피부 방지에…

피부가 위협받는 겨울이 다가옵니다. 그러나 이제부터는 클럽 미신크림을 발라두면 절대로 안심! 피하에 풍부한 영양을 쌓아두어 저항력을 증강시키기 때문에 얼굴이나 손이 결코 거칠어지지 않습니다.

효력이 강한 호르몬과 비타민이 피부에 스며들어 강한 영양 작용이 있기 때문에 잔주름이 없어지고 혈색 좋은 젊은 피부로 가꿔주며 기미, 주근깨도 효과적으로 분해됩니다.

모던일본

창간 10주년 기념
임시대증간

조
선
판

1939년 11월
제10권 제12호

여 수(旅愁)

하마모토 히로시(濱本浩)[1]
김인승(金仁承)[2] 그림

1

　토요일 밤 11시. 경성을 떠난 침대칸이 딸린 등산 열차는 날이 새자 종점인 내금강역에 도착했다. 오는 도중 차창을 통해 보이는 산의 풍경은 차가운 안개로 가득했다. 역장 소개로 빌린 고풍스러운 포드 오픈카로 장안사 근처의 내금강 호텔에 도착하자 신기하게도 날씨가 개었다. 전나무 사이로 상쾌한 아침 햇살이 비쳤고, 곤줄박이라는 이름의 작은 새는 돌팔

매질친 돌멩이처럼 이 가지 저 가지로 날아다니고 있었다.

나는 잘 왔다는 마음이 들어 기뻤다. 투명하게 푸른 하늘, 샴페인보다 경쾌하고 밝은 분위기, 정취 있는 산의 모습, 이 모든 것이 상처 입은 나의 심신을 달래줄 풍경이라는 생각이 들었다.

나는 아내를 잃은 지 반년이 지났지만 여전히 죽은 아내에 대한 추억과 후회하는 마음으로 축 처져 있었다. 멀리 조선으로 여행을 온 것도 죽은 아내에 대한 기억이 가득한 도쿄를 떠나 새로운 풍경으로 마음을 달래고, 잊으려 해도 잊혀지지 않는 마음의 상처를 치유하여 다시 새로운 생활을 시작하려는 생각에서였다.

그동안 닥치는 대로 구경을 다니거나 여러 사람들을 만나느라 이미 무척 지친 상태였기 때문에 별천지인 금강산에서 잠시 심신의 휴식을 취하고 싶었다.

방갈로풍의 호텔은 넓고 밝은 복도 양쪽에 간소한 객실 문이 늘어서 있었다. 다섯 평도 채 안 되는 방 안에는 깨끗한 물을 끌어온 흰 타일의 세면장, 간소한 옷장, 목조 침대, 벽에 걸린 8호 정도 크기의 풍경화 이외에는 가구나 장식이 전혀 없었다. 방 바깥에는 나무로 만든 베란다에 적당한 크기의 등나무 의자가 놓여 있었다.

그리고 패랭이꽃이 피어 있는 모래밭을 지나 뒷산의 절벽까지는 소나무와 전나무의 침엽수림이 무성하게 숲을 이루고 있었다. 그 숲에는 금강천의 물줄기가 흐르고 나무 사이로 붉은 절벽이 빛나며 물소리가 우렁차게 울려 퍼졌다.

누워서 하늘을 쳐다보며 계곡의 물소리에 귀를 기울이고 있자니 문득 어디선가 경쇠를 두드리는 듯한 날카로운 소리가 들렸다.

뻐꾸기 소리인가? 뻐꾸기 소리를 들은 적이 없어서 그렇게 생각했는지도 모른다. 물론 그것이 뻐꾸기 소리가 아님은 금방 알게 되었다. 마침 그

때 생기있는 높은 목청으로 노래하는 젊은 남자의 목소리가 들려왔기 때문이다. 나는 경성 체류 중에 민요 연구로 유명한 친구를 통해 편의를 제공받아 수많은 조선 민요를 들을 수 있었는데 지금 들리는 노래는 감상적인 아리랑이나 절망적인 수심가와 같은 것이 아니라 소박하고 자유롭게 용솟음치는 환희의 노래인 듯한 생소한 멜로디였다.

아까 뻐꾸기 소리라고 여긴 것은 이 노래의 박자에 맞추어 두드린 장단 소리였다. 어쩌면 이 노래는 조선 북쪽 지방의 특색있는 산 노래로 장단 소리는 노래에 맞추어 나무를 베는 나무꾼의 도끼 소리일지도 모른다고 생각했다.

그러다가 어느새 깊은 잠에 빠져 버렸다. 보이의 문 두드리는 소리에 눈을 떠 손목시계를 보니 2시를 넘기고 있었다. 잠시 눈을 붙인다는 것이 다섯 시간이나 잔 모양이다.

서둘러 찬물에 세수와 양치를 마치고 잠옷 차림으로 식당에 갔다.

이미 식사 시간이 지난 후라 식당은 한산했고 멀리 떨어진 창가에 혼자 자리를 차지한 젊은 여자가 있을 뿐이었다. 엷은 하늘색 옷감에 산호색 고름을 맨 적삼(원주1)과 포도색 짧은 치마(원주2)를 입은 젊은 여자였다. 치맛자락 밑으로 하얀 버선이 살짝 보였고 고름과 같은 산호색으로 자수를 놓은 폭이 좁은 신을 신고 있었다.

여자는 하얗고 고운 손을 테이블 위에 포개놓고 편한 자세로 물끄러미 창밖을 바라보고 있었다. 열려 있는 창밖에는 무성한 졸참나무 가지가 늘어져 있었기 때문에 반사된 푸른 빛이 아름답고 여윈 그녀의 볼을 어슴푸레 물들여 방금 옛 그림에서 나온 듯한 모습이었다.

테이블에서 비스듬하게 떨어져 있는 난로 위에 거울이 있었다. 내 위치는 그 거울에 비치는 반대쪽 옆 얼굴이 쉽게 보이는 각도였다.

정말 아름답다. 나는 그 모습에 황홀하게 빠져들었다. 도대체 어떤 집안의 여자일까. 여학생일까, 기생일까, 양반가의 젊은 부인일까. 자연스러운 파마를 한 머리는 가는 목덜미 부근에서 가볍게 묶었고 나이는 이제 스무 살을 넘겼을까 할 정도지만 그조차 잘 알 수 없었다.

"멋있는 여자로군."

요리를 가지고 온 보이에게 내가 말했다.

이 작은 호텔에서는 방 시중을 드는 보이가 식당의 급사 노릇도 하고 있었다. 전에 도쿄에서 본 적이 있는 중국 배우 매란방(梅蘭芳)의 빼어난 용모를 닮은 보이는, 말하는 품으로 봐서 처음부터 이 지역 사람임을 알 수 있었다.

"누군가? 저 여자는."

"잘 모르겠습니다."

보이는 의미 있는 미소를 지었다.

"묵고 있는 손님인가?"

"예. 이, 삼일 되었습니다."

"혼자인가?"

보이는 내 물음에 머리를 저으며 혼자가 아니라고 했다. 그다지 넓지 않은 식당이었다. 약간 큰 소리를 내면 상대에게 그대로 들릴지도 몰랐다. 보이는 그걸 의식하고 그 여자에 관해 이야기하는 것을 꺼려하는 눈치였다.

산에 피는 계절 꽃인 산연꽃이 테이블마다 꽂혀 있었다. 흰 동백이나 하얀 목련과도 닮은 부드러운 느낌의 꽃이다. 여섯 개의 우윳빛 꽃받침에 검은 적갈색의 수술과 주황색의 암술을 소중히 감싼 탐스러운 꽃이다. 깊은 산중의 청초한 처자나 새색시의 부끄러워하는 모습과도 닮은 그 꽃을 물끄러미 쳐다보는 그녀는 어쩌면 테이블 위의 산연꽃의 분신일지도 모른다는 생각이 들었다.

식사가 끝난 나는 그녀에게 마음을 남겨 놓은 채 방으로 돌아왔다. 곧 이 호텔을 떠나는 자동차를 타고 중간까지 가서 도보로 온정령(溫井嶺)을 넘어 오늘 안에 온천장인 외금강호텔에 머물기로 했기 때문이다.

방으로 돌아와 짐을 챙기고 있는데 보이가 아이스 홍차를 담은 병을 가지고 들어왔다.

"여보게, 자네. 아까 물어보려고 했는데 말이야."

라며 나는 상대방의 말을 끄집어낼 요량으로 웃어 보였다.

"그 여자분 말인가요."

보이는 손가방을 챙기며 시원스레 대답했다.

"그녀는 안 됩니다. 좋아하는 이가 와 있거든요."

"그럼, 남편이 산에 오르느라 혼자 남아 있는 건가. 남편은 어떤 사람이지?"

나는 경성 시내에서 파리를 좋아하고 최근에 유행하는 양복을 입은 단아한 용모의 젊은 신사를 몇 사람 만난 적이 있다. 그 여자의 동행 역시 그런 부호의 젊은 주인일 테지 하고 물었는데 보이는 의외의 말을 했다.

"그게 이상합니다. 남편인지 누군지는 몰라도 상대가 장안사(長安寺)의 하인이라는군요."

"절의 하인이라니, 농담이겠지."

내가 믿지 않자 보이는 정색을 하고 설명했다.

"오늘 아침에도 만나러 갔습니다. 오후가 되면 또 만나러 가겠지요. 우리도 처음에는 그 여자가 왜 숲으로 가는지 몰랐습니다만 호기심 많은 손님이 어제 그녀의 뒤를 밟았어요. 그러자 숲 속에서 나무를 베는 남자와 정답게 이야기를 하더랍니다. 그뿐만이 아니라 무척 사이좋은 모습을 보였다고 합니다. 저 소리 좀 들어 보세요. 상대 남자가 저 사람이지요."

보이는 손을 멈추고 귀를 기울였다.

아까 내가 들은 노랫소리가 숲에 메아리치고 있었다.

"저 사람입니다. 저 노래를 부르는 사람이지요. 노랫소리가 들리면 그

녀는 호텔을 나와 숲 속으로 들어갑니다. 손님도 뒤를 쫓아 보시겠습니까?"

"그만두지. 외간 남녀 사이를 구경해서 뭐하나."

나는 쓴웃음을 지었다. 그래도 납득이 안 가는 얘기다. 저토록 고급스럽고 아름다운 도회의 여자가 왜 깊은 산사의 하인과 만나는 것일까. 만일 사실이라면 그럴듯한 소설감이다.

"상대 남자도 그냥 하인이 아닙니다. 작년 가을에 갑자기 산으로 들어가서 그대로 장안사의 나무꾼이 된 사람이지요. 저도 가끔 얼굴을 보는데 대단히 잘생긴 남자입니다."

보이는 이렇게 말하고 재촉하듯이 내 얼굴을 보았다.

"저 노래는 뭔가?"

"글쎄요. 그날그날에 따라 이런저런 노래를 부르는데 우리들이 모르는 노래만 부릅니다. 유행가인지도 모르지요. 어쩌시겠습니까. 가신다면 안내하겠습니다만."

보이는 베란다로 나가 숲을 내다보며 말했다.

"역시 나갔군요."

나도 베란다로 나가서 숲의 안쪽을 엿보았다.

나무 사이로 숨은 금강천의 바위를 깎은 듯한 절벽이 보였다. 어디로 건넌 것일까. 벼랑 위의 수풀을 능숙하게 오르는 그녀의 하늘색 적삼과 산호색 치마가 밝은 햇빛을 받아 명화처럼 그려져 있었다.

(원주1), (원주2) 조선옷의 기본형은 몸체를 중심으로 상의와 하의가 있고 부인은 하의에 치마를 입는다. 상의는 면을 넣은 저고리, 홑옷은 적삼이라고 하며 목깃을 맞추어 가슴에 묶는 긴 리본을 고름이라고 한다.

2

온정리에서 지낸 열흘 동안 나는 숭고한 산들의 모습을 보면서 여러 가지를 생각했다. 첫째는 물론 죽은 아내의 문제였다. 이에 대해 나는 이렇게 생각했다. 사랑했던 사람을 추모하고 죽은 이에게 잘못한 점과 제멋대로였던 자신을 후회하고 반성하는 것은 좋다. 하지만 그 때문에 생활의 기력을 잃다니 얼마나 한심스러운가. 이제는 생활의 걸림돌이 되는 감상적인 것들을 모두 청산하고 새롭게 설계하여 홀홀 털고 일어나야 할 때가 아닌가. 나는 건강한 의지가 조금씩 회복되고 있음을 느꼈다. 이를 계기로 산을 내려가 도쿄로 돌아가기로 결심했다.

경성에 돌아가자마자 나는 얼른 친하게 지내는 극작가 이서운 군을 만나 도쿄에 돌아갈 결심을 말할 생각이었다. 이서운 군은 신극에 관계하는 상당히 유명한 극작가인데 신극운동이 곤란한 조선에서는 극작만으로 생활할 수가 없어서 어느 공공단체에서 일하고 있었다. 나와는 도쿄 유학 시절의 친구로 죽은 아내와도 친한 터였다.

전화를 하자 이 군은 곧장 호텔로 찾아와 주었다. 서늘한 베란다로 나와 레몬차를 마시며 나는 귀국 결심을 말했다.

"그렇게 마음을 잡아주다니 기쁘네. 부인도 아마 지하에서 기뻐하고 있을 걸세."라며 기꺼이 찬성하더니,

"하지만 모처럼 조선에 왔으니 평양만큼은 보고 가게. 평양은 자네 부친의 참전지이지 않은가."라고 말했다. 오래전에 내 부친이 청일전쟁에 종군하여 모란대에서 공적을 올렸다는 말을 한 적이 있다. 그것을 기억하고 있었던 것이다.

부친의 옛 참전지가 아니더라도 평양에 가보고 싶었다. 3천 년 고도의 땅, 대동강과 기생도 매력적이었다. 고고학자인 친구가 지금 평양 교외에

서 고구려 유적을 발굴하고 있었다. 그 현장도 보고 싶었다.

"내일이라도 가볼까."

역시 봐두고 싶었다.

"그리시게. 그러면 오늘 밤은 송별회는 아니지만 저녁을 사기로 하지. 조선요리와 중국요리, 어느 쪽이 좋은가."

이 군이 씩씩하게 말했다.

올해는 해가 떨어져도 경성 특유의 저녁나절의 선선함이 없었다. 호텔을 나선 우리들은 상의를 벗고 전차 소리가 시끄러운 남대문 통을 지나 종로 쪽으로 걸었다.

마침 은행과 회사들의 퇴근시간이었다. 돌을 깐 보도는 귀가를 서두르는 직장인들로 북적대고 있었다. 그 중에는 젊은 여성들도 섞여 있었다. 대개 한복이지만 서양풍의 짧은 치마에 암사슴같은 미끈한 다리가 멋있게 움직이고 있었다.

"아름답군, 조선의 처자들은."

나는 저절로 감탄했다. 복장의 아름다움만이 아니라 어릴 적부터 허리띠를 매지 않고 무릎을 꿇지 않는 그녀들의 유연하고 늘씬한 몸매, 그리고 꾸미지 않은 화장, 타고난 듯 우아한 품격이 마치 비 맞은 해당화나 저녁노을이 물든 뒤뜰에 아련하게 핀 배꽃의 모습을 닮은 듯했다. 나는 문득 내금강 호텔에서 본 산호색 치마의 여자를 떠올렸다. 지금 길 가는 처녀들 속에서 왠지 그녀의 모습을 느꼈기 때문이다.

"이보게, 이 군. 금강산에서 대단한 얘기를 들었어. 글쎄 절세미인이 장안사의 하인을 좋아해서 산속 생활을 하고 있는 거야. 멋있는 여자였어."

그렇게 멋있는 여자가 산사의 하인을 좋아하다니 믿기 어려운 얘기였다. 아직도 나는 뭔가 깊은 사연이 있으리라고 나름대로 공상을 하고 있었다.

"자네 주개석을 만났나?"

이서운 군이 왠지 쓸쓸하게 미간을 찌푸리며 묵묵히 걷다가 갑자기 나무라듯이 말했다.

우리는 마침 종로 교차로에 접어들고 있었다. 오른편에는 보신각 지붕이 옛 모습 그대로 저녁 하늘에 떠있었고 왼쪽에는 근대적인 건물인 화신백화점이 어느새 반짝이는 불빛으로 거리를 물들이며 종로통의 번화한 모습을 내려다보듯 우뚝 서 있었다.

나는 교차로를 횡단하면서 물었다.

"주개석이 누군가?"

"안 만났군 그래. 장안사의 하인이지."

이 군은 내가 그 사람을 만나지 않아서 다행이라는 말을 하지는 않았지만 안심하는 눈치였다.

"자네 친군가."

나는 의외의 사실에 놀랐다. 이서운 군의 친구라면 당연히 그냥 하인은 아니리라.

"대체 어떤 남자인가?"

그런 멋있는 여자가 좋아하는 상대이니 분명 대단한 경력의 소유자임에 틀림없으리라, 나는 더욱 그 남자 — 주개석에게 흥미를 갖게 되었다.

"한마디로 어떤 남자라고 얘기하기는 그렇고……."

이 군은 잠시 생각하더니 중얼거리듯이 말했다.

"고향을 잃은 남자라고나 할까… 아니, 그렇게 말하면 안 되지."

유행가수의 사진, 언문이 섞인 신보 포스터, 화려한 악기 등을 번쩍번쩍하게 늘어놓은 악기점의 진열장, 요즘 유행하는 부인모자를 쓴 도쿄제 마네킹 인형이 진열된 양품점 등, 이들 사이로 조선시대의 흔적인 듯 처마가 낮은 어두운 철물점과 약초 가게가 끼어 있었다. 보도 한쪽에는 바나나, 그림, 고무신 등을 파는 야간 포장마차가 늘어서 있었는데 우리들을 보자 이상한 악센트의 일본어로 "나리, 어떻습니까. 싸게 해 드릴 테니 사세요."하고 말을 걸었다.

"무슨 뜻인가."

나는 이 군의 시적인 말을 이해할 수 없었다.

"과거 경력은 아무도 모르지만 어쨌든 한곳에 1년을 머물지 못 하는 사람이지. 5년 전에 내가 알고 지낼 때는 인천의 외국인 상관에서 일하고 있었으니까. 얼마 후 도쿄 촬영소에 들어갔다는 소식이 있더니 다시 경성으로 돌아와서 총독부의 운전수가 되어 대관들을 태우고 다니고 있더군. 이도 반년이 채 되지 않아 이번에는 평양에서 신문기자가 되어 실력을 발휘한다는 소문을 들었지. 그런데 올봄에 한 친구가 금강산에 갔는데 뜻밖에도 주개석이 장안사 뜰에서 군불 지피는 장작을 패고 있더라는 거야. 어찌된 일인가 물었더니 작년 가을부터 산에 칩거하고 있다고 했다더군."

"하지만 내가 말하는 절 하인이 주개석인지는 어떻게 알지? 자네 말대로라면 지금쯤 산을 내려와야 하지 않겠는가."

"알다마다. 그는 놀라운 즉흥시인으로 천재적인 음악가라네. 홍이 나면 노래를 부르지. 뭐든지 훌륭한 노래가 된다네. 노래하는 절 하인이라면 주개석밖에 없지."

이서운 군이 말하는 주개석은 달리 존경할 만한 인물도 흥미를 끌 만한 인물도 아니었다. 그런 남자라면 내 주위에 얼마든지 있을 듯했다. 나는 실망했다.

"음, 그런 남자라니. 쉬 정착을 못 하는… 말하자면 시대에 뒤떨어진 방랑자에 불과하지 않은가."

"그렇지 않네."

이서운 군은 나의 악의에 찬 독단을 나무라듯이 웃었다.

"자네는 모르겠지만 토지에도 직업에도 안주할 수 없는 이유가 있네. 방랑벽과는 좀 다르지."

"정치적인 의미인가?"

"그것만은 아니겠지만 조선의 인텔리겐차에게는 조금씩 그런 경향이 있지."

이서운 군은 순간 잠시 비통한 표정을 짓더니 이내 평소의 느긋한 모습으로 돌아와서,

"일본의 자네들도 그렇지 않은가. 자네 역시 멀리 조선 삼계(三界)³까지 흘러왔으니 말이네."라며 농담으로 얼버무리며 웃었다.

예상치 않게 민감한 얘기가 되어 물어보려던 주개석의 여자에 대해서는 결국 말을 꺼낼 기회가 없었다.

3

어느샌가 우리들은 종로의 밝은 거리를 벗어나 좁고 불결한 뒷골목으로 들어가게 되었다. 왜 이런 음침한 곳으로 데려온 것일까, 혹시 사창굴 탐험이 아닌가 주저하는 나를 돌아보지도 않은 채 이서운 군은 수상한 목조관 앞에 멈춰서 페인트칠이 벗겨진 이층 창을 올려다보며,

"들어가지. 집은 누추하지만 색다른 음식을 대접할 테니."

하며 잔뜩 벼르고 기다린 듯 말했다.

멋스러운 집인지는 모르겠으나 나의 취향은 아니었다. 이 군은 주저 없이 닳아빠진 계단을 앞서 올라갔다.

창밖에 저녁노을이 비쳤고 삐걱거리는 조선 가옥의 어두운 처마 밑으로 노란 연기가 피어 올랐고 이런 시내 한복판에 어디선가 산양이 우는 소리가 들렸다.

그때 들어오는 보이에게 이서운 군이 일부러 일본어로 말했다.

"소홍 씨 있는가. 도쿄의 친구와 같이 왔으니 만나자고 전하게."

그러고는 보이가 나가자, 이 군은 작은 목소리로 말했다.

"이 집의 여자는 중견 여배우라네. 아까 말한 주개석의 상대 배우지."

"그럼, 주개석이 무대에 선 적도 있단 말인가. 아깐 그런 얘기 없더니."

"그렇다네. 도쿄에서 돌아온 직후, 그가 만든 극단이 한 달 정도 만에 해산하고 말았지."

그랬군. 어쩌면 내금강 호텔에서 본 멋있는 여자가 이 집의 소홍일지도 모른다. 이서운 군은 처음부터 눈치채고 있었으면서 나를 놀래주려고 일부러 잠자코 안내했던 것이다. 그렇지 않다면 내 결벽증 기질을 알면서 이런 지저분한 집에 데리고 오지 않았으리라는 생각이 들자, 한심스럽게도 가슴이 두근거리고 이상하리만치 긴장되었다.

그러나 잠시 후 방으로 들어온 소홍은 금강산의 여자와는 전혀 달랐다. 다른 사람이었지만 이 여자도 역시 또 다른 아름다움을 지니고 있었다. 왜 이다지도 이 나라 여자들은 내 마음을 매혹하는 것일까. 검정색 바탕에 붉은색 꽃 모양이 그려진 드레스를 입어 곱돌처럼 미끈한 팔이 그대로 보였다. 헝클어진 머리카락 아래로 발랄한 두 눈동자가 장난기 어린 아이처럼 빛나고 있었다.

이서운 군이 일본어로 나를 소개하고 내가 금강산에서 주개석의 여자를 만난 얘기를 했다.

"아, 주개석 씨, 아직 있군요. 드문 일이네요."

소홍이 약간 반감을 보이며 일본어로 대답했다.

"누구지. 그녀는?"

이서운 군도 역시 몰랐던 것이다. 소홍을 만나 물어볼 셈이었는지도 모른다.

그러자 소홍은 따지듯이 빠른 어조로 뭔가 수다스럽게 얘기하기 시작했다. 내가 모르는 조선어였지만 평온하지 않은 소홍의 눈빛을 보아 틀림없이 주개석에 대한 비난일 거라는 생각이 들었다.

"소홍 씨도 모른다는군."

이 군이 쓴웃음을 지으며 소홍의 말을 의역했다.

"주개석은 상황이 바뀔 때마다 상대 여자를 바꾼다네. 그 여자가 경성 여자라고 하더라도 자신처럼 한낱 무대의 상대역이었던 사람이 알 길은 없다는군. 금강산에는 여자가 없으니 헤어진 여자를 한 사람 한 사람 불러들여 사랑의 복습을 하고 있을 거라고 소홍 씨는 말하지만 나는 그렇게 보지는 않네."

이 군이 납득할 수 없다는 얼굴로 다시 입심 좋게 반박했다.

"그럼, 새 애인이라는 건가?"

내가 중간에 끼어들어 물었다.

"새 애인이라고? 그건 알 수가 없지. 다만 주개석이 헤어진 여자에게 미련을 남기는 남자는 아니라는 거지."

이 군은 그렇게 말하고 시시해진 얼굴로,

"소홍 씨, 괜찮으면 셋이 밥 먹으러 가지."라고 권했다.

역시 이 군은 이 집에서 식사를 할 예정은 아니었던 모양이다. 사실은 이 군이 소홍을 좋아해서 불러내려고 왔는지도 모른다.

창문 한가운데로 둥근 달이 걸려 있다. 둥글지만 낡고 그을린 은처럼 반쪽이 어스름하게 어두운 달이었다.

대화 중에 잠시 화제에 오른 그녀에 관한 소문이지만 나는 그녀에 대한 기억을 새롭게 해야 했다.

4

어제는 밤을 새우고 아침 일찍 까치 소리에 잠을 깨보니 창밖 프랑스 교회당에서 종소리가 은은하게 들려왔다. 오늘이 안식일인가. 목욕을 하고 보이를 불러 냉육(쪄서 식힌 고기를 얇게 저민 것 — 역자주)과 국수, 커피를 시켰다.

식후 호텔 후원을 산책했다. 사적(史蹟)으로 잘 알려진 정원에는 장미가 벌써 시들어 있었다. 오후 3시발 국제열차로 평양에 갈 예정이어서 그 시간까지는 아무 데도 가지 않고 도쿄에서 지내던 때부터 연락을 못한 지인들에게 편지라도 써야겠다고 생각했다. 아내가 살아있었다면 오직 아내에게만 긴 편지를 썼을 것이다. 아내의 생전에 나는 여행지에서 거의 편지를 쓴 적이 없어서 아내는 서운해했다. 지금 문득 그 생각이 났다.

호텔 그림엽서 중에서 가장 아름다운 것을 골라 여자친구 A에게 "조선 여인의 한복은 매우 아름다워. 당신이 입으면 잘 어울릴 거 같아. 긴자는 잊어버렸지만 좋은 영화는 보고 싶군."이라고 쓰고, 잡지사 친구 M에게는 "의외로 빠르게 마음도 안정되어 평양 구경을 마치면 곧장 도쿄로 돌아가서 정신없이 글을 쓸 생각이네. 이쪽 작가들의 형편을 생각하면 미안할 정도지."라고 썼다.

어젯밤 헤어질 때, 이서운 군은 평양에 있는 친한 신문기자에게 소개장을 써서 오늘 아침에 호텔로 가지고 와주기로 약속했다. 처음 만난 소홍도 호텔로 와서 점심을 같이 하고 싶다기에 편지를 쓰면서 기다리고 있었다.

편지 쓰기도 끝나 침대에 누워 평양 출신 박모 씨의 수필집을 골라 읽었다. 그중에 이조 중종시대의 기생 황진이가 지은 시조의 번역이 실려 있었다.

심산 깊은 곳의 계곡이여, 빨리 흐름을 자랑마라.

한번 바다에 이르면 다시 돌아오기 어려우리니.

명월이 공산에 차면 잠시 여기서 쉬어 가려므나.

기생 황진이의 심경이 부러웠다. 지금도 평양에 가면 교양 있는 기생을 만날 수 있을지도 모른다는 상상을 이리저리 해 보았다. 정오 사이렌이 울리고 1시가 지나도 이 군과 소홍은 오지 않았다.

어쩌면 바쁜 나를 방해하지 않으려고 마음 쓴 것인지도 몰랐다. 아마 정거장으로 먼저 가서 소개장을 건네주겠지 하고 마음속으로 기대하며 역으로 갔지만 내가 탄 신경(新京)행 국제열차가 움직여도 끝내 두 사람의 모습은 보이지 않았다.

결국 이것으로 잘 된 것인지도 몰랐다. 어설프게 신문기자를 소개받아 오히려 행동을 구속당할 수도 있다고 창밖으로 백로들이 떼지어 나는 들판을 바라보며 생각했다.

밤 8시 평양에 도착했다. 삭막한 평양의 시가에는 콘크리트 벽과 포플러 가지가 노란 달빛 아래 서 있었다. 이것이 첫인상이었다.

자그마한 철도호텔에 묵었다. 전등을 끄자 커튼 사이로 낮보다 밝은 달빛이 비쳐 좀처럼 잠이 올 것 같지 않았다. 겨우 잠이 들었다. 비행기 폭음에 깨보니 어느새 날이 밝아 호텔 뒷동산에서 아침체조 구령소리가 우렁차게 들려왔다.

창밖을 내다보니 대형 폭격기가 시가지 상공을 편대로 선회하고 있었다. 이 호텔의 아침은 일본식이 맛있다고 들었다. 식당 창가에 활짝 핀 나팔꽃을 바라보며 된장국을 마셨다.

오늘은 아침부터 햇볕이 쨍쨍 내리쬐어 꽤 더울 것이다.

식사 후에 사무실 사람에게 물어 자동차를 불러 타고 을밀대에 있는 박물관에 갔다.

낙랑 고구려의 오래된 문화를 말해 주는 자료와 미술품 가운데 낙랑 고분에서 발굴된 바구니 속에는 지금도 완벽하게 보존된 십여 개의 밤과 안료가 들어 있었다. 2천 년 전의 밤이었다. 당시 여자들이 오늘날의 소녀들처럼 노란 황토를 사용했음을 알 수 있었다.

박물관을 나오자 태양은 어느덧 머리 위에 걸려 있었다. 대충 건너뛰면서 봤는데도 의외로 시간이 많이 걸렸다.

교시(高浜虚子)의 소설에서도 읽은 모란대의 오마키 차야(茶屋)[4]도 지금은 주인이 바뀌어 있었다. 아담한 요릿집으로 전망이 호반 제일이라고 알려져 있는 이곳에서 점심을 먹고 그늘이 지기를 기다렸다가 천천히 부근 명승지를 구경하기로 했다.

기대에 부풀어 찾은 오마키 차야는 안내된 방이 싸구려 하숙집같이 좁았고 전망도 별로인데다 처마 끝에 서 있는 호두나무의 매미 울음소리가 오히려 더위를 더하는 터에 참을 수 없어서 나는 정원 잔디밭으로 나왔다.

정원은 전망이 좋았다.

적송의 모란대와 푸른 버드나무의 능라도가 좌우로 바라다 보였고, 정면으로 곧장 대동강이 흐르고 있었다. 저 멀리 보이는 풍경은 오른쪽 강 언덕에 연광정, 대동문의 큰 지붕과 옛 성안 기와지붕의 물결, 왼쪽 강 언덕에는 신리와 선교리 공장지대의 매연이 자욱한 모습들이 끝없이 펼쳐지고 있었다. 정신없이 바라보고 있는데 어디에선가 밝은 여자 목소리로 귀에 익은 멜로디가 들려왔다.

내려다보니 오른편 언덕에 붉은색과 녹청색으로 채색한 조선풍의 높은 정자가 있었다. 아주 훌륭한 건물로 역시 식당의 일부인 듯했다. 그 붉은 난간에 기대어 순백색의 저고리와 치마의 여자가 강물을 바라보며 노래하고 있었다. 어디선가 본 적이 있는 듯한 여인이었다. 하얀 얼굴, 아름다운 코, 가는 눈썹의 쓸쓸한 듯한 모습이 분명 낯익은 얼굴이었다. 그렇군— 나는 뛸 듯이 놀랐다. 그녀야말로 내가 내금강 이후 잊으려고 해도 잊을 수 없었던 붉은 산호색 치마의 여인이 아닌가. 옷차림도 머리 모양도 전혀 다른 모습을 하고 있었지만 조금 전에 부른 멜로디 역시 절 하인 주개석이 숲에서 불렀던 구슬픈 노래임에 틀림없었다.

그때 술상을 봐 온 종업원이 방 안으로 불려가자 나는 자리로 돌아와 2층에 있는 여자가 기생인지 물었다.

"마음에 드셨어요?"

서투른 젊은 종업원이 대놓고 말했다.

"그러시겠지요. 일류 중에도 일류로 유명한 기생이에요. 일본어도 잘 합니다."

"이름이 뭔가. 물어봐도 소용없겠지만."

"이기화(李枝花) 씨입니다. 리(李)에 에다(枝)에 하나(花)… 인기가 많답니다."

"이기화라 좋은 이름이군. 저쪽 자리가 비면 오게 할 수 있겠는가?"

"그게 말입니다."

젊은 종업원이 곤란한 듯이 눈살을 찌푸렸다.

"여간해서는 끝날 것 같지 않고요. 기생만큼은 도중에 부르는 모라이(다른 자리에 있는 예기(藝妓)를 도중에 부르는 일 — 역자주)라는 것이 없으니 말입니다."

"잠시라도 괜찮으니 어떻게 안 되겠나?"

내가 열심히 부탁하자 젊은 종업원이 수상하게 여겼다.

"반하셨군요. 단골이면 인사하러 들를 텐데요."

"단골이 아니면 어려운가 보군."

"인기있는 기생은 이, 삼일 전부터 예약을 해두지 않으면 어렵답니다. 누구 일본어를 할 수 있는 사람을 부를까요?"

종업원이 가고 마루 끝으로 나와 정자를 올려다 보았지만 이제 이기화의 아름다운 모습은 보이지 않았고 연회석에서는 일본인인 듯한 탁한 남자의 음성이 시끄럽게 들려왔다.

나는 실망하여 자리를 뜨려고 했다. 그때 수수한 중년 부인이 정중히 물었다.

"혹시 고노 선생님 아니십니까?"

어떻게 이 부인이 내 이름을 알고 있을까. 나는 그녀를 만난 적이 없다.

"그렇습니다. 고노입니다만."

"알아뵙지 못하고 이런 방에 모시게 되어 죄송합니다. 저는 이 식당의 주인입니다."

"그럼 오마키 씨입니까?"

"아니오. 오마키 씨는 이미 돌아가셨습니다."

주인은 매력적인 웃음을 지으며

"손님이 오셨습니다만, 안내할까요?"라며 대답을 기다리듯 고개를 기울이며 물었다.

"벌써 왔습니까? 기생이지요?"

"아니오, 신문사의 최 씨입니다."

"최 씨, 어쨌든 현관에 나가 봅시다."

모르는 이름이었다. 어쩌면 동명이인의 고노를 찾아왔을지도 모른다고 생각하며 현관에 나가자, 회색 코트를 입은 잘생긴 청년이 싱글벙글 웃으며 서 있었다.

"고노 선생님이시죠? 저는 이서운의 친구 최무수입니다. 오늘 아침 이서운에게 편지가 와서 곧장 호텔로 갔더니……."

"그래요. 올라오시지요. 실은 혼자 적적하던 차입니다."

나는 진심으로 최 씨의 방문을 환영했다.

"선생님이 박물관에 가셨다고 해서 관내를 한 바퀴 찾아보고 마침 점심시간이라 일본인들이 대체로 이곳을 찾기에……."

최 씨는 복도를 걸으며 나를 만난 것이 기쁜 듯 신이 나서 말했다.

"이 군이 소개장을 줄 예정이었소만."

"그러게요. 그런데 어제 아침에 열이 나서 호텔로 찾아가지 못했다고 직접 저에게 편지를 보내왔습니다. 정말 잘 오셨어요."

최 씨는 회사명이 쓰인 명함을 꺼내며 다시 정중히 머리를 숙였다.

"그래요. 저는 이서운 군이 또 약속을 어겼다고 생각했지요."

"그렇습니까? 그 사람 약속을 잘 어기지요. 하지만 책임은 잊지 않아요. 그것이 그의 좋은 점이지요."

최 씨는 예의바르게 정좌를 하고 솜씨 좋게 담뱃불을 붙였다.

"편하게 웃옷을 벗으세요."

나는 호감이 가는 명랑한 이 청년에게 술잔을 권했다.

"고맙습니다. 저도 선생님 작품은 두세 편 읽었습니다."

"학교는 도쿄입니까?"

최 씨의 명쾌한 일본어나 스마트한 옷차림에 나는 그렇게 물었다.

"아닙니다. 저는 아직 조선에서 한 발짝도 나간 적이 없답니다. 고보(高普)… 중학교를 졸업했습니다. 학력은 그게 다입니다만, 진학을 희망한다면 경성에도 대학이 있습니다."

최 씨는 여자처럼 하얀 볼을 움직이며 쾌활하게 웃었다.

"이거야, 내가 졌습니다."

우리 시골에서는 도쿄에서 왔다고 하면 꽤 훌륭하게 보았다. '도쿄에서는'을 자랑하는 것은 내지의 일본인뿐임을 알고 문득 자신의 마음이 부끄러워졌다.

"그런데 오후 스케줄은 어떻게 됩니까?"

최 씨는 신변 잡담에는 흥미가 없다는 듯 내 사정을 물었다.

"식사 후에 아름다운 기생의 안내로 모란대 구경을 할 생각이었소."

나도 솔직하게 말했다.

"그것도 좋지만 뱃놀이를 하는 건 어떻습니까. 대동강의 아름다움은 배를 띄웠을 때 비로소 알 수 있지요."

"좋습니다."

나는 당장 찬성했다. 그리고 최씨가 십년지기처럼 편하게 느껴졌다.

"그럼, 놀잇배를 준비시키지요. 사실은 회사에서도 뭐든 하겠다는 의견이 있었습니다만, 오히려 부담이 되실 것 같아 다음 기회에 하자고 했습니다. 실례가 될 지 모르겠습니다만, 오늘은 제게 맡겨 주십시오."

최무수 씨가 능숙한 매니저처럼 말하고 나가자 곧바로 좀 전의 젊은 종업원이 들어왔다.

"최무수 씨 말이야, 괜찮은 남자인 걸."

"게다가 머리도 좋고 일본 기자보다 일을 잘한대요. 사회부장이랍니다."

"대단한 걸."

"최무수 씨는 황해도에 있는 무슨 무슨 섬인가가 모두 그 사람 땅이랍니다. 섬의 왕이지요."

종업원은 최무수 씨가 자랑스러운 듯 묻지도 않은 얘기를 늘어놓았다.

"그럼 기생들에게도 인기가 많겠군."

"졸업했지요, 그 방면은."

그때 복도에서 최무수 씨의 목소리가 들렸다. 격한 조선어로 여자를 상대로 다투는 듯했다.

"고노 선생님, 손님을 데리고 왔습니다."

최무수 씨가 흰옷의 여자를 안듯이 데리고 들어왔다.

"아니, 당신이군."

이기화였다. 나도 모르게 가슴을 설레이며 자리를 내자 이기화는 하얀 볼이 발개지면서 복도의 방 끝에 앉아 조용히 웃는 얼굴로 "안녕하세요."라고 했다.

"복도에서 만나서 고노 선생님 얘기를 했더니 만난 적이 있다고 해서 데리고 왔습니다. 어디에서 만나셨어요?"

최무수 씨는 놀리는 말투이면서도 속내를 꿰뚫어 볼 듯이 무서운 얼굴로 강하게 물었다.

　나는 그때 부끄러워하는 이기화의 눈빛을 읽었다. 금강산의 일을 말해서는 안 되었다.

　"거기 정원에서지요. 이 사람은 건너편 연회석 2층에 있었는데, 뭐랄까, 그렇지. 로미오와 줄리엣이 처음 만나는 장면처럼……."

　"오가루와 간페가 아니고요?"

　최무수 씨가 다시 명랑한 표정이 되어 소리내어 웃었다.

　"그럼 소개하지요. 이기화입니다. 검무의 명인이며 문학기생이지요."

　"그래요? 문학을 좋아합니까?"

　그러고 보니 어딘가 기품있는 얼굴이 친숙하게 느껴졌다.

　"선생님의 성함은 알고 있어요. 잘 부탁드립니다."

　이기화는 손가락에 어울리지 않는 커다란 보석이 달린 반지를 보이며 조용히 머리를 숙였다.

　"그렇지. 자네도 배 타지 않겠나."

　최무수 씨가 생각난 듯 권하자 이기화는 눈살을 찌푸리며 조선어로 웃었다.

　"좋고 말고. 저쪽 사람들에게는 내가 말해 주지. 오늘은 선생님과 함께하게."

　최무수 씨는 일본어로 설득한 후, 나에게도 설명했다.

　"이 사람은 선생님과 함께 가고 싶은데 전기회사 중역이 불렀다고 합니다. 다행히 상대 손님을 제가 알고 있으니 말하면 잘 될 겁니다. 괜찮겠지요? 데리고 가도."

　괜찮은 정도가 아니었다. 꼭 그렇게 부탁하고 싶다고 하자 이기화도 기분 좋게 술병을 들어 내 잔을 채웠다.

뱃머리에 봉황을 장식한 놀잇배에 기생 두 명과 우리들이 타자, 어디선가 미리 부탁해 둔 모터보트가 나타나 줄을 던졌다. 유람선의 힘만으로는 대동강 급류를 오를 수 없어서 강을 오를 때 끌어준다고 했다.

아까부터 최무수 씨가 차 공이라고 부르는 걸 보아 차 아무개라 하여 그림을 잘 그리는 발랄한 기생이고 설중월(雪中月)이라는 이는 그 앞에 김이나 박이라는 성이 붙겠지만 부르기 쉽게 줄여 부르는 모양이었다. 말은 없지만 노래를 잘해 들을 만하다고 최무수 씨가 소개했다.

몇 년째 가뭄으로 물이 적다고 하지만 깊이를 알 수 없는 짙푸른 물이 소용돌이치며 유유히 흐르고 있었다. 왼쪽을 올려다보니 여름풀이 무성한 절벽 위로 부벽루의 고색창연한 지붕이 보였고 오른쪽으로는 능라도의 수양버들 그늘 아래에서 흰옷을 입고 빨래하던 여자들이 손을 멈추고 우리들이 탄 놀잇배를 바라보고 있었다.

최무수 씨는 차 공을 상대로 뱃머리에 기대어 담소를 나누며 줄곧 맥주를 마셨다. 설중월이 문득 노래를 부르기 시작했다. 호소하듯 탄식하듯 감상적인 노래였다.

"뭐지, 저 노래는?"

가까이에 있던 이기화에게 물었다. 그러자 이기화는 핸드백에서 만년필을 꺼내 옆에 있던 잡지 뒷표지에 좀 유치한 글씨로 수심가라고 썼다. 수심가란 평양 특유의 곡조로 알고 있었기에 무슨 뜻인지 물었다.

이기화가 잠시 생각하더니

"서리가 내리는 슬프고 원망스러운 밤에 내 마음을 노래하지요. 내가 사랑하는 이는 어디에 살고 있는지 가 버리고 다시 돌아오지 않는 사람… 아시겠어요?"

라고 진지한 얼굴로 물었다.

"응, 당신의 말은 시처럼 아름다워. 그게 전부인가?"

"아직 남았는데, 계속 할까요?"

계속해서 이기화가 다음을 의역했다.

"만일 꿈속에 길이 있다면 길에 놓인 작은 돌이 모래알이 되도록 다니지요. 먼 구름 밖으로 당신이 가버렸지요. 둘은 연인이 아니라 적입니다. 만날 수도 없고 떨어져 있기만 하니까요. 나는 이제 살고 싶지 않아요."

이렇게 말하고 이기화는 슬픈 듯 눈에 눈물을 가득 담은 채 입을 다물었다. 갑자기 최무수 씨가 테이블을 두드리며 노래를 부르기 시작했다. 그가 노래를 부르자 차 공이 그에 맞추어 흥겹게 노래했다. 노래가 끝나자 최무수 씨는

"수심가도 슬픈 구절만 있는 것이 아닙니다. 이 노래는 노세, 노세, 젊은이여 노세, 나이를 먹으면 놀 수 없다는 뜻인데 일본에도 있을 법한 노래지요. 동감할 수 없답니다, 이런 허무주의적인 기분에."

그렇게 말하고 최무수 씨는 아무렇지도 않은 듯 웃었다.

"어이, 배를 멈추게."

최무수 씨가 뱃머리에서 몸을 내밀어 앞 보트에 말했다.

배 몸통의 좌현은 좁고 후미진 곳으로 오후의 갈대와 물억새 사이로 개개비 우는 소리가 들렸다.

"내려 볼까요?"

최무수 씨는 여름풀이 무성한 강가를 보며 내게 권했다.

"내려서 주암산(酒巖山)을 오르지요. 고구려 성벽의 사적과 청일전쟁의 전적이 한눈에 보인답니다."

최무수 씨가 앞쪽 강기슭에 올라서서 바위산을 가리키며 말했다. 구릉의 반쪽이 적송 숲으로 덮이고 강 흐름에 면한 반쪽은 깍아지른 듯한 암

벽으로 되어 있었다. 수면에서 5, 60척은 되지 않을까.

"내키지 않는 사람은 배에서 기다려도 됩니다. 오르고 싶은 사람만 갑시다."

최무수 씨는 뭍으로 건너뛰면서 말했다.

"가겠어요, 저도."

활기찬 차 공이 머리쓰개를 하고 가볍게 뛰어내렸다.

"이기화도 내려. 넌 선생님 파트너야. 두 조로 나뉘어서 산타기를 겨뤄 보자고."

최무수 씨는 뭐든 멋대로 정해서 말해 놓고는 차 공의 팔을 잡고 허리를 흔들며 앞 마을을 향해 걸어갔다.

"이기화 씨, 어찌할 텐가?"

햇볕이 쨍쨍 내리쬐고 독벌레도 있을 것 같은 풀밭을 보며 나는 권유하기를 주저하고 있었다.

"갈게요."

이기화가 치마를 돌려 하얀 신발에 마음을 쓰며 내려왔다.

배 안에는 설중월이 혼자 남아 의미 있는 웃음을 보내고 있었다.

어깨까지 오는 무성한 여름 수풀을 헤치고 감자밭 두렁으로 나왔다. 아름다운 패랭이꽃이 피어 있었다. 일본의 패랭이꽃보다 더 선명한 붉은색이었다.

"기억하나. 금강산에서 만났지?"

나는 돌아보며 물었다.

"네, 겨우 둘이 되었네요."

이기화가 그렇게 말하며 만족스러운 듯 웃었다.

"주개석 씨의 이야기를 경성의 이서운 군에게 들었다네. 이서운 군도 당신에 대해서는 모르더군. 오늘 오마키 차야에서 만났을 때는 깜짝 놀랐어."

"그래요. 이서운 씨에게 들으셨어요?"

"당신과 주개석 씨는 도대체 어떤 사이인가?"

"글쎄요. 연인도 아니고 부부도 아니고 손님도 아닌… 잘 모르겠어요."

우리는 좁은 밭두렁길을 바짝 다가서서 걸었다.

"그때는 만나러 간 것인가?"

"네."

"금강산에서 만났던 것을 최무수 씨에게 말하면 안 되나?"

"아니요. 그 사람도 알고 있는 걸요."

오마키 차야에서 말하지 않으려고 서투른 농담으로 얼버무린 것이 지나친 생각이었다는 사실에 나는 쓴웃음을 지었다.

"주개석 씨는 어떤가. 아직 산에 있는가?"

"네, 가을이 되면 만주로 가겠지요. 어찌됐건 평양에는 돌아오지 않을 거에요. 그 사람은 어디를 가도 인기가 많으니까요."

이기화는 무릎을 꿇고 패랭이꽃을 꺾어 말없이 나에게 건넸다. 그때 백 미터 정도 떨어진 언덕길에서 불쑥 나타난 최무수 씨가 손짓을 했다.

"오늘밤 어디서 만나지 않겠는가?"

나는 급한 마음으로 말했다.

"오늘은 안 돼요. 내일 아침 호텔로 전화할게요."

이기화는 그렇게 말을 하고 종종 걸음으로 언덕을 뛰어 올라갔다.

7

해 질 무렵, 우리들은 경제리(鏡齊里)의 강변에 배를 댔다. 강변에는 조선요릿집들이 늘어서 있었고 안쪽 골목은 기생거리였다. 우리는 그중 국일관에 들어가 저녁을 먹었다. 겨우 반나절의 뱃놀이로 상당히 친해진 이기화는 줄곧 내 옆에 앉아 이것저것 시중을 들어 주었다. 차 공은 최무수 씨와 특히 친해진 듯했다.

설중월이 장고를 두드리며 이런저런 노래를 불렀다. 밤이 깊어져 여자들과 작별을 하고 최무수 씨의 배웅을 받아 호텔로 돌아왔다.

"최무수 씨, 사실은 금강산에서 이기화를 만났었소."

"그렇다지요."

최무수 씨는 아무렇지도 않은 듯 말했다.

"그 사람은 주개석의 애인입니까?"

"애인이 아니고 평양시대의 처이지요. 이서운 군이 말했는지 모르겠습니다만, 주개석은 가는 곳마다 처를 둡니다. 가을이 되면 만주로 간다고 하는데 또 신경에 만주 처자를 아내로 삼겠지요. 이기화도 바보예요. 그걸 알면서도 금강산까지 데리러 갔으니 말이요."

"데리러요?"

"그렇습니다. 주개석이 돌아오면 지금 일을 그만두고 저축한 돈으로 바를 사서 주개석을 먹여 살릴 작정이었거든요. 하지만 주개석도 여자의 정에 빠져 야심을 버릴 수는 없었겠지요. 그녀는 크게 실망하고 돌아와 줄곧 일도 쉬고 있었지요."

"주개석의 야심이라니요?"

"꿈입니다. 아까운 남자입니다. 재능도 실력도 있는데 항상 뭔가를 쫓지요. 뭐랄까, 산 너머의 행복을요."

최무수 씨는 이서운 군과는 다른 생각을 가지고 있었다.

"안주할 수 없는 사정이 있는 거 아닙니까?"

"안주요? 그것은 외부적인 것이 아니라 자기 내부의 힘이지요."

최무수 씨는 밝은 표정으로 물끄러미 내 얼굴을 바라보았다.

"그렇군요. 저도 좀 생각해 보아야겠습니다. 남의 일이 아니거든요."

　나는 가슴이 철렁했다. 먼 여행길에서 이민족의 친구가 나의 길을 분명하게 보여주다니 생각지도 못한 일이었기 때문이다.

　"내일은 어떻게 하시겠어요? 뭣하시면 오후에 강서고분의 벽화라도 안내할까요. 회사는 오전 중에 조치해 두면 되니까요."

　최무수 씨가 일어서며 물었다.

　"내일은 쉬도록 하지요."

　나는 그렇게 말하면서 마음에 걸렸다. 이 사람에게는 거짓말을 할 수 없을 거 같았다.

　"사실은 이기화가 찾아온다고 하니."

"벌써 그런 약속을 했습니까? 놀랐는데요."

최무수 씨가 전혀 놀라지 않은 얼굴로 말했다.

"하지만 조심하십시오. 기생에게 진실이 없다는 말은 퇴짜맞은 손님이 하는 말입니다. 지나칠 정도로 진실하니 박물관의 미이라가 되어서는 안 됩니다."

최무수 씨는 이렇게 말하고 웃었다.

"바라건대 미이라가 되어 자네의 유경(柳京, 평양의 다른 이름 — 역자주)에 묻히고 싶소만."

이렇게 대답하고 나도 웃었다.

"그럼 제가 필요하시면 회사든 아파트든 전화를 주십시오. 내일이든 모레든 기다리고 있겠습니다."

최무수 씨는 손을 뻗어 악수를 청하고 경쾌한 걸음으로 계단을 내려갔다.

8

그날 밤에도 커튼 틈으로 흘러들어 온 밝은 달빛이 방 안을 가득 채우고 있었다.

오늘 일을 생각하고 내일 일을 즐겁게 상상하고 있자니 정신이 더 맑아져서 잠이 오지 않았다.

내일 이기화를 만나면 아내를 잃은 내 얘기도 하자. 착한 그녀는 나를 동정해 주리라. 비슷한 처지의 두 사람이 서로 기대어 대동강변을 거닌다. 나는 문득 이기화의 체취를 느꼈다.

그리고 가벼운 잠에 빠졌다. 어쩐 일인지 꿈속에서는 경성의 여배우 김소홍과 호텔 베란다에서 차가운 홍차를 마시고 있었다. 그리고 전날처럼 비행기 폭음 소리에 잠이 깼다. 목욕물을 데워 천천히 수염을 깎고 가방에서 새 와이셔츠를 꺼내 입었다.

아침 식사를 마치고 방으로 돌아와 창가의 안락의자에 앉아 창밖의 풍경을 바라보았다. 이기화가 사는 경제리는 어느 쪽일까. 맑은 여름 하늘 아래로 지붕이 낮은 시가시가 멀리 대동강변까지 이어져 있었다. 군데군데 튀어나온 백화점과 관청 빌딩을 보고 있자니 왠지 아브라함 링컨의 모습이 떠올랐다.

시가지는 조용했고 저편 도로에서 자동차 경적 소리가 생각난 듯이 들려왔다. 애국행진곡의 우렁찬 합창이 울려 퍼지고 앞쪽 큰길을 통과하는 군대가 지붕들 사이로 보였다. 마침내 10시가 되었다.

어젯밤 헤어질 때 이기화는 늦어도 10시에는 전화를 하든지 호텔로 찾아오든지 하겠다고 약속했다. 내 방 바로 밑이 호텔 정면 현관이어서 자동차가 멈출 때마다 나는 창으로 몸을 내밀어 손님의 출입을 살폈다. 기다림에 지치다 11시가 되었다. 갑자기 전화벨이 울렸기에 황급히 수화기를 들었다.

"여보세요. 선생님이세요?" 아주 먼 목소리였다.

"그렇소. 고노요. 이기화 씨입니까? 어찌된 거야, 늦었군. 바로 오게. 아니면 내가 나갈까?"

내가 연거푸 말을 한 것은 상대의 대답이 없어서였다.

"여보세요. 왜 그래? 내 말을 못 알아듣겠는가?"

"저 이기화입니다." 잠시 후 가는 목소리로 대답했다.

"알고 있다니까. 왜 그런가. 곧 올 수 있지?"

나는 손을 뻗어 상대를 잡아 끌고픈 충동을 느끼며 말했다.

"산에서 그 사람이 돌아왔어요."

이기화가 한 마디 한 마디 자르듯이 말했다. 마치 감정이 없는 듯한 목소리였다.

"주개석 군이?"

"네."

"그래. 잘 되었군."

사실 마음에도 없는 말이었다.

"네."

"그래서 못 오는군."

"네."

나는 낙담했다. 조금 과장되게 말하면 쓰러뜨려진 느낌이었다.

"그래. 그럼 실례하네."

나는 기운 없이 수화기를 내려놓았지만, 왠지 전화선 저편에 언제까지나 수화기를 귀에 대고 있을 듯한 그녀의 하얀 모습을 느끼며 좀 더 하고픈 말이 있는 것 같은 기분에 사로잡혔다.

맑은 조선의 하늘이었다. 삭막한 시가지 저편에 뭉게뭉게 피어오르는 구름이 걸린 봉우리를 검은 새의 그림자가 유유히 지나고 있었다.

여기는 도쿄에서 몇 백 리나 떨어져 있을까 하는 생각이 문득 들었다.

그리고 내려놓은 수화기를 다시 귀에 대고 교환수에게 최무수 씨의 신문사 전화번호를 말했다. (끝)

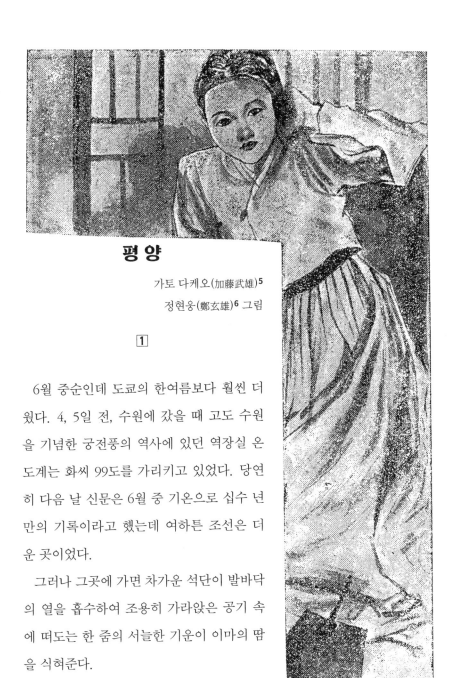

평 양

가토 다케오(加藤武雄)[5]
정현웅(鄭玄雄)[6] 그림

[1]

6월 중순인데 도쿄의 한여름보다 훨씬 더
웠다. 4, 5일 전, 수원에 갔을 때 고도 수원
을 기념한 궁전풍의 역사에 있던 역장실 온
도계는 화씨 99도를 가리키고 있었다. 당연
히 다음 날 신문은 6월 중 기온으로 십수 년
만의 기록이라고 했는데 여하튼 조선은 더
운 곳이었다.

그러나 그곳에 가면 차가운 석단이 발바닥
의 열을 흡수하여 조용히 가라앉은 공기 속
에 떠도는 한 줌의 서늘한 기운이 이마의 땀
을 식혀준다.

모란대 경사면에 세운 평양 박물관이다.
관장 고이즈미(小泉) 씨는 역시 학자다운 차

분한 사람이었다. 고이즈미 씨는 일부러 우리들의 안내에 나서주었다. 고이즈미 씨의 명쾌하고 요령 있는 설명을 들으며 우리들은 그곳에 진열된 유물들을 돌아보았다. 그곳에는 주로 낙랑 고분에서 나온 것들을 모아 놓았다. 무구, 마구, 거울, 청동그릇, 도자기, 칠기 등 여러 가지가 있었지만 그중에 가장 시선을 끄는 것이 있다면 가늘고 섬세하게 짠 둥근 형태의 대나무 광주리로 가장자리의 붉은 색은 아직 선명했고 놀라울 정도로 꼼꼼하게 인물들의 군상이 그려져 있었다.

"정교하군요."

나도 모르게 탄성이 나왔다.

"이건 저쪽에 있는 원형 그대로 옮겨 온 고분 속에서 나온 겁니다. 나중에 안내하지요. 이것을 봐도 그들의 문화가 상당히 높았음을 알 수 있답니다."

고이즈미 씨가 말했다.

그리고 당시의 귀부인이 사용했을 화장 도구들이 있었다. 콤팩트 같은 원형의 얄팍한 그릇 속에 숫돌가루 같은 분이 그대로 남아 있었다.

"이게 이천 년 전 겁니까?"

나는 다시 그렇게 물어보지 않을 수 없었다.

박물관이라는 곳은 쓸쓸한 듯 하면서도 왠지 시끌벅적하고, 시끌벅적하면서도 묘하게 쓸쓸하다. 멀고 먼 그 시대에 이렇게 그 사람들이 살고 있었다고 생각하면 사람들의 애환이 적막하게 놓여 있는 유물들로부터 소리 없는 목소리가 되어 와락 달려들 것 같은 느낌이 든다. 하지만 그들은 저 멀리로 사라졌다. 우리들도 곧 사라져 갈 것을 생각하니 인생의 유구함이 왠지 모를 쓸쓸함으로 가슴에 절절히 다가온다.

나는 점점 생각에 잠겨갔다. 이렇게 몇몇 전시실을 돌아보고 나서 청일전쟁을 기념하는 전시실에 들어가게 되었다. 그곳 진열장에 당시의 중국 병사들의 군복이 놓여 있었다. 내 시선이 붉은색, 노란색, 곤색으로 물들인 두툼한 라사(양모) 군복의 강렬한 원색에 이르렀을 즈음, 내 마음도 태고의 꿈에서 깨어났다.

거기에는 당시의 풍속화와 사진도 진열되어 있었다. 온통 내게는 친숙한 것들 뿐이었다. 청일전쟁은 내가 일곱, 여덟 살 때 일어났다. 숙부도 출정했고 내가 삼촌이라고 부르며 따르던 옆집 아저씨도 출정했다. 하라다 주키치(原田重吉)의 사진도 벽에 걸려 있었는데 이 현무문(玄武門)의 용사의 이름과 나란히 적장 좌보귀(左寶貴)의 이름도 내 소년 시절의 마음에 강하게 남아 있었다. 당시에 자주 불렀던 군가가 문득 입가에 맴돌았다.

무찌르자 물리치자 청국을
청은 나라의 적이다.
동양평화의 적이다.
......

사십 수 년 전의 것이지만 지금 우리들이 부르고 있는 노래도 모두 이 노래의 연속이었다. 청일전쟁은 대륙진출을 향한 우리 민족의 첫발이었다. 그리고 끊임없이 전진해 온 우리 민족이 이제 다시금 커다란 일보를 내디디려 하는 것이 이번 사변이었다.

나는 사, 오일 전에 수원역에서 우연히 귀환 병사를 가득 태운 열차를 맞이한 일이 생각났다. 검게 그을리고 수척해진 얼굴에 전쟁의 노고가 새겨져 있던 병사들의 비참하고 뽐내지 않는 모습이 눈에 떠올랐다. — 내 마음이 조용한 명상의 세계에서 격렬한 현실로 돌아왔다. 박물관을 나와 옆쪽 오솔길로 내려가자, 발굴된 두 개의 고분이 원형 그대로 옮겨져 있었다. 하나는 기와, 다른 하나는 목재를 쌓아올려서 만든 상당히 큰 규모의 것이었다. 어두운 묘 입구로 나오자 정오를 지난 태양이 눈부실 정도로 밝았다. 하늘에 불꽃무늬가 빙글빙글 원을 만들 정도로 더웠다.

"저 고분은 어디서 발견되었나요?"

박물관 앞에 선 내가 고이즈미 씨에게 물었다.

"글쎄요."

고이즈미 씨가 눈을 가늘게 뜨고 대동강 쪽을 건네다 보며 말했다.

"이쪽 방향이 되겠지요."

가리킨 쪽은 넓고 아득한 경치가 펼쳐져 있었다. 하지만 근시가 심한 나에게는 건너편 굴뚝에서 연기를 토해내고 있는 것이 보일 뿐이었고 연기의 끝자락이 한 줄기 여름 안개로 사라져 산하의 모습도 제대로 알아볼 수 없었다.

"굴뚝이 많군요."

"네, 저쪽 편은 공업지대랍니다."

검은 조선이라고 마음속으로 중얼거렸다. 십 년 전 조선에 왔을 때에는 산들이 모두 붉은 색의 민둥산이었다. 그러나 이번에 와 보니 붉게 헐벗은 산들은 녹색 나무들로 온통 뒤덮여 있었다. 붉은 조선에서 푸른 조선으로 — 십 년 동안 조선은 아주 젊어졌다. 하지만 이 푸른 조선도 곧 솟아오르는 굴뚝들로 인해 검은 조선이 되려 한다 — .

"지금 아주 흥미있는 발굴을 하고 있답니다."

"발굴이요? 역시 고분입니까?"

"아니요. 고구려시대의 절터입니다. 여기서 약간 상류 쪽입니다. 혹시 놀잇배를 타시면 도중에 잠시 들러주세요. 제가 안내하지요."

"내일은 놀잇배를 타고 주암산(酒巖山)까지 가 볼 예정입니다. 꼭 보여주십시오."

우리들은 거기서 고이즈미 씨와 헤어졌다.

"고이즈미 씨라는 분, 훌륭한 학자답더군요."

돌아오는 길에 차 안에서 동행하던 K 군에게 말했다.

"그쪽 방면에서 큰일을 하고 있는 거 같습니다."

K 군이 말했다.

2

다음 날 아침, 우리들은 우리들의 좋은 안내자 — 라기보다 이미 좋은 친구가 된 마에다 씨의 안내로 현무문을 보고 을밀대에 올라 기자묘(箕子廟)에 예를 올리고 부윤(府尹) 사토 씨가 우리를 위해 열어준 연회에 참석했다. 자리는 오마키 차야에 마련되었다. 사토 씨, 영화계의 가와세 씨, 고이즈미 씨, 마에다 씨, 그 외에는 관광국의 박인수 군 등이 참석했다. 술상 사이에 시중을 들 네 명의 기생이 불려와 있었다. 약간 어두운 얼굴의 말이 없는 이××, 쾌활하고 모던한 느낌을 주는 차××, 여의사처럼 보이는 왕××, 살이 찌고 연배가 있는 부인 같은 모습의 최××.

사토 부윤이 주섬주섬 최근 평양의 눈부신 발전 모습을 말했다. 박인수 군이 기생에게도 기벌(妓閥)이라는 것이 있는데 평양이 가장 높다고 설명했다. 고이즈미 씨는 그저 빙그레 웃고 있었다.

"이거 뭐라고 하지?"

K 군은 아름다운 이××의 저고리 이음새에서 리본처럼 내려온 가는 천을 가리키며 물었다.

"고름."

"이건? 머리에 꽂은 쇠로 된 장식 같은 거 말이야."

"이건 비녀라고 합니다."

"좋은데. 간소하면서도 조화롭고 멋이 있어."

　그런 것들에 남들보다 예민한 감각
을 지닌 K 군은 이리저리 보면서 감탄했다.
나도 조선 여인의 복장이 참 좋다고 여겨졌다.
　"그런데 말이야."
　나는 즉석 그림을 마치고 긴장이 풀린 차××에게 말했다.
　"자네 것은 너무 단순한 거 아닌가? 허리띠만이라도 색이 있는 것
으로 하면 어떤가."
　그녀는 순백의 저고리와 치마에 검은 허리띠를 하고 있었다.
　"글쎄요. 무슨 색이 좋을까요."
　"붉은색이 어떤가."
　"붉은색이요?"
　"붉은색은 애들 같아서 이상한가. 그럼 물색은."
　"물색이요?"
　그다지 찬성하지 않는 얼굴이었다. 요염한 듯 하면서도 묘하게 인텔리
적인 느낌이 들고 윤곽이 뚜렷한 그녀의 얼굴에 블랙 앤 화이트가 가장
어울릴지도 모른다고 생각했다.
　"자네는 계월향의 얘기를 알고 있는가?"

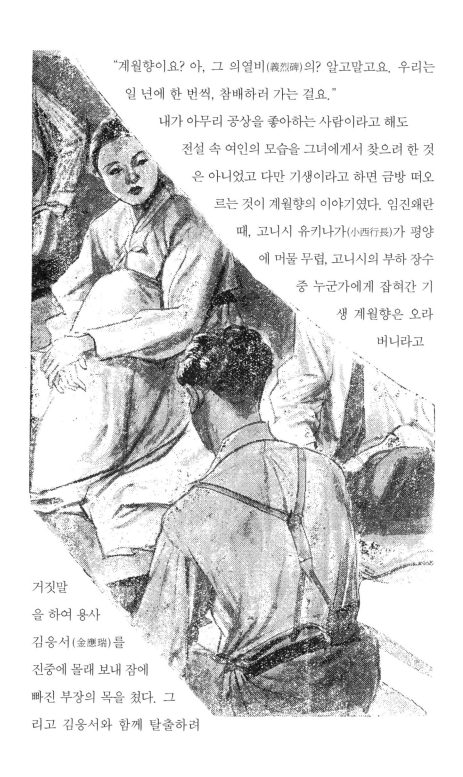

"계월향이요? 아, 그 의열비(義烈碑)의? 알고말고요. 우리는
일 년에 한 번씩, 참배하러 가는 걸요."

　내가 아무리 공상을 좋아하는 사람이라고 해도
전설 속 여인의 모습을 그녀에게서 찾으려 한 것
은 아니었고 다만 기생이라고 하면 금방 떠오
르는 것이 계월향의 이야기였다. 임진왜란
때, 고니시 유키나가(小西行長)가 평양
에 머물 무렵, 고니시의 부하 장수
중 누군가에게 잡혀간 기
생 계월향은 오라
버니라고

거짓말
을 하여 용사
김응서(金應瑞)를
진중에 몰래 보내 잠에
빠진 부장의 목을 쳤다. 그
리고 김응서와 함께 탈출하려

는데 그게 쉽지 않자 김응서만 성 밖으로 도망치게 하고 자신은 자결하고 말았다. 계월향을 열녀로 모시는 사당이 지금도 있으며 평양 기생은 일 년에 한 번씩 이 사당에 참배한다고 한다.

"계월향을 어떻게 생각하나?"

"대단해요."

"자네도 그런 일을 할 수 있나?"

"그야 그런 경우가 되면 할 수 있지요."

검은 눈동자를 빛내며 차××가 말했다.

"훌륭하군. 자네라면 해낼 거 같아."

나도 좀 취기가 돌았다.

③

그리고 한 시간 정도 지나 우리는 놀잇배를 타고 대동강 위에 떠 있었 다. 왕조의 그림첩에서 본 적이 있는 용두익수(龍頭鷁首) — 아마도 익수 쪽일 것이다. 뱃머리가 커다란 새 모양으로 되어 있는 배는 모터보트에 끌려 강줄기를 거슬러 가고 있었다.

버들잎의 파도로 덮인 능라도를 왼쪽으로 보며 잠시 앞으로 나아가던 배는 이윽고 왼쪽 기슭에 닿았다. 고이즈미 씨가 맨 먼저 배에서 내렸다. 나, H 군, 그리고 같이 탄 평양 매일신보 기자 사이토 군도 이어서 내렸 다. H 군은 그녀들 쪽을 돌아보며,

"자네들도 오지 않겠는가?"라고 말을 걸었다.

꽤 더운 날이어서 모두 뒷걸음을 치는 가운데

"가지요."

꿋꿋이 배에서 뛰어내린 이는 차××였다. 더위에 약한 K 군이,

"더워. 갈 거면 이거라도 쓰고 가라고."

바나나모자를 던져 주었다. 차××는 그것을 머리에 쓰고,

"잘 어울리지요?"

약간 장난스러운 몸짓을 해 보이고는 뒤쪽으로 치맛자락을 감아올리고 당당하게 걸어갔다. 하얀 모자에 하얀 옷, 차××의 모습은 한 덩어리의 하얀 불꽃처럼 보였다.

풀의 훈김이 나는 돌길이었다. 차××의 작은 구두에서 풀썩 먼지가 일어났다.

"덥지?"

"괜찮아요."

차××는 여학생처럼 가볍게 가장 먼저 뛰어가서,

"전체 멈춰. 하나 둘, 하나 둘."

호령을 붙이기도 했다.

잠시 걸어가니 오른쪽 강가에 함석지붕의 작은 오두막집이 보였다. 노동자 네댓 명이 열심히 가래질을 하고 있는 모습이 보였다. 이윽고 우리들은 땅속에서 나온 석단을 발아래에서 발견했다. 석단은 길게 곧장 이어져 있었다.

"이 근처 일대입니다.… 웅, 저쪽에서 저쪽으로…….…."

고이즈미 씨가 손가락으로 넓은 지역을 그려 보이며

"최근까지는 세키노(關野) 박사에 의해 장수왕의 궁궐터로 추정되고 있었습니다. 고구려 20대 왕인 장수왕이 압록강 유역에 있던 수도를 이곳으로 옮겨 왔다 — 그리고 여기가 그 궁궐이 있던 자리라고 생각했던 겁니다. 그런데 이번 발굴로 궁궐이 있던 자리가 아니라 사원이 있던 자리라는 것을 알게 되었지요. 고려시대에 금강사(金剛寺)라는 큰 절이 있었는데 그 금강사가 있던 자리라는 것이지요."

"그럼 고구려의 궁궐터는 따로 있었던 거군요."

"그렇습니다. 어쨌든 여기는 궁궐터가 아닙니다. 절이 있던 곳이지요. 재미있는 것은 그 절의 당탑의 배치와 구조가 마치 야마토의 호류지와 똑같다는 것인데 이번 발굴에서 알게 되었습니다."

"그건 정말 대단한 발견이군요."

H 군이 말했다.

겸손한 고이즈미 씨는 그 말에 단지 미소로 답할 뿐, 열심히 설명을 계속

하며 우리들
을 이끌어 갔다. 겉
으로 드러난 돌계단이 유
채밭과 보리밭 속으로 가로,
세로로 길게 이어져 있었다. 문양
이 있는 기와 조각이 무슨 꽃인지 진
한 보라색 꽃 옆에 떨어져 있었다.
"고이즈미 씨."
여태 조용히 귀를 기울이고 있던
차××가 갑자기 고이즈미 씨를 불렀다.
"대단하시네요. 다시 봤어요. 당신이 이렇게 대단
한 분인 줄 몰랐어요."

그녀의 눈이 마음에서 우러나오는 찬미로 반짝이고 있었다.

"놀랐소, 차 공. 자네는 학자를 존경할 줄 아는군."

H 군이 말했다.

"대단하긴요. 뭐."

고이즈미 씨는 역시 미소 지을 뿐이었지만 발밑에서 날아오른 검은 나비가 완만하게 곡선을 그리며 훨훨 날아 사라져 가는 것을 바라보며,

"스이코(推古朝) 시대에 일본으로 귀화한 담징(曇徵)도 이 절에 있었던 것이 아닐까 합니다. 시대도 같으니까요. 어쨌거나 대단한 규모입니다."

나는 강렬한 한여름 햇빛 속에서 전각과 탑이 매우 장엄한 대사원이 신기루처럼 나타나는 것을 보았다. 고이즈미 씨는 발굴이 완성되는 유적의 전경(全景)을 바라보며 그곳에 서 있었다. 그의 눈은 사물을 끝까지 파고들고자 하는 커다란 열의로 불탔고 그의 입가에는 사물의 전부를 파악한 이의 회심의 미소가 있었다.

— 긴장된 모습이었다.

고이즈미 씨의 모습을 보면서 나는 다른 한편에서 활약하는 또 하나의 모습을 보았다.

4

그것은 성진(城津) 고주파 중공업주식회사의 전무 다카하시(高橋) 씨의 모습이었다.

우리들은 평양에 오기 전에 성진을 찾아 야심차게 세워진 고주파 중공업 대공장을 견학하고 왔다. 전무 다카하시 씨는 직접 우리들을 안내하여 대단한 규모의 설비를 보여 주었다. 어떤 학자도 아직 이론적으로 설명하기 어려운 고주파 전파에 의한 정련은 이론에 앞서 눈부신 실적을 거두고

있었다. 이 사실을 눈앞에서 확인하고 우리들은 불가사의한 과학의 힘에 놀랐고, 공업일본 군국일본의 전도가 밝음을 생각하며 온몸을 바쳐 이 사업에 착수한 다카하시 씨의 의기가 장하다 하지 않을 수 없었다. 다카하시 씨는 또 내화벽돌 제조에도 획기적인 성공을 거두고 있었다. 돈이 되는 광산을 비롯해서 지하자원의 발굴에도 열심이어서 공장 생산의 모든 것을 자급자족할 수 있는 날이 머지않았다는 것이다.

"북선의 지하자원은 굉장합니다. 뭐든지 있거든요. 없는 게 없습니다."

다카하시 씨가 말했다. 다카하시 씨는 고담한 선승 같은 풍모를 하고 있었는데 그의 눈은 날카로운 기백이 담겨 있어 매처럼 빛나고 있었다. 카키색 제복에 앞이 튀어나온 전투모, 각반을 두른 가벼운 차림의 조그마한 체격까지 날렵한 모습이었다.

다카하시 씨의 공장은 현재 종업원이 2천 명에 이르는데 이번에 지금보다 세 배의 규모로 확장하게 되어 확장 공사의 9할 정도가 완성되었다. 신설된 발전소의 옥상에 올라가자, 몇 만 평이나 되는 공장의 전경이 한눈에 들어왔다.

"이 근처 일대는 소나무 숲으로 묘지였습니다. 사업에 착수하기 위해 겨우 이곳에 왔을 때는 과연 어디에 장소를 정해야 할 지 저 언덕 위에 서서 반나절을 팔짱을 끼고 생각했었지요."

동해에서 불어오는 바람에 눈썹을 올리며 다카하시 씨가 말했다. 그의 간결한 말 속에서 일개 고기잡이 항구에 지나지 않던 성진을 혼자 힘으로 북선 굴지의 대공업 도시로 일구어냈다는 감개를 읽을 수가 있었다.

"어떻습니까, 다카하시 씨."

H 군이 물었다.

"이렇게 자신이 해낸 큰 사업을 내려다보니 어떤 기분이 듭니까?"

"부족합니다."

"부족하다. 이거 놀랍군요."

H군이 감탄의 소리를 질렀다.

"이제 시작입니다."

다카하시 씨가 말했다. 다카하시 씨의 눈은 무한한 미래를 향하고 있었다.

지금 고이즈미 씨의 모습이 당시의 다카하시 씨의 모습을 연상하게 했다. 같은 눈빛이다. 다카하시 씨는 무한한 미래를 바라보고 있는 것이다. 고이즈미 씨는 먼 과거로 달려간다. 방향은 다르지만 같은 열의에 찬 눈빛이다.

나는 H군을 돌아보았다.

"조선은 불가사의한 곳이야. 같은 땅속에 이렇게 2천 년 전의 문화가 잠들어 있고 동시에 풍부한 지하자원과 함께 무한한 미래가 묻혀 있거든."

"그렇군요."

"과거와 미래가 동시에 발굴되는 모습이 재미있지 않은가."

"그렇습니다."

H군이 끄덕거렸다. 그리고 갑자기 옆에 있던 차××의 저고리 고름을 잡아당기며,

"이봐, 자네. 이 하얀 가슴 속에는 무엇이 들었나?"

"뭐라고요?"

더위에 헐떡이던 그녀의 가슴은 탄력있는 기복을 드러내고 있었다.

"여기엔 무엇이 묻혀 있냐고?"

"그걸 발굴하는 것이 자네의 임무일세."

내가 그렇게 말하자,

"하하하"

H군이 사자 수염같은 곱슬머리를 미풍에 날리면서 웃었다.

"무슨 말이에요?"

차××도 따라 미소지었다.

이 처녀의 가슴에도 먼 과거와 무한한 미래가 분명 함께 있으리라.

빙글 몸을 돌려 걸어가는 모습, 그 발랄한 뒷모습에서 나는 옛 조선과 새로운 조선의 모습을 보았다. 과거의 조선과 미래의 조선의 모습을 보았다.

"차 공, 마치 여학생 같군요." H 군이 말했다.

"조선의 여자하면 나는 금방 길게 늘어지는 슬픈 아리랑 노래를 연상하지. 그런데 그녀는 꼭 미국 여자 같거든."

내가 말한 목소리가 차의 귀에도 들린 것 같았다. 이쪽을 보며

"나는 일본 여자에요."

"그렇다마다. 조선도 일본도 옛날에는 같은 나라였는걸. 같은 나라가 두 개로 나뉘어졌어. 그것이 다시 원래의 자리로 돌아간 것 뿐이지."

고이즈미 씨가 바라보는 것은 먼 과거이다. 거기엔 조선과 일본의 구별이 없었다. 다카하시 씨가 바라보는 것은 무한한 미래이다. 다카하시 씨는 자신의 눈에는 내지인도 조선인도 없다고 자기 회사에서 내선인(內鮮人)은 평등한 대우를 받는다고 했는데 내선일체가 되어 무한한 미래로 돌진하는 이가 다카하시 씨이다.

고이즈미 씨와 다카하시 씨는 전혀 반대 방향으로 눈을 돌리고 있는 것 같지만 실은 같은 것을 보고 있는 것은 아닐까? — 나는 이런 생각을 하며 배가 기다리는 강가로 걸어갔다.

어딘가에서 조선의 휘파람새가 고즈넉이 울었다. (끝)

조선판에 부치는 말

공작 고노에 후미마로(近衛文麿)

신동아건설을 목표로 대륙 진출이 눈부신 현재, 조선반도가 갖는 정치적, 경제적, 문화적 사명의 중대함은 새삼 부언할 필요도 없을 것이다. 후방 국민들 사이에 조선을 다시 보려는 기운이 높아지고 있음은 흐뭇한 일이고 여기에 '조선판' 간행이라는 기획을 들으니 작금의 시국과 어울리는 계획이라 여겨진다.

조선총독 미나미 지로(南次郎)

이번 사변(중일전쟁 — 역자주)을 계기로 전 국민이 조선의 중요성을 더없이 실감하게 되었고, 약진하는 조선의 이천삼백만 민중은 혼연일체가 되어 흥아 국책 달성에 매진하고 있다. 이러한 시기에 '조선판'의 간행은 시의적절한 것이고 내선일체의 성과를 거두는 데도 기여하는 바가 크리라 믿는다.

중앙협화회 이사장 세키야 데사부로(關屋貞三郎)

중일전쟁 발생 이후, 조선 전도에서 일어난 내선일체의 애국운동은 실로 눈물겹고 진심 어린 것이었으며 그러한 사실들은 이미 잘 알려져 있어 일일이 열거할 필요도 없을 정도이다. 이에 호응하여

내지에서도 조선에 대한 진지한 애정이 일어나고 이러한 애정을 기반으로 한 '조선인식'의 열망은 날이 갈수록 높아져 국민운동의 모습을 띠고 있다.

임시증간 '조선판' 발간은 그야말로 이러한 시대 조류의 구체적인 표현이라 할 수 있을 것이다. 물론 조선에 애정을 가진 사람이라면 이 기획에 후원을 아끼지 않겠지만 나 역시 그러한 한 사람으로서 지원해 마지않을 생각이다.

법학박사 시모무라 가이난(下村海南)

시국적인 간행물이 범람하는 가운데 항구적인 것과 단지 저널리스트적인 일시적인 관심은 엄연히 구별되어야 한다. 항구적인 의의를 갖는 이번 임시증간 '조선판'이 일반에 널리 읽혀지기를 희망한다.

경성일보사 부사장 미타라이 다쓰오(御手洗辰雄)

'조선판' 간행이 좀 더 일찍 나올 만했는데 이루어지지 못했다. 이러한 간행물로는 선구적인 일을 해낸 만큼 기대도 크고 꼭 성공하기를 바라 마지않는다. 다행히 나는 현재 조선과 관계된 일을 하고 있으므로 내가 할 수 있는 한 전적으로 응원을 아끼지 않을 생각이다.

고이소 구니아키(小磯國昭) 전척무대신(前拓務大臣)

조선총독부 도서과 이데 이사무(井手勇)

한 사람이라도 더 많은 이에게 조선이 알려지는 것은 조선에 사는 사람으로서 기쁜 일이다. 모던일본에서 '조선판'을 낸다는데 그런 의미에서 훌륭한 것이 나와 주기를 바라 마지않는다. 먼 곳에서 오래간만에 친구가 찾아오는 듯한 그런 즐거움과 설레임이 있다.

기쿠치 간(菊池寬)

이번에 모던일본사에서 임시증간 '조선판'을 낸다는 소식을 듣고 매우 좋은 시도라고 생각했다. 조선이라면 금강산과 기생 정도 외에는 일반인에게 잘 알려지지 않은 부분이 많다. 조선에도 문단이 있고 많은 작가가 있지만 아직 작품을 접한 적이 없다. 다행히 이번 증간호에 다수의 조선 작품을 소개한다는데 그것만으로도 즐거움이고 기대가 크다.

시국하에 의미 있는 사업이므로 마해송 군에게도 보람 있는 일이 되리라 생각한다. 수년간에 걸쳐 이 계획을 세워왔다고 하니 아마 훌륭한 것이 나오리라 기대되는데, 보다 많은 일본의 독자들이 읽어 주기를 바란다.

내선일체론

미타라이 다쓰오(御手洗辰雄)

7

영국인의 피가 결코 단일하지 않고 여러 종족의 복합혼혈로 이루어진 것임은 지금 새삼 말할 것도 없다. 게다가 오늘날 세계를 자기 것인 양 활보하고 있는 영국인도 4백 년 전, 7백 년 전에는 노르만족이나 색슨족, 혹은 켈트족과 튜턴족 등이 서로 혹독한 민족투쟁을 거듭하며 절대로 서로 받아들이지 못하는 원수관계에 있었다.

여러 민족이 어떻게 오늘날처럼 모든 대립과 차별을 버리고 혼연한 앵글로색슨민족이 되어 대영국민으로서 번영을 향유하게 되었던 것일까? 그것은 유럽대륙에서의 여러 민족활동의 영향에 의한 브리타니아의 환경이 그렇게 하게 하였고 수세기에 걸친 역사적 시간이 이것을 완성시킨 것이다. 지리적, 혹은 민족적 환경이나 조건이 아무리 일체화를 요구해도 인간의 융화는 시간의 힘을 빌리지 않으면 안 된다. 일본은 실제로, 그 내부에서 극히 최근의 일이지만, 서로의 현실을 잘 알고 있던 십수 년 전까지 차별 관념을 청산하지 못하고 오랜 인습으로 괴로워해 왔던 사실조차 있다.

내선(內鮮) 두 민족은 켈트와 튜턴, 노르만인과 색슨인처럼 원래 다른 종족이 아니다. 학자의 연구를 기다릴 것도 없이 용모, 골격, 언어, 습관 등을 보면 근연(近緣)이라고 하기보다는 오히려 동일종족에 속하는 것이 분명하다. 일견 이민족처럼 보이는 것은 2천 년에 걸쳐 대륙과 섬나라로 분립된 결과이다. 이것을 환원하여 같은 뿌리로 돌아가는 것은 강북의 탱자를 귤로 바꾸는 것보다 훨씬 자연스러우며 쉬운 일이다.

지금 우리는 태고로 돌아가서 하나가 되었다. 그러나 환원된 지 30년이 지난 지금 역시 내지인과 반도인과의 융화는 완전하다고는 할 수 없다. 차별은 여전히 분명하다. 법률제도를 비롯하여 정치상, 사회상, 인간의 손으로 철폐할 수 있는 차별이 남아 있다. 남아 있다고 하기보다는 아직 차별 쪽이 많은 상태이다. 가장 가까운 예를 들면 반도인에게는 참정권이 없다. 병역의 의무도 없다. 내지로 여행하기 위해서는 증명서가 필요하다. 관공리는 내지인에게만 특별수당이 지급되고 어떤 특정의 지위에는 반도인을 등용하지 않는 관례도 있다. 이것은 관공리뿐 아니라 민간에도 이와 유사한 예가 적지 않다. 불평등과 차별은 이루 다 헤아릴 수 없을 정도이다.

반도인 중에 어떤 사람들은 이러한 사실을 들어서 불공평하다고 주장하며, 사회적 파문까지 일으키려고 한 적도 한두 번이 아니다. 현재에도 이러한 불평은 상당한 기세로 존재하고 있다. 내지인, 그중에서도 위정자 측에서는 특히 이 문제를 직시하지 않는 경향이 있다. 원래 사려가 부족한 급진적인 불평은 경계를 해야 하지만 그렇다고 이러한 현실에 대해 눈을 감는 것 역시 어리석음의 극치이며, 성의와 진실이 부족한 일이라고 해야 할 것이다. 우리는 용감하고 솔직하게 이 차별의 현실을 인식하고 검토해야 한다. 그렇게 해야만 비로소 진정한 내선일체, 평등한 황국신민이 될 수 있다는 사실을 깨달아야 한다. 악의에 찬 차별, 과시나 대립 격화를 위한 불평등한 개입 등은 처음부터 단호하게 배격하지 않으면 안 되겠지만 현실에 대한 정확한 인식 없이는 진정한 융합, 진정한 일체화를 이룰 수 없다.

위정자나 민중이나 이 점에 대해 충분히 반성하고 숙고하지 않으면 안 된다. 반도 지식인층의 유력자 중에는 늘 내선차별 철폐를 부르짖고 사소한 일 하나하나를 거론하며 불평을 호소하고 절망적인 분개마저 드러내어 그것이 끼칠 영향을 생각하지 않는 자가 적지 않다. 지식인일수록 그러한 경향이 강하다. 그중에서 반도 인텔리, 특히 언론이나 문장으로 성공한 사람들 대부분이 그 경솔함과 얄팍한 생각의 병폐에 갇혀 있는 상황이다.

겨우 30년 정도의 합작으로 2천 년의 분립이 완전히 융합되고 차별이 철폐될 수 있을까? 사업과 회사를 합병하는 경우도 완전히 통합되기까지 5년에서 10년의 세월이 필요하다. 2천 년의 분립을 청산하기 위해서는 마찬가지로 역사적인 시간이 필요하다. 앵글로색슨족의 생성에는 수세기, 거의 1천 년의 세월이 필요했다. 우리들은 내선의 차별철폐와 완전 융합에 무조건 그 정도의 오랜 시간이 필요하다고는 생각하지 않지만 적어도 30년이나 50년 정도로는 어떻게도 하기 어렵다는 것만은 각오하지 않으면 안 된다. 우리들은 일찍이 전쟁의 역사도 갖고 있다. 몇 번이나 방패와 창을 잡은 것이 사실이다. 그러나 앵글로색슨을 구성한 여러 민족 동지처럼 처참하고 혹독한 민족투쟁, 원수 관계는 아직 경험한 적이 없다. 투쟁보다도 평화, 대항보다는 수교의 시대가 훨씬 많다. 아니 오히려 친목, 혹은 한집안의 관계를 이뤘던 시간 쪽이 훨씬 길다. 대립이나 전쟁은 오랜 역사상 어느 몇 페이지, 시간적으로 말하면 순간적인 사건에 불과했다.

앵글로색슨에게 가능했던 융합, 신생 창조가 어찌 우리들에게 불가능하겠는가? 이것을 의심하는 자는 일본역사의 몇 페이지를 찢어버려야 한다. 태고 이래, 양 민족 사이에 어떠한 교섭이 이루어져 왔는가? 현재의 일본민족이 생성된 이후, 얼마나 많은 반도민족이나 한(漢)민족이 흡수되었는가? 『고사기(古事記)』와 『일본서기(日本書紀)』의 상대(上代)에는 여러 왕조가 있었지만 그와 같은 역사적 사실이 없던 때는 없었다. 헤이안(平安)시대가 되어서도 이러한 흡수가 계속되기는 하였지만 그 이전의 귀화민족은 아마도 당시 우리 인구의 상당히 높은 비율을 차지했을 것으로 추측된다. 성씨록에서는 신별(神別), 황별(皇別)에 대해서 만별(蠻別)이 따로 있어서 얼마나 많은 수의 고려, 백제, 신라, 혹은 한인(漢人)이 도래하고 귀화했는지가 나타나 있다.

게다가 천여 년이 지난 오늘날, 일본민족의 어디에 종족 간의 이질성이 남아 있는가? 현대뿐이 아니다. 도쿠가와(德川)시대에, 아니 아시카가(足利)시대나 겐페(源平)시대에 이미 황별(皇別), 만별(蠻別) 등의 종족적 차별은 소멸되어 버렸다. 현재 우리들 일본민족의 피 속에는 누구나 어느 정도는 대륙의 피가 섞이지 않은 자가 없다. 그만큼 완전히 혼융해 버린 것이다. 그만큼 내선(內鮮) 두 민족은 가까워서 신속히 융합·통일될 수 있다. 이를 가능하게 한 것은 역사적인 시간이다.

　필자가 존경하는 반도의 한 유력 신문인이 자신있게 "조선인은 야마토 민족은 되지 못하나 일본인은 될 수 있다"고 말한 적이 있다. 이 사람의 견해에 따르자면 내선일체는 사상누각이며 꿈이다. 야마토 민족이 무엇인지도 모르고 일본민족의 생성사를 처음부터 모르는 자임에 틀림없다. 현존하는 무사시국(武藏國) 이리마군(入間郡) 고마무라(狛村) 고려씨(高麗氏) 일족(一族)을 야마토 민족이 아니라고 할 수 있는가. 도쿄 무코지마(向島) 시라히게묘진(白髭明神)의 신체(神體)[8]는 고려왕이며, 이를 조상으로 하는 관동(關東) 지방의 민중은 모두 고려인인데 대대로 에도 출신인 사람 가운데에 다수의 비야마토민족이 있다고 누가 생각하고 있겠는가? 야마토 민족은 될 수 없으나 일본인은 될 수 있다는 사상은 그 자체가 차별적인 숙명관이며 어떤 의미에서는 위험한 사상이다.

　이 사상과 대조되는 것이 내지인의 우월감이며 반도인에 대한 몰이해, 성급한 동화불능 관념이다. 일본민족의 피 속에는 조선, 중국은 물론 생만(生蠻:대만의 원주민 — 역자주), 말레이인이나 네그리트인(아프리카, 동남아시아, 오세아니아에 거주하는 작은 흑인종 — 역자주), 심지어는 유태인의 피조차 이미 수세기 전부터 섞여 있다. 만방과 협화(協和)하고 백성을 소명하여 동화해락(同化偕樂)하도록 하는 것이 일본민족 본연의 모습이며 이것은 세계에 자랑할 수 있는 우리 민족의 장점이다. 이것이 있기 때문에 사방을 개척하고 어떠한 문화라 해도 흡수하고 섭취하되 우리 본연을 잃지 않고 타인의 장점을 취하여 끊임없이 변화해 나가는 성장 발전을 천지와 함께 누릴 수 있는 것이다. 이 특질을 잊어버리는 어리석은 자가 내지인 가운데에는 매우 많다.

내선일체는 동아의 환경이 자연의 제약에 따라 명령하는 것이다. 과학문명이 발달하고 대국가군(大國家群)시대가 된 오늘날, 장차 소수민족의 할거적 존재는 점차 불가능하게 되었다. 내선 두 민족은 이제 분립해서는 생존할 수 없다. 단지 내선 두 민족뿐 아니라 동아의 전 민족은 하나의 공동 운명체로서 합작, 협력하지 않으면 생존할 수 없는 시대가 되었다. 분열이 심했던 유럽도 점차 합병 통일되고 있다. 중일전쟁은 실로 동양 협동 생존을 위한 피의 세례이다. 우리들은 이 전쟁의 폐허에서 반드시 동아 민족 협동체가 탄생할 것을 확신하고 있다.

이 협동체의 중심이 되는 자는 말할 것도 없이 일본이다. 조선은 완전한 대일본국민을 생성함으로써 이 동양 협동체의 중심 초석이 될 운명에 있다. 현재의 작은 차별, 눈앞의 작은 이해에 눈을 부릅뜨고 구구하게 불공평을 주장하며 불만을 호소하는 자는 시간의 힘의 위대함을 모르는 근시안적이고 어리석은 자이다. 어리석은 우월감에서 자각을 잃어버린 내지인은 일본민족의 위대한 특성을 모르는 바보이며 그는 일본인이지만 일본인이 아니다.

30년 전과 지금을 비교해 보면 진정으로 격세적인 동화와 융합이 이미 진행되고 있다. 법률제도 면에서는 말할 것도 없고 의식이나 풍속, 습관, 일상생활의 사소한 일에 이르기까지 격변을 일으키고 있다. 특히 반도 민중의 정신문화에 이르러서는 수세기에 해당할 정도의 변화가 일어나고 있다. 세계 어느 곳에, 또 역사의 어디에 지금 조선민중이 일본화되고 있는 것처럼 급격하고 현저한 변화를 일으킨 사실이 있는가? 역사적인 시간을 빌리자. 우리들은 세계 제일의 대일본국민이 될 것이다. 원수 관계에서 대영국민이 될 수 있었던 앵글로색슨에게 가능했던 일이 같은 조상에서 나온 같은 민족인 우리들에게 어찌 불가능할 리가 있겠는가?

얕은 생각과 짧은 생각을 경계하고 싶다. 역사의 큰 흐름에 서서 동아의 대국을 조망하는 것이 무엇보다 필요하다.

(9월 10일 경성 여관에서)

내선일체와 협화사업

중앙협화회 이사장 귀족원의원 세키야 데사부로(關屋貞三郞)[9]

병합 초기부터 조선 동포는 일시동인(一視同仁)이라는 정신 아래 폐하의 적자(赤字)라는 점에서 내선의 차별이 없다. 금일 '내선일체(內鮮一體)'라는 것이 관민에 의해 강조되고 있으나 시정 당시에 사용된 '상근일가(桑槿一家)'라는 말 역시 내선일체의 동의어임은 말할 것도 없다. 이렇게 당초부터 내선일체의 정신이 일관되어 있지만 역사, 언어, 풍습 등 인문적 요소를 달리 하고 민족생활을 달리 해온 관계로 정치, 경제, 사회 각 방면에 걸쳐 갑작스레 일률적으로 차별을 없애는 것은 여러 가지 관계상 불가능하다. 따라서 역대 당국은 조선총독부라는 특수 행정기구 아래 현실에 맞게 각각의 입장에서 점차적이고 견실하게 내선일체화 방책을 추진했다. 그런데 앞서 말한 여러 가지 민족적 특이성이 존재한다고 하더라도, 일본 국민으로 평등해지기 위해서 정신적인 면에서 황국신민다운 충분한 자격이 갖추어지기만 한다면 형식은 그다지 문제될 것이 없다. 우선 반도 동포로서 누려야 할

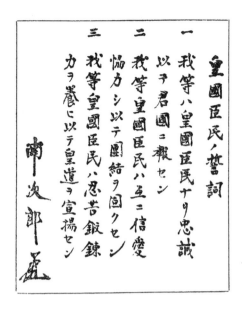

皇國臣民ノ誓詞

一 我等ハ皇國臣民ナリ忠誠以テ君國ニ報セン

二 我等皇國臣民ハ互ニ信愛協力シ以テ團結ヲ固クセン

三 我等皇國臣民ハ忍苦鍛錬力ヲ養ヒ以テ皇道ヲ宣揚セン

南次郎 書

혜택을 요구하기 전에 스스로 혜택을 받을 만한 환경을 마련할 필요가 있으며, 내지의 관민도 하루라도 빨리 그러한 환경 마련에 협력하고 내선일체를 완성하기 위한 노력을 숭고한 임무로 삼아야 한다.

그런데 지난 만주사변에서부터 최근의 중일전쟁은 반도의 국민적 자각을 높여 국체관념을 강화시키기 위한 천재일우의 좋은 기회였다. 특히 이번 중일전쟁에서 반도동포가 보인 총후애국(銃後愛國)의 열성은 참으로 감격적이었다. 기존의 점진적인 내선일체를 위한 시설이 바야흐로 비약적으로 급진적인 단계로 나아가고 있다. 당국이 주도한 적극적인 시설이 눈에 띄게 실적을 올리고 있는 모습은 반도를 위해서도 물론이고, 내지를 위해서도 실로 함께 경하해 마지않는다. 내가 최근에 여러 차례 조선을 방문하고 느낀 것은 반도 사람들의 생각이나 태도가 매우 변화하여 조금도 이국땅에 갔다는 느낌이 없다는 것이다. 마치 규슈(九州)나 도호쿠(東北)에 간 것 같은 친밀함과 편안함을 느꼈다. 이는 뭐니뭐니 해도 반도 정세의 획기적인 진보라 하지 않을 수 없다. 경제, 산업, 문화의 발전에 있어서도 역시 지난날과 비교하여 격세지감이 있다. 이에 우리들이 생각하지 않으면 안 되는 것은 그렇게 정신적으로나 물질적으로 바람직한 진보를 이루었고 황국신민으로서의 자각이 높아진 반도에 대해 훗날 실망하는 마음이 일어나지 않도록 했으면 좋겠다는 것이다. 그러기 위해서는 반도 동포 사이에 국민적 자각을 높임과 동시에 위정당국을 비롯한 내지 관민 일반이 내선일체화에 장애가 되는 모든 사정을 성찰하고 그 개선에 매진하는 것이 중요하다. 아직까지 완전한 내선일체의 형식을 갖추기는 어려운 일이지만 하루빨리 여기에 도달할 수 있도록 적절한 모든 방법을 강구해야 한다. 그래서 천황 폐하의 적자로 하여금 진심으로 황국신민임을 자랑스럽게 생각하도록 하는 것이 급선무이다. 동시에 조선이 단순히 내지의 이익만을 위해 존재한다는 생각도 단호히 배격하지 않으면 안 된다. 또한 대륙경영에 전념하여 반도를 소홀히 하는 것도 엄중히 경계해야 한다. 아울러 반도의 동포도 스스로 노력하여 일반 국민생활의 수준을 향상시키고 당당한 국민대중의 지위를 획득하기 위해 정진해야 할 것이다. 스스로를 모욕하면 타인도 그를 모욕한다. 스스로를 비하하거나 삐뚤어지는 일 없이 향상 발전을 위해 노력하는 기백을 보여 주길 바란다.

이 지면을 빌어 최근 결성된 협화 사업에 관해 한마디 덧붙이고 싶다. 내지에 사는 반도 출신 동포는 최근 현저하게 그 숫자가 증가하여 작년 말에 이미 80만 명에 이르렀는데 특히 최근 내지 산업계의 호황에 힘입어 증가율이 더욱 높아지는 상황이다. 그런데 이들은 언어, 풍습, 그 밖의 문화교양의 면에서 매우 차이가 있어서 내지에 있으면서도 일본 재래의 사회생활 속에 적응하는 데 여러 가지 장애가 있다. 이를 방임할 시에는 이들의 행복을 위해서나 국민의 협화를 위해서도 유감스런 상황을 초래할 것이다. 또한 이대로 방치해 두면 점점 심각한 사회문제를 초래할 것이므로 정부에서도 일찍이 이러한 사정을 잘 살펴서 1937년부터 내지 동화의 기조 아래 반도 출신 동포의 생활 개선, 교육·교화의 보급 및 철저 등, 각종 사업에 착수하였고, 주요 부현에서도 이에 맞춰 외곽의 협화사업단체가 조직되어 사업을 수행하고 있다. 이들 지방단체 중에는 현재 상당한 효과를 거두고 있는 경우가 있는데 예를 들면 오사카협화회이다. 그러나 내지에 사는 반도 청년은 이동이 많기 때문에 이들 동포를 대상으로 한 시설과 알선의 경우, 극히 용의주도하게 배려하지 않으면 협화사업 단체의 기능을 충분히 발휘하여 소기의 목적을 원활히 달성하기 어렵다. 따라서 전국적으로 유기적인 활동이 필요한 것이다. 더욱이 내지의 여러 학교에 재학중인 반도 청년학생도 도쿄에만 약 1만 명을 헤아리며 이들은 장차 중견 국민으로서 지도적인 입장에 서서 내선일체 관계를 확립해 갈 기둥이 될 것이다. 따라서 그들의 언동은 매우 중요하므로 이들 청년학도에 대한 성실하고 정감 있는 지도와 보조는 협화사업 수행의 측면에서 뿐만 아니라 현재의 시국으로 보아도 아주 중요하므로 급선무로 삼아야 할 것이다.

이러한 상황으로 협화사업 단체의 중추가 될 중앙기관 설립이 절실히 요청되어 정부 당국에서 그 사정을 살피고 여러 가지로 연구하던 중 마침 민간 유력자들의 도움도 받아 1938년 11월 관계자들에 의해 중앙협화회 설립이 결정되었고 여러모로 부족한 내가 이사장에 추대되었다. 정말 쉽지 않은 사업이며 그 직책을 완수할 수 있을지를 생각하면 내심 걱정스러운 점도 있었으나 절실한 위촉을 사양하기 어려워 감히 맡기로 했다.

중앙협화회는 지난 6월 말에 도쿄에서 막 창립총회를 연 터라 체제만 정비되었을 뿐 사업에 착수하는 것은 앞으로의 과제이다. 중추기관이므로 자세한 실행 분야는 각지의 협화사업 단체에 맡기고 그들 지방단체의 연락을 주도하여 사업 수행에 차질이 없도록 할 생각이다. 이 사업은 상당히 성가신 일도 많을 것이며 꽤 인내도 필요한 어려운 사업인데다 그 효과도 일조일석에 기약하기 어렵지만 본인은 그저 성심성의껏 봉공할 따름이다. 그러나 이 사업이 반도 출신 동포의 교화와 복리를 목적으로 하는 것이지만 내지 동포의 이해와 협력이 없이는 도저히 달성할 수 없음은 물론이며, 반도의 내선 동포 제군의 협력도 필요하다. 따라서 중앙협화회의 사업이 미치는 지역은 반도를 포함하여 전국적이 될 것이다. 내선일체화의 성공이야말로 일본 국민 전체를 기반으로 이루어져야 하는, 필수직이면서도 절실한 임무이다.

주酒 독毒 의醫 담談

의학박사 오야마 야스시(大山靖)

'백약의 으뜸'이라고도 하고 '걱정을 쓸어내는 빗자루'라고 좌당(左黨)[10]은 하고 싶은 대로 말을 하나 어차피 영양학적으로 술은 백해무익하다. 무엇보다 적당한 반주라면 인체의 대사기능을 촉진하는 효과가 있지만 그러나 일상에서 그 적당량을 지키는 사람이 10명 중 몇 명이나 될까? '어쩌다 가끔 과음하는 정도'라고 거드름을 피워 보지만 가끔이 쌓이고 쌓이면 이윽고 '병의 근원'이 된다. 건강을 잃고 나서 수명이 줄고 나서라면 명의의 처방도 효과가 없는 것.

원래 알콜이라는 것은 한 번 체내에 들어가면 가장 먼저 뇌세포를 해치고 점차 다른 조직에 명백하게 독소로 작용한다. 크레벨린 교수의 실험에서는 건강한 남자에게 맥주 1리터를 마시게 한 뒤 간단한 덧셈과 뺄셈을 하게 했는데 오답이 매우 많았고, 동시에 피로를 많이 느껴서 작업능률이 매우 저하되었다고 한다. 게다가 정신작용을 해치는 시간은 한번에 24시간에서 36시간에 이른다는 것이다.

즉 알콜은 복잡한 구조를 갖는 고등세포를 가장 강하게 침범하기 때문에 뇌 및 신경계통이 우선 해를 입고 만성적으로는 경뇌막염(硬腦膜炎), 뇌연화증(腦軟化症) 등을 일으키고 또한 편집광, 콜사코프 정신병 등의 여지를 만드는 것이다.

혈액 중에는 자연적으로나 인공적으로 면역성이 있어서 결핵, 전염병균 등에 저항하고 병에 걸리지 않도록 신체를 보호하는 힘이 있는데 알콜은 이 귀중한 면역력을 파괴한다. 헬싱폴스의 라이티넨 교수는 인체 혹은 동물체 일반에 대해 0.1 그램의 알콜, 즉 체중이 약 60kg인 사람에게 일본술 4분의 1홉 정도를 마시게 하면 그 면역력이 티프스, 콜레라균에 대해 현저하게 약화된다는 사실을 인정했다. 일본에서도 미타야(三田谷) 박사가 백혈구의 식균(喰菌)작용이 소량의 알콜로 인해 장애를 입는다는 사실을 증명했다.

그중에서 위장을 해치는 경우가 가장 많다. 소위 숙취는 일시적으로 위염을 일으키는데 이를 반복하는 가운데 위가 약해지고, 위산과다증, 심지어는 악성 위궤양으로까지 발전한다. 그런데 최근 이화학연구소에서는 '술의 해독은 헤페균 중에 포함된 비타민 B2군(후라빈)에 의해 예방된다'는 설을 발표했다. 즉 후라빈은 알콜 음용에 의해 일어나는 영양 부족 현상을 완전히 저지한다는 것이다. 이 후라빈을 절대 다량으로 포함하는 것이 유명한 영양제 '정제(錠劑) 와카모토'인데 이렇게 보면 항간의 주당들 사이에서 '정제 와카모토'가 널리 애용되고 있는 이유도 수긍이 간다. 아티도디스는 또한 당해(糖害)에 의해서도 일어나기 때문에 이것은 단 것을 좋아하는 이들에게도 과연 하늘에서 내려준 복음이라 할 수 있다. 더욱이 '정제 와카모토'에는 이 외에 아미노산, 글리코겐, 칼슘 등 인체에 필수적인 중요 영양소 및 효소 등도 풍부하게 포함되어 있어서 쇠약해진 위장세포의 실질적인 부활과 재생을 돕는 독자적인 작용(세포원형질 부활(賦活)작용)이 있으므로 병원체를 제거하는 것은 물론, 음식물의 영양화를 전면적으로 촉진 향상시키는 다양한 효과가 있다.

그러기에 '술은 마시고 싶고 장수는 하고 싶고'라는 분을 비롯한 세상의 모든 병약자에게 감히 이 영양제를 권하는 바이다.

기자 부기: 정제 와카모토 25일분. 1엔 60전, 83일분 5엔. 도쿄 시바 공원 와카모토 본점 영양과 육아회 발매. 전국 약국에 있음.

지원병이 본 조선인

조선총독부 학무국장 시오하라 도키사부로(鹽原時三郎)

옛부터 조선에서 병사와 승려는 특수 계층으로 다른 이에게 기생하는 생활자로 멸시당해 왔다. '좋은 쇠는 못으로 쓰지 않고 양민은 병사로 쓰지 않는다'는 생각은 전화(戰禍)가 끊이지 않던 중국에서만 통하는 속담이 아니라 조선에서도 특수한 사회적 환경으로 인하여 이러한 생각이 민심을 지배하고 있었다. 그러한 조선에 황국병역제도로 채택된 지원병제도가 실시되었으므로 조선은 물론 전 국민이 획기적이라며 놀라워했고 조선의 상황을 모르는 사람은 시기상조라고 반대하기도 했다.

조선에 실시된 지원병제도는 육군특별지원병제도라고 불리는데 '특별'이라는 말이 '보통'과 대비되는 말로 받아들이기 쉽고, 마치 조선인 지원병이 특별한 취급이나 교육을 받는 병사로 생각되고 있기 때문에 먼저 이 제도의 개요를 밝혀 두고자 한다.

일본의 병역제도는 필임의무(必任義務)[11]인 강제 징병제도라는 것이 공식적인 방침이지만 지원에 의한 병적편입이 인정되고 있는 것도 주지의 사실이며 병역관계는 무관, 해군 각과 소위 후보생, 육군의 모든 생도, 해군의 학생생도, 지원에 의한 병사와 5종 지원에 의한 복무의 길이 열려 있다. 지원에 의한 병역은 육해군 모두 '호적법의 적용을 받는 남자'라는 규정이고 '호적법의 적용을 받지 않는' 조선인, 대만인은 아무리 본인이 열렬히 바라더라도 '호적법의 적용을 받는 자'의 집에 입적하지 않는 이상, 병사가 될 수 없었다. 병사 이외에는 규정상 특별히 명시가 없는 한, 호적법 적용을 따지지 않는다. 그래서 실제로 조선 출신 무관은 다 열거할 수 없을 정도로 많다. 이미 전쟁에 출정하여 혁혁한 무공을 세운 이도 있다. 그러나 '호적법의 적용을 받지 않는 자'는 병사가 될 수 없었지만 그 이례적인 길을 연 것이 육군특별지원병제도이다. 1938년 봄 칙령으로 육군특별지원병령이 발포되었고 시행 1년 반이 지나 이제 겨우 첫발을 내디딘 제도이다. 이름은 특별하지만 본 제도에 의해 지원하고 일단 병역에 복무하면 '호적법의 적용을 받는' 일반 장정과 동일한 병역관계와 병역의무가 생기고 입대기간 중의 대우는 물론 퇴역 후의 복무 기간도 동일하여 이전부터 있던 지원병제도에 의한 지원병과 전혀 다를 것이 없다.

단지 특별한 점은 '호적법의 적용을 받지 않는 자'가 병사가 되기 위해서는 조선총독부 설립 육군병 지원자 훈련소(수료기간 5개월)를 수료해야 한다는 점이다. 이 훈련소는 육군병 지원자에 대해서 예비훈련을 시행할 목적으로 설립되었는데 특별한 군사교육이 행해지지는 않는다. 현재 조선의 교육방침인 황국신민교육의 방침에 따라 교육을 시키고 훈련소를 수료한 사람만이 병역에 편입할 수 있는 것이다. 이상과 같이 제도에 대한 개요는 조선인 지원병을 설명하는 예비지식으로서 꼭 필요하므로 앞서 설명하였다. 그리고 '호적법의 적용을 받지 않는 자'는 현재 조선인과 대만인이지만 육군병 지원자 훈련소에 입소하는 자는 본적지의 도지사가 추천한 사람 중 선발하여 입소시키도록 되어있으므로 사실상 취급과 수속의 면에서 대만에 호적을 둔 사람은 육군특별지원병이 될 수 없으므로 이 제도는 조선인에게 특별히 마련된 제도임을 부언해 둔다.

과거 조선에서의 군대에 대한 관념과 육군특별지원병제도의 본질로 봐서 여러 가지로 반대하는 비평이나 의견이 있었지만, 이 제도가 공포되고 신문과 라디오에서 발표되자 한 달도 지나지 않아 경찰과 헌병대, 군청에 지원 신청을 한 조선청년이 3,619명이나 있었고 그중에는 다수의 혈서 지원도 있어 얼마나 조선인들이 병역을 원했는가를 알 수 있었다. 당시 육군특별지원병령이 발포된 지 얼마 지나지 않았고 지원 수속도 모르고 제도가 어떤 것인지조차 잘 모를 때의 상황이 이러했다.

이러한 국민적인 감정, 국가의식의 자각은 일조일석에 생겨나는 것이 아니며 또한 억누르려고 해도 억누를 수 없고 선동해서 생겨나는 것도 아니다. 더욱이 병역은 생명을 희생하는 의무이므로 이는 조선청년이 얼마나 우국지정에 불타고, 이번 중일전쟁의 전개 여부가 일본에게 있어 얼마나 흥패의 기로에 선 문제인지 철저하게 인식한 결과인 것이다.

조선인에게도 병역의 의무를 부담하게 하라는 조선민족의 요망은 중일전쟁에서 나타난 것이 아니라 이미 만주사변 당시부터 서서히 고양된 것이고 시정 30년 동안 은밀하게 성장한 조선인의 애국심이 만주사변에서 성장하고 중일전쟁으로 무르익은 것이다.

중일전쟁이 발발한 지 한 달 후의 조사에 의하면 조선인 종군자는 약 6백 명이고 이들은 군용 자동차의 운전수, 통역, 안내군부 등 각각의 직업에 따라 제일선에서 용감하게 종군했다.

중일전쟁이 일어나고 얼마 후, 어느 조선인 독지가가 국방의용단을 편성 인솔하여 제일선에서 봉공의 성심을 다하겠다는 내용을 신문에 발표하자 하루 만에 약 50명의 응모자가 있었던 것을 봐도 이 전쟁을 계기로 조선인에게 의용봉공하고자 하는 충성심이 얼마나 일고 있었는지 짐작할 수 있다.

그러한 애국운동은 화려한 종군지원만이 아니다. 어린 학동들이 솔방울을 주워 모아 국방헌금을 낸 이야기, 그날의 끼니도 어려운 과부가 절미(節米)를 하여 위문헌금을 한 이야기, 아무것도 봉사할 수 없으니 풀을 베어 말의 식량으로라도 헌납하고자 며칠을 걸려 먼 길을 찾아온 농부의 이야기 등, 이러한 자료를 모으면 막대한 양이 될 것이다. 이러한 운동과 성의의 발로는 조선의 신분, 계급을 막론하고 오늘날 황국신민이 되기 위한 당연한 의무로 생각될 정도로 민중의 감정이 무르익고 있다.

조선통치상 획기적이라고 할 육군특별지원병제도는 중일전쟁을 계기로 탄생된 것이지만 그것은 시정 30년의 치적과 이에 감응한 조선인의 애국심, 국가의식의 자각이 가져온 제도라고 할 것이다. "황도의 당목(撞木)과 조선민족의 총명한 종(鐘)이 서로 마주쳐 저절로 울리는 하늘이 내린 소리"라는 훌륭한 비유를 한 사람이 있지만 일조동인(一視同仁)의 성지(聖旨)에 기초한 반도 통치의 도의성에 대해서 조선인도 즉각 반응하여 황국신민으로 살았고, 또한 살아가고 있음을 입증한 것이다.

1938년 11월 말 제1기 수료생으로 육군병 지원자 훈련소를 수료하고 현역 보병으로 입영한 지원병 이인석 상등병은 군대에서 제1기 교육을 받은 지 얼마 되지 않아 북지(북중국, 중국의 화북지방) 출동 명령을 받고 용약하여 전장으로 떠난 이로, 1939년 5월 21일 밤 산서의 토벌전에서 지원병 최초의 귀중한 희생자가 되어 전사하였다. 그날 밤 중대장에 이어 선두에 선 이인석 군은 중국 병사가 던진 수류탄 파편으로 복부에서 등까지 관통상을 입고 장이 절단되어 전신이 피투성이가 되어 쓰러졌다. 이때 중대장이 "이인석", "이인석"하고 여러 번 불러 그를 격려했으나 그대로 정신을 잃고 말았다. 2시간 정도 고투한 끝에 이미 재생 불가능함을 알았을 때, 괴로운 호흡을 하며 천황폐하만세를 세 번 외치고 "나는 아무런 후회가 없소. 전우들, 부디 중국 병사들을 무찔러 주시오. 일본은 이 성전(聖戰)에서 반드시 이겨 장래에 훌륭하게 일본과 중국이 제휴할 날이 올 것이오. 다만 성업(聖業)의 도중에 먼저 가는 것이 아쉬울 뿐이오."라고 유언하고 고향에 있는 양친, 형제, 처자, 모두 여덟 명의 가난한 유족에는 전혀 아랑곳하지 않고 간호병에게 손을 맡긴 채 미소마저 띠며 산화했다는 통지가 훈련소에 도착했다. 그의 뇌리에는 일억 군국을 위해 순국하고 황국신민의 의무를 다한 감격으로 가득하여 아마 자신이 조선인이라는 생각이나 관념은 조금도 없었을 것이다.

　조선에서는 사람이 죽었을 경우에 오늘날에도 "아이고, 아이고"하고 크게 슬피 우는데 그가 전사했다는 통지가 와서 군수와 경찰서장이 유족을 위로하러 갔을 때 그의 양친의 태도 또한 의연했다고 한다. 고작 6개월 간의 훈련소에서의 훈련과 짧은 군대생활 기간의 교육만으로 이렇게 훌륭한 황국신민이 탄생했다고 보는 것은 다소 경솔하고 대담한 얘기지만, 모든 요소들이 그의 정신을 이룬 것이다. 물론 교육 자체를 부정하는 것은 아니다.

처음 훈련소에 들어올 당시의 지원병은 일상생활과의 차이로 당혹해 하고, 규범상으로도 이런 군대생활을 할 수 있을까 생각하는 이도 있다.

입욕법에서부터 식사 시의 규범, 침구 정돈, 내무반 정리 등 군대생활에 들어오면 내지의 일반 장정도 크게 상황이 달라지는 법인데 조선인 지원병에게는 우선 생활이 익숙하지 않고 음식도 다르니 그야말로 생활이 크게 변하는 것이다. 따라서 세수, 화장실 출입에 이르기까지 지도가 필요하게 된다. 또 처음 경성에 나와서 굴뚝이 없는 전차가 달린다고 하는 시골사람도 있다.

지원병 지원자로서 입소하려는 이는 체격 등위가 갑종인 사람, 소학교 졸업, 지조가 있고 가계가 곤란하지 않은 사람이라는 적격 조건이 있어서 도지사에게 추천을 받아야 하고 나아가서 징병신체검사와 학과 시험, 인물 조사를 거쳐 선발된 사람이므로 지식의 정도로 봐도 내지인 일반 장정과 비교해서 전혀 손색이 있을 리 없다. 1938년에는 약 3천 명의 지원자 중에 400명을, 1939년에는 약 1만 2천 3백 명의 지원자 중에 600명을 위에서 말한 적격자 중에 선발했기에 말하자면 조선청년의 정예라 볼 수 있다.

이처럼 선발자의 생활양식과 수준 등이 이상과 같으므로 나머지는 미루어 짐작할 만하지만, 6개월의 훈련소 생활을 통하여 생활의 차이로 인한 모든 불편과 지장을 극복하고 생활태도를 개선하여 입영하게 된다.

지원 목적이나 마음가짐이 확고하고 성품이 선량한 청년을 선발해도 입소 당시는 오합지졸이라고 혹평을 당하지만 그런 사람도 수료 시기가 가까워지고 병역 편입을 위한 육군의 검열이 행해질 즈음에는 훌륭한 제국 군인이 되어 정신은 물론 얼굴표정에서부터 전혀 다른 사람이 되어 믿음직스럽다.

조선인은 내지, 만주, 중국 그 밖의 각 지역에서 여러 가지 불평을 듣게 되는데 이주노동자로서 교양도 아무것도 없는 사람을 제외한 일반 조선인 특히 지원병으로서의 조선인은 진실되며 애국적 정열을 지니고 인격이 도야된 훌륭한 황국신민임을 필자는 확신하는 바이다.

천하일품!
한 가정에 한 병!

월경(越境)문제!

라이트 정예부대의 전 세계
진출에 각국의 잉크계는
대공황을 일으키고 있다!

라이트 잉크

본점 셍브 잉크제조주식회사

조선의 청년들

기쿠치 간(菊地寬) [12]

지난 해 3월 즈음이었다. 어느 조선 학생이 나를 찾아왔다. 아마 와세다대학 선문부인가에 다니는 학생이었다. 가만히 있으면 내지 학생으로 여길 정도로 말이나 표정, 동작이 조선 출신답지 않은 데가 있었다.

말도 잘하고 붙임성이 있는 소탈한 사람이었다. 나를 찾아온 용건은 이번에 졸업과 함께 조선철도에 취직이 정해졌으나 귀국 여비가 부족하니 골동품을 사달라는 내용이었다. 아버지가 간다(神田)에서 중고상을 하고 있는데 거기에서 서화를 가지고 오겠다는 것이다. 조선철도 당국의 채용통지서를 보여 주었고 거짓이 아닌 듯했다.

그러나 정작 가지고 온 조선화가의 작품에 나는 아무런 흥미를 느끼지 못했다. 두 번째부터는 일본 화가의 작품을 가지고 왔는데 서화에 관심이 없는 편이기는 해도 보고 끌리는 것이 있으면 살 생각이었다. 역시 마음에 드는 물건이 없었다. 그중에 와타나베 가잔(渡邊崋山)[13]의 탁본같은 것이 있어서 잘 아는 이에게 물으니 의심스럽다고 했다.

결국 나는 아무것도 사지 않았고 그러는 동안 그의 귀국 일자가 다가왔다.

나는 그에게 "도무지 내가 사고픈 것이 없으니 귀국 여비만큼은 그냥 주겠네."라고 말했다.

잠시 사양하는 듯 했으나 그는 여비를 받고 떠났다. 그런 채로 그와의 일은 잊고 있었다. 그런데 작년 말 편지가 왔다. 열어 보니 일 엔의 우편환이 들어 있었다.

"첫 상여금을 받았기에 감사의 표시로 우선 일 엔을 보냅니다."라고 쓰여 있었다.

단돈 일 엔이었지만 일부러 보내온 그의 마음씀씀이가 흐뭇하게 여겨졌다.

박 군

박 군은 내 문하에서 3년 정도 머물던 문학지망 청년이다. 처음 『킹』14에 투고했다가 채택되어 게재된 원고를 내가 신문 비평에서 다룬 적이 있는데 이를 계기로 찾아왔다. 그는 당시 노동을 하고 있었고 복장도 초라했다. 하지만 인간성이 성실해 보여 내 집에 서생으로 머물게 했다. 이후 그는 가끔 원고를 보여 주었는데 서툰 문장은 아니었지만 소설다운 맛이 부족했다. 특히 박 군은 대중문학 쪽을 지망하는 눈치였는데 순수문학을 지망하는 것보다 더 어려울 것으로 보였다. 순수문학은 문장력에 앞서 사물을 보는 시각이나 의식이 중요하다. 그래서 조선의 청년 역시 가능하리라 생각했다. 반면 순수문학에 비해 문장의 기교가 더욱 요구되는 대중문학은 조선의 청년에게 어렵지 않을까 하는 생각이 들었다. 박 군은 내 집에 있는 동안 10편 정도의 원고를 보여주었지만 이렇다 할 만한 것이 없었다. 나는 박 군에게 소설쓰기를 그만두라고 권하고 조선의 신문사를 소개했다.

그런데 박 군이 떠난 후 문득 개집을 보았다. 우리 집에는 헤럴드라는 수캐 셰퍼드와 루나라는 암캐 셰퍼드, 젬이라는 암캐 그레이하운드가 있었다. 헤럴드의 개집에는 '헤로(吠狼)장(莊)'이라고 쓴 문패가 걸려 있었고 루나의 개집에는 호류(芳流)각(閣), 젬의 개집에는 제무(贅夢)암(庵)이라는 문패가 걸려 있었다. 붙인 이름이 모두 걸작이었다. 그중에

어깨가 결린다. 허리가 아프다. 이럴 때 목욕 후 살로메틸을 발라 마사지 해 보세요. 금새 가벼워집니다.

50전·1엔 약국에 있음.

살로메틸

피로를 해소시키는

도 귀부인다운 모습을 한 젬의 집에 제무(贅夢)암(俺)이라고 명명한 것은 정말 얄미울 정도의 솜씨였다. 나는 후임으로 들어온 서생에게 물었다. "누가 썼는가?" "박 군입니다."

박 군의 재능이 내 사고를 훨씬 뛰어넘는 곳에 있다고 여겨졌다.

기생의 미

야마가와 슈호(山川秀峰)[15]

기생을 보고 있으면 청정한 아름다움을 느낀다. 단순한 담색조의 색상과 한복의 단아한 자태가 이런 느낌을 자아내게 하는 지도 모른다.

이왕가 박물관에 소장된 이름난 도자기들의 청순한 백청색의 분위기와 어딘가 통하는 데가 있다.

기생은 모던하다. 보통 조선부인들은 보수적일 뿐 아니라 시대의 변화에 쫓아가려는 모습이 더딘 것 같지만, 기생들은 화류계라는 환경 탓

도 있어 유행과 함께 보조를 맞춘다. 이마 가장자리에 이제 막 생긴 솜털을 뽑고 기름을 묻혀 가운데 가르마를 곱게 빗은 기생의 모습을 상상하고 있자면 감탄이 절로 난다.

상급 기생은 참신한 취향을 자기 것으로 만드는 데 아주 탁월하여 머리 인두에서 펴며 시대로 변해도 기생의 매력을 잃지 않을 정도로만 바꾸어 간다. 요즘 유행하는 갖가지 색상이나 줄무늬 손수건을 얇은 웃옷 소매로 살짝 내비치게 하는, 그런 정취 있는 모습에 박수를 보내고 싶다.

새로운 조선에

마 이번『모던일본』창간 10주년을 기념하여 제가 조선 출신이기도 하고 또 시국과도 맞아떨어지는 면이 있어서 임시증간 '조선'판을 출판하게 되었습니다. 조선판을 장식하기 위해서 '새로운 조선을 말한다'라는 주제의 좌담회를 열어 여러분을 모시게 되었습니다. 그럼 하마모토 히로시 씨의 사회로 천천히 얘기를 듣도록 하겠습니다. 잘 부탁드립니다.

하마모토 제가 사회를 맡아도 될지 송구합니다만, …여러분 서로 면식은 있으시지요.

이토(유지)

처음 뵙는 분도 있으니 소개를 해주시는 것이 좋겠지요.

하마모토 오른쪽부터 도고 세지 씨. 이분은 1년에 6번이나 조선에 가신 적이 있지요. 그리고 무라야마 도모요시 씨. 조선에 젊은 신봉자들이 무척 많아서 조선에 가면 무라야마 씨의 소문을 제법 들을 수 있지요. 그리고 이케다 린기 씨. 이케다 씨는 경성일보의 주필로 7년이나 조선에 사셨습니다. 다음은 가토 다케오 씨. 이분은 조선을 방문한 것은 두 번 정도지만 조선에 매우 애정을 가지고 있답니다. 세키구치 지로 씨. 세키구치 씨는 며칠 전에 조선에서 돌아오셔서 최신 감상이 있으실 테고… 그리고 이토 센지 씨. 조선을 소개하는 영화 음악을 작곡하기 위해 작년에 조선으

관한 좌담회

하마모토 히로시(濱本浩)**16**
가토 다케오(加藤武雄)
무라야마 도모요시(村山知義)
세키구치 지로(関口次郎)
이케다 린기(池田林儀)
도고 세지(東郷青兒)
이토 유지(伊藤祐司)
이토 센지(伊藤宣二)
―――――――――――――――
마해송(馬海松)

로 건너가 조선의 민요를 수집하고 돌아오셨어요. 그

리고 무용의 이토 유지 씨. 올해 부인과 함께 조선무용을 연구하러 조선에 다녀오셨지요. 그럼 주제에 관한 잡지사 측의 희망을 전하겠습니다. 기생이나 옛 문화에 관한 얘기만이 아니라 새로운 문화, 즉 약진하는 조선의 모습에 관한 말씀을 부탁드립니다. 하지만 딱딱한 이야기는 좀 그러니까 부드러운 내용도 넣어가면서 부탁드리겠습니다. 우선 조선의 어느 곳이 가장 인상적이었는지 들어볼까요? 도고 씨부터 오른쪽으로 돌아가면서 얘기를 해 봅시다.

인상에 남는 곳

도고 저는 별로 다니지 않아서요. 경성과 평양, 그리고 부산, 경주 정도지요. 인상 깊었던 곳은 경주, 불국사 등인데 이런 곳이 매우 좋습니다. 내지에서는 볼 수 없는 아주 규모있는 느낌이 들거든요. 재미있는 도시는 역시 경성이지만요.

하마모토 경성이 재미있다면 어떤 점이…….

도고 뭐랄까요. 여러 가지로 복잡한

오른쪽부터 무라야마·이케다·가토 씨

느낌이 들고 도쿄 역시 복잡하지만 경성은 우리들에게 매우 이국적인 느낌이 듭니다. 내지적인 생활양식이 비교적 성행하면서도 완전히 조선적인 것이 바로 옆에 있으니 말입니다. 그런 점이 끌리지요.

하마모토 무라야마 씨는 어떻습니까?

무라야마 서너 번 다녀왔습니다만, 저 역시 여기저기 다니지는 못했어요. 경성, 평양, 경주, 금강산 정도지요. 그 외에는 영화 「춘향전」을 찍기 위해서 유적지를 돌아다녔고 로케이션 헌팅을 위해 시골을 다녀왔습니다. 여기저기 모두 새로운 인상이 들더군요. 오래된 건물, 오래된 미술품, 유적 등에서 우리 선조들의 예술품과 매우 흡사한 것을 발견할 수 있고 그것이 또 일본에 전해진 것과 전혀 다른 조선의 독특한 스타일을 가지고 있어서 매우 끌립니다. 그런 것들이 점차 황폐해 가는 모습을 보고 매우 안타까웠습니다. 물론 그런 것들을 보존하는 노력은 하고 있겠지만, 오래된 것이 잇달아 훼손되고 있습니다. 뭐라 표현하기 힘든 기분이 들더군요.

하마모토 이케다 씨는 우리 같은 여행자와는 달리 그곳에 오랫동안 사셨으니 다른 의미에서 뭔가 있겠지요? 가장 생각나는 곳이 어딥니까?

이케다 생각나는 곳은 뭔가 실수를 했던 곳이지요. (웃음소리) 하지만 제게 가장 인상 깊었던 곳은 소록도입니다. 세 번이나 갔었지만 매번 놀랐어요.

하마모토 어떻게 갑니까?

이케다 경성에서 목포선을 타고

가다가 판교에서 내려서 버스로 약 4리 정도 가면 녹도라는 곳이 있는데 거기가 종점이지요. 거기서 작은 배로 건너는데 작은 섬이에요. 그곳은 우선 바다가 아주 멋있지요. 그리고 경치가 좋고요. 정말 낙원 같아요. 원래 4, 5백 명 정도의 농민이 살고 있었는데 그들을 이주시키고 섬을 사들였어요. 그리고 한센병(나병) 요양소로 만들었지요. 가장 경치가 좋은 산 중턱 쯤에 멋있고 이상적인 마을을 만들었답니다. 제가 전에 갔을 때는 4천 명 정도 있었는데 조선 전역에 만 명 정도 되는 나병 환자들을 모두 수용할 계획이라고 했으니까 지금은 6, 7천 명 정도 되겠네요. 경치가 좋은 곳에서 모두 유쾌하게 지내고 있더군요. 마을 한가운데에는 공회당같은 것이 있어요. 섬 사람의 반은 직원이고 반은 환자인데 환자가 가장 경치 좋은 곳을 차지하고 그곳에서 벼농사도 짓고 김도 따는데 물고기도 잘 잡힌다고 합니다. 음식은 거의 자급자족입니다. 세계에

서 가장 근사한 섬일 겁니다. 이상적인 곳이지요.

가토 면적은 어느 정도인가요?

이케다 2리 4방 정도일까요. 섬 전체가 경치가 너무 좋아요. 숲이 무성하고 공기도 좋고 이상적인 요양지인 셈이지요.

무라야마 요양원과 관계없는 일반인도 있나요?

가토 모두 직원입니다. 이곳 요양소 건축은 모두 환자들이 했어요. 섬에 벽돌을 굽는 곳도 있고 환자가 스스로 설계해서 자신들이 만든 것이지요. 전부 자력입니다.

무라야마 대단한데요.

이케다 그리고 그것을 지도한 스오 마사스에(周防正季)라는 이가 대단하지요.

가토 조선인뿐인가요?

이케다 내지인도 있어요. 흥미로운 것은 섬 어디에서나 보이는 곳에 여자 환자 부락이 있다는 겁니다. 거기에 세탁장이 있어서 빨래

를 하는데요.

여자가 보이도록 해야 한대요. 보이게 해 두면 환자들이 좋아한답니다.

이토(유지) 남녀의 마을이 나뉘어 있는 건가요?

이케다 그렇습니다. 그래서 여자에게 손을 대거나 하면 큰일이라는군요. 자유규율이라서 직원이 처리하지 않아도 마을 사람들이 제재를 가하는 겁니다. 그래서 결코 손을

대는 일이 없지요. 그냥 보는 수밖에요. (웃음 소리) 다른 이야기로 섬의 외진 곳에 나병 환자를 가두는 감옥이 있습디다만, 그저 철조망이 있을 뿐 밖에서 전부 보이게 되어 있어요. 처음에 그것을 만들 때 경찰에서 제대로 울타리를 치려고 했지요. 그것을 수하 원장이 "절대로 안 되오. 나는 일본의 그런 감옥을 반대하오. 바깥 세상이 보이도록 하는 것이 중요하오."라고 해서 만든거랍니다. 보이고말고요. 밖에서 다 보입니다. 아주 효과적인 모양입니다. 이야기를 듣기만 해도 유쾌하지요. 어쨌거나 좋은 곳입니다. 한번 가 보세요. 하루 묵으면서 낚시도 해 보시고요. 얼마든지 걸려들거든요. 저처럼 서툰 사람도 2시간 만에 4, 50마리나 낚았어요.

도고 그 섬에는 누구나 갈 수 있나요?

이케다 환영이고 말고요.

도고 위험하지 않을까요, 병이.

이케다 전혀 위험하지 않아요. 마을에 들어갈 때는 확실하게 무장시

성악과 공복

성악가 단 미치코 여사는 많은 제자들을 가르치거나 방송, 연주회 등으로 매우 다양한 가운데 식사도 불규칙해져 막상 식사를 하려고 하면 식욕이 없어지곤 해서 곤란했습니다. 그런데 유명한 「정제 와카모토」를 연주 전의 식사 때나 야식 전에 복용하고 부터는 위장의 위기를 넘기고 있습니다.

『「정제 와카모토」를 몇 알 씹어 삼키면 마침 적당히 배속이 비어서 목소리를 낼 때에도 컨디션이 최상』이라고 합니다.

(사진은 단 미치코 여사)

켜 주거든요. 마음 놓고 묵을 수 있어요.

하마모토 귀한 얘기를 들었습니다. 가토 씨, 당신과 함께 다닌 내가 묻는 건 어색하지만 어떠세요? 남의 이야기처럼 물어서 그렇긴 하지만.

가토 난 아주 평범해요. 평양이에요.

하마모토 어떤 점에서요?

가토 설명이 필요한가요? (웃음소리) 어떤 점에서 그러냐고 물으면 할 말이 없는데, 건물이 좋지요. 그리고 기생이 좋더라구요. (웃음소리)

도고 평양 근처로 가면 건물들이 왠지 중국풍이에요. 대동강변에 늘어선 집들이 특히 중국풍이지요.

가토 왕조시대의 흔적이 남아 있는 느낌이 들어요.

하마모토 이번엔 세키구치 씨의 발자취를 들어볼까요?

세키구치 저는 시골에 가고 싶었는데 엄청난 더위로 도무지 움직일 수가 없어서 경성에 오래 있었지요. 금강산이나 신의주에도 다녀왔지만 대부분 도회지여서… 특별

히 인상에 남는 곳이 없어요. 경성은 이국적이라기보다 상당히 내지화되었다고 생각해요. 거의 내지와 다를 바 없는 느낌을 받고 돌아왔지요. 꽤 가보고 싶은 곳도 있었는데 만주에 빨리 가고 싶은 마음에 다른 곳은 가지 못했지요. 역시 정말로 조선다운 것을 느끼게 하는 곳은 시골이지 않나 싶네요.

가토 정말 조선다운 느낌이 드는 곳은 개성의 만월대지요.

이케다 모란대에 오를 때마다 느끼는 건데 그곳에서 대동강을 보면 강물의 흐름이 세로로 보이더군요. 가로가 아니고. 세로로 보여요. 그런 곳이 다른 데도 있나요?

하마모토 아, 듣고 보니 그러네요. 세로로 보여요. 하류를 향해서 세로로요.

가토 기무라 키(木村毅)[17]의 설에 의하면 모란대 부근의 전적은 워털루보다 훨씬 웅대하다더군요.

도고 나도 그렇게 생각해요. 평양은 워털루보다 넓지요. 워털루는 전부 내려다볼 수 있지만 평양은 보이지 않아요.

하마모토 이토 씨는 어때요?

이토(센) 나는 여기저기 조금씩 보고 다녔는데 역시 모란대가 좋았어요. 우리는 대동강을 배로 거슬러 내려가서 기생학교에 갔었지요. 그 산 위에 올랐을 때는 이거 대단하다는 생각을 했어요. 그리고 인상에 남는 것은 술집 정도네요.

하마모토 이토 씨는 시골을 걸어 다니셨던 거 아닙니까?

이토(유지) 저는 도쿄에서 경성으로 갔는데 거기서 줄곧 소처럼 연구만 했기 때문에 지리적으로 범위가 좁아서 드릴 말씀이 없습니다.

하마모토 경성하고 또 어디 계셨습니까?

이토(유지) 경성의 한성준(韓成俊) 선생을 찾아가서 아침부터 저녁까지 줄곧 거기 있었는데 다시 가고 싶습니다.

하마모토 이것으로 대체로 인상에 남는 이야기는 들은 셈이고…….

마 아직 한 사람 남았어요.

하마모토 어? (의심스럽게 모두의 얼굴을 돌아보고) 아, 나군요. (웃음소리)

마 잊으면 안 되지요.

하마모토 저는 차차 얘기하지요. 남들이 가지 않은 곳을 자랑할 테니.

인상에 남는 사람들

하마모토 이번에는 사람 이야기로 넘어가 볼까요. 그곳에서 만난 사람 중에서 인상에 남은 것. 물론 기생도 들어가겠지만 이번 기회에 일반에게 알리고 싶은 인물에 대해서, 이번엔 반대로 이토 유지 씨부터 지금 하셨던 한 선생 얘기라도…….

이토(유지) 전부터 조선무용이나 음악을 듣거나 봐 왔지만, 그다지 깊은 인상은 받지 않았습니다. 그런데 언젠가 한 단체가 왔을 때 보러 갔는데 리듬이 재미가 있어서 연구하려고 여기저기 조사했더니 경성에 한 선생이라는 조선무용의 권위자가 있다는 말을 들었습니다. 그래서 일부러 경성으로 한 선생을 찾아간 것입니다. 현재 67세의 노인이지만 지금까지 자신이 연구한 것을 후세에 전하고자

오른쪽부터 세키구치·이토 센지 씨

상당히 열심히 하시는 분이라 마침 잘 되었다 싶어서 아침부터 저녁까지 함께 하면서 음악과 무용을 연구했어요. 조선의 무용은 인도, 샴, 중국의 춤과 매우 공통점이 있습니다. 아내에게 배우게 했는데 리드미컬해서 배우기 쉬웠던 것 같아요.

하마모토 센지 씨는 어떻습니까. 경성의 누구누구라는 검은 옷의 조선 요리점 종업원의 이야기를 자주 들었습니다만.

이토(센지) 그 사람은 정숙하고 좋은 느낌이었어요. (웃음소리)

하마모토 뭐라는 집이었나요.

이토(센지) 뭐라고 했더라… 잊어버렸네요.

마 명월관?

이토(센지) 명월관은 아닙니다.

마 국일?

이토(센지) 그래, 국일관이요. 기생도 왔었는데 그 여자는 검은 옷을 입었는데 빛이 나더라고요. 상당히 침착하고.

하마모토 뭔가 징표를 받아 와서 제게 보여 주었었지요.

이토(센지) 숟가락이요.

도고 굉장한데요.

이토(센지) 은숟가락을 받았지요. 좀처럼 꺼내지 않는다고 합니다. 밑이 패여 있어요. 그것으로 뭔가를 쳐서 박

자를 맞춘다고 합니다. 그보다 저는 다른 사람 부탁으로 기생 집에 간 적이 있어요. 어디까지나 부탁을 받고 간 거예요.

도고 왠지 변명이 많군요. (웃음소리)

이토(센지) 조선인에게 안내를 받아 빙빙 돌아서 안쪽으로 들어갔는데 점점 지붕이 낮아지는 느낌이 들었어요.

하마모토 세키구치 씨는요?

세키구치 제가 만난 사람은 극작가 유치진, 음악가 이종태였어요. 유치진이 여러 곳을 다 구경시켜주더군요. 이번에 그가 각색한 「국경」이라는 영화가 온다고 하던데.

마 이미 와 있어요.

세키구치 저는 연극 관계로 유치진 군에게 신세를 많이 졌지요.

하마모토 가토 씨는요?

가토 제가 그곳에서 만난 이들 중에서는 마에다 도수이(前田東水) 씨, 그리고 고주파의 다카하시(高橋省三) 씨, 경성 박물관의 고이즈미(小泉顯夫) 씨라는 이가 인상에 남았어요. 저의 주관적인 생각일지는 모르겠지만…….

하마모토 고주파의 다카하시 씨는 잊을 수 없는 사람이지요. 고이즈미 씨와는 헤어질 때가 인상적이었어요.

가토 품격이 느껴지지요.

하마모토 이케다 씨는 어땠습니까? 이케다 씨에게 그런 걸 물어보는 건 좀 이상하지만요.

가토 이케다 씨에게 현재의 조선의 인재에 관해서 자세히 듣고 싶습니다.

이케다 글쎄요. 제가 매우 대단하다고 생각하는 이가 있는데요. 이름은 잊었습니다. 이왕직에 있는 사람인데 피리 솜씨가 훌륭하더군요. 음색이나 소리에 대해 잘은 모르지만. (도고 씨에게) 실은 선생의 그림을 봐도 잘 몰라요. (웃음소리) 그런데 제가 놀란 것은 피리의 명인이 되기 위해서 내지 사람들도 여러 가지로 고심해서 수련을 쌓는데 당신은 어떤 고심을 하느냐고 물었더니 대답하기를, "아니, 명인이 되는 것은 천성이지요. 그러나 진정으로 자신이 좋은 소리를 내려면 몸을 깨끗이 하고, 옷차림을 바르게 하고, 그리고 좋은 장소에 있어야 합니다."라는 말을 하더군요. "평소에 그런 일에 고심하지 다른 일에는 고심하는 일이 없습니다. 연습이야 소리를 파는 것이니 당연히 해야지요."라고 합디다. 소위 명인의 말씀이라 매우 기뻤어요.

마 좋은 얘기로군요. 명인 답네요.

이케다 연주하는 장소를 가린다는 것이 흥미롭군요.

이토(센) 저는 아악을 들었소만, 엄숙하더군요. 마루 무대에 복장도 제대로 갖추었고, 임금 앞에서 입는 복장을 했어요.

도고 그건 자격에 따라 여러 가지 의복을 바꾼다더군요. 가장 격식을 차리는 경우에는 붉은색 옷을 입는다거나……

이토(센) 제가 봤을 때는 붉은색이었습니다.

도고 세 종류 정도로 듣는 이의 계급에 따라 다른 것을 입는답디다.

이토(유지) 기록에 남아 있지요?

세키구치 처음과 끝에 박(拍)을 치는 이가 있지요. 그 한 사람만 녹색 옷입니다.

무라야마 뭔가를 '구궁~'하고 울리지요.

도고 어(敔)의 등을 쳐서 울리지요.

하마모토 예술가들이 모여서 그런지 대체로 그쪽 예술가를 거론했습니다만 정치나 다른 방면의 뛰어난 사람은요?

세키구치 이상협(李相協)이라는 신문사 부사장이 있었지요?

마 매일신보(每日新報).

세키구치 대단한 사람이에요.

이케다 음, 대단하다고 생각해요. 언론인으로는 일인자지요. 반대파가 매우 많지만. 그 정도의 연배가 되었는데도 아직 젊은 청년의 기개를 간직하고 있지요.

세키구치 아직 젊지요?

이케다 젊지요. 쉰 전이니

까요. 마흔 여덟 정도로 알고 있어요.

세키구치 그래요? 나는 삼십 대인 줄 알았는데요.

이케다 여하튼 대단한 사람입니다. 그렇게 욕을 먹고 공격을 당해도 의연하게 그만큼 해내다니… 대단한 사람입니다. 이 사람이 조선의 모든 신문을 만들었지요. 처음에는 매일신보에 있다가 나와서 다음에 만든 것이 동아일보입니다. 이것이 제대로 돌아갈 무렵 쫓겨났는지 나왔는지 어찌됐든 나와서 이번에는 조선일보를 만들었습니다.

무라야마 결국 혼자서 모두 해냈군요.

이케다 그렇지요. 창업시대부터 전부 해내고 이번엔 조선일보를 나와 매일신보로 돌아왔지요. 게다가 매일신보가 아주 어려울 때 왔어요. 겨우 6, 7년 사이에 경성일보에서 내던 매일신보를 독립시켜서 백만 엔의 회사로 키워 지금은 부사장이 되어 있지요. 그 힘이 보통이 아니랍니다.

가토 역시 재벌도 있지요?

이케다 그야 있지요. 예를 들어 동아일보도 재벌 중의 하나지요.

하마모토 무라야마 씨, 인물에 대해서는요? 젊은 층에서 한 사람 부탁드립니다.

무라야마 젊은 층도 있지만, 아닌 쪽을 말하지요. 경성에 성악연구회라는 단체가 있습니다. 궁정음악인 아악은 다나베 히사오(田邊尙雄) 씨의 노력 등으로 보존되고 있습니다만, 민간음악 쪽은 전혀 손을 쓸 수 없어서 사라지고 있었습니다. "이대로 두면 사라져 버린다. 여태 이 일을 하던 사람의 생활이 어려워질 뿐만 아니라 사라지게 내버려 두어서는 너무 아깝다. 어떻게든 해보자."고 해서 자기들의 생활 문제도 걸려 있는 사람들이 모여 상호부조적인 조합을 만든 것입니다. 거기에서 함께 공부도 하고 제자도 양성하고 연회석에 불려가기도 합니다. 기생들도 배우러 가지요. 여기엔 민간음악의 대가들이 모두 모여 있습니다. 이름은 잊었습니다만, 6척의 신장에 나이는 일흔 정도의 조선 최고 명창으로 꼽히는 사람이 있습니다.

마 이동백입니까?

무라야마 그렇습니다. 몇 번 노래를 들었지요. 참 좋았습니다. 그 사람이 조선옷을 입고 갓을 쓰고 수염을 기른 채 노래하는 것을 보면 정말 조선인답다는 느낌이 들지요. 최고 수준의 사람들이 많이 모여 있는데 장구를 치거나 노래를 부르거나 하는 모습을 보면 이들이 정말 즐기면서 한다는 것을 느낍니다. 서로 "옳거니"하면서요. 그 때 저는 정말 흥이 나서 부르는 것일까 하는 생각이 들어 물어보았지요. 그러자 "그런 음악은 자신이 빠져들어서 노래하지 않으면 부를 수 없다. 그러니 노래할 때는 거기에 푹 빠져 있어서 즐거울 수밖에 없다."고 하더군요.

이토(유지) 춤이고 음악이고 정말 즐기는군요.

이토(센지) 틀리면 어떡하나 하는 생각이 없지요.

하마모토 부럽네요.

이토(유지)  그런 의미에서 저는 조선 사람이 예술적으로 성장하지 않을까하는 생각을 합니다.

이케다 음악 쪽에 흥미로운 얘기가 있습니다. 음악의 재능을 신장시키는 것은 어떤 면에서 직업을 부여하기 위해서도 필요하기 때문에 조선에 고등 음악학교를 만들라, 그리고 고등 미술학교를 만들라는 글을 신문에 상당히 썼습니다만 좀처럼 호응이 없어요.

무라야마 필요하지요.

이토(유지) 제 음악학교 친구가 20년 가까이 조선에 가 있습니다만, 조선음악을 전혀 연구하지 않더군요. 그래서 제가 크게 화를 냈어요.

이토(센지) 조선에 가 있는 이들은 연구를 하지 않더군요.

이토(유지) 지금부터라도 늦지 않으니 연구하라고 했습니다만.

세키구치 이종태(李鍾泰) 군에게 들으니 조선음악에는 두 가지 색깔밖

에 없는데 그것을 빠르게 하거나 늦추거나 해서 템포의 변화를 응용하여 여러 가지로 해 보고 있다고 하더군요.

이토(유지) 리듬으로 말하면 두 가지 만이 아닙니다. 적어도 30여 가지가 있지요.

이토(센지) 계통이 같아도 북이면 북을 치는 방식이 다릅니다. 명인이 아니면 할 수 없지요.

이토(유지) 한성준 선생은 북의 명인입니다.

도고 저는 가야금이 좋습니다.

이토(센지) 그건 조선 특유의 악기 같더군요.

도고 지금 생각이 났는데 동양극장에서 조선의 오페라 같은 것을 봤어요. 「춘향전」과 「심청전」 그리고 또 하나, 그렇게 세 가지를 봤습니다. 이동백(李東伯), 오태석(吳太石)이 나왔어요. 이건 좋았습니다. 기다유[18]와 비슷한 걸 부르더군요. 이동백은 「춘향전」인가를 할 때 일

종의 데가타리[19]를 했어요. 자신은 춤을 추지 않고 무대 구석에 나와 노래를 불렀는데 말은 알아들을 수 없었지만 상당히 재미있었어요. 어쨌거나 오페라예요. 줄거리가 있고 연극을 하면서 노래로 대사를 주고 받습니다.

무라야마 노와 비슷했습니다. 우는 장면 등은 부채를 손으로 떨게 하더군요.

도고 그건 남방 음악이라더군요. 같은 동양극장에서 야마모토 유조(山本有三)의 「영아살해」를 보았는데 흥미로웠어요. 조선어와 조선의 풍속을 살려서 했답니다. 차홍녀(車紅女)라는 여배우가 있지요. 그가 여공으로 나왔어요. 미인이더군요.

하마모토 인물에 관해서는 저도 한 말씀 하겠습니다. 여자로는 남궁선(南宮仙)이라는 사람을 꼽고 싶은데요. 작년에 갔을 때 마해송 군의 친구 이서구(李瑞求) 씨가 소개한 여배우인데 야마모토 야스에(山本安英) 씨와 닮았어요. 무라야마 씨가 있는 데서 말하기는 뭣하지만 뭐든

지 무라야마 씨가 이렇게 말했다, 저렇게 말했다며 매우 심취해 있더군요. 신극운동의 여러 가지 어려움을 얘기해 주었어요. 키는 야마모토 씨보다 작지만 비슷한 분위기의 사람

오른쪽부터 세키구치·이토 센지 씨

이었어요. 이번에 갔을 때 만나려고 했는데 이미 결혼했더군요. 훌륭한 배우예요. 그리고 남자 중에 잊을 수 없는 사람은, 마해송 군이 있는 데서 멋쩍지만, 마해송 군의 형님 마온규(馬溫圭) 씨입니다. 도저히 잊을 수 없어요. 마해송 군이 고향을 떠난 이래 편지를 보낸 적이 없으니 근황을 전해달라는 다른 친구의 부탁을 받고 갔는데 마온규 씨가 개성 역으로 마중나와 주셨어요. 나이는 저보다 위입니다. 그의 생각과 행동 하나하나가 정말 좋았어요. 내지어를 못하셔서 친구가 통역을 해주었는데 필요치 않을 때는 한마디도 하지 않고 늘 평온한 마음으로 사람을 대하는 분이었

어요. 저는 성인(聖人)을 처음 만난 기분이 들었어요. 마해송 군의 집은 옛날 집으로 개성의 이케마치에 있는데 집 앞에 나가 보면 마온규 씨의 문패와 함께 마해송 군의 본명을 쓴 문패가 걸려 있어요. 안내해 준 이서구 씨의 얘기로는 마해송 군이 일본에서 일하는 동안에는 형에게 돈을 보내주지 않아도 된다고 해서 마해송 군 몫의 재산에는 손을 대지 않는다고 합니다. 그래서 형님은 집에 아직 동생의 재산이 있으니 동생의 문패도 걸어 두어야 한다고 하셨답니다. 이서구 군도 미담이라고 하더군요. 또 마

온규 씨는 미담의 주인공에 어울릴 만큼 조용한 분입니다. 마해송 군과 무척 닮았지만 마 군은 카페나 바에 가거나 타락한 구석이 있지요. (웃음소리) 형님은 그런 속된 구석이 없어요. 그런데 올해 갔을 때는 가토 씨가 탄 자동차가 길을 잘못 들어 역 쪽으로 가버려서 결국 만나지 못했어요.

가토 그때 별장에 왔던 마종태 씨는 어떻게 되는 분입니까.

하마모토 마종태 씨는 마해송 군의 조카로 개성의 백만장자입니다. 조선 사람은 춤을 추거나 노래를 할 때 그 속에 빠져 버린다는 얘기가 있지만 마종태 군은 반대로 감정이 흘러나오면 춤을 춥니다. 어깨를 펴고 손을 들어 발을 내디디며 춤을 춰요. 매우 사치스러운 놀이를 하고 있더라고요. 작년에 갔을 때 산장에 초대를 받아 하룻밤을 보냈는데 정말 도원경 같은 곳에서 달빛 가득한 하룻밤을 보냈지요.

가토 그곳 참 좋지요.

이케다 장래가 촉망되는 사람이라면 화신의 박흥식(朴興植) 씨지요.

하마모토 화신이라면 백화점이지요?

이케다 그렇습니다. 이 사람은 아직 마흔이 채 되지 않았어요. 대단한 사람이지요. 일에 전념하여 그만큼 키운 거니까요. 몸가짐이 매우 근엄합니다. 이 사람은 내지에서도 가장 신용이 있지요. 그 대신 가장 빚도 많겠지만요. 하지만 이 정도 부채가 있으면 망하게 할 수도 없지요. (웃음소리) 삼십 대에 그만한 재산을 이룬다는 건 대단한 일이에요. 그리고 안악에 있는 김홍량(金鴻亮)이라는 이는 농업가인데 안악을 중심으로 농업경영을 크게 개선하여 자신이 부리는 소작인의 대우도 개선해 주었어요. 그리고 혼자 힘으로 안악에 중학교를 세웠지요. 항상 반도의 문화 발전을 이야기하며 성큼성큼 앞서갑니다. 좀 독특한 사람이에요. 제가 술에 취해 있을 때 알게 되었어요. 술자리가 아닌 데에서 이 사람을 만난 적은 없어요. 마시면 춤을 추기

시작하는데 춤이 기가 막혀요. (양 손을 휘두르고 몸짓을 하면서) 정말 잘 한다고요. (웃음소리)

마 나이는요?

이케다 쉰 정도일 걸요. 그리고 김 석원(金錫源)이라는 중사가 있어요. 아마 조선 사람 중에 중사가 된 이 는 처음일 거에요. 중일전쟁이 터 진 초기 남원(南苑)전투에서 대대장 으로 가장 선두에 섰다는군요. 그 러다 돌격 할 때 다리가 부러졌지 요. 그 부상이 낫자 다시 전선에 나 갔다가 지금은 용산으로 돌아와 있 다고 하는데 열성적인 사람입니다. 조선의 부자를 움직여서 돈을 내게 하는 등 활발한 운동을 펼치고 있 습니다. 이태원 소학교도 그가 부 자들의 돈을 걷어 직접 경영하고 있지요. 그곳 아이들은 모두 철도 공장에서 일하는 노동자 자녀들이 에요. 그는 초등학교 외에 청년학 교도 만들었어요. 군인이 될 사람 을 교육하는 곳이지요. 이곳 청년 단도 전부 선생이 지도합니다.

하마모토 청년학교는 지원병과 관 계가 있습니까?

이케다 네, 그곳에서 나오지요.

가토 지금 현역입니까?

이케다 현역입니다. 김 중사의 남 원(南苑)돌격 당시의 일화는 그림책 자로 만들어졌습니다. 조선의 장교 는 모두 훌륭합니다. 군인은 아니 지만 박석윤(朴錫胤)이라는 이가 있 어요. 어학의 천재로 원래 매일신 보 주필 같은 일을 하고 있었는데 만주로 가서 외교부에 들어가 지금 은 폴란드 총영사를 하고 있습니 다. 대단한 논객이지요. 어학은 타 고 났습니다. 뭘 시켜도 잘한답니 다. 빛이 나는 사람이지요. ― 여자 로 개성이 넘치는 이가 있지 않습 니까? 복혜숙(卜惠淑)이라고.

하마모토 우리들 환영회에 나왔던 사람인가요?

이케다 그래요. 지금은 박사 부인 이 되었지요.

하마모토 아, 그래요.

도고 별난 사 람이라면 경

성에 각두기라고 있지요.

하마모토 각두기라니요?

마 모르는데요.

도고 모릅니까? 어찌 되었든 위대하지도 잘나지도 않은 인물이지만 오후 1시 반 정도에 반드시 미쓰코시 식당에 나타나 거기서 뭔가를 먹습니다. 그리고 백화점 안을 한 바퀴 돌면서 빙글빙글 웃으며 여자들을 쳐다보다가 미쓰코시를 나서면 혼마치의 거리를 대단히 하이칼라 같은 모습으로 유유히 웃으며 걷는답니다. 아직 20대인데 머리는 기름을 발라 뒤로 빗어 넘기고 말입니다.

이케다 그리고 빨간 넥타이를 하고 있더군.

도고 대단한 인기랍니다. 나는 그에게 튀김덮밥을 산 일이 있다고요.

하마모토 어쩌다 자네가 사게 되었지?

도고 자주 만나게 돼서 말이지요.

하마모토 자네를 일본의 각두기라고 여긴 거 아닌가. (웃음소리)

도고 밥을 샀더니 대단히 감격해서는 나를 위해 코스를 바꾸어 걷기도 하는 거에요. 여태 그런 일은 없었다지 뭐에요. 각두기라는 건 고춧가루를 넣고 절여서 무가 아삭아삭한 김치 있지요? 거기에서 나왔다네요.

이케다 그렇지. 빨간 손수건에 빨간 넥타이니까. 얼굴은 검은데.

하마모토 인물 얘기는 각두기 얘기로 마무리를 하고 이번엔 묵직한 얘기로 가보지요. 최근 조선의 중공업 문제로 북선 중공업 지대를 다녀온 가토 씨에게 그 인상을 들어볼까요.

약진하는 조선의 산업

가토 조선 ─ 특히 북선인데요. 매우 중요한 지점이 되고 있거든요. 모범사례로 좀 봤습니다만. 고주파 정련 공장도 보았는데 전파를 이용해서 대단히 우수한 스틸을 정련하고 있습디다. 직공을 양성하는 학교도 있는데 월사금 없이 용돈과 식사를 제공하며 양성하지요. 게다가 졸업생에게 의무를 지우지 않고 어디든 가고픈 곳에 가게 합니다. 이 점이 놀라웠어요. 어쨌거나 제가 가장 흥미로웠던 것은 조선이라는 오래된 문화를 가진 나라가 지금은 가장 새로운 문화의 나라로 발전해 가는 그런 광경이었지요.

하마모토 광산, 임업, 우리들이 가서 보고 느낀 것은 내지에서는 볼 수 없는 진귀한 재료가 매우 풍부하게 무진장으로 있다는 것이었어요. 우리들은 단지 표면만 보고 다녔을 뿐이니까 보다 깊이 있는 얘기를 이케다 씨에게 부탁해 볼까요.

이케다 제가 갔을 때부터 최근 7년간 굉장한 변화를 했는데 조선에서는 인구의 8할이 농민이어서 농업이 무엇보다 중요합니다. 하지만 조선의 농민들은 생활이 매우 어렵지요. 인구의 8할이 농민이고 그 대부분이 자급자족하기 어렵습니다. 조선에서는 '춘궁'이라는 말이 있어요. 대부분의 농민은 소작입니다. 자신이 거둔 소작미로 다음 해까지 먹을 수 있는 사람은 거의 없

지요. 이듬해 2월 즈음이 되면 대부분의 사람들이 먹을 것이 떨어져요. 그래서 어딘가에 가서 쌀을 빌리지 않으면 먹고살 수가 없지요. 3월이 되면 더욱 어려워지지요. 그리하여 4월이 되고 눈이 녹으면 풀뿌리를 캐서 먹으며 견딘답니다. 이것은 심각한 문제입니다. 그런 생활이니 빚도 쌓여갑니다. 이 점에 대해서는 역대의 왕들도 고심했고 합병 이후, 역대의 총독들도 고민했어요. 하지만 총독은 인텔리층의 동향이 상당히 심각했기 때문에 농민 쪽에 거의 손을 쓰지 못했어요. 사이토 씨가 부임하면서 인텔리층은 상당히 좋아졌지요. 그 다음에 부임한 우가키 씨는 농민 쪽으로 관심을 기울였어요. 우선 어떻게 도울 것인가. 농민은 모두 빚이 있어서 힘들다. 그럼 빚은 어느 정도인가. 수확은 어느 정도이고 수입은 어느 정도인가를 조사하게 했어요. 그렇게 해서 부락마다 빚을 합

오른쪽부터 도고·무라야마 씨

해서 금융조합이나 그 외에서 돈을 융통하여 대신 갚아 주었지요. 그리고 길게는 20년 더 길게는 25년 정도로 그간의 수입에서 상환하도록 부담을 덜어 주었어요. 또 농촌진흥운동으로 수확을 올려갔지요. 이로 인해 농민경제가 매우 향상되었습니다. 그리고 또 하나 중요한 것은 전기사업입니다. 이에 과감하게 투자를 하게 한 것이지요. 커다란 발전소가 생기고 섬진강이나 압록강 등 전 조선에 전기사업을 일으켰어요. 이것이 오늘날의 공업을 움트게 한 원동력이지요. 상당한 어려움에도 불구하고 자본을 투자했습니다.

이는 당시의 풍조도 있었겠지만 어떠한 공업을 일으키더라도 전기 없이는 불가능하니까 말입니다.

최근에 활발한 것은 산금(産金)사업이지요. 처음에는 조선에는 금이 그다지 나오지 않는다고 생각했는데 우가키 씨가 총독이 되자마자 1억 산금 계획이라는 것을 냈지요. 이에 대해 공업클럽에서 연설했을 때 내지의 사업가들은 모두 비웃었어요. 그러나 결과는 어땠는가 하면 3년 내에 1억의 금을 생산했어요. 그 후에도 줄곧 생산하고 있지요. 미나미 씨가 부임하고 나서 5개년 8억 증산인가의 계획을 세웠어요. 이것도 거의 계획대로 이루어졌어요. 금값이 비싸지고 전력이 풍부해지자 교통도 편리해졌지요. 자꾸자꾸 생산되었어요. 지금 가장 주력하고 있는 것은 옛 폐광입니다. 옛날에 버린 것에 손을 댔다가 그 다음에 점차 새로운 광산으로 들어가지요. 거의 전 조선 어디서든 금이 나오니 재밌지요. 그리고 또 하나 지금의 공업약진의 중요한 계기는 정어리가 많이 잡히는 것입니다. 이것이 폭탄, 즉 다이너마이트의 원료가 됩니다. 나머지로 비료나 비누를 만들지요. 그리고 인조석유입니다. 만주개발을 위해 조선은 더욱 중요한 거점이 되었어요.

가토 신의주에 가네보 공장이 있습니다.

이케다 그렇습니다. 가네보는 12개의 공장이 있습니다.

하마모토 노구치 준이라는 인물은……

이케다 그는 내지에서도 대단한 일을 한 사람입니다. 질소 연구를 위해 독일에 갔다가 특허를 사가지고 왔지요.

세키구치 오로지 조선에만 전념하지요. 그것이 강점입니다. 그 대신 절대적인 존재입니다. 자본도 커서 북선의 사업이라고 하면 노구치 씨의 공장들을 보고 다니는 셈이죠.

이토(센지) 농산물은 어떻습니까?

이케다 쌀이 가장 많지요.

이토(센지) 솜은?

이케다 상당히 있습니다.

이토(센지) 사과도 있나요?

이케다 사과는 아주 발달했습니다.

이토(센지) 배추는요?

이케다 그게 없으면 조선인은 생활이 안 된답니다. 중일전쟁이 일어나 조선이 가장 곤란했던 것은 고추입니다. 대부분 중국에서 수입을 했거든요.

이토(센지) 조선에서는 생산되지 않는군요.

이케다 생산은 되는데 비쌉니다. 중국에서 들어오는 것이 싸거든요. 눈에 띄지 않는 일이지만 그것으로 어려움을 겪었어요.

하마모토 잠시 얘기를 부드러운 쪽으로 옮길까요. 이번에는 기생, 음식, 옷 등을 일괄해서 도고 씨가 자신있는 부분을 하나 부탁합니다.

기생 음식 옷

도고 잘 모릅니다. ("그럴 리 없소." 하는 소리가 강하게 일어난다.)

하마모토 암흑가에 대해서도 도고 씨가 가장 잘 알지요.

도고 온돌 술집이라는 것이 있어요. 거기에 작부 같은 이가 있어서 막걸리라는 술을 주전자에 담아 오지요.

무라야마 탁주를 미지근하게 한 건데 맛있어요.

도고 서서 마시는 주막에서는 한 잔 마시면 그곳의 안주 하나를 먹을 권리가 생기는데요.

가토 난 개성에서 그런 곳에 갔어요.

도고 개성은 아주 고급이지요. 약주를 마시게 하거든요.

가토 고기를 잘라 그대로 설탕에 찍어서 굽더라고요. 생고기에 설탕을 뿌려서 맛을 내서 굽는 거예요.

하마모토 강계에 가면 강가에 술집들이 줄지어 있어요. 벽이며 모두 짚으로 만든 거죠. 그곳은 취객이 싸움을 해서 좀 느낌이 안 좋아요.

도고 그러나 불쾌한 것은 아니지요. 온돌 술집은 일본의 암흑가와 비교하면 뭔가 가정적인 느낌이잖아요.

하마모토 조선요리는 맛있다는 생각이 안 들어요.

도고 나도 조선요리는 그다지 좋아하지 않지만 인천에서 설렁탕을 먹었는데 소머리였어요. 무척 큰 솥에 소머리를 통째로 넣어서 설설 끓인 것인데요. 냄새가 좋아서 먹어 보았더니 아주 맛있더라고요. 고춧가루를 뿌려서 먹는다고 하는데 쫄깃쫄깃한 것이 해파리를 약간 부드럽게 한 듯한 연골이 들어 있어서 맛있더군요. 눈알이 달려 있고 털도 완전히 벗기지 않은 커다란 머리를 (손으로 감싸는 모양을 하고) 이런 큰 솥에다 부글부글 끓입니다.

하마모토 이상한 취향이로군요.

도고 먹어 보면 맛있어요.

하마모토 가토 씨, 평양에서 맛있는 전골을 먹었지요? 신선로는 아닌데 연인들끼리 마주 앉아 먹는다더군요. 아주 맛있어요.

세키구치 그건 뭐지요? 뼈에 붙은 쇠고기…….

하마모토 갈비요.

세키구치 늑골 부분의 고기지요.

도고 평양의 불고기는 맛있어요.

하마모토 모란대가 있는 산속에 맛있는 집이 두 군데 있는데 캄캄한 밤에 아름다운 기생들과 먹으러들 가지요.

이토(유지) 저는 쓰케모노가 좋아요.

하마모토 김치 말입니까?

이토(유지) 매운 건데요.

도고 그건 모두들 좋아하지요.

가토 저는 참외를 정말 좋아해요.

도고 그거 아주 맛있지요.

무라야마 게장이 맛있지 않아요?

마 그거 맛있어요.

이토(센지) 조선의 생선으로는 명태를 말린 것이 맛있더라고요. 명태를 얇게 썬 건데 찬 정종과 먹으면 일품이지요.

도고 명태를 말려서 방망이처럼 된 것을 망치로 두드려서 먹으니 아주 맛있더라고요.

이토(센지) 명란 말입니다. 이전부터 아주 좋아해서 조선의 친구에게 부탁했더니 커다란 통으로 가득 보내왔습디다.

하마모토 마 씨는 뭘 가장 좋아하나요?

마 다 좋아하지요.

하마모토 그래요? 그러나 조선 친구에게 뭐가 제일 맛있는지 물어보니 역시 김치라고 하더군요.

도고 그렇겠지요. 명월관에서 나오는 음식은 대개 내지화된 것이지요. 서양풍의 샐러드나 햄 에그 같은 것이 나오면 싫더라고요.

이케다 조선에서 가장 아쉬운 것은 사찰요리가 없어진 것이지요. 3년쯤 전부터 금지라더군요.

세키구치 기생은, 특히 여름이 그런지 몰라도 옷이 매우 아름답습니다. 조선의 얇은 생견은 특히 좋은 것 같아요.

이토(센지) 맞습니다.

세키구치 아주 청결하고 좋은 느낌을 주지요. 이런 말은 좀 그렇지만 내지의 전차 안에서 보는 조선의 옷은 지저분한 느낌이 드는데 거기서는 청결한 느낌이 들거든요. 빛나는 새 모시옷도 예쁘지요.

세키구치 대부분 중간색이고 원색을 별로 쓰지 않지요?

도고 그렇지요.

가토 최근에는 가네보에서 만든 것을 입는다더군요.

이케다 유행이라던데요.

도고 경성 부근의 기생옷은 가네보의 다나카 치요라는 이가 가네보의 천으로 연구하면서 매우 달라졌다지요. 아주 좋습니다. 전통적인 기생은 다릅니다만, 모던 걸 같은 기생이 가네보를 입으면 아주 좋아요.

세키구치 그렇다마다요.

도고 옛날 기생옷은 역시 옛날 기생다운 머리 모양을 하고 여유있게 교외를 산책하기에는 어울리지만 퍼머를 한 하이칼라 화장을 한 기생에게는 가네보풍이 어울리지요.

하마모토 색깔도 달라졌어요. 단색이 아니에요.

이토(유지) 요즘은 퍼머를 하면 안 된다며 머리 뒤에 둥글게 붙이던대요.

이케다 소라구이 같은 것이지요. 참 재밌다니까요. 연회석에 오면 떼어내지요.

이토(유지) 맞아요. 머리를 길게 한 것이지요.

도고 쓰루마키라는 외투가 있는데요.

하마모토 여자가 쓰루마키라니 납득이 안 되는 걸요.

도고 아니 그럴듯하답니다. 쓰루마키에 손을 집어넣고 걷는 모습이 일품이랍니다.

마 맞습니다. 이 정도로 느낌이 다르다니 재밌네요.

하마모토 하지만 쓰루마키를 입으면 맵시가 나지 않는단 말이요.

도고 그야 시각이 다른 거지요. 조선에서 젊은 여자가 짧은 스커트에 하이힐을 신고 쓰루마키를 입고 거리를 활보한다면 도쿄 여자가 양장을 하고 긴자를 걷는 것과 같은 하이칼라이거든요.

이토(유지) 기생은 프로 같지 않아서 친숙한 느낌이 들어요.

세키구치 그 점이 좋지요. 청순한 느낌 — 청순이라고 하면 대단해 보이지만 게이샤 같은 지나친 요염함은 없지요.

가토 욕심이 없어 보여요.

세키구치 아주 느낌이 좋아요. 화장도 깔끔하고 의상도 단색으로 단정하거든요.

하마모토 일본의 게이샤는 명기라는 느낌이 드는데 기생에게는 인간적인 교양이 있는 거 같아요. 말을 모르는데 오래 있어도 질리지 않아요.

도고 그야 우리들이 평소에 보지 않으니까 그렇겠지요.

가토 의사소통이 자유롭지 않으니까 못하잖아요.

세키구치 상당히 잘하는 이도 있어요. 차성실(車成實) 같은.

하마모토 이번엔 민요나 춤, 예술에 관한 여담, 품위 있는

얘기들을 합
시다.

예술 그 외

세키구치 조선에 관한 최고의 인
상이라면 경성 박물관에 있는 도
자기입니다. 이걸 빼놓고는 조선
에 다녀온 인상을 말할 수 없지요.
특히 제2실에 있던 고려의 것은 정
말……

이토(센지) 이왕직의 악기도 대단
한 물건이지요. 모두 중국에서 온
것인 듯 한데 중국에서 사라져 버
린 것이 조선에 보존되어 있어
요. 편경(編磬)이라는 '〈'자형의 것
이……

도고 어(敔)입니까?

이토(센지) 어(敔)가 아니라 대리석
으로 된 겁니다.

도고 두드리는 것이지요.

이토(센지) 음계로 되어 있습니다.

무라야마 물소의 뼈로 두드리는
것이지요.

이토(센지) 북도 여러 종류가 있습
니다.

이케다 제가 남겼으면 하는 것은
봉산의 탈춤입니다. 가면을 쓰고
야외에서 하는 것이지요. 사람들이
굉장히 모입니다. 제가 봤을 때도
7, 8만 명을 밑돌지 않았을 것입니
다. 100리 200리 먼 곳에 보러 온
답니다. 밤에 야외에서 추는데 가
면 모양은 대대로 이어온 것입니
다. 큰 가면입니다. 그래서 춤을 추
기 위해서 3개월 전부터 산속에 들
어가 연습을 한답니다. 이것은 총
독부에서도 남기겠다고 합디다.

이토(센지) 아악은 지금 쇠퇴하고
있다지요.

이케다 아주 박봉이라 고생이라고
합니다.

도고 양성학교가 있지요?

이토(센지) 이왕직 안에 있습니다.

도고 레코드가 많이 나왔어요.

무라야마 이종태(李鍾泰)에 의하면
레코드는 엉망이랍니다.

이토(유지) 그 북소리는 안 나온답
니다.

이케다 스포츠를 장려했으면
해요.

하마모토 스포츠는 활발하지
요. 세계적인 선수가 있는 걸
요. 무라야마 씨, 신극 쪽은 어
떻습니까?

무라야마 연극 중 특히 신극
은 자주 바뀌는 모양입니다.
작년에 처음 갔을 때 신극 단
체가 5개 있었는데 부민관에서
콩쿨이 열려 상당히 활발해졌
다가 지금은 하나도 없습니다.

이토(유지) 민족적인 것은 더
욱 장려했으면 합니다.

세키구치 현재 그 점에 크게
힘을 쏟고 있는 듯합니다.

이토(유지) 조선에 가 보니 훌
륭한 민족적인 것들이 있었는
데 어째서 인텔리들은 그것을
후원하지 않나 싶어서 불만이
었어요.

이토(센지) 아악은 그렇다 해
도 민간 속악(俗樂)은 재미있어
요. 북쪽의 민요, 남쪽의 민요
모두 재미있어요. 그 정신이

지켜라

젊은 피부!

가을 하늘 상쾌하게…
　　맑은 날 여드름과 거친 피부로
우울하게 지내다니 당치도 않은 생
활이지요.

깊숙히 스며드는…
　　우테나 바니싱으로 손질해 주
세요. 강력한 미용작용으로 피부의
손상을 막고 건강미 넘치는 젊은
피부를 만듭니다.

국산 최고 순무지방성
우테나 크림

좋은 것 같아요.

가토 아리랑은 상당히 많더군요.

이토(센지) 있고말고요. 다양한 느낌이 듭니다. 어느 아리랑을 들어도 그 진수만큼은 하나의 원류에서 벗어나지 않아요.

이토(유지) 음악이든 무용이든 형식이 정해져 있어요. 그런데 그건 골자만 그렇고 나머지는 아주 자유롭지요.

이토(센지) 아주 자유로우면서 단순합니다. 우리들이 배운 동양음악이라는 것과는 차이가 많지요

가토 조선어 발음은 독특합니다. 요음이 아주 많아서 뉴나 뇨 같은 소리가 많지요.

이토(유지) 샴과 비슷하군요.

하마모토 도고 씨, 회화 방면은 어떻습니까?

도고 그림 쪽은 조선전람회라는 것이 있어서 총독부가 주관하고 있지요. 내지에서 심사위원이 가서 공모를 하는데 일회적인 것이라 아주 무책임합니다. 그것이 조선의 미술계에 아주 나쁜 영향을 끼치고 있지요.

이토(유지) 서도는 꽤 있는 모양이던데요.

도고 있습니다. 그런데 종이에 쓴 것은 불타기도 해서 그다지 남아있지 않아요.

무라야마 강서 고분에 있는 벽화가 대단합니다.

세키구치 맞아요.

도고 그런데 도자기 같은 것이 이처럼 발달했으니 그림도 좋은 것이 있었을 거라고 생각해요. 어느 책에선가 보았는데 그 시대마다 태워버리는 습관이 있었다고 해요. 그리고 무덤에 함께 묻거나 해서 안 남아 있는 게 아닌가 싶어요.

무라야마 조각도 좋은 것이 많지요.

하마모토 그렇다면 온통 훌륭한 것 투성이네요.

마 그럼, 감사합니다.

(도라노몬(虎の門) 반수이켄(晩翠軒)에서)

네오쉐

힘차게 솟아나는 에너지
유일한 활성 요드 비타민제의 출현!

요드 함유량 다시마의 1500배
비타민 A 함유 국제단위 7500

시약 증정

네오쉐 및 어린이 네오스제를 희망하는 사람에게 1인 1회에 한해 무료로 시약을 증정합니다.
본지 명을 기입해 신청해 주십시오.

東京 神田
神保町3

아르스 약품부

대체 송금
東京 71319

네오쉐는 대량의 요드를 특수한 방법으로 용매체 중에 콜로이드 상태로 만들어 농후간유를 배합한 획기적인 활성 요드 비타민제이다. 요드와 간유성분, 비타민 A, D의 특성을 충분히 발휘시킨 것이다. 즉 양자의 특성을 종합한 네오쉐의 효과는 치료, 강장, 영양 면에서 다음의 3대 작용을 보인다.

1. 결핵균을 박멸하여 병독을 없애고 혈액을 정화하며 건강을 저해하는 근본적인 병균을 제거한다.
2. 전신의 호르몬 활동을 촉진하여 정력을 도모하고 지구력을 증진시키고 신진대사 기능을 왕성하게 하여 전신의 세포를 재생시켜 체질을 개선시킨다.
3. 전신의 영양을 높여 면역력을 강화시킨다.

폐결핵, 늑막염, 선병질, 신경쇠약, 영양불량, 기관지염, 빈혈증, 동맥경화, 고혈압, 유전 및 잠복병독

약값 작은 병 1엔 85전, 100정 4엔 30전, 200정 8엔 전국 약국에 있음

어린이 네오스

맛있고 먹기 쉽고 효과가 빠르다.

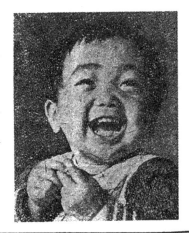

허약하여 병에 걸리기 쉬운 자녀를 근원부터 건강하게 키우는 것은 귀여운 자녀를 위해, 가정을 위해, 국가를 위해 당면한 급선무입니다. 치료, 강장, 영양제로 평판이 좋은 네오쉐의 주성분에 자녀들의 발육, 건강증진에 효과가 있는 여러 약제를 배합한 어린이 네오스는 초콜릿처럼 맛있고 알이 작아서 먹기 좋은데다가 효과가 빠른 신시대의 어린이 전문 강장제입니다.

선병질, 영양불량, 소화불량, 빈혈, 선병
30정 1엔, 65정 1엔 80전, 200정 4엔 80전

조선 경제계의 전망

다이아몬드사 부사장 아베 류타(阿部留太)[20]

[1]

　조선 경제계를 돌아보면 산미증산의 성공과 광업계의 약진을 알 수 있다.

　조선 산미증산은 1926년 이후 연속해서 실시된 농지관개시설의 개선, 지목(地目) 변경, 농지 개간, 개척 사업과 농경법 개량의 효과가 점차 나타나고 있다. 1938년의 농경지 총면적은 165만 9천 정보(町步)로 2천4백13만9천 석의 수확을 올렸다. 쌀 생산고는 1937년의 2천6백80만 석이 최고 기록인데 이에 비해 약간 떨어지기는 하지만 10년 전의 1천35백만 석(원본 그대로)에 비하면 현격한 발전임에 틀림없다.

　광업개발 쪽은 더욱 현저하다. 1936년 광산물 가격은 실로 1억 1천만 엔을 돌파했다. 중일전쟁 이후의 증산 상황은 주목할 만하다. 1937년의 광구수는 7,450여 개 정도이다. 금은광이 가장 많고 사금, 석탄, 철, 흑연이 그 뒤를 잇는다. 이 중 대개 6할 정도는 채광 가능성이 있으며, 나머지 4할은 휴산이다.

　조선의 지질 구성은 복잡하다. 텅스텐, 몰리브덴, 명반석, 중정석, 그 밖에도 기대되는 것들이 있다. 총독부에서는 동, 아연, 유화철 등

15개 특수광물을 지정하고 탐광 장려를 결정했다.

주지하는 바와 같이 산미증산은 일본 전 영토의 식량문제에 중요한 비중을 차지하고 있어 오늘날 조선 쌀을 빼놓고 미곡정책을 생각할 수 없게 되었다.

산미증산계획은 역대 총독이 심혈을 기울여 온 것에 민관이 협력한 결과이다.

광산 증가는 비상시국 이후 조선의 가치를 한층 높였다. 산금 증가는 외국 물자 수입에서 절대적인 효과를 보였다. 텅스텐, 몰리브덴 등 특수광물은 철강 개량에 이바지하여 고급 정밀기계 제작에 상당한 저력을 제공하였다.

2

조선은 아시아 대륙의 반도이다. 동으로는 동해, 서로는 황해에 면해 있고 남쪽은 조선 수로를 통해 규슈, 중국과 연결된다. 북방, 압록강, 두만강으로 만주, 소련 두 나라에 이어지며 면적 22만 7백80여 평방킬로미터에 이른다. 지세가 복잡하고 장백산맥의 기복이 있다. 남으로 뻗어 등허리를 이루는 척량산맥의 동편, 즉 동해 쪽은 대체로 급경사를 이루고 서편의 황해 쪽은 경사가 완만한 편이다. 여기에 비옥한 평야가 펼쳐져 있다. 압록강, 낙동강, 대동강, 한강이 흐른다. 남부와 서해안 지대는 항만이 우불구불하고 낮은 구릉이 이어지는데 여기에서 넓은 경작지를 볼 수 있다. 평지에서 쌀을, 산악 지대에서 광물자원을 산출하는 것이다.

조선 경제계의 발전으로 수산업을 들 수 있다. 조선은 삼면이 바다로 둘러싸여 있다. 해안선의 연장은 1만 7천5백8십 킬로미터에 이른다. 동해 방면에서 리만해류가 한류성 어족을 보내고 쓰시마난류는 난류성 어족을 부른다. 남조선은 해안 요철, 다도해로 크고 작은 섬이 많고 수산물이 풍부하다. 수산물의 수확량은 9천만 엔(1937년)에 달한다. 정어리를 비롯해 명태, 고등어 등의 순위이다.

정어리는 북조선의 대표적인 산물이다. 이에 따라 어유공업이 발달하고 경화유 기타 정제유지공업의 원료를 공급하고 있다.

수산물과 견주어 아름다운 삼림을 칭찬할 만하다. 임야 총면적 천6백30만 정(町)에 이르고 특히 북선(北鮮) 오지의 대삼림은 대단하다. 옛부터 산림 정책에 실패하여 여기저기 벌거숭이산, 붉은 산을 드러냈지만 임야 정리 사업을 실시하여 마침내 장래가 촉망되게 되었다.

이상 4대 사업은 조선 경제계를 특색짓는 것이다. 최근에 경제력 향상이 현저해진 것은 당연하게 여겨진다.

그러나 모두 원시산업의 범주를 벗어나지 못하고 있다. 생산된 것 그대로를 상품화하는 것에 머물러 있기 때문에 가공 제련과는 거리가 있다. 조선 경제계는 제2기 시대에 돌입하였다. 원료시대에서 제품시대로의 전환이다. 지금은 여명기라고 할 수 있겠다.

3

조선 공업화를 유망하게 한 것은 잠재된 수력량의 풍부함이다.

반도의 척추 장백산맥은 북선의 동해 쪽으로 솟아 있고 높고 험준한 봉우리가 늘어서 있다. 주봉은 해발 9천 척의 백두산이다. 산허리에서 출발하는 두만강은 일본, 만주, 소련 3국에 경계를 두고 동쪽으로 흐른다. 이와 반대로 압록강은 서쪽으로 흘러 백8십 리 신의주에 이르고 황해에 닿는다. 도중에 허천강, 부전강, 장진강의 큰 지류가 모여 수량이 급증한다. 부전강과 장진강은 해발 4천 척의 대고원지대를 향하여 북으로 서행하는 대지류이다. 수력 이용의 가치가 매우 크다. 강 흐름을 그대로 이용하면 적지만 이를 막아 저수지를 축조하여 동해 쪽으로 떨어뜨려 커다란 수력을 얻을 수 있다. 즉 부전강에서 20만 킬로, 장진강에서 32만 킬로의 수력을 얻을 수 있다.

일본 질소비료는 이와 같은 수력 개발에 성공하여 이를 계기로 전기화학사업이 분연히 발흥한 것이다.

전력이 전기 난로, 전해, 전열에 이용되는 점은 잘 알려져 있으며, 이는 모든 사업의 기본이 된다. 값싸고 풍부한 양질의 전력으로 제조공업계의 대혁신을 추진하였다. 즉 유안, 비료 일반, 글리세린, 가성소다, 유인안, 경화유, 비누, 표백분의 대량 제조가 개시된 것이다.

부전강, 장진강 수력의 성공을 보고 허천강에서도 26만 킬로의 개발이 계획되었다. 동양척식, 그 외에도 크고 작은 수력 이용을 계획하고 있고 압록강 본류의 수력도 이용하게 되었다. 만주국과의 협력을 통해서이다. 이리하여 조선공업계의 모습은 근저에서 변화가 일어나 이 계통의 일본 신흥사업을 추월하여 일약 세계 제일선으로 진출하는 상황이 도래하였다.

4

조선은 석탄 매장이 많다. 갈탄과 무연탄이다. 갈탄은 함경북도 길주,

명천, 함경, 회령 지방의 소위 함흥 탄전을 으뜸으로 하고 평안남도 안주, 황해도 봉산, 함경남도 함흥 탄전을 들 수 있다. 매장량은 4억 톤으로 추정된다.

무연탄은 더욱 엄청나다. 경상남도 문천, 경상북도 문경, 전라남도 화순, 강원도 삼척, 영월 그 밖의 대탄전이 줄을 잇는다. 매장량은 13억 4천 톤에 이른다. 조선석탄공업회사는 영안공장의 갈탄을 이용하여 저온건류법에 의해 타르를 회수하고 중유, 휘발유, 산성유의 분류 추출에 성공했다. 메탄올, 포르말린, 티솔라이트 등 중간제품 부제품의 제조도 개시하였다.

두만강 연안의 아오지 탄전의 개발도 진전되었다. 일본 질소비료회사는 직접 석탄 액화법을 이용하여 액체연료 회수에 착수했다. 독일의 메르제브르그와 어깨를 나란히 하고 영국 빌링험을 잇는 큰 설비이다. 황량한 북쪽 땅, 소련 만주 국경에 가까운 분지에서 인공석유가 대성공을 거둔 것은 일본과학을 빛낸 것으로 기릴 만하다. 삼척 탄전은 대화력 발전의 계획을 갖고 있다. 석탄공업의 발흥은 조선 전 지역에 미치고 있다. 장백산계의 수력 개발에 필적하는 대사업이 될 것이다.

5

경인 일대의 기계공업은 갑자기 눈에 띄게 융성해졌다. 아직 자동차 조립, 맥주 양조의 초기 준비 단계를 벗어나지 못했지만, 장차 한강 수계의 수력 이용을 추진하여 전력을 개발한다면 틀림없이 중요한 공업지대가 실현될 것이다. 인천의 대축항 계획은 단순히 지역의 희망에 머무르지 않고 일본 굴지의 대공장 지대의 출현을 가져올 것이다. 지역의 자원과 수력, 노동력 이용으로 크게 번창할 것으로 기대된다.

북선이 특히 유망하다. 도쿄와 신경(新京)을 잇는 첩경임은 주지의 사실이고 만주 특산물 수송에 있어서 나진, 웅기, 청진 세 항구의 가치는 기대 이상일 것이다. 바다 건너편 니가타항의 공업 발전과 함께 동해가 호수화되는 것도 머지않은 일이다.

청진항 유성평야의 제철 용광로의 위용은 조선 제일이라 할 것이다. 일본제철, 미쓰비시광업의 커다란 용광로는 북쪽 광야의 하늘을 작열시킬 것이다.

성진 고주파 중공업의 앞날은 아직 미지수이다. 그러나 사철제련의 세계는 넓고 일본의 제강사업은 이로 인해 그 모습을 일신하게 될 것이다.

6

섬유공업 방면도 유망하다. 조선방직회사는 부산을 근거로 방적사업에 착수하였다. 아울러 면화 재배도 시도하였다. 이 회사의 성과에 자극받아 내지 방적회사의 진출이 속출했다. 즉 청진의 대일본방적 스프섬유공장을 비롯하여 가네가부치(鐘淵)방적, 동양방적이 대거 진출했다. 내지의 방적 확장은 막혀 있다. 그에 대한 반작용으로도 생각되는데 조선 각지가 섬유사업에 적합한 곳으로 촉망받고 있다. 이와 같이 조선은 원시경제에서 제조공업, 가공정련시대로 이행하기 시작했다. 단순산업에서 복잡공업으로의 전환이다.

7

1937, 조선의 예금은 6천2백5십만 엔이 되었다. 특수은행 2억 3천백20만 엔, 보통은행 2억 3천3백30만 엔으로 각각 반반이다. 대출금은 9억 8천30만 엔인데 특수은행이 7억 5천5백70만 엔, 보통은행이 2억 2천4백6십만 엔이다.

조선에 있는 은행의 기원은 1878년 제일은행 부산지점의 개설이다. 이어 십팔은행이 인천, 원산에 지점을 개설하였다.

1911년, 조선은행이 개설되었다. 1918년 조선식산은행이 설립되었다. 농공은행을 합병한 것이다.

그 외에 1908년에 동양척식회사가 창립되었다. 사업 내용은 금융부문과 척식부문으로 나뉜다. 한때 재계의 충격을 받아 부진하였으나 만주사변 이후 호전으로 돌아섰다. 조선을 비롯하여 농사 토목의 개량이 현저하다. 산림, 제염, 면양, 식민사업의 경영도 기대된다.

투자회사는 45개 회사로 주식 인수가 약 1억 엔에 이른다. 조선경제계를 통틀어 특이한 존재로서 무게를 갖는다.

×　　　×　　　×

조선 경제계는 마침내 제2의 단계로 진입하였다. 더 많은 노력과 분발을 계속해 간다면 앞으로 10년간은 경이로운 진전을 보일 것이며, 흥아 융성의 커다란 고리가 되어 향상을 거듭할 것이다.

조선 공업의 약진

다이아몬드사 주필 노자키 류시치(野崎龍七) [20]

근래 조선의 경제적 발달 — 특히 광공업의 발전은 매우 현저하다. 횡적으로 보면 산업의 주요부문을 결정짓는 것은 농업이지만, 종적으로 보면 광공업이 새롭게 압도적인 기세로 약진하고 있음을 알 수 있다. 조선 경기를 지배하는 조건은 아직도 쌀 경작의 풍흉과 시장가격의 등락 여하에 달려 있지만, 점차 광공업 생산의 수량과 가격에 밀려나고 있음은 조금이라도 조선 사정을 아는 이라면 모두 느끼고 있을 것이다.

그렇다면, 어떠한 속도로 광공업화되고 있느냐고 물으면 유감스럽게도 숫자로 명확하게 대답하기는 곤란하다. 지금 필자가 가지고 있는 자료는 1938년 11월의 「조선경제사정」으로 1936년의 생산액밖에 없으나, 이를 인용하겠다.

◎1936년의 생산액

	가 격	총액에 대한 비율
농산물	1,208,911	50.8%
임산물	118,065	5.1%
수산물	164,004	7.1%
광산물	110,430	4.7%
공산물	730,807	31.3%
합 계	2,332,217	100.0%

농림수산물과 광공산물로 양분하면 전자는 14억 8천6백만 엔, 후자는 8억 4천만 엔이 된다. 전년도인 1935년에는 농림수산물 13억 9천4백만 엔, 광공산물 6억 9천5백만 엔이었다. 그러므로 1년간 전자가 9천2백만 엔(6부 6리) 증가한 것에 그친 반면, 후자는 1억 4천5백만 엔(3할 1부) 급증했다. 이 1년을 비교해 보아도 이미 광공업의 발전이 현저함을 알 수 있는데, 이후 1937년, 1938년에도 발전 속도가 더욱 빨라진 것은 제반 상황을 봤을 때 짐작할 수 있을 것이다. 총독부가 자세한 통계를 발표하지 않아서 확실하게는 알 수 없으나 필자가 작년 1938년 8월, 조선 여행시 들은 바에 의하면, 1937년의 총생산액은 27억 엔이며, 그중 공산액은 8억 엔으로 알려져 있었다. 따라서 1936년과 비교하면 총액 3억 7천4백만 엔(약 1할)이 각각 증가한 셈이다. 총액 증가 비율이 현저한 이유는 쌀이 전래없는 풍작을 거둔 것과 가격 상승이 그 원인이 되었다고 생각한다.

이상과 같은 상황이므로 조선의 공산물은 1935년 6억 7백만 엔에서 1936년 7억 3천만 엔, 1937년 8억 엔으로 점차 증가하고 있는데, 아마 광산액의 증가는 그 이상의 속도일 것이다. 금 산출액 하나만 봐도 짐작할 수 있다.

×

총독부 당국자가 특히 공업 발전을 계획하기 시작한 것은 우가키(宇垣) 총독 시절부터이다. 물론 그 이전부터 시종일관 농업 개척에 노력했음은 사실이지만, 각 총독 시절의 정치적 성격을 특징지운다면 데라우치 시절은 무단정치, 사토 시절은 무위화(無爲化)정치라고 할 수 있는데, 우가키 시절에 비로소 경제건설이 계획되었으며, 현재의 미나미 총독 시절은 그 실행시대라고 할 수 있을 것이다.

객관적으로 조선은 내지와 비교하여 공업적인 여러 조건이 겸비되어 있다.

첫째, 노동력이 저렴하다는 점

둘째, 세금이 싸다는 점

셋째, 지하자원이 풍부하다는 점

넷째, 전력이 풍부하고 저렴하다는 점

다섯째, 공장법이 없다는 점

여섯째, 총독정치로 행정조직이 단일화되어 있어 사무적으로 간편하다는 점 적어도 내지에 비해 이상 여섯 가지의 조건을 들 수 있다.

1930년, 1931년에는 내지 경제계가 불황의 중압에서 벗어나기 위해 산업 합리화라든가, 산업 통제라든가 각종 공업에 여러 가지 제재와 구속을 가했는데, 당시 상업자본가의 마음을 움직인 것은 조선의 공업적 조건이 좋다는 것이었다. 따라서 조선에 근대적 공업이 발달하기 시작한 것도 이때부터인데, 최근 보다 박차를 가한 것이 있다면, 대륙정책의 기지로서 조선이 갖는 중요성이 인식되기에 이르렀다는 점, 그리고 전시경제와 생산력 확충계획의 일익을 담당하게 되었다는 점, 두 가지이다.

이미 당국자의 경제계획이 있고 나아가 객관적인 여러 정세 또한 동일한 방향으로 가고 있다. 조선에 광공업이 크게 발달하는 것은 당연한 순서이겠지만, 무엇보다 조선에게 다행한 일이다. 각 방면에서 내지 이상으로 경기가 좋아짐은 말할 필요도 없다.

지리적으로 말하면, 이들 공업적 발전은 몇 개의 센터로 나뉘어 있다. 북쪽부터 보면 —

첫째, 청진센터. 그 유명한 무산 철광석을 원광으로 하는 미쓰비시(三菱)와 닛테쓰(日鑛)의 제철소가 여기에 있다.

둘째, 함흥센터. 노구치(野口)콘체른의 제사업이 여기에 집결되어 있고 장진강, 부전강, 허전강 등 약 80만 킬로의 수력전기가 있다. 이 부근의 성진(城津)에는 일본고주파중공업회사의 공장이 있고 길주(吉州)에는 북선(北鮮) 제지의 펄프공장이 있다.

셋째, 원산센터. 조선석유를 비롯 오노다(小野田)센터, 북선 제강소, 스미토모(住友)제련소가 있다.

넷째, 남선(南鮮, 남한)의 삼척센터. 오노다센터가 있고 삼척개발회사가 있으며 영진의 과잉전력을 이용하여 카바이트를 제조하고 있다. 조선합동유지 공장도 있다.

다섯째, 부산센터. 현재 미쓰비시중공업의 분신으로 선거(船渠)[21] 회사의 설립을 계획한 정도이지만, 여러 가지 면에서 장래성이 유망하다.

여섯째, 경인센터. 경성 교외, 영등포가 공업지대가 되어 대일본맥주, 기린맥주, 두 개의 공장이 있고 방적공장, 그 밖의 잡다한 공장들이 빠르게 주변 공터를 메우고 있다. 인천에는 시바우라(芝浦)제작소, 일본차량, 국산자동차, 동양방적, 조선기계제작소, 조선제강소, 그 밖의 공장들이 있다. 이미 공장 부지가 협소해져 나가이(永井)부사(府事)의 위대한 계획으로 대규모 해안 매립이 실행되고 있다.

일곱째, 해주센터. 여기에 조선화약, 우베(宇部)시멘트, 주가이(中外)광업의 금 정련소 등의 공장들이 있다.

여덟째, 평양센터. 대일본제당, 가네보(鐘紡), 쇼와비행기의 모든 공장들이 있고 해군의 연탄제조소, 미쓰비시 계열의 일본 곡산회사가 있다.

부근의 진남포에는 일본광업의 금 정련소, 조선화학의 인산(燐酸)공장이 있고 조선리켄(理研)의 경금속회사도 공장을 건설할 예정이다. 겸이포에는 일본제철의 제철소가 있다. 그리고 순천에는 조선화학공업의 공장이 있다.

아홉째, 신의주센터. 현재로써는 미쓰이(三井)관련의 산세(三成)공업이 금 제련소를 설립하기로 한 것 뿐이지만 압록강 수전 발전사업이 진행됨에 따라 이곳에서는 풍부하고 저렴한 전력을 얻을 수 있으므로 장래(전력을 동력으로 하는 것이 아니라 원료로 하는 공업에서)가 매우 유망하다.

이상은 작년 8월 조선을 여행할 당시에 쓴 노트에서 인용한 것이다. 이미 1년이 지났기 때문에 또다시 새로운 공장이 건설된 것이 있겠으나, 대체로 조선의 신흥공업은 이들 9개 지방의 센터로 나뉘어 발전하고 있다고 할 수 있을 것이다. 금광과 그 밖의 광석업의 지리적 분포도 흥미가 있지만 길어지므로 생략하겠다. 한마디 더 부언하자면 조선에는 특수 금속의 산출이 비교적 많다는 점과 약 3천5백 개의 가행광산 중 80퍼센트가 금광이라는 점 두 가지이다.

×

교통의 발달 역시 말할 것이 없다. 현재 건설 중인 중앙선도 곧 완성될 것이며 그렇게 되면 만포진에서 만주 중앙부의 사평가(四平街)와 연결될 것이다. 현재의 남만(南滿) 봉천(奉天)을 잇는 선과 청진, 나진 방면에서 북만(北滿)으로 들어가는 선과 만나서 3선이 되고, 내지와의 연락선로로도 청진, 나진과 니가타(新潟), 쓰루가(敦賀), 시모노세키(下關)와 부산의 2선 외에 또 하나 원산과 쓰루가 항로가 신설될 수 있게(즉, 원산이 내지에서 중국과 만주로 가는 최단지점) 된다.

×

이와 같이 근래 조선의 광공업 발전이 매우 현저하지만 앞으로는 더욱 그러할 것이다. 따라서 일본 경제에 크게 기여함은 물론이다. 생산력의 확충계획으로서 금은 1942년 5억 엔의 생산액을 거둘 예정인데 그중 3억 엔이 조선에서 산출된다. 그렇다고 농산국으로서의 조선이 폄하되는 것은 아니다. 인구의 70퍼센트가 농민이다. 아무리 광공업이 발전하더라도 농업 인구가 급격하게 그쪽 방향으로 흡수되지는 않는다. 농업인구의 생활 개선을 위해서나 내지 수요를 위해서도 농산증가가 필요하다. 그러므로 총독부 당국은 광공업 발전에 박차를 가하면서도 농업도 결코 경시하지 않는다는 소위 농공병진, 이것이 미나미 총독의 경제정책이다.

결국 내지 경제에 기여하는 점이 점차 커질 뿐만 아니라, 대륙정책 내지 병참기지로서의 역할이 더욱 중요해질 것이다. 말하자면 조선은 내지와 만주, 북지(北支)와의 사이를 이어주고 양자를 유기적으로 연결하는 필요 불가결한 고리에 해당한다. 더욱이 유럽 대전의 영향이 그러한 위치를 더욱 고양시킬 것이다.

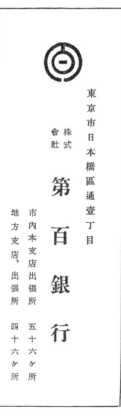

東京市日本橋區通壹丁目

株式會社

第百銀行

市內本支店出張所 五十六ヶ所

地方支店、出張所 四十六ヶ所

조선중공업계의 영웅

조선기계제작소

조선광업계는 전시하 일본의 국책에 따라 다대한 공헌을 하고 있다. 그 원동력에 필요한 기계류는 최근까지 내지에서 공급해왔는데 조선총독부의 요망으로 광산기계의 자급자족을 목표로 설립된 것이 조선기계제작소이다.

1937년 6월에 설립하여 처음에는 오십만 엔이었던 자본금이 점차 증자되어 오늘날에는 3백만 엔의 저명한 회사가 되었다.

본사는 경성부 하세가와초(長谷川町)에 있으며, 창립한 지 불과 2년 만에 인천 공장 부지에 3만 3천 평이나 되는 대공장과 총 8백여 명의 종업원을 둘 정도로 대단한 번창을 거듭하고 있다.

당사는 창립 당시부터 광산기계 외에 차기 계획으로 톱니바퀴 제작을 계획하고 순조롭게 실행해 나가고 있다. 이는 기존의 광산용 기계뿐 아니라 일반 중공업계 진출의 지표로도 주목된다.

이 외에도 토목용 기계, 특수품 거래도 점차 증가되고 있기 때문에 조선광업계의 금 증산(金增産) 5개년 계획의 진행과 함께 장차 발전이 기대되는 바이다. 당사의 주요 제품을 들면 권양기(捲揚機)[22], 급광기(級鑛機), 그라인더 밀, 용광로, 압착 및 진공여과기, 부유선광기(浮游選鑛機)[23], 각반 및 농니기(濃泥機)[24], 각종 주철제품, 그 외에도 꽤 범위가 넓다. 납품처는 일본산금진흥, 일본광업, 일본고주파, 스미토모(住友)광업, 미쓰비시(三菱)광업, 산세(三成), 의주의 미쓰이(三井)계 광산, 쇼와(昭和)광업, 주가이(中外)광업, 조선광업 등 모두 일류회사뿐이다.

이상과 같이 당사는 실로 훌륭한 발전을 거두고 있는데 이를 경영하고 있는 중역진을 보면 그 젊음과 활동적인 경영 수완도 수긍이 된다.

회장 모리(森輝)씨는 모리 콘체른[25]의 총수, 모리 노부데루(森矗昶)[26] 씨의 동생이다. 전무 요코야마(橫山公雄) 씨는 요코야마 공업주식회사의 사장으로서 전문적인 수완으로 평가받고 있는 사람이다. 요코야마 씨는 잘 알려진 입지전적 인물로 그 혜안과 불굴의 의지에는 경탄하지 않을 수 없다. 야마나시(山梨)현에서 소학교를 졸업하자마자 대일본맥주의 급사를 하며 오쿠라(大倉)상업의 야학을 다녔다. 졸업 후 오쿠라구미(大倉組)에 입사하였고 그 후 오시마(大島)제강(製鋼)에서 일했는데 대전 후의 불황으로 오시마제강이 휴업하면서 할 수 없이 기계 브로커를 시작했다. 그런데 그것도 실패, 3만 엔의 빚을 지게 되었다. 그러나 이에 굴하지 않고 다음으로 착안한 것이 다른 사람이 만들지 않는 기계를 만드는 것이었다. 이것이 요코야마 씨가 광산용 기계 제작에 착수하게 된 계기이다.

그러는 사이에 광산 경기가 좋아져서 갑자기 주문이 쇄도했다. 자본금 50만 엔이던 광산공업소는 일약 1백5십만 엔으로 증자되었고, 이어서 3백만 엔으로, 다시 8백만 엔으로 대폭 증자된 약진을 거두었던 것이다.

그리고 그 별동대로 창립된 것이 조선기계제작소이고 요코야마 씨가 전무를 맡고 있다. 이 신진기예의 전무를 보필하는 임무에 소장(少壯) 상무 히로시마(廣島敏行)를 등용한 것은 청년 조선기계제작소에 한층 더 힘을 부여한 것으로 요코야마 전무와 호흡을 맞춰 훌륭하게 근거지를 지키며 건투하고 있는 모습은 더할 나위 없는 궁합이다. 그 외에 네즈(根津)재벌 출신의 중역, 후쿠시마(福島茂寒), 요시다(吉田義輝) 씨를 배치한 진용은 든든한 배경을 짐작케 하는 바가 있다. 당사의 전도는 참으로 양양하다.

산금 사업의 희망 — 동조선광업주식회사

중일전쟁 이래 군수물자의 막대한 수입은 당연히 일본 국제수지상 중대한 문제를 던지고 있다.

조선총독부는 조선에 산금(産金) 5개년 계획을 수립하여 금 증산 장려를

꾀하고 있으나 이러한 시대에 금은 실로 무기이자 피이다.

동조선광업회사는 1934년 4월 조선 함경남도 영흥군 인흥면에 트렌치 선[27]을 이용한 사금 채취를 목적으로 창립되었는데 그 후 정평군 문산면의 영평 광산 금광을 병합하여 사금, 산금 양방면에서 발전하여 동조선(東朝鮮)에서 그 중요성을 인정받고 있다.

당사의 사업은 셋으로 구분된다. 즉 영락지대의 사금 채취, 영평광산의 채굴, 외천금광의 채광 작업이다. 올해 하반기부터 이 세 광구가 완전히 가동된다. 공칭자본금은 8백4십만 엔, 납입자본금 4백6십5만 엔에 대해 반년간 5십만 엔의 이익이 예상된다. 이익률 2할로 배당률은 1할 2푼이지만 앞으로 계속해 이익 증가가 예상된다. 최근 유럽 전란으로 호황을 누리게 되어 당사의 전도는 크게 기대해도 될 것이다. 따라서 전무이사 다지마(田島常三) 씨의 건재를 간절히 바라는 바이다.

국책에 순응하고 있는 성환광업주식회사

당사, 성환광업주식회사는 사금 사업의 호황을 타고 1936년 11월에 자본금을 1백만 엔에서 3백만 엔으로 증자해, 충청남도 부여군 초촌면 논산 사금광구와 유화광인 금출광산의 개발에 적극적으로 진출하여 순조롭게 발전해 왔는데, 충청남도 천안군 성환면의 본사를 중심으로 트렌치 선을 이용한 채금 등을 하고 있다.

금출광산은 유화철광 외에 함동유화철광의 한광(寒鑛)을 발견하여 크게 촉망받고 있었는데 쇼와광업주식회사의 간청으로 일체를 동사(同社)에 양도했던 것처럼 유연한 경영 수완이 본사의 강점이다. 사장 이와사키(岩崎清七) 씨, 부사장 미쓰하시(三觜愛太郞) 씨, 상무 오고에(大越四郞) 씨의 경영의 묘미는 앞으로의 수완에 달려 있는 만큼 기대되는 바이다. 특히 고치(高知)현 나가오카(長岡)군 가미제키(上關)금광의 금, 동, 유화철광산의 경우에는 최근에 새로운 광맥이 확인되어 광산업의 경기는 더욱 밝아질 것으로 전망된다. 또한 당사는 오랫동안 게이지 제작 공장을 연구해왔는데 최근에 영업 목적을 일부 변경해 별도로 새로운 회사를 설립하여 경영권을 쥐고 본격적인 경영에 매진하고 있다. 게이지는 정밀 기계 제작상의 기초 측정기로써 정확을 요하는 기계에 꼭 필요한 도구인 만큼 전시 체제하의 중요 사업이다. 이와 같은 산금 및 금동, 유화철, 게이지 등 모두 국책에 순응한 경영을 하고 있는 당사와 당국자의 고심을 평가해야 할 것이다.

신흥의 나진항과
동만주산업주식회사

동해에 면한 북조선은 만주사변 이래 그 중요성이 증가되어 동만주 방면으로 나아가는 나들목으로 더욱 발전해 가고 있다.

니가타(新潟)항을 출발점으로 한 만주 방면으로 가는 인적, 물적 자원은 모두 이곳 나진을 거쳐 북선(北鮮)에서 동만주로 옮겨 간다. 함경북도에서 두만강, 그리고 동만주 일대에는 광야가 펼쳐져 있으며 거기에서 수송되는 만주의 산물은 대부분 나진을 거쳐 내지로 향하게 된다.

이러한 중요성과 만주의 경기에 힘입어 나진은 원산, 청진, 웅기를 제치고 눈부시게 발전하고 있다.

여기에 뿌리를 내려 철도, 광업, 목재, 무역 등 각종 사업을 경영하고 멀리는 신경(新京), 북경까지 그 세력을 떨치고 있는 기업이 동만주산업주식회사이다. 그 투자 회사로 동만주 철도, 동만 광업, 친화목재, 친화무역의 4개사를 산하에 흡수하여 자본금 2천만 엔과

자본적 뒷받침을 이루는 친화기업, 장주은행, 대일본방(大日本紡)의 강력한 후원, 여기에 회장 마스다(增田伏郎) 씨, 사장 나카무라(中村直三郎) 씨의 지휘하에 전무 구로카와(黑川正太郎) 씨, 상무 야마모토(山本高伙) 씨의 수완이 더해져 크게 기대되는 바이다. 당사는 금년 6월 말 마감한 창립 제2회 결산에서 계속하여 7푼의 배당을 유지했다. 이것은 총동원법 11조에 의거한 것이며 이익금 46만 엔 정도에 이익률은 1할 2푼 정도의 수익을 거둬 상당히 여유 있는 결산이었다.

상기한 각 투자 사업은 순조로운 성적을 거두고 있으나 자회사의 발전과 함께 머지않아 지불징수가 기대된다.

북선 지방에서 동만주 방면으로의 앞으로의 발전과 당사의 전도를 생각해 보면 실로 빛나는 바가 있다.

봉선화

주요한(朱耀翰)

죽어서 된다면
봉선화

그대의 창가에
붉게 피어서

선혈로 물들이고픈
그대의 손톱

김종한[28] 역

*조선의 처녀들은 봉선화 붉은 꽃잎으로 손톱을 물들입니다.

바다와 나비[29]

김기림(金起林)

아모도 그에게 수심(水深)을 일러준 일이 없기에
힌 나비는 도모지 바다가 무섭지 않다.

청(青) 무 밭인가 해서 나려 갔다가는
어린 날개가 물결에 저러서
공주(公主)처럼 지처서 도라온다.

三月달 바다가 꽃이 피지 않어서 서거푼
나비 허리에 새파란 초생달이 시리다.

김소운[30] 역

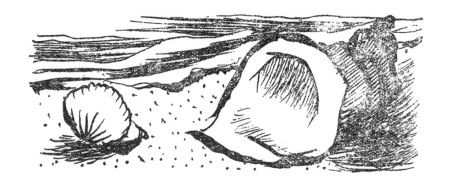

장미

모윤숙(毛允淑)

이 마음 한편
호젓한 그늘에
장미가 핀다.

밤은 어둡지 않고
별은 멀지 않다
장미는 밤에도 자지 않는다.

숲 없는 벌
하늘이 틔지 않은 길
바람이 오지 않는 동산
장미는 검은 강가에 서 있다.

너의 뿌리는 내 생명에 의지하였으매
내 눈이 감기기 전 너는 길이 못 가리

너는 내 안에서만 필 수 있다.
봄 없고, 비 없고, 하늘 없는 곳
불행한 내 마음에서만 피어간다.

밤은 어둡지 않고
별은 멀지 않다
너는 밤에도 자지 않는다.

김소운 역

님의 노래[31]

고 김소월(金素月)

그리운 우리 님의 맑은 노래는
언제나 제 가슴에 젖어 있어요.

긴 날을 문 밖에서 서서 들어도
그리운 우리 님의 고운 노래는
해지고 저물도록 귀에 들려요
밤들고 잠들도록 귀에 들려요.

고이도 흔들리는 노랫가락에
내 잠은 그만이나 깊이 들어요
고적한 잠자리에 홀로 누워도
내 잠은 포스근히 깊이 들어요.

그러나 자다 깨면 님의 노래는
하나도 남김없이 잃어버려요
들으면 듣는 대로 님의 노래는
하나도 남김없이 잊고 말아요.

김소운 역

모 닥 불³²

백석(白石)

새끼 오리도 헌신짝도 소똥도 갓신창도 개니빠디도 너울쪽
도 짚검불도 가락잎도 머리카락도 헌겊조각도 막대꼬치도
기왓장도 닭의 짖도 개터럭도 타는 모닥불

재당도 초시도 문장(門長) 늙은이도 더부살이 아이도 새사
위도 갓사둔도 나그네도 주인도 할아버지도 손자도 붓장사
도 땜장이도 큰 개도 강아지도 모두 모닥불을 쪼인다

모닥불은 어려서 우리 할아버지가 어미아비 없는 서러운
아이로
불상하니도 몽둥발이가 된 슬픈 역사가 있다

김종한 역

백 록 담[33]

정지용(鄭芝溶)

1

절정(絶頂)에 가까울수록 뻑국채 꽃키가 점점 소모(消耗)된다. 한마루 오르면 허리가 슬어지고 다시 한마루 우에서 모가지가 없고 나종에는 얼골만 갸웃 내다본다. 화문(花紋)처럼 판(版) 박힌다. 바람이 차기에 함경도(咸鏡道) 끝과 맞서는 데서 뻑국채 키는 아조 없어지고도 팔월(八月) 한철엔 흩어진 성신(星辰)처럼 난만(爛漫)하다. 산(山) 그림자 어둑어둑하면 그러지 않어도 뻑국채 꽃밭에서 별들이 켜든다. 제자리에 별이 옮긴다. 나는 여긔서 기진했다.

2

암고란(巖古蘭), 환약(丸藥)같이 어여쁜 열매로 목을 축이고 살어 일어섰다.

3

백화(白樺) 옆에서 백화(白樺)가 촉루(髑髏)가 되기까지 산다. 내가 죽어 백화(白樺)처럼 흴 것이 숭없지 않다.

4

귀신(鬼神)도 쓸쓸하여 살지 않는 한모롱이, 도체비꽃이 낮에도 혼자 무서워
파랗게 질린다.

5

바야흐로 해발(海拔) 육천척(六千呎) 우에서 마소가 사람을 대수롭게 아니녀
기고 산다. 말이 말끼리 소가 소끼리, 망아지가 어미소를 송아지가 어미말을
따르다가 이내 헤여진다.

6

첫새끼를 낳노라고 암소가 몹시 혼이 났다. 얼결에 산(山)길 백리(百里)를 돌
아 서귀포(西歸浦)로 달어났다. 물도 마르기 전에 어미를 여힌 송아지는 움
매─움매─울었다. 말을 보고도 등산객(登山客)을 보고도 마고 매여 달렸다.
우리 새끼들도 모색(毛色)이 다른 어미한틔 맡길 것을 나는 울었다.

7

풍란(風蘭)이 풍기는 향기(香氣), 꾀꼬리 서로 부르는 소리, 제주(濟州)회파람
새 회파람부는 소리, 돌에 물이 따로 굴으는 소리, 먼 데서 바다가 구길 때 솨
─ 솨 ─ 솔소리, 물푸레 동백 떡갈나무 속에서 나는 길을 잘못 들었다가 다
시 측년출 긔여간 흰돌바기 고부랑길로 나섰다. 문득 마조친 아롱점말이 피
(避)하지 않는다.

188

8

고비 고사리 더덕순 도라지꽃 취 삿갓나물 대풀 석용(石茸) 별과 같은 방울을
달은 고산식물(高山植物)을 색이며 취(醉)하며 자며 한다. 백록담 조찰한 물을
그리여 산맥(山脈) 우에서 짓는 행렬(行列)이 구름보다 장엄(莊嚴)하다. 소나기
눗낫 맞으며 무지개에 말리우며 궁둥이에 꽃물 익여 붙인채로 살이 붓는다.

9

가재도 긔지 않는 백록담(白鹿潭) 푸른 물에 하눌이 돈다. 불구(不具)에 가깝도
록 고단한 나의 다리를 돌아 소가 갔다. 쫓겨온 실구름 일말(一抹)에도 백록담
(白鹿潭)은 흐리운다. 나의 얼골에 한나잘 포긴 백록담(白鹿潭)은 쓸쓸하다. 나
는 깨다 졸다 기도(祈禱)조차 잊었더니라.

김종한 역

오랜 전통과 빛나는 문화를 자랑하는 우리 동포들은 만주에 사는 백만 명을 필두로 전 세계 곳곳에 흩어져 각각 자신의 직분에 맞게 활약하고 있다. 그 활동 방면도 다양하여 산업계, 학술, 예술, 음악 방면에서 혹은 보도진의 선두에서 활약하고 있는데 이번 기회에 이러한 군상들을 소개하는 것도 무의미하지는 않을 것이다.

1. 영국 상선 선장 신성모(申性模)[34]
― 뉴욕, 런던간 금괴 수송 경쟁에서 일등

8월 3일, 마침내 영국이 독일에게 선전포고한 이래, 대서양의 파도는 점점 거칠어지고 있다. 미국 대륙과 영국을 연결하는 대서양 위에서 대상선대(大商船隊)를 지휘하는 선장들 중 유일하게 동양인이 한 명 있다는 사실을 알고 있는 사람은 거의 없을 것이다. 게다가 지난해 뉴욕 — 런던 간 금괴수송 경쟁이 있었을 때, 영예로운 월계관이 이 동양인 선장의 머리 위에서 빛났다. 당시 영국에서는 사람들이 모이기만 하면 이 이야기로 꽃을 피웠다.

이 화제의 선장은 우리 동포 신성모 씨이다. 그러나 신성모 씨에게 오늘의 영광이 있는 것은 결코 우연한 일이 아니다. 바다의 아들은 바다의 꿈을 꾼다. 몸은 육지에 있어도 꿈 속에서 바다는 저 멀리 동경의 손길을 내민다. 삼 면이 바다로 둘러싸인 조선반도의 경상남도 의령에서 태어난 그는 태어나면서부터 바다의 아들이었다. 그러나 농사는 부모에게 억지로 떠맡겨진 가업이었다. 이러한 처지에 있으면서도 그는 특히 측량학에 흥미를 가져 삼각법에 능통한 지능의 소유자였다. 바다를 향해 끓어오르는 동경을 억누르지 못하고 그는 스무 살 때 가출을 단행했다고 한다.

그러나 부산항에 섰을 때 그의 마음은 역시 아렸다. 고향을 등지는 애수의 감정이 가슴에 밀려왔기 때문일 것이다.

그가 상해(上海)에 무사히 상륙한 것은 25년 전의 이 무렵이었다. 그는 순조롭게 상해 오송(吳淞)상선학교에 입학하여 항해학을 공부했다. 그리고 원양 항해의 기회를 얻어 영국에 건너갔고, 그곳 상선학교에서 3년간 수학하여 고등선원 견습생 자격으로 영국 상선을 타게 되었다. 이것이 결국 오늘의 그를 있게 한 것이다. 즉, 뉴욕 — 런던 간 금괴수송 사건이 그것이었다. 금괴를 신속히 런던으로 수송해야만 하는 상황에서 미국은 최단 시일 내의 금괴수송을 조건으로 각 선박회사에 공개 경쟁 입찰을 실시했는데, 당시 고등선원 견습생이었던 그의 주장이 받아들여져서 영국 상선이 입찰에 성공, 멋지게 계약을 성사시키게 되었다. 그런데 과연 그는 어떤 고안을 했던 것일까? 점성학과 삼각법에 능통한 그는 뉴욕 — 런던 간의 안전항로를 취하지 않고 최단거리 직선코스를 택하여 침식을 잊은 채 며칠 동안 컴퍼스와 씨름한 끝에 결국 월계관을 멋지게 거머쥘 수 있었던 것이다. 그 공을 인정받아 그 후 그는 영국상선 선장의 지위에 올라 오늘날 여전히 세계 해운계의 중심에서 활약하고 있는 것이다.

유럽전쟁 이래 대서양의 파도는 한층 더 거칠어져 레전드 타이거호(1만 125톤), 마날호(7242톤)를 비롯하여 현재까지 영국선 다섯 척이 독일의 어뢰공격으로 침몰했다. 전쟁이 계속되는 한 이러한 위험은 한층 증가할 것이므로 아무쪼록 자중하여 직무에 충실하기를 바란다.

2. 반도의 무희 최승희[35]

올 여름 브뤼셀에서 국제 무용 콩쿠르이 열렸다. 천여 명의 응모자 가운데 제1차 예선에서 약 반수가 탈락했으며 제2차 예선에서 다시 엄선을 거쳐 남은 수백 명을 대상으로 한 심사가 이루어졌을 때의 일이다. 북유럽에서 예술 순회공연을 하고 있던 우리의 무희 최승희가 초청되어 심사를 담당하게 된 것이다. 그녀가 파리에서 전해 온 소식에 따르면 제2차 예선에 남은 백 명 정도의 솔로 댄서와 십여 조의 그룹 댄서를 심사했는데 그중 16세 이상의 그룹과 그 이하의 그룹으로 나뉘어 약 반수는 발레 댄서이고 나머지 반은 근대 무용의 여러 유파에 속하는 사람들이었다고 한다.

최승희는 각국의 참가자 중에 전란 중인 폴란드 출신 무용가가 매우 많은데, 수준은 낮지만 폴란드 무용계의 저력을 느낄 수 있다고 전해왔다. 아사히신문에 의하면 심사 결과 파리의 스테파베라는 젊은 무용가가 우승했다고 한다. 또한 이 콩쿠르 기간 중에 콩쿠르 축하를 겸하여 테레지나, 알렉산더 스완과 우리의 무희 최승희 세 명이 심사대회 전후에 시범 무용회를 공개해 성황이었다고 한다.

파리의 번화가 트로카데로에 최근 새롭게 개장한 테아트르 샤이오 극장에서 그녀는 지난 6월 15일 파리에서의 두 번째 공연을 열어 세계 최고 수준의 예술적 안목을 지닌 파리 시민을 매료시켜 파리의 여러 잡지로부터 최대의 찬사를 얻었다. 그녀의 전성시대도 그러하거니와 동향인으로서 필자도 콧대가 높아지지 않을 수 없다.

도쿄에서 외유기념 공연회를 개최했을 때 필자는 프랑스 하브우스 통신사 특파원 기랑 씨와 함께 보러 갔었는데 그는 자신이 할 수 있는 최대의 찬사를 최승희에게 바치고 싶다고 말했다. 그녀의 천부적인 육체미와 타고난 예술적 재능과 이국적인 조선 특유의 고전무용은 반드시 파리 시민을 열광시킬 것이라고 평하던 일을 기억한다. 출발 전 UP(미국합동통신사)는 그녀의 서명이 들어간 사진을 24, 5매나 보냈는데 이런 예고(前兆)만으로도 대단한 열기였다고 한다.

최승희가 전해 온 소식에 따르면 이 공연회에서는 데뷔 공연에 비해 절반 정도 신작품을 섞어서 공연했기 때문에 시즌 중 최대 성황이었다고 한다. 파리의 예술계는 5월에서 6월까지가 최대 시즌으로 큰 공연이 많고 특히 무용계 사람들이 피카소, 마티스 등 파리의 주요 예술가들과 활발하게 교류를 하고 있는 이유도 있겠지만, 알펜테이너 이후 솔로 무용가에 굶주려 온 탓에 그녀의 공연은 파리뿐 아니라 전 유럽에서 센세이션을 불러일으켰다고 한다.

지금부터 7년 전 도쿄에서 그녀가 데뷔했을 때, 이시이 바쿠(石井漠) 씨가 최승희를 신문기자에게 소개하는 의미에서 당시 명월관에서 자리를 마련한 적이 있다. 그때 그녀는 필자에게 "나만의 무용을 해서 절뚝거리면서라도 세계 무용계의 뒤를 쫓아가고 싶다"고 속내를 내비친 적이 있다. 필자의 어설픈 안목으로 봐도 도쿄에서의 제1회 공연은 실로 훌륭했다. 그러나 그녀의 감상이요 꿈이던 세계 수준에 대한 동경이 이렇게 빨리 실현되리라고는 꿈에도 생각하지 못했다.

이 점은 필자가 어리석은 탓이기에 비난을 면할 수 없겠지만 그래도 역시 그녀의 예술면의 진보가 매우 빨랐음은 부정할 수 없다.

3. 무용예술의 정화 — 독일에서 연구 중인 박영인(朴永仁)

조선이 보유한 삼대 무용가로 최승희 여사 외에 지금 도쿄에 있는 조택원(趙澤元)[36] 군, 독일에 재류 중인 박영인 군, 즉 구니 마사미(邦正美)가 알려져 있다. 작년에 이 삼대 무용가는 구미에서 조선무용을 위해 대단한 기염을 토했다. 최 여사는 미국에서 조 군은 프랑스를 중심으로 박 군은 독일을 중심으로 유럽에서 각각 품격 있고 상징적인 조선무용을 공연하여 구미인의 찬사와 호평을 받았다.

박 군은 작년에 독일국립무용학교를 졸업하고 독일과 헝가리의 대도시에서 전후 24회에 걸친 공연회를 열었는데, 그 후 베를린의 독일 국립가극장과 함부르크의 실렐 오페라극장 및 헝가리 부다페스트의 헝가리 왕실 오페라극장에서 공연된 그의 무용은 특히 그를 세계 무용가의 최고 수준에까지 끌어올렸다. 그 후 그의 예술은 현저하게 진보하여 현재 그의 모교인 독일국립무용학교에서 강사로서 아시아 무용과를 담당하며 조선무용의 진수를 유럽에 소개 중이다.

4. 자작곡 조선환상교향곡을 구미 각지에서 연주 방송하는 안익태(安益泰)[37]

조선 음악계의 자랑인 계정식(桂貞植)[38] 씨의 뒤를 이어 구미 각국에 조선의 멜로디를 소개하는 반도 음악가 안익태 씨가 있다. 첼리스트이자 지휘자인 안익태 씨는 구미음악 연주여행을 미국에서 시작하여 이후 아일랜드, 영국, 독일, 프랑스에서 연주회를 개최하여 각지에서 절찬을 받았다. 특히 자작곡 조선환상교향곡은 그의 진가를 한층 높였다.

5. 폭탄 떨어지는 바르샤바에 거류하는 만주국 초대 총영사 박석윤(朴錫胤)[39]

맹진 10일 만에 독일군 주력부대가 폴란드의 수도 바르샤바로 진격하여 독일군과 폴란드군은 시가전을 전개했다. 독일은 군사행동 개시와 함께 바르샤바에 폭탄 공격을 가하였고 재류 외국인은 물론 본토인도 피난하고 있다. 동란 중에 바르샤바에 거류하며 자신의 사명을 다하고 있는 조선인이 있다. 그는 만주국 초대 총영사 박석윤 씨이다. 영국 캠브리지 대학에서 국제법을 전공한 그의 외교관으로서의 활약이 크게 기대되던 순간에 독일과 폴란드의 전쟁이 일어났다. 그러나 그는 이미 만주사변 당시 제국정부 대표 마쓰오카(松岡洋右) 씨를 수행하여 국제연맹회의에서 활약한 세계적 외교무대의 경험이 있으니 만주와 폴란드 국교 조정과 친선에 만전의 방책을 강구하고 있을 것이다.

그는 삼고(三高) 재학 중 명투수로서 야구팬을 열광시키기도 했다. 전통을 중시하는 일고(一高)와 삼고(三高) 전[40]에서 삼 연승한 시기도 그의 투수 시절 때였다. 그가 기회를 포착하는 데에 기민한 것도 그가 재학 시절에 투수로 수련한 덕분이다.

6. 남미에서 활약하는 장철수(張澈壽) 군

외교무대에서 활약하는 우리 동포 중에 젊은 외교관 장철수 군이 있다. 1933년 외교관 시험을 훌륭히 통과하여 외무성 조약국(條約局) 관보(官補)를 거쳐 다음해 프랑스 주재 대사에 위임되었고 그 후 벨기에 주재 대사관을 거쳐 지금은 남미 아르헨티나 공사관에 근무하면서 동양문화의 진수를 소개하고 있다. 그는 문화 방면에 조예가 깊고 학생 시절에 이미 뛰어난 재능을 보였다. 또한 그는 비범한 랭귀스트다. 영어, 프랑스어, 독일어, 이탈리아어에 능통하고 에스페란토어도 자유자재로 구사할 수 있으니 대단한 사람이다.

그는 삼고 재학중 E.S.S(영어회화회)를 이끌고 있었는데 전국 고전영어 대회에서는 '영원한 평화'라는 영어 연설을 해서 일약 유명해졌다. 당시부터 이미 그에게는 외교관으로서의 자질이 보였던 것이리라.

중일전쟁 이래 미묘한 국제관계 조절에서 그의 내력은 대단했다. 외교관보 시절 2, 3년 동안 외국 근무를 하고 나서 외무성 본부 근무로 돌아오는 관례를 깨고 전례 없이 이미 6년 동안 재외 근무를 하고 있는 것은 그의 활약상을 대변하는 것이다.

7. 뉴욕 대학 교수 강용흘(姜鏞訖)[41] 씨의 위업

시야를 학계로 돌리면 뉴욕 대학 교수 강용흘 씨를 비롯하여 현재 문부성 유학생으로 유럽에서 유학 중인 교토제대 조교수 이태규(李泰圭) 박사가 이채를 띤다. 1931년도 강용흘교수는 그 저서 『초당(草堂)』을 '그래스루프'라는 영문판으로 영국과 미국에서 동시에 출판하여 낙양이 아닌 뉴욕과 런던의 지가를 올렸다. 이어서 1933년에는 독일판과 프랑스판을 내어 독서계의 찬사를 받았다.

강 교수는 뉴욕 대학에서 동양철학, 특히 노자 강좌를 담당하는데 늘 정열적으로 강의해서 학생들 사이에 평판이 매우 좋다고 한다.

김용흘 씨는 함경북도 홍원(洪原)출신으로 오성(五星)학교에서 영어의 기초를 배웠고 이후 미국으로 건너가 고학하여 오늘날의 대업을 이룬 실로 입지전적인 인물이다. 부인 케리(Kelly) 씨도 여류시인으로서 남편과 함께 한시(漢詩)를 영역(英譯)하여 신문, 잡지에 발표하고 있다. 또한 강용흘 씨는 동양인으로서는 드물게 브리태니커 대백과사전의 편찬위원이다.

8. 문부성 재외 연구생 교토대학 조교수 이학박사 이태규(李泰 圭)[42] 선생

끝없이 정진해도 도달하기 어려운 학문의 세계에서 고군분투하고 있는 우리의 투사 교토제국대학 조교수 이학박사 이태규 군의 위대한 명성은 이미 아는 사람은 다 알 것이다. 지난 1938년 12월 중순 그는 문부성 재외 연구생으로서 촉매학(觸媒學) 연구를 위해 유럽 출장을 명령받았다. 경기중학교 전신인 제1고등보통학교를 졸업하고 히로시마 고등사범학교에 입학하여 4년간 줄곧 우수한 성적으로 졸업하였고 중등학교 교사로 재직한 바 있다. 그의 뜨거운 학구열은 그로 하여금 다시 교토제대 응용화학과에 입학하게 했다. 미남자로 알려진 그가 교토대 기숙사에서 식사를 하면서 어떤 어려운 화학방정식과 씨름하고 있는 모습을 필자도 여러 번 목격한 적이 있다. 그의 연구의 주된 분야인 촉매작용 이론은 세계에 대한 도전이기도 하고 군사상으로도 중요한 연구이다.

은사 호리바(堀場) 교수의 지도하에 교토대학 조수로 연구를 계속한 보람이 있어서 1931년에는 『환원 니켈의 존재로부터 일산화탄소의 분해』라는 논문으로 교토대학 교수회를 통과하여 이학박사 학위를 취득했다. 이것이 우리 동포 최초의 이학박사였다. 동란 중인 유럽에서 그의 연구야말로 주목할 가치가 있다.

그의 좋은 연구동반자로 교토대학 조교수 공학박사 이승기(李升基)[43] 씨가 있다. 섬유분야의 대가로 학위논문도 섬유조직체에 관한 연구였다. 올해 31세로 젊은 그의 연구는 전시하 일본 섬유공업에 공헌하는 바가 클 것이다.

산풍의 권유

부인, 같이 외출하지 않을래요?

오늘은 기분이 별로 좋지 않아서 사양할게요.

무슨 일이에요? 남편하고 싸웠어요? 걱정이네요···

부인!

저런··· 매달 하는? 그래서 우울한 거예요? 부인도 의외로 시대에 뒤떨어져 있네요. 아직 사용하지 않으세요? 요즘 인기 있는 산풍말이에요.

깨끗하고 상쾌하네요. 참 편리한 것도 생겼네요. 이제 매달 오는 생리 때에도 편안하게 지낼 수 있겠어요.

그 다음 날

거추장스러운 뒤처리가 필요 없고 거동에도 불편함이 없습니다. 산풍이라는 제품이 나와서 생리 시의 처리가 간단하고 위생적이므로 크게 도움이 됩니다. 후방에서 왠지 바쁘고 외출 기회도 많은 부인들 사이에서 크게 환영받고 있습니다.

산풍은 소형이라 휴대하기 간편한 새로운 방식의 월경흡착면입니다. 12개에 45전. 약국에 있습니다.

9. 신문기자로서 활약하는 동맹통신사 홍콩특파원 최원렬(崔垣烈) 씨

선전전(宣傳戰)이 전쟁의 승패에서 군사력과 똑같은 가치를 갖고 있음은 결코 지나친 말이 아닐 것이다. 이러한 국제뉴스 속보전쟁에서 온몸의 에너지로 분투하고 있는 우리 투사 중에 동맹통신사 특파원 최원렬 군이 있다. 도쿄고등사범 영문과와 문리과대학 영문과를 우수한 성적으로 졸업하고 동맹영문부에 입사한 것이 1934년 4월이었다. 그가 쓴 영문 전보는 실로 천하일품이다. 복잡미묘하게 움직이는 국제관계를 명철한 두뇌로 판단하고 영문으로 써 내려가는 그의 모습은 실로 장관이며 엄숙하기도 하다.

10. 헐리우드에서 이름을 떨치고 있는 필립 안[44]

이는 아직 일본 내지나 조선

에도 잘 알려지지 않은 이야기이다. 지금까지 동양인으로서 외국에서 이름을 떨친 배우는 많았다. 하야카와 셋슈(早川雪洲)[45], 다나카 미치코(田中老子)[46], 가미야마 소진(上山草人)[47], 그 외 엑스트라 그룹까지 거론하면 끝이 없을 정도다. 그러나 모두 중국 출신 여배우 안나 메이완의 경지까지 올라간 자는 없었다. 필자는 그를 여기에 소개하는 것이 큰 기쁨인데 필립 안이야말로 남자 배우로 이름을 떨치고 있는 동양인 가운데 가장 뛰어나다. 그는 현재 34, 5세로 조선 평안남도 강서(江西)에서 태어났으며, 작년에 오랜 중국 생활에서 돌아와 경성에서 객사한 모씨의 장남이다. 그는 헐리우드에서 막대한 주급을 받고 있는 성격배우이다. 독자들의 기억을 되살리기 위해 먼저 2, 3년 전의 영화 「장군, 여명에 지다」에서 게리 쿠퍼를 상대로 피스톨로 협박하며 배회하던 독특한 마스크의 소유자를 떠올리도록 하자. 그는 지금까지 안나 메이완과 결혼 생활을 하면서 주로 중국 관련 영화에서는 거의 중요 인물로 캐스팅되었다. 이번에는 안나 메이완과의 공연인 「중국 아가씨」, 원제는 「중국 마을의 왕자」에서 명연기를 보인다고 하는데 안타깝게도 외화통제로 인해 수입금지가 되어 있다. 어쩐 일인지 일본에서는 필립 안이 중국 출신이라는 식으로 소개되고 있으나 실은 우리의 자랑이라고 해야 할 조선 출신의 동포이다.

11. 유럽화단에 큰 자극을 준 배운성(裵雲成) 화백[48]

무슈 배운성의 동양화는 독일과 프랑스 신문의 예술란에서 호평을 받고 있다. 1938년 6월 17일부터 약 10일간 세계 3대 화랑이라고 불리는 파리 살롱에 있는 사르팡티에서 개인 전람회를 열었을 때 그의 인기는 대단했다. 그는 오랜 외유를 통해 주로 독일과 프랑스 예술가와의 친교를 다져 유럽 예술계에 동양화적인 독특한 선의 아름다움을 각인시켰다. 유럽에서 먹의 흔적이 선명한 수채화가 풍미하게 된 것도 그의 영향인 바가 크다. 17년 전 독일로 건너가 베를린아카데미에서 수학했는데 학생 시절부터 거의 매년 아카데미상을 받고 졸업 때에는 수석의 영예를 차지했으며 학교에서는 그를 위해 특별히 아틀리에를 만들어 줄 정도로 그 명성은 자랑할 만했다. 작년까지는 독일 일류잡지의 표지 등에서 「배운성 웃다」라는 그림 등이 자주 등장했다. 나치 정권 이래 외국인으로서 살기가 어려워지면서 베를린, 빈, 바르샤바를 돌아다니며 동양화를 널리 알렸는데 특히 바르샤바에서는 목판화 대회에서 일등을 하였고 작년 봄에는 르 살롱에 출품한 8점의 작품이 모두 입선하여 특별 회원으로 추천되었다.

대나무[49] 베는 오두막

미요시 다쓰지(三好達治)[50]

그 오두막은 아직도 거기에 있을까… 때때로 문득문득 그 오두막 — 버섯처럼 두 개의 작은 지붕을 나란히 한 채 다소곳이 길가에 서 있는, 아주 똑같은 모양인 두 채의 오두막. 그 주변의 너무나도 한적한 풍경과 함께 요즘처럼 아침저녁으로 가을다워진 계절이 되면 특히 그곳이 그리워진다.

그곳은 시가(志賀)고원 저 너머에 있다. 고원이라 불릴 만큼 지역이 높아지다가 곧 한가닥의 띠가 되었다가 나중에는 끈처럼 가늘게 안쪽으로 이어져 가는 그 너머에 느닷없이 큰 산봉우리가 솟아있고 가파른 바위와 풀로 뒤덮인 산이 나타난다. 그 일대 최고봉을 이루는 등산로 입구에서 불과 1, 2백 킬로 정도 떨어진 앞쪽 한편으로 밀림으로 둘러싸인 깊은 계곡이 있고 다른 한편은 드문드문한 숲으로 이루어져 햇빛이 잘 비치는 산허리가 이어지는데 그러한 지형을 가르듯이 좁은 오솔길이 나 있다. 평범하다면 평범하지만, 무서워질 정도로 한적한 곳이다.

그 길가에 작은 오두막이 두 채 가지런히 있다. 오두막이라고는 해도 언뜻 보기에는 하나의 지붕에 불과한데 실제로도 그냥 땅 위에 직접 지붕을 덮은 것이다. 내부에는 그저 형태뿐인 선반이 걸려 있고 방 안에는 화로가 놓일 구멍을 파 놓았다. 화로 주변에 짚을 깔아놓은 정도의 거처였다.

— 여어, 용케 오셨구려. 이런 일도 있나? 잘 오셨소.

그렇게 허풍스레 소리를 지르며 그 오두막 한편에서 모습을 보인 것은 작년에 산기슭 마을에서 사소한 용건으로 알게 된, 이름도 모르고 얼굴만 아는, 그 지역에서는 사람 좋기로 유명한 노인이었다. 그 노인의 뒤를 따라, 오두막의 좁은 입구에서 허리를 구부리고 나온 사람은 머리카락이 많이 빠지고 다소 병색이 있어 보이는 마음씨 좋게 생긴 그의 아내였다.

나는 이 두 사람의 안내로 모닥불 연기가 가득하여 숨쉬기 괴로운 오두막 안으로 들어갔다. 뜻밖의 해후와 그런 모양의 건물 안으로 처음 들어가 보는 벅찬 경험을 애써 누르며 짐짓 아무렇지 않은 듯한 몸짓으로 들어갔다. 방 안의 화로에는 직경 2척이 넘는 마치 전신주와 같은 백화나무 토막이 하나 — 나무 하나가 반은 탔고 나머지 반은 꺼질 듯이 타고 있었다.

— 나무 하나를 이렇게 태우면 일주일이나 탄다오.

주인장은 내 질문에 그렇게 대답하면서 아주 떫은 차를, 좀 신기할 정도로 검게 때가 묻고 이가 빠진 찻잔에 몇 번이나 첨잔을 하며 나에게 권했다. 일주일 분의 백화나무는 오두막 내부를 가득히 채우고 있었는데, 그러고 보니 그 끄트머리는 내가 기어들어 온 입구에서 바깥쪽으로 아직도 약 4미터 정도나 빠져나가 있었다.

10월부터 큰 눈이 내릴 무렵까지 죽세공의 재료인 부근의 웅세(熊笹)[51]를 부지런히 잘라 모아서 껍질을 얇게 벗긴 다음 말 등에 싣고 산기슭 마을로 운반한다. 그 오두막은 그러한 일을 하기 위한 반영구적인 거처였다. '대나무 베는 시나노(信濃)'에서는 예나 지금이나 이렇게 대나무를 베고 있다. 그 유구한 풍습은 가끔씩 어딘가에서 들려오는 어치 울음소리

외에 정적만이 감도는 너무나 한적한 주변의 환경과 혼연일체가 되어 조화를 이루고 있다.

가을이 점점 깊어질 무렵, 피부에 와 닿는 공기가 기분 좋게 느껴지는 아침저녁으로 나는 또 문득 대나무 베는 오두막을 떠올리며 그 노부부를 생각한다. 최근에 친구에게 들은 바로는 그 노부부는 여전히 건재하다고 한다. 아무쪼록 건강하시길.

(그림 야사키 시게시(矢崎茂四))

유명한 음식

다쓰노 규시(辰野九紫)[52]

이름난 것에 맛있는 건 없다. ― 예로부터 이러한 속담이 상식처럼 되어 있으나 이는 방패의 이면을 갈파한 것으로 반드시 맛없다고 단정할 수는 없다. 아니, 정말로 맛있는 게 없는 것은 아니다.

그러한 명물 가운데에서도 지방색을 잘 드러내고 있는 것이 아마 은어일 것이다. 사람들이 많이 살고 있는 도쿄에서는 "뭐니뭐니 해도 다마가와(多摩川)의 은어지요."라고들 한다. 다마가와는 육백만이나 되는 사람의 거대한 식욕을 충족시킬 수 있을 정도의 양자강이 아니기 때문에 실상은 사가미가와(相模川)에서 밀수입한 것을 맛있게 먹고 있는 형편이다. 일류 요릿집에서 본 고장의 은어라며 쓰는 것도, 아무리 기후(崎阜)에서 급행편으로 보내오더라도 절대로 나가라가와(長良川)에서 그물로 잡은 것이라고

보증할 수 없다.

그렇다 해도 '모르는 것이 약'인 사람들은 "역시 맛이 달라."라고 칭찬하거나, 비싼 것도 무리는 아니라고 말하면서 모래알이 든 내장까지 감사히 먹는다.

그러나 향토색이 강한 사람들 중에는 자신이 자란 동네의 이름도 없는 개울에서 잡은 은어가 천하일품으로 최고의 맛이라고 주장하며 한 치도 양보하지 않는 사람도 있다.

마찬가지로 가마보코(蒲鉾)[53]라는 나무판을 등에 짊어진 생선의 변화도 각인각설 — 고향의 자랑거리로 여겨지고 있다.

"그야, 다카마쓰(高松)에 비하면 도쿠시마(德島) 것은 못 먹지."

같은 시코쿠(四國)지방 안에 이웃해 있으면서도 다카마쓰 출신인 기쿠치 간(菊地寬)은 아마도 이렇게 말할 것이고 아와(阿波)출신인 주로베(十郎兵衛)는 가문의 명검을 찾아서 전국을 유랑하면서도 아내와 자식 다음으로 생각나는 것이 바로 도쿠시마의 가마보코일지도 모른다.

그런데 내 고향은 관동평야의 도네가와(利根川) 부근이다. 이곳 사람들

은 대개 소학교 수학여행 때 도쿄 구경을 가서야 생전 처음으로 바다를 보게 된다. 다카나와(高輪)의 센가쿠지(泉岳寺)로 예불을 드리러 가면서 시나가와(品川)의 오다이바(お臺場)를 바라보고는 저 건너편이 아와(安房), 가즈사(上總)이고 그

204

너머가 미국이라고 해서 깜짝 놀랐다. 나는 도저히 세계지도를 믿을 수 없을 정도로 바다와 인연이 없는 사람이라 가마보코에 관해서 자랑할 자격은 없다.

그 대신에 엄중히 중립을 지키면서 공평하게 가마보코를 품평할 수는 있다. 그런 내가 추천하지 않을 수 없는 것 중에 야마구치(山口)현 초슈하기(長州荻)의 명물로 문어 가마보코가 있다.

"예? 문어 가마보코라고요? 그런 거 들은 적 없는 걸요."

초밥가게 주인은 처음 듣는다고 떠들어 댔고 어묵가게의 단골손님은 그냥 웃어넘기고 말았다. "문어 가마보코라니, 하하하… 있다면 맛있을지 모르겠네요." "그건 손님, 오징어예요." 이런 대답은 그래도 그나마 이해심이 있는 편이고 십중팔구는 농담으로 여겨 버린다. 그런데 "네, 있어요. 제가 조선에 있을 때 먹어본 적이 있는 것 같아요."라며 젊은 시절에 반도에서 몇 년인가 고생한 적이 있는 어느 가게의 여주인만이 내 편이었다. 아주 결이 곱고, 쫄깃쫄깃한 가마보코인데 과식하면 소화불량에 걸릴 정도로 맛있었다. 내게 그 가마보코를 준 사람은 분명 문

전국 일류 찻집에서 환영받는!!
정력 증진

고려 인삼정차(제조법특허)

옛날부터 유명한 인삼! 더욱이 그 맛과 향이 뭐라 표현할 수 없답니다. 뜨거운 물이나 찬물에 금방 용해되는 분말이므로 각설탕 한두 개를 넣어 그 자리에서 간단하게 마실 수 있는 고급 강장차입니다.

정가
20인분 80
50인분 2,00
180인분 5,00

고려인삼화학연구소 제품
총판매점 합명회사 아세아무역공사
조선 경성부 남대문통 1정목 22번지
전화본국 ②1686번
우편대체 경성30811번

국민보건에 인삼정차

어라고 했었다.

그래서 어떻게 해서든 문어 가마보코의 존재를 인정하지 않는 사람들에게 알려주고 싶었지만 외지인이라서 그 사람에게 추가 주문을 할 방법도 없었고 그저 못내 안타까워하고 있었는데 마쓰코시(松越)백화점에서 지방 명물 비교전이라는 행사가 열려서 마침 잘됐다고 생각해 찾아가 보니 과연 죠슈 하기의 가마보코도 진열대에 있었다.

나는 너무 기쁜 나머지 그 하얗고 고운 살갗을 가리키며 다소곳이 서 있는 점원 아가씨에게 "이 가마보코, 무엇으로 만든 거예요?"라고 질문의 화살을 던졌더니 우리 가마보코보다도 한층 아름답고 청량한 얼굴을 한 그녀는 아무렇지도 않은 표정으로 명답변을 하기를, "네, 생선입니다!"

난 기가 막히지 않을 수 없었다.

(그림 스기우라 유키오(杉浦 幸雄))

자랑하고 싶은 기모노

미카와 기요(美川きよ)

여학교 2, 3학년 무렵, 어느 날 선생님이 반 학생들에게 무엇을 하는 게 가장 즐거운지 물어보신 적이 있다. 꿈을 꾸는 것이 즐겁다고 로맨틱한 대답을 하는 아이도 있었다. 꽃을 사는 것이 즐겁다고 우아한 이야기를 하는 아이도 있었다. 병약해서 학교를 곧잘 쉬던 아이는 자신이 병에 걸렸을 때 갖고 있는 모든 기모노를 잠자는 방에 장식해 놓고 쳐다보는 것

206

이 즐겁다고 말했다. 이 답변에 선
생님은 다소 눈썹을 찌푸렸으나
나는 이 대답이 매우 감각적으로
들려서 놀란 눈으로 그 아이를 쳐
다봤다. 생각해 보면 매우 현실적
이고, 노골적인 욕심에 가까운 취

향일지 모르나 그 순간은 오히려 너무나도 여성스럽고 아름다운 즐거움
이라는 생각이 들어 기모노가 장식되어 있는 방에서 잠자는 그 아이를 아
름답게 느낀 것이 솔직한 나의 심정이었는지 모른다. 나도 진열할 정도의
의상을 갖고 있었다면 그런 아름다운 즐거움을 알았을지도 모른다. 나는
포목점의 딸이면서도 비단으로 된 기모노는 이토오리[54]와 린즈[55] 하오리[56]
와 야가스리[57] 지리멘[58] 세 장뿐이었고 그것도 모두 시집간 언니가 물려
준 것이었다. 그래서 누구보다도 이 기모노를 진열해 놓고 잠자는 아이가
부러웠는지 모른다.

　최근에 이토(伊東)에 사는 친구를 문병 갔다가 옆방 노인이 손금을 좀
보니까 한번 보라고 여러 번 권해서 여행 중의 지루함도 달랠 겸 난생 처
음 손금을 봤는데 내 손등이 뒤로 잘 젖혀지는 것을 보고 집안일보다는
바깥일을 생각하는 여자라고 말했다. 맞다고 내심 쓴웃음을 지었더니 손
바닥을 자세히 보면서 여러 가지 이야기해 주었는데 그중 가장 재미있었
던 것은 내가 기모노와 인연이 없는 사람이라 좋은 기모노를 입는 것은
평생 두세 번 정도라는 말이었다. 이 말에는 친구도 웃었다.

　손금에 나와 있을 정도라면 아무래도 기모노에 대한 미련은 포기하는

것이 좋을 것 같았다. 좋은 기모노와 인연이 없다는 것은 아름다운 옷을
살 수 있을 만큼 훌륭한 신분이 못 된다는 것일까? 그렇다면 이렇게 돈에
인연이 없는 생활이 평생 계속되나 싶어 다소 서글퍼졌지만 원래 낙천가
이기 때문에 굳이 아름다운 옷에는 눈길도 주지 않을 만큼 대범하고 야심
찬 여자가 된다는 뜻이라고 해석하여 비관하지도 않았다. 그런데 최근 희
한하게도 자랑할 만한 기모노 한 필을 선물 받았다.

오키나와(沖繩)에 간 남편한테 별나게도 편지가 왔다.

> 토산품을 하나 수하물로 부쳤소. 체재 일정을 줄여서 산 옷감이니 분명
> 히 당신 마음에 들 거라고 생각하오.

이런 일은 거의 없던 일이었다. 보
내준 선물은 류큐(琉球)의 하나오리(花
折)라고 하는 줄무늬 목면으로, 붉은
실과 흰 실로 짠 고풍스러운 수제천이
었다. 기교가 없는 너무나도 소박한
천이었다. 류큐의 기모노는 쓰쓰소데
[59]이고 더군다나 하오리와 코트를 섞
은 것 같은 모양이어서 아무리 궁리해
도 내지의 기모노 스타일로 하기에는
천이 부족했다. 그래서 나하(那覇)의
친구에게 같은 천을 찾아 달라고 부탁

새로운 피부를 만드는

하리바 연고

본제 중에 다량 포
함된 비타민AD가
상처 난 조직의 활
력을 활발하게 하
므로 낫기 어려운
만성습진, 종기,
화농, 땀띠 응어리
등에 특히 효과가
있습니다.

50전, 1원, 2원50전, 6원 50전. 약국에 있음.

했는데 똑같은 천은 아니지만 비슷한 고풍스런 천을 보내왔다.

본래 남편이 보낸 천도 옛날 류큐 여인이 자신을 위해 짠 직물인 듯, 천의 중간에 모양이 다르기도 하고 한 단은 문양이 빠지기도 하고 도중부터 다른 문양으로 되는대로 아무렇게나 짜여진 천이었기 때문에 나중에 보내준 천의 문양이 달라도 개의치 않았다. 결국 몸판과 소매의 문양이 다른 기모노가 완성되었다. 이렇게 좀 색다른 모양이나 소박한 것을 좋아하는 나는 마냥 좋았다. 손금에 나타난, 즉 평생 두세 번 입는다던 기모노 중 하나가 바로 이것이라는 생각에 즐거워하고 있는 중이다.

(그림 이시카와 요시오(石川義夫))

긴자(銀座)의 학

이마 우헤이(伊馬鵜平)**60**

긴자 사거리, 하나 잘라내면 삼각, 나머지는 귀찮은 랑데부…

라고 노래한 사람이 있었는데 긴자 사거리는 약간은 복잡하다. 언제나 사람을 기다리는 듯한 남녀가 시간이라는 우연한 인생의 장난꾼 때문에 생각지도 못한 삼각관계로 인해 난처해지기도 한다.

"어이, 하마오카(濱岡) 아닌가. 왜 그렇게 서 있나?"

"아, 마에카와(前川)! … 6시에 사람을 만나기로 했어."

하마오카 군은 핫토리의 시계탑을 가리키며 어깨를 으쓱했다.

"뭐라고? 별소리 다 듣는군. 여잔가?"

마에카와는 이상한 일도 다 있다는 표정으로 묻는다. 무뚝뚝하기로 유명한 하마오카 군이었기 때문이다.

"응? 으응……."

하마오카의 얼버무리는 듯한 답변은 마에카와 군에게 확신을 준다. 그리고 그 확신은 의외라는 몇 배의 놀라움으로 증폭된

조선 지성문학의 최고봉!!

유진오 씨는 현재 경성 보성전문학교 법과장이라는 요직에 있으며 조선 인텔리의 절대적인 지지를 받고 있는 젊은 작가이다. 그 냉철한 판단력과 풍부한 지성, 뉘앙스 넘치는 표현은 조선 지성문학의 자랑이다. 조선의 내일을 짊어질 젊은 세대는 어떻게 사색하고 무엇을 고민하고 있는가? 유진오 씨는 남김없이 젊은 조선의 모습을 펼쳐놓는다. 이 소설은 12월호 지상에 게재되는데 본지 소설란을 장식하는 이채로움에 부족함이 없다. 청컨대, 괄목하여 기대하시라!!

가을

🍂

유진오 작

🍂

다. "그렇군… 그래도 참 화려한 곳에서 만나는군. 배짱 한번 좋다!"

"그러게. 사람은 겉보기와 다르지?"

"어쭈, 이 자식, 대단한 강심장이네? 좋아, 그렇다면 잠시 기다렸다 자네의 애인을 알현하고 가도록 하지."

"마음대로 하게."

"제법인데. 내일 회사에서 소문낼 거야."

"마음대로 하시구려……."

마에카와 군은 그저 어이없다는 표정이었다.

"야, 하마오카, 저 사람이냐? 네가 기다리는 사람이……."

마에카와 군의 손가락 끝에는 지하

철의 공기가 올라오는 덮개 망 사이에 구두 뒷굽이 걸려서 얼굴이 빨개진 아가씨가 있었다.

"저런 얼빠진 사람 아냐."

하마오카는 단호하게 부정했다. "무엇보다 저런 구두는 신지 않아!"

"그래? 기모노 취향인가? 그거 안심이군. 멋쟁이인 척하며 저런 터무니없는 하이힐을 신으니까 저런 꼴이 되지."

"그런 야박한 말 하지 말고 가서 좀 도와줘. 뒷굽이 빠지지 않아서 고생하고 있잖아?"

"더 고생하게 돼야 돼. 이런 비상시국을 인식하지 못하는 사람에게는 좋은 본보기야."

긴자 거리를 지나치게 요란한 복장으로 걸어다니는 사람에게 왠지 모르게 반감을 느끼는데 이 아가씨도 학의 다리같은 높은 구두를 신고 있어서 전혀 동정심이 생기지 않았다. 역시 가까이 모여들지는 않았지만 사람들은 멀찍이 멈춰 서서 앞으로 어떻게 될 것인지 즐기고 있는 것 같았다. 지하철에서 불어오는 바람이 스커트를 펄럭이게 해서 마치 혼잡한 긴자 거리에 학 한 마리가 내려앉

보혈강장

삼용토닉
(조선산고급약)

精

삼용토닉은 동양에 전래하는 귀중한 강장제인 고려인삼에 녹용과 깊은 골짜기에서 채취한 음양곽을 배합하여 그 유효성분을 추출하고 이에 비타민B, 구아야콜, 유기성 철분, 그 밖에 귀한 영양소를 여러 종 농축배합한 향기롭고 맛이 좋은 물약입니다.

효능·효과
허약, 선병질인 사람, 산전산후의 건강하지 못한 사람, 발육 영양이 나쁜 어린이, 정력 감퇴와 조로, 심장쇠약, 가슴 두근거림, 폐결핵, 각기병, 빈혈, 신경쇠약, 식욕부진

가격 — 2엔 80전, 5엔/송료 12전/대금상환 38전 (이하 생략)
대리점 — 大木合名會社
     — 大阪高儀盛大堂
제조원 — 경성 자선당제약주식회사
판매원 — 경성 혼초 기무라약방

은 것 같은, 아니, 구멍에 발이 껴서 버둥거리는 빈사상태의 홍학이다.

과연 비상시의 일본 여성이다. 언제까지나 우물쭈물하고 있는 것은 큰 창피라고 여겼는지, 힘껏 스타킹 신은 발을 빼서 두 손으로 구두를 잡고 차마 고함을 지르지는 못했지만 무사히 구두를 빼냈다. 그리고는 손수건으로 발바닥을 가볍게 털어내고 아무 일도 없었다는 듯이 구두를 신고 또각또각 교차로 쪽으로 거침없이 정말이지 너무도 거침없이 걸어갔다.

무심코 두 사람은 감탄해 마지않았다.

"구경꾼들이 완전히 한 방 먹었네! 저 아가씨도 배짱 한번 좋네!"라고. 마에카와 군은 꽤 감동해서 "자네 애인은 저런 멍청이가 아니라고 했으니 훨씬 믿음직한 여성이겠지?"

그때였다. 하마오카 군의 눈동자가 '아, 왔다'는 듯이 빛나며 지하철 입구 쪽을 향한 것은. 마에카와 군은 긴장하며 그 시선을 쫓아갔다.

"어휴, 좀 늦었네……."

허겁지겁 계단을 올라온 노부인. 그 사람이 하마오카 군이 기다리던 사람인 것 같았고, 부인을 향해 뛰어간 하마오카 군에게 부인은 미안하다는 듯이 말했다.

뭐야, 마에카와 군은 기가 막혀 말이 나오지 않았다.

"어머니, 같은 회사의 마에오카 군이에요. 늘 신세를 지고 있어요."

하마오카 군, 어때? 여성임에는 틀림없지? 라고 말하는 듯한 짓궂은 미소를 지으며 내 소개를 해주는 것이었다.

(그림 이시카와 신스케(石川進介))

조선 가정부인의 생활 모습

전희복(田熙福)

　조선 가정부인의 생활 모습은 시대, 환경, 경제, 교육 정도 등 여러 가지 사정에 따라 각각 다르다. 일률적으로 설명하기는 어려우나 여기서는 중류 가정부인의 생활 모습을 중심으로 제가 아는 범위 안에서 설명하겠습니다.

　내지 부인에게도 시부모를 소중히 여기는 아름다운 마음가짐이 많이 있습니다만, 조선의 가정부인은 그 마음이 훨씬 강하며 남편보다 먼저 부모를 위하고 부모의 취향에 따라 생활합니다. 그리고 일가족을 위해서 자신의 개인감정을 많이 억제하면서 온 정성을 다한다고 해도 과언이 아닙니다. 아침 일찍부터 밤늦게까지 하루 종일 남편 얼굴을 마주 대할 틈도 없이 요리와 세탁 등으로 분주합니다.

　중류층 이상의 가정은 식모(밥 짓는 하녀), 침모(재봉일 하는 하녀), 하인(식모, 침모 외의 심부름꾼) 등 몇 명씩 하인을 둡니다. 이 외에도 자녀가 많은 가정에서는 유모를 두고 아이들의 양육을 돕게 합니다.

이러한 점은 내지 가정의 '조추'(奻,하녀)와 같아서 주부가 일일이 지도하고 각각의 일을 간섭합니다. 조선 가정의 실정을 모르는 내지의 어느 부인한테 조선의 가정부인들은 하루 종일 무엇을 하고 지냅니까? 식모, 침모, 유모가 있으니 매우 한가하죠?라는 질문을 받은 적이 있습니다. 과연 조선 부인들은 무엇을 하고 지낼까요?

그들에게는 각각 맡은 일이 있습니다. 먼저 봄에는 각 가

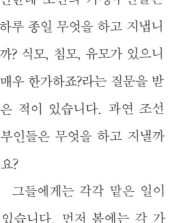

조금 열린 문틈으로 바느질하는 여인이 보이는 조선 특유의 정경은 그 자체로 '겨울밤의 시'이다. 아름다운 가정풍경의 한 장면이다.

정에서 부인들이 된장, 간장을 손수 담그는데 겨울부터 그 준비가 시작됩니다. 가을은 김장 시즌으로 추운 겨울 동안 먹을 김치 준비로 무척 바쁩니다.

이와 같이 대개 내지 가정에서는 사서 쓰는 식료품을 조선 가정에서는 일일이 만들기 때문에 바쁩니다. 다음으로 일상의 음식 또는 의복도 결코 간단하지 않습니다. 일본옷처럼 속옷만 바꾸는 것이 아니라 여름에는 하루에 한 장, 오래 입어도 삼 일에 한 장은 상하의를 모두 갈아입어야 하기 때문에 세탁과 다림질하는 시간과 노력도 대단한 일이니 어떻게 부인들에게 여가가 있겠습니까? 여름이 끝날 무렵에는 여름옷을 모두 손질하는데 이것은 어느 나라에서나 가정주부로서 당연히 해야 하는 일이지만 조선옷은 옷감이 대단히 까다롭습니다.

조선 특유의 다듬이질 소리는 봄과 가을밤에 여기저기에서 들려옵니다. 겨울 동안 입을 옷을 모두 세탁해서 풀을 먹이는데 겨울옷은 거의 다림질을 하지 않습니다. 다듬이질을 반짝반짝 빛날 때까지 합니다. 밤늦게까지 울리는 다듬이질 소리는 조선부인의 수고를 보여주는 것으로 시적 정취가 느껴집니다. 봄이 끝날 무렵부터 초여름에 걸쳐서 일가족의 의류를 모두 바느질해 두는데 남편의 옷만은 침모에게 맡기지 않고 반드시 아내가 손수합니다.

하루하루의 음식 준비를 통해 주부의 생활을 살펴보면 아침, 점심, 저녁마다 5~6종류의 반찬을 차리는 것이 보통인데다 요리는 하나하나 주부의 손으로 만듭니다.

아침을 다 먹으면 점심 준비, 점심을 먹고 나면 저녁 준비……. 조선부인들은 하루 종일 음식 준비에 쫓깁니다.

조선의 대가족 풍습은 장남은 반드시 부모 슬하에서 살고 차남과 삼남은 결혼과 동시에 따로 가정을 꾸리며 가정에 따라서는 둘이든 셋이든 형제들 부부가 모두 함께 살기 때문에 부인들의 마음고생도 여간이 아닙니다.

이와 같이 일상생활을 하면서도 부인들은 항상 고분고분 불평 하나 없이 힘닿는 대로 온 정성을 바칩니다. 이 점은 그야말로 외국 부인들에게 볼 수 없는 특유의 장점, 미덕이라고 할 수 있습니다.

다음으로 연중행사와 가정부인의 생활 관계를 보면, 초봄에 한식(寒食)이라하여(음력이므로 날짜는 일정하지 않습니다) 조상에게 성묘를 가는 행사가 있는데 제사 음식도 가지가지입니다.

5월에는 단오절로 가족 모두 깨끗한 옷차림으로 단장하고 성묘를 하는데 이때에도 부인들은 정성을 다해 음식을 만듭니다. 조선하면 떠오르는 그네뛰기는 이 단오절에 행해지는 것입니다. 또한 가을에는 추석이라고 해서 이때에도 계절의 진미를 만들어 성묘를 합니다. 설날은 내지의 습관

과 거의 같습니다만 그 믐날 밤에는 조상에 대한 제사를 올립니다.

근래 생활 개선이 주창되어 개선의 여지가 많은, 이상과 같은 생활 태도는 너무 복잡하다고 해버리면 그만입니다만, 그러나 일가를 꾸려나가는 부인이 이 정도의 일을 하지 못해서야 어찌하겠습니까?

부인들의 취미생활을 보면 내지 부인들처럼 꽂꽂이, 다도 등은 전혀 하지 않습니다(요즘 신식 교육을 받은 신여성 사이에서는 이루어지고 있습니다만…). 그러나 자수는 예로부터 어느 가정에서나 하고 있는데 특히 아가씨들은 혼수품으로 여러 가지 장식을 자수로 장식합니다. 예를 들면 방석, 베개, 고운 면포 등이 있고 이 외에도 색색의 조각 천을 이어서 보자기를 만든다거나, 아이들 저고리도 만듭니다. 이것은 시간과 노력의 측면에서 보면 비경제적이나 생활의 미화라는 점에서 보면 매우 좋다고 생각합니다. 시골 부인들은 목면, 마, 비단 등을 짜는 일에 전념합니다. 마는 밭에서 키워 실로 만들어 짜고, 비단은 누에를 길러서 고치를 만들어 짜는 등 부업적인 측면에서 봐도 부인들의 생활모습은 씩씩합니다.

비상시에 적합한
산뜻하고 아름다운

늦가을 화장법과
아름다운 피부 만드는 법

화장이라고 해도 전시에는 부인의 옷차림에 걸맞는 극히 담백하면서도 왠지 환한 아름다움이 풍겼으면 합니다. 그러나 밝다고 해도 두터운 분화장을 말하는 것이 아닙니다. 건강하고 빛나는 피부에 볼화장과 입술화장을 살려서 밝고 명랑한 분화장을 하는 것이 비상시에 적합하기도 하며 또한 근대적인 화장 방법입니다.

분화장은 풍성함이 생겨서 젊고 부드러운 느낌의 화장이 되는데 약간 악센트를 주어서 퍼진 느낌을 팽팽하게 할 필요가 있습니다.

우선 밑화장을 위해서 배니싱(vanishing, 크림)을 두드려 피부에 스미도록 얼굴 전체에 충분히 바릅니다. 이때 곱게 펴 바르지 않으면 백분이 잘 스미지 않습니다. 백분은 취향에 맞는 색을 부드럽고 큰 퍼프에 충분히 묻혀서 턱에서 볼 쪽을 향해서 두드립니다. 그 다음에는 백분이 묻어 있지 않은 퍼프로 충분히 두드려서 밀착시킵니다. 그리고 화장이 지워지는 것을 막기 위해서 손바닥에 배니싱이나 화장수를 덜어서 촉촉하게 두드려 스미도록 합니다. 그리고 다시 한번 백분을 묻혀서 퍼프로 콧대를 바르고 지워지기 쉬운 콧등 등을 정성들여 두드립니다.

그 후 눈썹화장, 입술화장, 볼화장을 매력적으로 하는데 눈썹은 약간 진하고 산뜻하게 그려야 합니다. 입술화장과 볼화장은 같은 계통의 색깔을 사용하고 볼화장에 사용한 연지를 입술에 발라 퍼지게 해도 효과적입니다.

피부가 칙칙하거나 여드름, 기름기, 거친 피부 등으로 깨끗하지 않다면 아무리 화장을 잘 해도 결국 아름다운 화장은 되지 않습니다.

그러니 백분도 필요 없을 정도로 하얗고 빛나는 피부를 만들기 위해서는 지금 매우 인기가 좋은 레온 세안크림으로 아침저녁 두 번 정도 가볍게 세안을 해 주세요. 레온은 미백, 살균 작용이 강한 초미립자 유황과 중요 피부 영양성분을 잘 배합한 것이므로 세안하는 동안에 이러한 피부고민도 사라져 하얗고 빛나는 피부가 됩니다. 그리고 나서 앞서 말한 화장을 하면 이상적으로 화장이 마무리됩니다.

● 레온 세안크림은 보통형 1엔 50전, 덕용 신제품은 1엔 60전(송료 내지 10전, 그 외 41전)으로 전국 백화점, 화장품점에서도 판매하고 있으나 되도록 신선하고 효력이 강한 제품을 제공하자 하는 의미에서 도쿄시 간다쿠 오가와마치빌딩 1-12 주식회사 레온상회(대체 도쿄 881번)에서도 직접 주문을 받습니다.

〈보리와 병정〉을 조선어로 번역하고

☆
☆ ☆

니시무라 신타로(西村眞太郎)

관직에 있는 이가 번역한 소설을 관청이 발행하는 것이 드문 일이라서 그런지 조선에서의 인기는 매우 대단했다.

세상은 평범함과 기발함을 섞으면 적당히 균형이 잡히는 모양인데, 상관의 명령으로 소설을 번역하는 일 자체는 평범하지도 않을 뿐더러 기발한 것도 아니다. 대체로 관청에서는 기발함이 별로 필요없다. 그래서 종래에는 없던 다소 파격적이고 탁월한 기획으로서 미하시(三橋) 조선총독부 경무국장의 허가하에 조선총독부 후루카와(古川) 도서과장이 "자네가 한번 『보리와 병정(麥と兵隊)』을 조선어로 번역해 보게."라고 명했다.

경무국의 도서과는 조선 전체의 출판물을 검열해서 차압 또는 압수, 삭제, 개정을 명령하는 곳으로 소설을 번역하여 발행하는 곳은 아니다. 그런데 번역을 했으니 아무래도 의외의 일이다.

경성 이화여전 강사

송금선(宋金璇)

소 간 구이

(재료) 소 간 백문(百匁)[61], 계란 2개, 밀가루 찻잔 한 컵, 소금, 후추 적당량, 참기름

(만드는 법) 소간을 끓는 물에 살짝 데쳐서 불고기할 때처럼 얇게 썬 다음, 소금과 참기름으로 밑간을 한 다음 밀가루 옷을 입혀둔다. 따로 그릇에 계란을 풀어 밀가루옷을 입힌 간

이런 점에서 인기가 있는 이유는 짐작할 수 있지만 일본어를 조선어로 번역하는 것이니 쉬운 일은 아니다. 이것은 개국 이래 처음 있는 일로 비단 조선 문인들만 놀란 것은 아니다. 소문을 듣고 칭찬하지 않는 사람이 없었다. 게다가 내지인이 번역했으니 너욱 신기한 일인 것이었다.

서(序)

보리와 병정은 황군의 서주(徐州) 공략전에 보도반에 참가한 한 군조(軍曹)(필명 히노 아시헤이(火野足平)[62]가 군무의 틈을 타서 저술한 보고문학으로 피비린내 나는 전장을 실감나게 묘사한 기록이다. 사변이 낳은 전쟁문학 중 가장 훌륭한 작품으로 읽는 사람에게 측은한 마음을 불러일으켜 널리 국민 각층에서 애독되었다.

본부에서 일본어를 모르는 반도 동포에게 이 책을 소개하기 위해서 원저자의 승낙을 얻어 통역관 니시무라 신타로(西村眞太郎)에게 번역시켜 보급판으로 널리 세상에 내놓으니 성전(聖戰) 인식의 좋은 자료가 될 것을 기대한다.

조선총독부 문서과장 노부하라(信原聖)

에 계란을 묻혀 바로 프라이팬에 참기름을 두르고 앞뒤로 잘 익힌다. 프라이팬에 두르는 기름의 양은 고기가 팬에 붙지 않을 정도로 한다. 튀김을 할 때처럼 기름을 많이 넣지 않는다. 대체로 조선의 튀김은 기름을 두르는 정도로 한다.

김구이

(재료) 조선김, 참기름, 소금

(만드는 법) 조선김은 겹쳐서 신문지나 도마 위에 놓고 새의 깃털이나 솔잎, 이것도 없을 때는 면 같은 것으로 참기름을 얇게 바

이 서문은 애초에 일본어로 쓴 명문이었다. 내가 조선어로 번역했다가 다시 일본어로 되돌린 것인데 이러한 반복 작업은 아귀가 잘 맞지 않는다는 것을 안다. 원문과는 아무래도 차이가 생긴다는 것을 알리고 싶었다. 원래 번역이란 같은 장면 속에 여자 역과 남자 역을 겸한 것 같은 기구가 필요하기 때문에 이상한 부분에는 번역하는 이의 고심이 숨어 있기 마련이다.

〈보리와 병정〉을 조선어로 번역하는 이유는, 그것은 작년 말 후방의 조선인이 충성심을 보이고는 있으나 실제 전쟁이라는 것이 어떤 식으로 이루어지는지 모르는 자가 많다는 의견이 있어서였다. 그래서 상사들 사이에서 황군(皇軍)이 얼마나 고생하고 있는가를 확실히 주지시킬 수 있고 황군에 대한 감사의 마음을 불러일으켜 후방 국민으로서 각오를 올바르고 강하게 할 수 있다면 좋겠다는 의견이 모아져서 내가 번역을 명령받게 된 것이다.

〈보리와 병정〉이 조선어로 나온 것이므로 당시 조선 문사들 사이에서 섬광처럼 큰 화제를 불러일으킨 것은 매우 황송하게 생각하는 바이다. 사람도 많고 문사도 있을 텐데 문학에 아무런 경험이 없는 나에게 이런 큰 역할을 직접 명령한 미하시 경무국장, 후루카와 도서과장의 대담함에 대해서 많은 문사들이 의외로 여긴 것 같다.

른다. 너무 많이 바르지 말고 얇게 골고루 바른 다음, 오른손으로 소금을 약간 잡아 살살 뿌린다. 이때 주의할 것은 한곳에 너무 많이 소금이 뭉치지 않도록 하는 것이다. 이렇게 한 장 한 장 겹쳐서 먹을 만큼 약한 불에 굽는다(솔잎을 태운 다음의 재가 적당하다). 구운 김은 도마에 겹쳐 놓고 6센치 정도로 네 조각이 되게 칼로 자르든지 가위로 잘라 쌀밥 위에 올려놓고 먹는다.

가지무침[63](원문 오자)

(재료) 콩나물, 간장, 참기름 몇 방울, 볶은

번역이 완성될 때까지 두 사람의 근심은 보통이 아니었다. 당시의 나도 안절부절 어찌할 바를 몰랐다. 이렇게 만인의 주목을 받으며 숨은 재주를 처음으로 피력하는 것, 그 이상의 괴로움이었다. 그런 와중에도 많은 문사들은 하나같이 반겨주었다. 일본어를 조선어로 번역한 데다가 그것도 역자가 내지인이므로 더욱 기뻐해 주었다. 그런 책을 능숙하게 번역하다니 도저히 평범한 재주가 아니라는 말을 간간이 듣게 되면서 단단히 각오하지 않을 수 없었다.

시종 물심양면으로 따뜻한 배려를 아끼지 않은 사람 중에 강익하(康益夏) 군이 있다. 내가 상해 방면을 시찰할 무렵, 강 군은 남경(南京), 항주(杭州), 일본인으로서는 처음으로 들어간 방부(蚌埠), 서주(徐州)를 위문시찰하고 돌아왔는데 그 경험이 번역의 적정함을 갖추는 데에 도움이 된 것은 말할 것도 없다. '크리크(creek)[64]'는 무엇이라고 번역할지, 조선의 보(洑)가 마침 '크리크'에 해당하지만, 그러나 딱히 '보'라고도 할 수 없는 점도 있는 것이다.

대체로 독자를 어느 정도의 수준으로 정할까가 번역의 호흡을 좌우하는 것이라 그 방향을 예측하는 데에도 고심했다. 이것은 우선 영어 번역이라든가 독일어 번역에서는 없는 일이지만 조선어 번역은 이것이 근본문제이며 또한 선결문제이기도 했다. 정말 고심한 부분은 이것이었으며

깨 반술 약간, 고추 약간, 마늘, 파 약간.

(만드는 법) 콩나물은 뿌리를 하나하나 떼고 끓는 물에 데쳐서 소쿠리에 담아 물기를 없앤 후, 그릇에 담아 간장, 참기름, 볶은 깨, 다진 파, 마늘 등을 함께 넣고 잘 무처 접시에 담고 위에 고춧가루를 약간 뿌린다. 매운 것을 좋아하는 분은 많이 넣고 무쳐도 좋다.

가지무침

(만드는 법) 콩나물의 경우와 같으나 재료가

처음부터 끝까지 이 문제로 고민하고 괴로워하지 않을 수 없었다.

대장부는 사소한 일에 구애받지 않고 나라를 위해 충성을 다한다지만, 아내는 병상에 있고 어린아이는 배고파서 우는 집안 사정도 있는 데다가 관청에서의 업무도 그대로 유지해야 되었기 때문에 누워서 떡을 먹는 것처럼 한가하게 임할 처지도 아니었다.

독자에 따라서 오히려 반감을 사지 않겠냐며 걱정하는 지사도 있었지만 도서과의 사무관인 이데 이사무(井丰勇) 군은 모든 방면에서 검토해보고 심사숙고한 끝에 나의 어깨를 두드리며 고생이 많겠지만 '잘'해 달라고 충심에서 명령했다. 이 한마디에 위대하고 숭엄한 신뢰심이 용솟음쳤다. '하고 말고요, 꼭 기대에 부응하도록 할 생각입니다.'라고 힘차게 대답했다.

걱정했던 것과는 달리 순조롭게(?) 번역을 진행해 가면서 동료, 친구의 원조와 격려도 받아 가며 초고가 대충 완성되자 도서과 검열계원에게 기탄없는 비판과 오역에 대한 교정을 부탁했다. 첩첩이 문어다리처럼 부전지(附箋紙)가 잔뜩 붙어서 돌아왔다. 감당이 안 되었다. 순조롭게 잘 되었다고 생각할 상황이 아니었다. 학무국 편집과의 안용백(安龍伯) 문학사가 언문 철자법을 정확하게 암송하고 있기 때문에 그 책상 옆에 가서 머리를 숙여 정정을 구하기를 한두 번이 아니었다. 도서과에도 문학사가 여러 명 있어서 모두 각각 조언을 해 주었다. '孫圩'가 '손간'인지 '손우'인지에 관해

가지이므로 가지를 빛깔 좋게 데쳐서 소쿠리에 올려 물기를 없앤다(쪄도 좋다). 손으로 세로로 길게 찢는다. 그것을 콩나물무침과 같은 방법과 재료로 무친다.

여름철 걸절이

(재료) 계절 야채를 사용한다. 어린 오이, 양배추, 무, 배추 무엇이든 좋다. 실고추 약간, 마늘, 파, 소금 적당량.

(만드는 법) 오이는 씻어서 3센치 정도의 길

서는 이상옥(李相玉) 문학사가 마지막으로 철저하게 문헌을 조사하여 결정해 주었다. 이런 형편이라 사실을 말하자면 각오와는 달리 태만해지기도 해서 대부분은 다른 사람의 도움으로 이루어진 것이었다. 곧바로 후루카와 도서과장에게 보고했다. 착수한 지 30일이니 신속한 편이었다. 후루카와 도서과장이 아낌없이 "그거 잘되었군, 빨리 국장에게 보여주게."라고 말해 기뻐 뛰어오르는 심정으로 미하시 경무국장에게 천 장이 넘는 정서한 원고를 제출하고 번역사무 종료에 대해 보고했다. 미하시 경무국장은 "느낌이 제대로 나왔는가?"라고 물으며 분에 넘치는 영광에 감격하고 있는 나를 격려해 주었다.

책이 출판된 후 문단 평이 매우 좋았는데, 하루는 후루카와 도서과장이 나에게 "실은 잘 할 수 있을까 걱정도 했었지만 평판이 좋아서 안심했네."라고 털어놓았다. 이 얼마나 고마운 말인가. 번역자에게는 실로 천금의 무게가 있다.

문서과에 원고를 제출하고 그것을 대신문 매일신보사가 인수하여 총발매를 하게 되었다. 매일신보는 이상협(李相協) 씨를 비롯한 조선문단의 대표기관이 자리 잡고 있는 곳이므로 내심 긴장되었다. 매일신보에서도 괜찮은 완성도이므로 일단 한번 독서회를 열어 조선의 명사를 초대하고 비판을 구함과 동시에 역자의 노고를 치하해 주자고 하여 조선호텔에서

이로 자르고 다시 세로로 네 쪽을 낸다. 양배추는 한 입 크기로 자른다. 큰 그릇에 자른 오이와 양배추를 넣고 소금을 뿌리고 다진 마늘, 파(생강이 있으면 넣어도 좋다), 고춧가루를 함께 섞는데 손으로 가볍게 무쳐서 작은 항아리에 넣고 잘 눌러 두 시간 정도 재워둔다. 양념이 야채에 스며들 즈음 따로 소금물을 만들어 재료가 잠길 정도로 잘 섞어서 맛을 보는데 이때 약간 짭짤한 정도가 먹을 때 좋다. 다른 야채, 특히 배추 등은 씻어서 소금을 뿌린 다음 다시 한번 깨끗하게 씻지 않으면 유충이 잘 떨어

〈보리와 병정〉 출판기념회를 열어주었다. 이 출판 기념회가 절반 정도는 매일신보의 판매 정책이 작용했고 나머지 절반 정도가 나의 노고에 대한 치하를 목적으로 개최되었다고는 해도 이 땅에 태어나서 첫 성취를 축하하는 자리를 앞두고 부모님과 처자식이 기뻐해주는 모습을 보고 흐뭇한 마음이 드는 것은 당연하며 또한 기뻐할 의무가 있다.

출판 후 야바위꾼을 이용한 비평이든 무엇이든 간에 평판이 좋았다는 것도 운이 좋았다고밖에 할 수 없다. 히노 아시헤(火野葦平)가 어떤 사람인지는 모른다. 전장 속에서 원고를 쓰다니 대단하다. 한번 만나보고 싶다고, 번역 착수 후에 점점 깊어져 가는 아시헤 오장(伍長)에 대한 흠모는 쌓여만 가서 이런 것이 연정인가하는 생각이 들 정도였다. 뭐라고 말할 수 없으나 아무튼 이 대문호에게 번역 완료의 보고를 하지 않으면 안 되었다. 조선 민중에게 읽혀진다면 발행권인지, 저작권인지 그런 것은 일절 초월하여 무조건 승낙한다는 단호한 답장이 왔다. 정말 훌륭한 사람이라고 생각하는 것은 나 자신보다도 세상 사람들 쪽일 것이다.

무조건 승낙은 하지만 능숙한 사람에게 번역을 시켜달라고 하는 '애정'에서 나온 조건은 있었다고 한다. 그 권위 있는 번역자로서 내가 선정된 것이므로 이를 감사하지 않고 무엇에 감격할 수 있겠는가. 세상에 일반적인 평범한 번역자와 원저작자와의 계약과는 전혀 다른 색다른 계약관계가

지지 않는다. 무만으로도 좋고 배추와 섞어도 된다(무의 단맛이 없어지므로 무는 작게 자른 다음에는 씻지 않도록 한다).

콩국수

(재료) 흰 대두, 국수, 소금

(만드는 법) 흰 대두는 물에 담가 잘 삶은 후 건저 물을 붓고 맷돌에 간다. 이를 주머니에 넣어 콩물을 낸다. 이것이 두유인데 소금을 넣고 식혀서 국수에 부어 먹으면 여름철의 일품요리로서 맛도 좋고 영양에도 좋다.

성립한 점에, 또한 이 책이 평판이 좋다는 것도 나도 눈치 채고는 있으나, 모든 사정을 종합하여 원저자에 대한 예의와 책임이 역자의 미약한 힘에 달려 있었다.

조선일보에 〈조선의 말과 니시무라(西村) 씨〉라는 제목으로 친구 홍종인(洪鍾仁) 군이 〈보리와 병정〉의 번역서를 읽었다는 기사가 게재된 것은 평소에 내가 홍 군과 친하기 때문에 의리상 칭찬해 준 것일 테지만 조선 민족이 감사하고 있다고 적은 것을 읽고 조선 통치의 측면에서 〈보리와 병정〉을 조선어로 번역한 것이 중대한 일이었음을 느꼈다.

"생각해 보면 니시무라 군은 통역관이라는 총독부 관리로서 총독부내에 뚜렷한 존재"라고 홍 군이 쓰고 있는데, 나는 총독 — 미나미 각하 — 을 염두에 두고 일을 하고는 있으나, 〈보리와 병정〉 번역 같은 사소한 일을 왜 조선총독과 연결시킬까라고 생각하면서도 관리로서의 충성심을 떠올리면 아무래도 총독이 하신 말씀을 전하지 않을 수 없다. 조선인이 이 책에 대해 감사의 마음을 갖고 있다는 점에서 그러한 책을 번역할 수 있게 해준 상관에게 감사와 감격을 전해야 한다.

"〈보리와 병정〉은 니시무라 군에 의해 조선 풍토와 생활 속에 깊숙이 둥지를 틀게 되었다."고 홍종인이 잘 표현하고 있다. 둥지를 틀고 마침내 둥지에서 떠나 조선이 보호받고 생장해 가는 것이므로 조선민족이 기뻐하

화채

(재료) 오미자, 계절에 나는 과일이라면 무엇이든 좋다. 잣 약간, 흰 설탕.

(만드는 법) 오미자(나무열매이다)를 씻어 물에 2, 3일 담가둔다. 그 국물에 설탕을 적당히 달게 넣고 일단 끓여서 식힌다. 이 국물을 유리그릇에 담고 과일을 얇게 모양 좋게 잘라 넣고 잣을 띄운다. 오미자 대신에 시럽을 물에 희석해서 대용해도 훌륭하다.

는 것 또한 이상한 것은 아니다. "니시무라 군은 조선에서도 이름 있는 조선어 연구자이므로 번역은 실패하지 않을 것이라고 생각했으나 과연 어떤 명역을 내놓을까 나의 호기심을 자극했다. 드디어 〈보리와 병정〉이 나오자마자 사서 읽어보았다."라고 홍효민(洪曉民) 군은 동아일보에 쓰고 있다. 효민 씨, 종인 씨 모두 성이 '홍'씨인 것은 기연이지만 나는 효민 군 쪽은 잘 모른다. 아마 한 번도 만난 적이 없을지 모른다. 그러나 꽤 오래전부터 듣고 있던 이름이며 조선문단의 중심 인물인 것도 알고 있다. 그 홍효민 군이 다음과 같이 칭찬해 주었으므로 무언가 쑥스럽기도하지만 전혀 틀린 얘기도 아니어서 피하지 않고 번역한다. "그것은 집이 아니라 손이 닿는 대로 나무 조각, 통나무, 함석판을 이어서 대강대강 마련한 오두막이다."(보리와 병정 20쪽, 방점은 필자)

"이렇게 조선 어휘를 조선인 이상으로 알고 있는 사람은 처음이다. 통나무와 함석판으로 대강대강 만든 오두막" 같은 표현은 보통은 그다지 사용하지 않는데 그것을 어색하지 않게 술술 써 내려가고 있다. 무엇보다도 세련되며 유창한 조선어이다."

이런 식으로 칭찬해 주었다. 맞는지 틀리는지 천부당 만부당 부끄럽기 짝이 없다.

"상재(上梓)[65]의 가타카나가 틀리며, 관운장(關雲將)은 관운장(關雲長)으로 써야 한다."고 지적해 주었다. 이 두 단어는 내가 정말 모르는 단어였다. 나는 〈보리와 병정〉을 조선어로 번역 출판함으로써 두 단어에 대한 무지함에서 벗어날 수 있게 되었다. 이것은 깊이 원저자에게 그 오역을 사죄함과 아울러 이를 지적해 준 동아일보의 홍효민 군에게 감사의 마음을 전한다. 판을 거듭하여 세상에 내놓는 날에는 반드시 정정하겠다.

(조선총독부 도서과 통역관)

만주국 총무과 **진학문**(秦學文)[66]

1. 조선인의 사상적 전환.

2. 전진과 함께 후방을 굳건히 하는 것.

3. 여러 가지 의미에서 경의와 호감을 갖고 있습니다. 점점 더 발전하기를 기원합니다.

조광(朝光) 주임 **함대훈**(咸大勳)[67]

1. 조선역사 및 현재 조선 지식계급의 고민.

2. 조선인에 대해 장벽 없는 태도를 갖는 것.

3. 후레쉬하고 모던하고 현대인의 감각에 부응하는 편집 모습에 매우 감탄하고 있습니다.

조선영화주식회사 지배인 **이재명**(李載明)

1. 대륙을 연구하기 전에 조선을 알기 바람.

2. 조선을 시찰하고 돌아간 문화인은 조선문화 및 문화인의 단점보다는 장점을 인정해주길 바랍니다.

3. 귀사 창간 10주년 기념 임시증간 조선판을 계속 발매하기를 희망합니다.

대륙광고사장 **김호영**(金浩永)

1. 한마디로 '내지인'이라고 해도 여러 가지 사람들의 총칭이므로 그 '내지인' 가운데 경박한 지식인에게 알리고 싶은 것이 있다. 맹인 여럿이

코끼리를 평하는 식으로 한 사람의 편협한 독단이 얼마나 나쁜가를.

2. 겉치레 없이 사귀어주길 바란다.

동아일보사 동경지국장 김승문
(金勝文)

3. 모던일본에 관한 감상 및 희망. 사업경영은 문화사업과 영리사업을 불문하고 경영상 여러 가지 곤란을 수반하는 것인데 문화사업 특히 출판사업의 경우는 한층 심각한 곤란을 수반한다. 출판사업의 경우 성공할 확률이 비교적 적다는 것은 출판사업 그 자체가 경영상 곤란에 기초하고 있기 때문이다. 그런데 귀사가 점점 발전을 하고 약진하여 오늘날 출판

장질환 치료와 예방에

비오페루민

|정장|살균|소화|

강력 유산균 및 당화균(糖化菌)을 함유하여 장 내의 유해세균을 죽이고 부패 및 이상발효를 억지하고 장 기능을 조정하는 외에 소화를 촉진한다. 장 질환의 치료 및 예방제로서 다년간 의료계에서 상용되고 있다.

효능/효과

급성 및 만성 장염, 발효성 설사, 소화불량, 더부룩함, 배탈, 상습변비, 어린이 설사, 유아 녹변, 각기 치료와 예방, 전염성 장 질환(이질, 장티프스, 콜레라 등)의 예방 및 보건.

분말과 정제 각 약국에 있음.

大阪市道修町 武田長兵衞商店 發賣元 陸合資 會社

神戸市二番町 神戶衛生賀驗所 製造元 神合資 會社

229

계의 왕좌를 점하게 된 것은 오로지 귀사의 마(馬) 사장 이하 사원 일동이 모두 와신상담하고 분투한 결과임을 믿어 의심치 않음에 삼가 경의를 표하는 바이다. 이번에 막대한 희생을 지불하면서 '조선판' 발행을 단행한 것은 조선문화의 향상 발전을 촉진하는 의미에서 그 성공을 기원함과 아울러 본 잡지가 앞으로 더욱 동양 문화 운동에 기여하고 공헌하기를 바라 마지않는다.

삼천리 사장 김동환(金東煥)[68]

1. 손기정, 최승희와 같이 훌륭한 재능을 가진 조선청년 다수가 앞으로 화려한 무대와 기회를 갖게 되길 기대한다.

3. 이를 계기로 본지는 1/3 정도의 지면을 잘라 매월 '조선판'을 내주길 바란다.

조선일보 편집국장 함상훈(咸尙勳)

1. 조선의 역사, 특히 조선의 문화를 더욱 이해하길 바란다.

3. 창간 10주년을 맞이하여 전 일본에 권위를 떨치고, 나아가 10만 엔을 증자하여 회사를 조직하니 경하를 금하지 못한다. 조선청년을 위해 크게 기염을 토해주길 바란다.

보전 교수 안호상(安浩相)[69]

1. 자기 처에게 '오마에(너)'라는 표현을 상용하지 않는다.

2. 더욱 포용력이 있기를 바란다.

3. 취미 삼아 읽기에는 최고인 '조선판'을 매월 발행할 것.

매일신보 동경지국장 정인익(鄭寅翼)[70]

1. 조선이 가진 고유문화를 이해해주길 바란다.

2. 따라서 불필요한 우월감을 버리고 서로 허심탄회해질 것.

3. 귀 잡지는 대중성을 띠는 점에 특색과 가치가 있다고 생각합니다. 아무쪼록 '조선판' 발행을 계기로 대중의 마음에 심금을 울리도록 노력합시다.

경성고공(京城高工) 교수 안동혁(安東赫)[71]

1. 지식계급은 대부분 옛 조선에 동경과 애정을 느끼고 보통 사람은 조선의 생활풍속에 잔존하는 원시적 풍모에 재미를 느끼는 데서 조선 민중의 현재적 호흡과 노력에는 그다지 관심이 없는 것은 어째서입니까?

2. 자연과학, 산업, 기술 방면에도 조선 민중은 상당히 좋은 소질을 갖고 있다고 믿는데 이 방면의 협동에 대해 시대적 성격상, 보다 유의해주길 바랍니다.

3. 조선의 현황 특히 사변 이래 조선의 동아건설에 대한 봉사 상황을 귀잡지를 통해 내지에 보도해 주십시오.

만몽산업 전무 이선근(李瑄根)[72]

1. 한일합병 당시의 조선인 혹은 사변 전까지의 조선인과 현재의 조선인을 혼동하지 말아 주십시오. 모든 각도에서 현재의 조선인에 대한 인식을 새롭게 해주길 바랍니다.

2. 섬나라 근성을 버리고 대동아의 지도자에 어울리는 도량과 포용력을 갖길 바랍니다.

3. 반도에서 태어난 마(馬) 사장님 10년간 잘 버텨 주셨습니다. 그 끈기를 가지고 앞으로도 열심히 해 주십시오.

의학박사 김성진(金晟鎭)

1. 반도의 자연과 인물에 관해서 타인의 이야기를 듣거나 내지에 돈을 벌러 간 사람들만 보고 조선을 논하는 것은 인식을 그릇되게 합니다. 뜻있는 분이 속속 보러 오셔야 합니다.

2. '내선일체', '일시동인' 등은 이제 선전시대를 지났습니다. 실천궁행(實踐窮行)해서 진정한 사해동포가 되고 싶습니다.

3. 기념사업은 매우 훌륭합니다. 주간(週刊)으로 하는 것은 어떻습니까?

대의사(代議士) 박춘금(朴春琴)[73]

1, 2를 함께 말하지요. 새삼스럽게 반도인 동포가 내지인 운운하는 것은 생각하고 있지도 않고 또 말할 필요도 없습니다. 내선융화의 시기는 지나고 현재는 내선일체의 시기입니다. 홋카이도 사람이 혼슈 사람에

대해 알길 바란다든가, 말하고 싶다든가 하는 것처럼 싱거운 일은 없
듯이 지금의 반도 사람이 이와 동일한 경우입니다.

3. 계속하여 만주판, 북지(北支), 중지(中支), 남지(南支) 판의 간행을 희망합
니다.

중간 발행에는 각 분야의 많은 분들에게 조력을 받았습니다만 조선문예
작품을 추천해주신 아래의 분들을 비롯하여 사진, 그 외의 면에서 지대
한 협조를 받은 총독부 이데 이사무(井手勇) 씨, 선철(鮮鐵) 마에다(前田
東水) 씨, 평양의 구보(久保虹城) 씨, 조선일보의 이갑섭(李甲燮) 씨, 방송
국 이서구(李瑞求) 씨, 양제현(楊濟賢) 씨, 최영해(崔暎海) 씨, 이정순(李貞
淳) 씨, 임병철(林炳哲) 씨, 임원호(任元鎬) 씨, 한재덕(韓載德) 씨에게 마
음으로부터 감사의 말씀을 드립니다.
이광수 정인택 모윤숙 김조규 장덕조 이효석 계용묵 이종수 최명익 현덕
한설야 권명수 이응수 이헌구 이선희 신석정 이일 박월탄 윤곤강 최정희
김용제 김문집 이북명 유진오 한효 주요한 송순익 채만식 김영수 김윤식
이은상 이석훈 이희승 오상순 구본웅

임질(급성, 만성, 재발, 부인과 질환) 및 화농성 질환 단기 요법!

내복 임질 치료에 원칙적으로

치료의학의 신발견 스루파민의 발견은 살바르산 이래 화학요법의 신발견으로서 세계적으로 주목되어 임질 및 일반화농성 질환의 치료에 신기원을 이루었고 근대 치료계 최대의 수확으로 알려지고 있다. 후생성 사회보험국 의무과에서는 이미 임질의 원칙적 요법으로서 스루파민제를 채용하기에 이르렀다.

순정 우수한 국산제제 자오킨은 스루파민제로 제제한 순정 우수한 국산제제이므로 화학요법에서의 유효성분을 가장 고배율로 배합한 것이다. 따라서 그 효과는 매우 신속하며 단기에 만족할 만한 성과를 얻을 수 있다. 게다가 세척 및 주사가 필요 없고 단순히 복용만으로 치료의 목적이 달성된다. 종래에 비하여 용법이 간단하고 효과가 탁월한 점도 임상 실험을 통해 확인되었다.

부작용 걱정 없다 자오킨은 체내에서 생체기기, 건강세포, 혈액성분에 아무런 피해를 주지 않고 체내의 모든 부분에서 유해세균인 임균 연쇄상구균, 포도상구균 및 그 독소에 대해서만 강력한 멸균소독작용을 발휘하는 것이다. 따라서 위장장애 등의 바람직하지 않은 부작용을 동반하지 않는 장점을 가지고 있다.

급성에도 만성에도 자오킨의 강력한 화학적 살균력, 임독의 해소작용 및 소염작용은 증상이 심한 급성 임질에 대해서 단시일에 통증을 해소시키고 탁한 소변을 맑게 한다. 또한 준급성, 만성임질에 대해서도 탁월한 치료 효과를 발휘하여 급성임질과 같이 단기간에 치료되는 사실은 많은 치료의 예에서 실증되고 있다.

부인과 질환에도 부인과 질환의 대부분은 임균 및 임독에 기인하는 것이다. 따라서 치료는 세척 및 약물 삽입 등을 할 필요 없이 자오킨만 복용하면 남자 임질과 동등한 효과가 있고 치료의 곤란을 해소해준다.

광범위한 응용범위 자오킨은 단순히 임질에 대해서만 신속한 효과를 발휘하는 것이 아니다. 그 응용범위는 연쇄상구균, 포도상구균에 의한 화농성 질환, 중이염, 편도선염, 임파농염, 얼굴에 난 부스럼,방광염, 신우염, 단독(丹毒)[74], 패혈증 등 극히 광범위하다. 스루파민의 발견은 미독(微毒)[75]에서 살바르산 이상의 화학요법을 발견함으로써 세계적으로 명성을 얻고 있는 까닭이다.

자오킨 치료 사례

1. 동○십 씨 23세 남 재발 급성 임독성 요도염, 5일째 소변이 거의 맑다. 통증이 사라지고 임균이 발견되지 않음, 이후 일주일 만에 치료됨.
2. 중○모 씨 36세 남 급성 임균성 전요도염, 이틀째 소변 맑음. 자각증상을 느끼지 않음. 6일째 임균 및 농구균 발견되지 않음.

전국 약국에 있음

유사약이 있으므로 자오킨이라고 지명해 주십시오. 품절인 경우에는 직접 본사로 주문해 주세요.

자 오 킨
ZAOKIN 내복 치료제

급성임질, 만성임질, 임독성 섭호막염, 부고환염, 부인임질, 임독성관절염, 신우염, 방광염, 요도염, 패혈증, 단독, 화농성임파선염, 편도선염, 중이염 등

50정 1엔 50전/100정 2엔 80전/180정 4엔 80전/250정 6엔 50전

조선을 어떻게 볼 것인가

전 조선총독 우가키 가즈시게(宇垣一成)[76]

조선에 관한 것도, 내가 조선에 재임한 것도 이제 한 시대 전의 일이다. 『모던일본』 정도의 읽을거리로는 어울리지 않고 이제 와서 남길 만한 이야기도 아니지만 말이다.

일본 국민이 조선을 충분히 인식해야 함은 물론이다. 현재의 일반 국민이 조선을 망각하고 만주국 혹은 북지 방면만을 생각하는 것은 아닌가라는 걱정은 기우라고 생각한다. 만주국, 북지 방면에 대한 관심이 깊어지고 있는 것은 사실이며 또한 당연하고 바람직한 일이다. 하지만 그렇다고 해서 조선에 대한 관심이 전혀 없어진 것은 아니다. 마침 내가 조선에 재임할 당시 만주사변이 발생했고 국민들 모두 만주에 대한 관심이 매우 높아져서 많은 사람이 만주 시찰에 나서는 상황이었다. 그 때문에 조선 방면으로 향하는 열의가 상대적으로 식은 것처럼 보였다. 이를 보고 당시 조선에서 일하던 일부 사람들은 마음을 졸이며 여러 가지 걱정을 했었다. 즉 만주에서 활약하기 위해서는 우선 그 발판이 되고 토대가 되는 조선반도를 굳건히 하지 않으면 안 된다. 그러니 최근 일반 국민의 관심이 조선반도를 넘어 만주로만 향해 있는 것은 일본의 장래를 위해서 다시 생각하지 않으면 안 된다고 말하곤 했다.

그때 나는 다음과 같이 말했다. 그런 걱정은 필요 없다. 만주에서 무엇을 하려고 해도 치안유지가 선결적으로 필요하다. 당시는 이것이 아직 이루어지지 않았다. 자원도 풍부하여 이를 개발하는 것도 필요하지만 급속하거나 또 쉽게 이루어지지는 않는다. 이러한 점을 깨닫게 되면 만주를 보러 간 사람들도 돌아오는 길에는 분명히 조선을 들러서 시찰한다. 치안이 유지되고 교통이 정비되어 동력과 노동력이 저렴하고 풍부하며 자원도 상당히 매장되어 있는 현상을 보면 기민한 기업가들은 크게 깨닫는 바가 있어서 이곳이라고 확신하여 반드시 조선반도로 몰려올 것이다. 아무것도 안달복달 걱정하지 말라! 국민의 눈과 귀가 대륙 만주로 향하는 것은 말하자면 조선을 개발하고 번영을 초래할 선구 역할을 해 줄 것이라고 말했다.

그 후 점차 일반의 관심은 과연 내가 생각한 방향으로 전개되었다. 이번 중일전쟁의 경우에도 만주에서 일하는 사람은 앞서와 같은 걱정을 했지만 이것도 지금 말한 것처럼 절차를 밟아 이루어지리라 생각한다.

조선이든, 만주국이든, 북지든, 이것을 개척하고 경영하고자 하는 데는 상당한 배짱과 각오가 필요하다. 무엇이든 단시일에 이루고자 하면 역시 무리가 생겨서 오히려 실패할 염려가 있다.

나는 최근 가라후토(樺太, 사할린), 홋카이도 방면을 시찰하고 왔는데, 가라후토나 홋카이도에서 새롭게 탄광 채굴을 시작하고자 하면 해안에서 탄산(炭山)까지의 거리가 짧기 때문에 철도 시설도 간단하고 따라서 운반에 필요한 비용도 비교적 적게 든다. 게다가 그 중에는 노천 탄광인 산도 있었다. 그런데 대륙의 탄산은 대부분 해안에서 상당히 멀기 때문에 교통 시설만으로도 매우 많은 시일과 경비를 필요로 한다. 때문에 현재 상황에서 시급한 수요를 충족시키기 위해서는 아무래도 전자와 같이 채굴, 운반에 여러 조건이 좋은 쪽을 선택하지 않으면 안 될 것이다.

그러나 원대한 국책을 수행하기 위해서는 일시적인 필요를 충족시키려고 미봉책을 취할 수는 없다는 점은 말할 필요도 없다. 이 경우 꼭 생각해야 되는 것이 후자다. 대륙이 자원이 풍부한 것은 모두 아는 사실이다. 이를 개발하여 국가의 백년대계를 세우는 것은 물론 중요하며 꼭 이뤄야 할 일이다.

대륙정책은 국책의 중요한 대강(大綱)을 이루는 것이다. 국운의 융성은 대륙경영에 기대는 바가 매우 크다. 그런데 조선반도는 이 대륙과 내지를 연결하는 고리이기도 하다.

또한 문화 방면을 생각해 보면 일본과 중국 쌍방 문화의 교류지점이다. 장차 신문화의 탄생이 충분히 기대된다. 어느 방면에서든 괄목할 만한 것이 매우 많다. (문장의 책임은 기자에게 있음)

조선과 나

귀족원 의원 마루야마 쓰루키치(丸山鶴吉)[77]

내가 조선에서 근무한 것은 1919년부터 1924년까지 만 5년에 불과하다. 나에게 조선은 태어난 고향 다음으로 깊은 연고가 있는 곳이 되어 이미 조선을 떠난지 16, 7년이 되지만 조선에 대한 관심은 조선에 근무하고 있었을 당시와 조금도 변함이 없을 뿐 아니라 떨어져 있을수록 한층 그 그리움이 깊어지는 느낌이다.

무엇이 그렇게 만드는것인지 그 이유는 나도 잘 모르겠다.

내가 조선에 부임한 1919년은 소위 만세소동의 뒤를 이어 조선의 제도 개혁이 이루어지고 고(故) 사이토 자작이 특히 성칙(聖勅)을 받들어 문화정책을 가지고 조선에 상륙한 즈음이었다. 이후 전후 10년간이나 명총독으로 받들며 아버지처럼 따른 사이토 총독이 부임하는 데도 조선 내에서는 불온한 공기가 감돌고 있었다.

총독 일행을 수행하여 부산에 상륙했을 때 나는 왠지 모르게 험악하고 숨이 막히는 것 같은 공기를 느끼고 일행보다 먼저 경성으로 직행했다.

기차 안에서 여러 가지 생각한 끝에 나는 조선에 임하는 마음가짐을 다음과 같은 두 수의 시로 표현하여 도쿄에 있는 선배나 친구에게 보냈던 것을 지금도 기억하고 있다.

넘치는 눈물과 피를 쏟으리
따르지 않는 백성이 세상에 있다 하더라도

라는 시가 그 하나이다. 불온하고 험악한 공기에 둘러싸여 있으나 성심, 성의, 열혈을 다하여 임한다면 반드시 이해해 줄 것이다. 용솟음치는 열의와 사랑의 마음으로 함께 울 수 있는 동정심이 있다면 아무리 완고한 사람들도 결국은 마음을 열 것이라는 심정을 나타내고자 했다.

또 한 수의 노래는

마음으로 심고자 하는 것은
대나무처럼
바른 길이리라… 계림에…

라는 시로 작품으로서는 부족하나 조선의 민심을 그렇게까지 이탈시킨 데에는 여러 가지 이유가 있었을 것이다. 조선인들의 곡해도 있겠지만 정치는 항상 정의, 정도(正道)에 입각해서 이루어져야 한다. 이 정도를 조금이라도 벗어나

차 멀미

뱃 멀미, 자동차 멀미
기차 멀미, 비행기 멀미

종래의 청량제류와 다른 전문 신약. 멀미에 의한 구토, 메슥거림, 어지러움을 예방 진정시키고 안전 유쾌하게 여행할 수 있다. 탈것에 약한 분의 필수약.

(정가)50전, 1원, 2원
토리부라는 오키연맹약국 및 각지의 유명 약국 백화점 약품부에 있음.
문헌증정

東京神田猿樂町·大阪淡路町 大木合名會社

토리부라 전문약
구명칭 토리브라루

는 것에 민심 이탈의 근원이 있다. 내선인의 교제도 마찬가지로 바른 상도(常道)를 밟는 것이 가장 중요하다. 아무쪼록 조선에서 올바르고 솔직한 정치를 하여 사악한 권도를 하지 못하게 애쓰고자 하는 나의 마음가짐을 표현한 것이다.

나의 조선 재임 5년은 다른 사람들에 비해 그다지 길다고는 할 수 없으나 소요 사건의 여파가 수습되지 않은 상태인 데다가 상해의 프랑스 조계에는 한국 임시정부가 엄연히 존재하여, 조선과 교묘하게 연락을 취하면서 독립운동이 뿌리 깊게 만연하고 각종 음모가 곳곳에서 잇달아 참으로 혼란스럽기 짝이 없는 시대였다. 말하자면 근대 조선이 태어나는 진통의 시대였다고 말해도 좋을 것이다. 폭탄 세례를 받고 착임한 일종의 흥분도 작용하여 정말 팽팽히 긴장된 시대였으므로 나의 관료 생활을 통해 비추어 보아도 한시도 마음을 놓지 못하고 일했던 기간이었다. 그러나 괴로운 가운데에도 일하는 보람이 있는 유쾌한 시절이기도 했다. 그런 공기 속에서 여러 제도 개혁이 이루어져 경찰의 측면에서 보면 헌병경찰을 폐지하고 신경찰 수립이라는 근본적인 개혁을 단행했기 때문에 당시 당국의 고

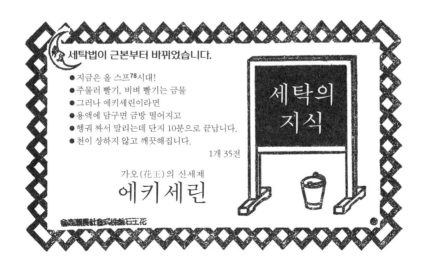

세탁법이 근본부터 바뀌었습니다.

● 지금은 올 스프[78]시대!
● 주물러 빨기, 비벼 빨기는 금물
● 그러나 에키세린이라면
● 용액에 담구면 금방 떨어지고
● 행궈 짜서 말리는데 단지 10분으로 끝납니다.
● 천이 상하지 않고 깨끗해집니다.

세탁의 지식

1개 35전

가오(花王)의 신세제
에키세린

심이 이만저만한 것이 아니었다.

이런 바쁜 업무에 열심히 임하고 있는 사이에도 항상 내 마음을 지배한 것은 앞서 말한 부임 도상에서 읊은 두 수의 시 정신이다. 내가 5년 동안 사무관으로서 혹은 경무국장으로서 모든 책임을 지고 맡은 일이 모두 이 정신에 비추어 위배된 적이 없다고 단언할 수는 없지만 적어도 나는 업무에 임하면서 오른쪽인지 왼쪽인지를 판단해야 할

때에는 반드시 이 두 수의 시 정신을 기본으로 했다고 말할 수 있다.

상대방에게 어떻게 영향을 끼쳤는지 동료 제군에게도 어떻게 이해되었는지는 모르나 항상 이 시의 정신에서 벗어나지 말자고 의식적으로나 무의식적으로 적어도 내게는 노력했다는 자부심만큼은 있다. 부임 당초의 사건을 회고해도 폭탄범인 강우규 군의 사형 집행 후의 매장 문제에서도 투옥 중 만세운동의 중심인물이었던 천도교주의 처우 문제에서도 나는 눈물을 흘리며 정열을 다했던 것을 기억한다. 눈물과 피를 아끼지 않겠다는 의기(意氣)는 이후 계속해서 일어나는 안건 처리에서 반드시 내가 염두에 두었던 목표였다.

이런 마음가짐이 당시의 일을 하는 데에 있어서 좋았는지 나빴는지는 타인의 평가에 맡겨야겠지만 아무튼 나는 그렇게 할 수밖에 없었다.

5년간의 재임 기간 동안 나는 경찰 업무만 담당했기 때문에 조선인으로부터 괴물처럼 혐오와 두려움의 대상이 될 위치에 있었다. 이것은 경찰이라는 업무 성격상 어쩔 수 없는 일이다. 내가 나중에 제도(帝都)에서 경시총감으로 일하자 너 나 할 것도 없이 '호랑이 총감'이라고 수군거리는

소리를 들었다. 나처럼 전 생활을 경찰에 바친 이들이 자주 겪는 일이라지만 경찰은 정말 남는 것이 박한 장사라고 나는 늘 이야기하고 있다.

이렇게 증오와 혐오, 원망, 배격당하는 입장에 있는 내가 조선을 떠나 16년이 지난 오늘도 조선에 대한 한없는 애착과 말할 수 없는 그리움이 멈추지 않는 데는 그럴 만한 이유가 있을 것이다. 세상에는 짝사랑이라는 것도 있지만 많은 경우에 사모, 애착이라는 감정은 상호적인 것이다. 시간이 지나면서 점점 짙어지는 조선에 대한 사모의 정은 확실히 나를 대하는 조선 사람에 대해 반사적으로 일어나는 억누르지 못하는 나의 심정이라고 고백하지 않을 수 없다.

나는 좋지 않은 직무 형편상 5년이나 거친 일을 담당해 왔다. 남들에게 배척당하고 원망을 살 수밖에 없던 내게는 지금도 마음이 통하는 조선 친구들이 다수 있는데 그들의 열정에는 감격하지 않을 수 없다. 나는 자주 조선을 방문한다. 그때마다 부산에서 경성까지, 역 앞이나 호텔에서 조선인 여러분의 열정에 눈시울이 뜨거워진 적이 한두 번이 아니다.

조선에 가면 나는 내가 살아있는 보람조차 느낀다.

조선 사람들의 마음과 내 마음이 교류하는 곳에 나의 조선에 대한 사모의 정이 한층 깊어진다고 말할 수 있을 것이다. 조선의 여러분이 설령 일부이며 소수라 할지라도 왜 그렇게까지 나에 대해 열정을 쏟아주는지 나는 잘 이해되지 않는다.

조선은 만주사변을 통해서, 특히 중일전쟁을 한 획으로 하여 표면적으로나 내면적으로나 매우 혁신되고 있다. 기쁘고 바람직한 현상이 계속해서 나타나고 있다. 당국의 노력의 결과임은 물론이나 조선인 여러분의 자각도 크게 힘이 되었다고 생각한다.

그렇게 만사가 순조롭게 진행되고 있는 때이지만, 그래도 나는 나와 조선과의 사이에 근간이 되는 얘기를 솔직히 털어놓는 것이 소용 없는 일은 아니라고 생각한다.

　나도 잘 모르겠지만 내가 5년간 거칠게 일을 해왔음에도 불구하고 긴 시간이 지난 오늘에도 조선의 여러분으로부터 외면당하지 않을 뿐 아니라 한층 깊은 친밀함과 그리움을 갖게 하는 점에 무언가 암시가 있는 것처럼 생각된다. 자화자찬을 한다고 화내는 사람도 있을 것이다. 너무나 자만심에 빠져 있다고 비난하는 사람도 있을 것이다. 그러나 나는 일본인으로서 조선뿐 아니라 만주에서나, 신동아건설에서도 형식으로만이 아니라 마음 깊은 곳의 문제로 지금 다시 한번 성찰해보지 않으면 안 된다고 생각하므로 각오하고 이 글을 쓰게 된 것이다.

(전 조선총독부 경무국장)

대원군과 식객

마쓰오카 마사오(松岡正男)

　개똥이라는 애칭을 가진 차남, 재황(載滉)이 왕위에 오른 이래, 대원군 이하응의 권세는 한성을 압도하는 모습이었다. 용이 구름을 타고 하늘에 오르는 상서로운 모습에 빗대어 운현궁(雲峴宮)이라고 이름한 그의 저택에는 항상 많은 식객이 넘쳐났다. 무엇보다 식객이라고 하면 우리 일본인의 상식에서 생각하는 식객이 아니라 모두 식비 이상의 헌금을 하고 있으므로 식객이라기보다는 손님이라고 하는 편이 적당할지 모른다. 그들은 대원군 이하응의 인격을 숭배해서 모여든 것이 아니라 단지 그 권력의 날개 밑에서 비호 받기를 바라고 언젠가 관리로 등용해 주기를 기다리는 무리들에 불과했다.

그들 식객 중에 김모라는 청년이 있었다. 그는 시골 부잣집 아들로 일찍 아버지를 여의고 홀어머니 손에 귀하게 양육되어 웬만한 교육도 받았으므로 관직에 오르기 위해서는 가산의 반을 투자해도 좋다는 한국의 습관에 따라 국왕의 아버지로 비할 수 없는 권력을 가진 이하응 밑에 연줄을 찾아 식객이 되었다. 그런데 식객이 된 지 3년이나 지나 이미 많은 돈을 바쳤음에도 불구하고 아직 적당한 임관의 전망이 보이지 않았으므로 매우 지쳐 있었다. 생각 끝에 그는 일단 대원군에게

"저는 이미 3년이나 신세를 지고 있습니다만 대감의 눈에 들지 않는 것 같아 아직 관직에 나아가지 못하고 있습니다. 고향에서는 어머니가 기다리고 계시므로 이 정도에서 단념하고 고향에 돌아가고 싶습니다만 어떻습니까?"라고 임관을 재촉했다. 그런데 대원군은 전혀 무표정하게 "그것도 좋겠지."라고 대답하고 가버리려고 했기에 3년간 인내해 온 그도 적지 않게 화가 나서 "대감, 대감도 아시는 것처럼 저는 3년간 상당한 헌금을 했습니다. 그것을 도대체 어떻게 해주시겠습니까?"라고 대들었다. 대원군은 태연스럽게

"아, 그건 잘 알고 있네. 그렇게까지 소란을 떨 것은 없을 것이네. 서두를 것도 없을 테고 다행히 모레가 나의 생일이니 그 축하연에 참석하고 귀향하면 될 것이네."라며 유유히 자리를 떴다. 김 청년은 대원군의 태도로 보아 헌금한 사실을 잊고 있는 것은 아닌 것 같았고 달리 서두를 필요도 없으니 모레 접대를 받고 귀향

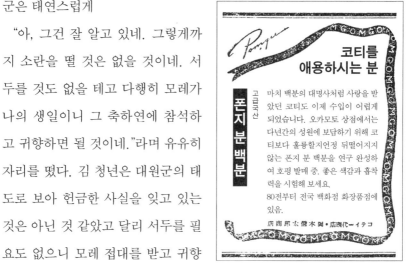

코티를
애용하시는 분

고급국산
폰지
분
백
분

마치 백분의 대명사처럼 사랑을 받았던 코티도 이제 수입이 어렵게 되었습니다. 오카모토 상점에서는 다년간의 성원에 보답하기 위해 코티보다 훌륭할지언정 뒤떨어지지 않는 폰지 분 백분을 연구 완성하여 호평 발매 중. 좋은 색감과 흡착력을 시험해 보세요.
80전부터 전국 백화점 화장품점에 있음.

店商兵衛本岡·店現ーイチコ

해도 손해는 없겠다고 생각하여 대원군의 뒤에 대고 "알겠습니다."라고 공손히 인사를 했다.

이리하여 축하연 당일이 되었다. 저녁부터 권세를 떨치는 대원군의 초대를 뽐내는 듯한 태도로 분부 양반들이 운현궁에 나타났다. 식당에는 대원군의 식탁을 중심으로 흰 비단으로 덮은 교자상(장방형의 큰 탁자) 위에 산해진미를 차린 몇 백 가지의 성찬이 진열되고 비단으로 만든 보료(긴 방석)가 식탁 양쪽에 깔리고 당 안은 좋은 향기가 가득한 가운데 연회 시작을 기다리고 있었다. 곧 정각이 되어 주객 사이에 정중한 인사가 교환되고 아름다운 관기가 약주를 권하며 주객의 잔을 채웠다. 여기에서 내객 일동이 자랑스럽게 얼굴을 마주했는데 아마도 말석에 흰 얼굴의 청년이 앉아 있다는 것은 아무도 신경 쓰지 않았을 것이다. 연회가 무르익자 대원군이 "김!, 김!"하고 말석에 앉은 청년을 불렀다.

김 청년은 두려움도 없이 자리에서 일어나 대원군 옆에 앉았다. 내객 일동이 이 청년을 주목한 것은 말할 것도 없다. 대원군은 "가까이 오게."라고 그를 불러서 귓속말을 했다.

"자네는 여기에 와서 3년이나 견디고 게다가 상당한 돈도 썼네. 어차피 하는 김에 나를 위해 하나 더 해 주지 않겠는가? 듣자니 자네의 어머니는 아직 늙지 않았고 용모도 시들지 않았다고 하는데, 어떤가? 나에게 봉공하도록 보내주지 않겠는가? 꽤 어여삐 여겨줄 것이네."

이것은 원래 귓속말이니 김 청년 이외에는 아무도 아는 자가 없었다. 그들은 단지 김 청년의 얼굴이 갑자기 격앙되는 것을 보았고 청년이 "그건 너무 심합니다."라고 정색을 하며 격한 말을 하는 것을 들었을 뿐이다.

그런데 대원군은 조금도 화내지 않고 오히려 다소 미안해 하는 듯한 태도로 "그런가, 좋네. 자리로 돌아가서 더 마시게."라고 위로했다. 청년은 격앙하여 자리에 돌아와 거리낌 없이 술을 마셨다.

대원군과 귓속말을 나눴다는 것만으로 분에 넘치는 영광일 텐데 그는 오히려 얼굴에 노여움을 보였다. 게다가 대원군은 이에 화내지 않았을 뿐 아니라 오히려 위로했다. 이러한 대우를 받는 자가 도대체 누구인가? 참석한 일동의 흉중은 이 생각으로 가득 찼다.

연회가 끝나고 일동이 공손히 절을 하고 식탁을 떠난 후 조(趙) 대감은 재빨리 김 청년의 소맷자락을 당겨서 별실로 불렀다. 그는 은근하게 한 번 절하고 "오늘까지 뵈올 영광을 누리지 못했습니다만 저는 조(趙)라고 합니다. 내상(內相)직을 맡고 있습니다. 부디 앞으로 알고 지낼 수 있게 되길 바랍니다. 그리고 관직에 나아가고자 하신다면 곧 검찰사 직을 주선하겠습니다. 대감께는 부디 잘 말씀드려주십시오."

김 청년은 열린 입이 다물어지지 않았다. 수일 후 그는 대원군에게 정중하게 감사의 예를 다하고 또한 막대한 헌금을 잊지 않았으며 관복을 입고 가마를 타고 유유히 운현궁을 떠났다.

(전 경성일보 사장)

해협문화

오구라 신페이(小倉進平)[79]

검은 바닷물이 나뉘어져 쓰시마(對馬) 해류를 이루는 동중국해 일대의 해상에는 류큐(琉球), 쓰시마(對馬), 잇키(壱岐), 제주 등의 섬들이 늘어서 있다. 이들 섬들은 지질적으로는 각각 다르지만 각종의 문화적 요소가 연계를 갖고 있는 점은 우리들이 가장 주의해야 할 바이다.

기타 규슈(北九州)지방과 남부 조선지방과의 사이에 옛부터 밀접한 문화적 관계가 있었던 것은 학자들에 의해 자주 주장된 바이다. 신라의 석탈해, 호공(瓠公) 등이 일본에서 도래했다는 전설, 토기, 곡옥, 옹관(甕棺) 등의 출토물이 북규슈와 남부조선 사이에 공통된다는 것 등은 모두 그 사실을 말해주는 것이다. 쓰시마는 예로부터 신주(神州)의 일부였다는 것은 말할 것도 없지만 일부 조선인이 이를 조선의 영지처럼 생각했던

(金京仁)

적이 있었던 것은 이 섬이 경제적으로 반도에 의존하지 않으면 안 되는 시대가 있었다는 특수한 사정에 기인한 것이다.

제주도는 원래 탐라라고 하여 별도의 독립국을 이루고 있었으나 고려시대에 조선에 귀속했다. 그래서 오늘날에도 언어, 풍속 등 반도의 여러 지방과 다른 점이 매우 많다. 그리고 쓰시마 해류는 동쪽 방향에서 이 섬의 남쪽 해안으로 밀려들기 때문에 이곳은 예부터 규슈, 류큐에 관한 표류담이 전해지고 있다. 우선 일본에 관하여 말하면 탐라의 개조(開祖)인 양을나(良乙那), 고을나(高乙那), 부을나(夫乙那)의 세 신이 일본에서 왕비를 맞이했다는 전설은 너무나 유명하며 제주도, 오도(五島) 간의 표류담도 우리는 자주 듣고 있다.

제주도, 류큐 간의 표류담도 두세 가지가 아니다. 조선 성종실록에 의하면 성화(成化, 중국연호) 13년 2월 제주도민 김비의(金非衣), 강무(姜茂), 이정(李正) 세 명이 폭풍을 만나 류큐 여나국(與那國) 섬에 표착하여 거기에서 섬을 따라 점차 북상하여 경성에 귀환했고, 연산군실록에는 홍치(弘治) 10

년 류큐인이 10명 정도 제주도에 표착했던 사실 등이 기록되어 있다. 그리고 향토지에 다음과 같은 흥미로운 이야기도 실려 있다. 조선 광해왕 신해(辛亥)년에 류큐 태자가 제주도에 표류하여 제주읍내 죽서루(竹西樓) 주변에 상륙했는데 그때 수신(帥臣)인 이현(李玹)이라는 자가 태자를 해치고 소지한 재물을 빼앗고자 했다. 이때 태자 스스로 손가락 끝을 물어서 죽서루의 나무판자에

堯語難明桀服身(요어난명걸복신)

요임금의 말씀이라도 걸 같은 자에게는 밝히기 어렵다.

臨刑何暇訴蒼旻(임형하가소창민)

형을 당하는 몸이 어느 여가에 하늘에 호소하랴?

三良入穴人誰續(삼랑입혈인수속)

세 명의 신하가 묘혈에 임하였으나 누가 대신하겠는가?

二子乘船賊不仁(이자승선적불인)

이자(二子)가 배를 탔는데 어질지 못한 자에게 해를 당했네

骨暴砂場纏有草(골폭사장전유초)

뼈를 모래밭에 버려두니 잡초가 휘감을 뿐

魂歸故國吊無親(혼귀고국조무친)

혼은 고국에 돌아가도 조문할 친척도 없어라

竹西樓下滔滔水(죽서루하도도수)

죽서루 아래 도도히 흐르는 물

長帶余怨咽萬春(장대여원인만춘)

길게 드리운 남은 원한이 만년 봄을 두고 피어오르리

라는 시를 피로 쓰고 이를 바다 속에 던지고는 덧없는 최후를 맞이했

다. 이 나무판자는 후에 류큐에 표착하여 태자가 제주도민 때문에 살해당한 것을 알게 되었다. 이에 류큐인이 제주도민을 매우 미워하게 되었고, 제주도인은 이후 류큐 사람을 만나면 자신은 육지인 강진, 혹은 김해 사람이라고 변명을 했다고 한다. 오늘날에도 류큐 사람이 쪽배를 타고 제주도에 왕래하는 일이 매년 끊이지 않는 상황이다.

더욱이 일본, 류큐, 제주도를 맺는 전설도 있다. 제주도 사람 김아무개는 해상에서 태풍을 만나 일본 어떤 곳에 표착했다가 그 후 또다시 폭풍을 만나 안남으로 표류했다. 김은 본국에 아내를 두고 여기에서 류큐의 소녀 임춘향(林春香)과 결혼하고 다시 일본에 돌아와 관리가 되었다. 얼마후 김은 류큐에 있는 춘향의 집을 찾아갔는데 돌아오던 중 제주도 앞바다에 다다랐을 때 한라산의 웅장한 모습을 보고 고향에 돌아가고 싶은 마음을 억누르기 어려워 다른 사람을 위해 물을 얻어오겠다고 동행한 사람을 속이고 대정군(大靜郡) 대포(大浦)에 상륙하여 쏜살같이 자기 집으로 달려가 아내를 만나 다시는 뱃사람이 되려고 하지 않았다. 일행은 할 수 없이 김을 섬에 남겨두고 일본으로 돌아왔는데 그토록 결심이 굳었던 김도 그후 일본에 있는 춘향을 생각하며 때때로 해안의 언덕 위에 올라가 춘향을 그리워했다고 한다. 오바코(大箟子)가 '성 주변'에 서서 일본을 그리워한 것[80]과 이야기의 구상이 어딘지 모르게 닮은 데가 있다.

이 외에 제주도에는 용, 큰 구렁이에 관한 전설이 많다. 제주군 금녕(金寧)에 큰 암굴이 있는데 예부터 여기에는 큰 구렁이가 살아서 도민은 매년 봄에 소녀를 제물로 바쳐 제사를 지냈다. 그런데 군수 서련(徐憐)이라는 자가 이 폐습을 근절시키고자 부하 수십 명과 모의하여 큰 구렁이를 죽였는데 자신도 그 요괴한 기운을 받아 죽었다고 한다.

또한 옛적에 60세가 된 섬사람은 모두 한라산 위로 데려가서 용신의 제물로 바쳐졌다. 어떤 군수가 일찍이 이 폐습을 고치고자 하여 독약으로

큰 구렁이를 쓰러트렸는데 그 꼬리 부분에서 노인의 시체가 나타났다고 하는 전설은 히노가와의 구렁이 이야기[81]와 유사하다.

지금까지 다소 장황하게 제주도 전설을 열거했는데 나는 원래부터 신화 전설을 깊이 탐구하고자 하는 사람은 아니다. 요컨대 제주도의 전설 중에는 일본의 전설과 꽤 닮은 유형이 있다는 것을 상기하고 이에 의해 서부 일본, 남부 조선, 쓰시마, 제주도, 류큐 제도(諸島) 등 사이에 예부터 해협문화라고 할 만한 일종의 공통문화가 전개되고 있던 것은 아닐까라고 상상하는 것이다. 그 문화가 남방 인도차이나의 문화와 관계 있는지 아니면 저 멀리 북방 만몽의 문화와 관계 있는지는 지금 성급하게 단정 지을 수는 없으나 요컨대 그러한 일종의 공통문화를 모체로 하여 후세에 류큐, 제주, 쓰시마, 남부 조선, 규슈 등 각각 특색 있는 문화가 발달한 것은 아닐까라고 생각하는 것이다. 그것은 흡사 옛날 지중해의 동부 크리트 섬 부근을 중심으로 한 일종의 공통문화가 있었고 후세에 그것을 모체로 하여 페니키아, 이집트, 그리스 등 각각 특색 있는 문화를 발전시킨 것과 같은 관계에 있는 것은 아닐까?

쓰시마 해협문화의 연구는 고고학, 사학의 영역에만 국한되어서는 안 된다. 언어연구도 이 문제에 대해 큰 역할을 하지 않으면 안 된다. 오늘날 규슈 서부 방언, 류큐어, 남부 조선 방언, 제주도 방언 등, 한편은 일본어계의 것, 다른 한편은 조선어계의 것으로 서로 뚜렷이 구별되어 있지만 극히 오래 전에는 이들 사이에 어쩌면 공통의 언어현상이 있었던 것은 아니었을까라고 상상하는 바이다. 오늘날 일본 학계에서 일본어, 류큐어, 조선어의 각 개별 연구가 이루어지고 있으나 이들을 망라한 종합적인 연구 혹은 비교연구는 이루어지지 않고 있다. 물론 일본어와 류큐어와의 친족 관계는 전문가의 오랜 연구 결과로 증명이 되었다고 말해도 좋겠지만 일본어와 조선어와의 관계는 더 연구가 필요한 많은 문제가 눈앞에 놓여 있다. 나는 일본어와 조선어의 비교연구를 하는 데에는 아시아 대륙의 여러 언어, 남아시아의 여러 언어 등도 충분히 고려해야 하겠지만 그것과 함께 규슈 방언, 류큐어, 남부 조선 방언, 제주도 방언 등 즉 쓰시마 해협 문화권 안에 있는 여러 언어의 비교연구를 행하는 것이 무엇보다 긴급하다고 생각하는 사람이다. 나는 지금까지 이 점에 관해서 많건 적건 주의를 기울여 왔고 단어로서는 해양에 관한 약간의 말이 남선, 쓰시마, 류큐 등에 공통으로 존재한다는 것, 또한 음운에 관해서는 류큐어의 어두에 오는 후두 파열음의 발달은 조선에서 '트인 시옷'(제주도에서는 기식음〈氣息音, aspirate〉으로 나타나는 경우가 많다)의 발달과 그 경로를 같이 한다는 것을 알게 되어 점점 이러한 연구가 학문상 중요한 의의를 갖고 있음을 느끼게 되었다.

요컨대 공통문화가 존재한다는 것은 고고학, 사학 방면에서 증명될 가능성이 있을 것이라고 생각하지만 이것을 한층 유력하게 뒷받침하는 것은 언어 연구이지 않으면 안 된다. 이들 언어의 비교연구는 해협문화를 밝히는 데 있어서 유력한 조언을 제공할 뿐 아니라 언어 그 자체의 연구에서도 가장 흥미 있는 과제 중의 하나임이 분명하다.

(도쿄제대 교수)

「조선의 인상」의 추억

다케이 모리시게(武井守成)[82]

내가 조선에 간 것은 1926년 2월의 일로, 이미 14년이 지났다. 따라서 새삼스레 '조선의 인상'을 말하는 것은 이상스러울 정도다. 단기간 체재한 다음에 귀경해서 만든 것이 「조선의 인상」이라는 소곡(小曲)이다. 그래서 그 곡에 담은 인상을 단편적으로 적는 것이 아마 수십 년 전의 조선을 기억하는 실마리가 될 거라는 염치 좋은 생각으로 감히 펜을 잡는다.

내가 경성에 도착한 것은 2월 중순이었다. 조선은 1월이 가장 춥다고 하니까 이 무렵은 약간 따뜻해진 편이겠지만 그래도 꽤 추웠다. 나는 매일 공무로 여러 곳을 돌아다녔다. 어느 날의 일이었다. 자동차로 거리를 지나고 있을 때, 돌연 나는 들어본 적 없는 좋은 멜로디를 들었다. 그것은 차르메라[83] 소리였다. 도쿄에서 늦은 밤에 듣는 중국 국수 가게의 차르메라다. 그러나 그 선율은 단조롭지 않고 오히려 매우 복잡하고 아름다웠다. 나도 가만히 귀를 기울였는데 아무것도 모르는 운전수는 무심하게 스피드를 냈다. 나는 자동차를 멈추게 하려 했으나 총독부 고관과 동석이었고 중요한 업무를 앞두고 있어서 다음 기회로 미루고 그대로 지나쳐 버렸다. 그러나 매일 끊이지 않는 프로그램으로 짜여진 나의 일정으로 인해 끝내 차르메라를 들을 수 없었다. 지금이라도 과연 들을 수 있을지 모르겠으나 그 소리만큼은 다시 한번 들어보고 싶다.

경성의 식도원(食道園)에서 이왕직(李王職) 장관에게 초대를 받아 기생의 춤을 보고 가곡을 들었다. 이때 조선 여행의 용무 중 하나가 조선 아악의 연구였으므로 이날 밤도 아악부 직원의 연주로 보통 때는 들어볼 수 없는 고답적인 곡 몇 곡을 들을 수 있었는데, 특히 그 가운데 하나는 약 1시

253

간이나 걸리는 것이어서 그것을 노래할 수 있는 사람은 경성 기생 가운데 두세 명에 불과하다는 것이었다. 무리도 아니었다. 기생을 부르는 내선인(內鮮人)의 대부분은 모두 속요(俗謠)를 요청하는 시대였다.

실제로 당시에도 이 노래가 시작되고 2, 30분이 지나자 듣고 있는 사람은 나와 동행한 악사 두 명만이 남았다. 나는 이제는 이러한 노래가 없어져 버린 것은 아닐까 하고 슬프게 생각한다.

평양에서는 기성권번(箕城倦番 - 통상 기생학교라고 부른다)을 견학했다. 이날은 도청의 특별한 배려로 학생들뿐 아니라 거의 모든 졸업생(즉 제 몫을 하는 기생)들을 모아 일부러 프로그램을 짜주었다. 경성에서 듣던 바대로 고급스러운 것은 아니었으나 그 대신 기생이 하는 모든 예능이 망라되어 있었다. 승무나 검무는 두 번째 보는 것이었는데 그만큼 자세한 동작을 알 수 있었다. 다만 경성에서는 아악부 직원이 하는 것을 들었던 만큼 음악 자체는 매우 서툴다고 느낀 것은 어쩔 수 없었다.

도청 연회에 초청되어 밤에 모란대의 오마키 차야에 갔는데 이날 밤은 매우 달이 밝아서 완전히 얼어 있는 대동강이 아름답게 빛났고 분로쿠(文祿)[84]와 청일전쟁에 대한 회고적인 센티멘털리즘이 나의 가슴을 가득 채웠다. 모란대는 큰 경관과 작은 경치를 함께 겸비하고 있다는 느낌을 떨치기 어려웠다.

이리하여 짧은 체재 기간 동안 아무튼 대강 해야 할 용무를 다 마친 나는, 귀경 후 약 일주일 동안 환상곡「조선의 인상」을 썼는데, 이 소품의 골자를 이룬 것이 차르메라의 인상, 모란대의 한월(寒月), 기생의 춤, 그리고 강하게 나를 에워쌌던 조선의 군국적인 정서였다.

(남작 궁내성 식부관(宮内省式部官))

조선의 인식

스즈키 다케오(鈴木武雄)[85]

"북해도 지점으로 전근을 명령받았을 때의 기분과 경성 지점으로 전근을 명령받았을 때의 느낌이 매우 다른 것은 어째서일까? 경성 지점이라면 근무 수당도 있어서 월급도 많아지고 북해도는 수당이 따로 붙지 않는데 아무래도 경성행이라고 하면 무언가 대단한 결심이 필요한 것 같은 느낌이 든다."

경성에 지점이 있는 회사의 회사원이 이런 말을 해 준 적이 있었다. 이 사람은 도쿄에서 태어났고 도쿄제대를 졸업한 인텔리 샐러리맨인데 그러한 감정은 아마도 내지의 인텔리들에게 공통된 꾸미지 않은 감정일 것이다.

도쿄·삿포로 간과 도쿄·경성 간은 확실히 경성 쪽이 좀 더 멀고 또한 조선해협 쪽이 쓰가루(津輕)해협보다도 도항하는 데에 시간이 걸리지만 이것은 그다지 본질적인 차이는 아니다. 역시 조선이라는 곳은 풍속 습관이 다른 이향(異鄉)이라는 느낌이 드는 곳이라는 데에 본질적인 이유가 있다. 그러면서도 내지의 인텔리들이 이 이향의 풍속을 구경거리로는 매우 좋아한다는 것은 춘향전이라는 연극이 도쿄의 신극 팬들 사이에서 호평을 받은 일에서도 알 수 있다. 하지만 이 사랑스러운 춘향의 고향인 조선에 부임할 차례가 되면 주저하거나 혹은 대단한 결단을 필요로 한다.

만주나 북지(北支)행의 경우에도 같은 이야기를 할 수 있는데 역시 이러한 지역으로 부임하는 경우에는 오히려 전쟁터에 나가는 기분으로 대륙 개발이라는 국책에 임한다는 비장한 용기가 솟아오르기도 하는 모양이다.

그런데 조선이라고 하면 그 정도는 아니라고 생각함에도 불구하고 역시 바다를 건너 이향 가운데로 들어가지 않으면 안 된다. 그렇다면 언제나 긴자(銀座)에서 산책을 즐길 수 있는 도쿄 근무 쪽이 훨씬 매력적이라는 점에서 주저하거나 중대한 결심을 하는 것 같다.

이것은 우리들 입장에서 보면 이상한 이야기로 왜 홋카이도(北海道)에 부임하는 것과 같은 기분으로 조선에 오지 못하는지 이해가 안 된다. 어떤 흥분되는 일이 없으면 대담하게 바다를 건너와서 살 기분이 생기지 않는다고 한다면 한심한 일이다. 그러나 다시 곰곰이 생각해 보면 이는 조선이 요즘의 내지와 아주 닮았다는 증거가 아닐까라고 생각한다. 조선행이라는 것이 그다지 비장한 흥분을 일으키지 않는 것은 같은 대륙의 일각에 위치해 있어도 만주, 중국과 달리 어느 정도 정비된 지대이고, 또한 내지화가 가장 진전된 지대이기 때문에 선구자적인 흥분이 별로 일어나지 않는 것이다.

그럼에도 불구하고 이향에 건너가 사는 것 같은 생각이 든다면 그것은 그렇게 생각하는 사람들의 인식 부족이며, 조선이 그런 사람들의 흥분을 자극하지 않을 정도로 외지화를 벗어났다는 사실을 더욱 확실히 인식해 주길 바란다.

그것은 물심양면에 걸친 최근의 현저한 '내선일체'화의 현실이다. '내선일체'라고 하면 오해하는 사람이 있어서 어떤 사람은 '내선일체'가 이미 완전히 이루어졌다고 해석하고, 어떤 사람은 먼 이상에 불과하다고 해석하기도 하나 양쪽 모두 오해이다. '내선일체'는 아직 완전하게는 완성되지 않았으나 그 큰 이상을 향하여 착실히 접근해 가고 있으며 동시에 꽤 접근해 있다는 사실을 간과해서는 안 된다.

사물을 절대적으로만 보는 것은 어느 쪽이든 소아병적이다.

그건 그렇다고 치고 사실, 대륙의 각 민족을 비교해 볼 때 조선민족만큼 정신적으로 내지인에 접근해 있는 사람들은 없다는 것은 의심할 여지가 없다. 초등교육의 보급율로 보거나 일본어를 이해하는 자의 비율이 많은 점으로 볼 때, 대륙의 여러 민족과 비교가 되지 않는다. 그러므로 여기에서는 교육회의 개정(내선공학)도 지원병제도의 실시도 단행할 수 있는 것이다. 또한 물적, 경제적 방면에서 볼 경우, 내선(內鮮) 경제 관계만큼 밀접한 관계는 일본을 중심으로 하는 블록의 다른 어떤 나라와의 사이에도 볼 수 없는 현상이다. 엔블록의 선구는 조선이며 내선(內鮮) 통화(通貨)의 등가 관계는 러일전쟁 이래의 오랜 역사를 갖고 있다. 상품 유통관계를 봐도 내지와 조선 사이에는 현재 거의 관세장벽이 없으며, 일본(내지)의 무역상대국으로서, 예를 들면 만주나 중국, 영국, 미국 등과 같은 외국과 조선을 비교해 봐도 조선은 수출에 있어서 일본 최대의 시장이며 수입에 있어서는 북미합중국을 잇는 제2위의 물자공급국이다. 즉 1938년에 내지의 총 수출입 무역액 중 조선에 대한 수출입액은 9억 2천백만 엔으로 23.3%를 차지하여 1위이고, 관동주(關東州) 13.6%, 북미합중국 10.7%, 만주국 8%를 훨씬 웃돌고 있다. 또 총 수출입액 중 조선으로부터의 수입액은 7억 1천만 엔으로, 18.2%에 해당하여 북미합중국의 9억 1천5백만 엔, 24.1%에는 미치지 않으나 대만, 만주국, 중국, 인도 등을 훨씬 능가하여 제2위인 것이다.

또한 산업 구성도 '농공병진'의 노선에 따라 근대산업화가 급속하게 진전하고 있으며 도시의 발달도 현저하여 요컨대 '식민지'라는 이름에 고유한 원시산업 하나만으로 일관하는 풍경은 급속히 바뀌고 있다.

조선을 덮어놓고 '식민지'라고 생각하는 그 자체가 이미 문제이며 동아 신질서를 건설하는 오늘날 이러한 유럽적, 구질서적인 관념은 버려야만 할 것이다. 도쿄의 인텔리가 오히려 아무런 감회나 흥분도 없이 홋카이도에 부임하는 것과 같은 기분으로 가볍게 조선에 부임하게 되기를 염원한다.

(1939년 8월 5일 경성제대 교수)

내지인으로서

가라시마 다케시(辛島驍)[86]

하야시 후사오(林房雄)[87] 씨가 경성에 와서 문학회의 좌담회가 열렸을 때에도 한 말이고 시마키 겐사쿠(島木健作)[88] 씨와 반도호텔에서 이야기를 나누었을 때도 언급한 것이다. 내지 문단에서 온 손님들은 모두 조선문학, 넓게 말해서 문화 전반에 대해 매우 깊은 관심을 갖고 이 땅에 왔음에도 불구하고 그 관심은 언제나 조선인 측의 문제와 동향에만 관심이 있을 뿐 이곳에 이미 오랫동안 함께 살고 있는 내지인에 관한 생활이나 사상적인 면에 대해서는 지나치게 관심이 없다는 점이 안타깝다.

물론, 장혁주[89] 군의 작품은 모두 읽으셨을 테고 최재서[90] 군의 조선 문단에 관한 라디오방송도 들으셨을 테지만 이 외에도 조선에는 독특한 조선문화의 역사가 있고 풍속 습관에도 흥미를 끄는 것이 많이 있을 것이기 때문에 조선 사람들의 생활, 사고에 관해서 우선 깊은 관심을 갖고 있는 것은 당연한 일일 뿐 아니라 그러한 부분에서라도 아무튼 조선에 관심을 가져주는 것은 우리들로서는 정말 감사한 일임에 틀림없다. 그러나 똑같이 이 반도에 살고 있는 내지인의 생활과 사고에 관해서도 좀 더 관심을 가져주기를 바란다.

(金俊堯 筆)

멀리 고향을 떠나 이 땅에 살면서 더위나 추위와 싸우고 전염병과 싸우며 풍속과 언어가 다른 사람들과 생활해 온 사람들에게는 그 사람들 나름의 어떤 생활적 감개, 사색, 혹은 신앙이라는 것이 자연히 생겨나게 마련이다. 이제 이미 이 땅에서 태어난 아들들이 대학을 졸업하고, 역시 이 풍토에서 자란 딸들을 아내로 삼아 자녀들도 생겨나고 있다. 이 젊은 사람들 사이에서도 이 땅의 특이한 생활이 부여한 무언가가 있을 것이라고 생각한다. 그러한 부모와 자식의 대에 걸친 조선 생활의 감정은 이 땅의 문학 어딘가에 표현되기 마련이니 적어도 문학의 길을 걸어갈 사람은 이 방면에 얼마간 관심을 가져주기를 바란다.

그런데 진심을 말하자면 부끄럽기 짝이 없으나 이렇게 여행하는 분들에게 내지인의 생활에 대한 관심을 요청하면서도 그 내지인 자신이 지금까지 천천히 자신들의 생활을 파헤쳐 되돌아보거나 그 진실된 마음을 문학으로 표현하기를 바란 적이 없었다.

아직 30대이지만 옛 도기의 차가운 감촉을 사랑하는 사람이 있다. 일요일마다 낚시하러 가서 무심히 낚싯대를 응시하는 사람도 많다. 더욱이 야구나 오락영화, 바둑, 마작을 즐기는 사람은 더더욱 많다. 그러나 자기 자신의 생활이나 주위의 생활을 응시하여 이를 문학으로 — 특히 소설의 형식으로 사람들에게 말하려고 노력하는 사람은 거의 없었다. 하물며 신극 같은 것을 시도하고자 하는 청년들은 보이지 않았다. 조선의 청년들이 신극을 해도 종래 내지인의 관객은 거의 없었다. 진지하게 보러 간 나 같은 경우는 형사로 오해받는 상황이었다.

왜 그들은 좀 더 말하고 자신을 표현하고자 하지 않는 것일까? 일상생활 속의 사소한 생활감정만을 말하고 왜 조금 더 생활의 깊은 곳을 파헤쳐 보려고 하지 않는 것일까?

생각건대, 여기에 있는 내지인은 무언가 인생의 의의라는 것보다도 다른 어떤 것에 시종 마음을 빼앗기고 있는 것은 아닐까? 그리하여 그 초조한 마음을 옛 도자기의 차가운 감촉이나, 무심한 낚싯대의 모습이나 그 외 오락기관으로 감춰 버리려고 하는 것은 아닐까? 만약 그렇다면 이것은 꽤 쓸쓸하면서도 한심한 일이지 않을 수 없다.

시대는 변화하여 지금 조선의 문단은 종군작가를 전지에 보내고 무대에서는 아편전쟁을 상연하고 작품은 대부분 일본어로 발표되기 시작했다.

나는 이곳에서 태어난 내지인 청년제군의 분발을 기대해 마지않는다. 과거는 과거이니 이제 묻지 말자. 앞으로는 우수한 반도의 청년과 손을 잡고 서로 협력하여 돌진해 나가길 바란다. 내지에서 혹은 대륙에서 오시는 여행자 여러분, 뜻이 있는 분들은 부디 이러한 청년이 나올 수 있도록 자극하는 것이 조선을 여행하실 때의 책임이라고 생각해 주시길 바랍니다.

(경성제대 교수)

시라히게묘진(白髭明神)

시모무라 가이난(下村海南)[91]

1. 고마(高麗)라는 고을(郡)

이번 여름에는 30년 동안의 숙원이던 남양(南洋)으로 여행을 갈 생각이 었는데 사흘이 멀다 하고 계속 물가(物價) 위원회가 열리고 있어서 도쿄에 꼼짝없이 갇히게 되었다. 지방에서 하계강연 초청이 와도 일일이 거절해 왔는데 우연히 지치부(秩父) 마을의 신청은 쾌히 승낙했다.

지치부라면 당일로 돌아올 수 있고 아직 지치부에는 간 적이 없다. 멀지 않아 미쓰미네(三ᄀ峯)에 케이블도 설치되어 이왕 가는 김에 등산도 쉽게 할 수 있다. 또한 지치부로 가는 도중에 전부터 마음에 두고 있던 고마마을(高麗村)을 들러보는 것도 가능하기 때문이었다.

이케부쿠로(池袋)에서 무사시노(武藏野)철도를 타고 도코로자와(所澤) 다음에 한노(飯能)를 지나 지치부 렌잔(秩父連山)의 산기슭에 위치한 아가노(吾野)에 내려 거기서 버스로 3시간 정도 쇼마루(正丸) 고개를 넘으면 지치부 마을로 내려간다. 한노(飯能)에서 멀지 않은 곳에 고마강(高麗川)이 흐르고 고마 마을이 있고 고마신사가 있으며 고마산 승낙사(勝樂寺)가 있다. 지금은 이리마(入間) 군(郡)에 병합되어 있지만 고마(高麗), 고마강(高麗川)의 두 마을을 중심으로 동서 80리, 남북 30리에 걸치는 마을들은 고구려인이 안주한 땅이며 1896년까지 고마(高麗)군(郡)이라고 일컬어지던 지역이다.

2. 고구려의 귀화민

우리들 야마토(大和) 민족의 조상에는 원주민인 아이누족도 있고 검은 바다를 건너온 남양 방면의 민족도 있고 중국 본토나 시베리아, 만주, 연해주 방면에서 게다가 조선에 이르면 임나(任那), 고구려, 백제, 신라 각지에서 적지 않게 귀화한 이민자들도 있다.

그 가운데 고구려국의 황금시대에는 만주 남부에서부터 조선 북부, 서부를 포함하여 평양을 도읍으로 하고 신라, 백제까지 위협했다. 일본에는 닌토쿠 천황(仁德天皇) 때부터 고구려인의 귀화가 있었다고 전해지며 긴메 천황(欽命天皇) 말기 무렵부터 고구려는 당과 신라의 협공을 받으면서 일본과의 왕래도 빈번해져 스이코 천황(推古天皇) 때에 승려 혜자(慧慈), 담미(曇微)[92]를 비롯하여 쇼토쿠 태자(聖德太子)의 스승이 된 혜관(惠灌) 등이 일본에 건너왔다.

덴치 천황(天智天皇) 때 고구려가 멸망하고 덴무 천황(天武天皇) 때에 이르러 귀화인이 많아져 지토 천황(持統天皇) 레키(靈龜) 716년에는 무사시노쿠니(武蔵國)에 고마(高麗)군(郡)을 만들어 그동안 스루가(駿河), 가이(甲斐), 사가미(相模), 가즈사(上總), 시모후사(下總), 히타치(常陸), 시모쓰케(下野) 등에 산재한 고려의 귀화인 1,199명을 수용했다고 전해진다.

긴키(近畿)를 중심으로 조선의 귀화민이 많은 것은 너무 당연한 일인데 간토(關東)지방에도 귀화민이 증가하게 되었다. 가이(甲斐)의 교마(臣麻)군이 있는가 하면 가까이에 사가미(相模) 오이소(大磯)의 고마산(高麗山), 고마신사(高來神社)가 있으며 고야(高野)군은 고마(高麗)군의 와전이라고 전해진다. 이런 예는 쓰기 시작하면 끝이 없으므로 이 정도로 그친다.

3. 고마신사(高麗神社)와 승낙사(勝樂寺)

고마신사는 고구려왕 약광(若光)을 제신(祭神)으로 하고 있다. 번신(蕃神)[93]이라고 하여 식내사(式內社)[94]에는 들어가지 못하나 연희(延喜)[95] 이전의 오래된 궁거(宮居)이다. 약광은 고구려의 왕족 중 한 사람으로 우리 조정에서도 종오위하(從五位下)를 하사받았으며 특히 '왕(王)'이라는 성(왕이라는 글자는 고시키(こしき)라고 읽는다)을 하사받아 고마군의 군사(郡司)에 임명되었다. 약광은 멀리 이향 땅에서 동족을 이끌고 고려를 재건시킬 생각을 끊어버리기 어려웠겠지만 고국 회복의 희망도 좌절되어 마침내 이 땅의 흙이 되었다. 여러 곳에 사는 동족들이 모여 문 앞에서 무릎을 꿇고 통곡하는 소리가 끊이지 않았고 제신(祭神)으로 받들어져 고마묘진(高麗明神), 고마대궁(高麗大宮) 등으로 일컬어졌으며 약광이 만년에 턱수염이 새하얀 색이어서 시라히게묘진(白髭明神)이라고도 불렸다고 전해진다. 무코지마(向島)의 시라히게신사(白髭神社)가 같은 계통이며 무사시(武蔵) 지방에는 50여 개의 비슷한 신사가 있다고 한다.

오이소(大磯)의 고마신사(高來神社)도 약광(若光)을 받들고 있다. 약광은 바다에서 사가미(相模)에 상륙한 오이소(大磯)에 점포를 가지고 있었고 그 후 고마(高麗)군으로 이사했다. 고마신사는 지금 사루타히코노미코토(猿田彦命武)와 다케노우치노스쿠네(武内宿弥)의 두 영령을 합사(合祀)해 현사(縣社)[96]가 되었다. 더욱이 조선에 연고가 있는 사람들이 서로 뜻을 모아 자금을 마련해 현재 나무 향기가 향기로운 신전(神殿)이 만들어져 머지않아 낙성(落成)을 맞이하려는 고마신사 가까이에는 울창한 삼나무 숲 가운데 고마산 승낙사(勝樂寺)가 있다. 약광의 묘는 산문(山門)의 오른쪽 연못 근처에 있다. 옛날은 신불습합이어서 약광의 자손은 신사의 별당과 승낙사의 주지를 겸했다. 약광의 후임은 그 성(姓)이 고마(高麗)에서 다이구지(大宮司), 타몬보(多門房)를 거쳐 ― 이 무렵에 닛타 요시오키(新田義興)의 초대에 응하여 각지로 전전했다. ― 그 후 세이죠인(淸乘院), 미야모토인(宮本院), 우메모토보(梅本坊)를 거쳐 다시 고마(高麗)가 되었다. 현재의 신관인 고마아키쓰(高麗明津) 씨는 56대손에 해당한다.

4. 고구려 귀화민의 후예

우선 이 정도의 예비지식으로 도쿄에서 120리 고마역에서 십여 정(町) 마을인 고구려인의 유적을 도코로자와, 무라야마치, 한노로 가는 도중에 1일 정도의 행락을 겸하여 둘러볼 것을 여러분에게 권한다.

지금은 한일합방이 되어 하나가 되었고 이어서 '일만일여(日滿一如)'가 주창되어 일만지(日滿支, 일본, 만주, 중국)를 관통하는 동아 신질서 건설의 구호가 더욱 높아지고 있다. 오늘도 척무대신(拓務大臣) 관저에서 만주 개척민 심의회 특별위원회가 열려 위원 제군의 열렬한 토론이 오전 8시부터 오후 5시까지 계속되었고 가까운 시일에 제2차 회의를 열게 되었다. 곰곰이 생각해보면 고려 마을 탐승에는 여러 가지 시사하는 바도 있고 많은 감상이 잇달아 일어난다. 독자 여러분과 탐승에 나서는 사람들 모두 자신들의 성씨를 한번 되돌아보면 좋겠다.

구리타 간(栗田寬) 박사의 씨족고(氏族考)에 의하면 고려인의 후예가 44명이라고 한다. 중요한 것으로

고구려왕의 후예

고마(高麗), 다카쿠라(高倉), 난바(難波), 미야케(三宅), 도리이(鳥井), 요시이(吉井), 미야하라(宮原), 쓰(津), 시라카와(白河), 아다치(安達), 다카이(高井), 고마(狛), 도요하라(豊原), 다카(高), 오후네(御船)

고구려인의 후예

미카사(三笠), 신조(新城), 데미즈(出水), 기요하라(淸原), 아사히(朝日), 시마노(島野), 다카사토(高里), 다카이(高井), 히오키(日置), 야사카(八坂), 다가와(田河), 마쓰카와(松川), 다카다(高田), 다카야스(高安), 다카시마(高島), 하하라(葉原), 미키(三木), 스즈키(須

々岐), 도요오카(豊岡), 시노이(篠井), 다마이(玉井)

등이 있다. 이러한 성씨인 사람들이 모두 고구려인의 후예라고 단정할
수는 없으나 고구려인에서 나온 성씨에는 이러한 것이 있다고 한다. 단지
이는 고구려 귀화민의 성씨일 뿐이다. 그 밖에 임나(任那)가 있고 백제가
있고 신라가 있다.

(1939.8.18 朝風莊)

금강산 잡감

장혁주(張赫宙)

나는 이번 여름 어느 신문에 금강산은 생각했던 만큼은 아니었다는 글
을 썼는데, 그 후 만주에서 돌아오던 길에 같은 선실의 야마기시(山岸)라
는 사람과의 대화 중에 또 금강산 이야기가 나와서 그렇게 말하자 "맞아
요. 대단한 것도 없더군요. 저뿐 아니라 만물상을 그리고 있는 화가도 —
아마 도쿄의 유명한 사람인 것 같은데 바위가 다소 색다르다고 말하는 정
도였어요."

미국 주변까지 관광하고 왔다는 쉰이 조금 넘은 야마기시 씨는 나만큼
도 금강산을 인정하지 않을 뿐 아니라 심하게 헐뜯었다.

그런 말을 듣자 다소 반발이 생기지 않을 수 없어서

"그러나, 그렇게까지 비방할 정도는 아니지요. 저는 사카다(酒田)시에서
왔다는 사람들과 찻집에서 함께 있었는데, 그 사람들은 야마케이(耶馬溪)
등은 비교도 되지 않으며, 위만 쳐다보고 걸어서 바위에서 미끄러져 떨어

질 뻔한 것도 몰랐다며 경탄하고 있었거든
요."

라고 항의하는 듯한 어조로 말해 보았다.
그러자 야마기시 씨는

"글쎄요, 그럴지도 모르지만 전체적으로
규모가 작아서 웅대함도 없고 신비감도 떨
어져 바닥이 다 보인다고나 할까… 거대함
이 없어요."

김인승 그림

라고 결론지었다.

그래서 금강산의 어느 쪽을 보았는지를 물어보았더니 외금강에서 들어
가서 속만물상, 신만물상, 그리고 나서 구만물상이 있는 주변에서 온정리
로 나와서 구룡연을 보고 내금강 쪽으로 나왔다고 하는 것이다. 구만물상
정도밖에 보지 않은 나와는 비교도 되지 않을 정도로 금강산을 잘 알고
있었다.

사실은 나도 야마기시라는 사람과 같은 의견을 갖고 있었고, 게다가 야
마기시 씨의 금강산을 비방하거나 비방하고 싶은 마음을 알 것 같은 기분
이 들어서 논쟁은 그 정도로 그만두었다.

한마디로 말해서 금강산은 실제의 모습보다 훨씬 과장되게 선전되고
있다는 말이다.

예를 들면 이런 이야기가 있다.

願生高麗國(원생고려국), 一見金剛山(일견금강산)

조선에 태어나서 한 번이라도 좋으니 금강산을 보고 싶다는 것이 중국
인의 평생 소원이라는 것이다. 이런 시를 중국의 어떤 시인이 만들었는지
중국인이 정말 그렇게 생각하고 있는지 나는 전혀 알지 못한다.

그러므로 이 시는 오히려 조선인끼리 서로 금강산을 예찬하는 표현으

로 통용되고 있다고 생각한다. 나같은 경우는 이 시를 인용한 문장을 몇 번이나 읽은 적이 있고 듣기도 했었다.

그리고 금강산이 외국에서도 얼마나 유명한지, 예를 들면 조선을 지나는 외국 명사의 신문 담화에서는 예외 없이 금강산을 가진 조선 자연의 아름다움을 칭찬하고 있으며 작년에 조선에 온 버나드 쇼도 조선은 모른다고 말했지만 다이아몬드 마운틴이 있는 곳이라고 말하자 금방 안다고 말했다는 식의 기사도 읽은 적이 있다. 조선 사람이나 조선에 연고가 있는 사람이라면 금강산이라는 하나의 우상이 좋던 싫던 마음에 생기게 되는 것이다.

그것은 또한 도쿄의 저명한 문인이 쓴 금강산 예찬의 시문이나 특히 조선 문인의 금강산유기(金剛山遊記)를 읽으면 마치 이 세상에는 없는 선경(仙境)인 듯 점차 그러한 인상이 굳어지는 것이다.

나도 그다지 견문이 넓은 것은 아니지만 그동안 본 명산이나 명소는 전혀 안중에도 없고 금강산만큼은 정말 훌륭한 곳일 것이라고 상상했는데 이런 식의 지나친 기대감이 오히려 나빴던 것이다. 얼마나 좋은 곳일까 하며 기대하면서 산에 올라갔는데 보통이라면 상당히 좋다고 생각할 장소에 가도 아직 정말 좋은 곳에는 도달하지 않았을 것이라고 생각하면서 더 깊숙한 안쪽으로 들어갔다. 드디어 목적지에 도착했을 때, 겨우 이 정도인가 하는 느낌이 들 때의 실망은 정말 컸다. 그리고 나는 그동안 읽은 많은 금강산유기를 생각하면서 문사들이 얼마나 많은 미사여구를 동원하여 할 수 있는 표현을 다하여 금강산을 예찬했는지, 그것이 얼마나 과장인지를 생각했다. 실제로 유치한 문필가일수록 미사여구 만들기에 몰두하는 것 같다. 아름다운 어휘로 금강산을 칭찬하면 필자의 문장력의 우열을 가리기 어렵게 되어버리는 것이다. 혹은 '미(美)'를 묘사하는 어려움을 피하기 위한 저의가 있거나 금강산이라는 우상을 타파할 용기가 없기 때문인가?

아무튼 나로 하여금 이런 생각을 하게 하는 것도 금강산을 쓴 시문장이 지나치게 과장된 탓이라고 말하고 싶다.

그래서 나는 온정리에 삼일 밤이나 머물면서 구룡연에 안내하겠다는 여관집 주인의 호의를 뿌리치고 연재물을 집필하거나 거기에 살고 있는 사람들의 생활에 오히려 더 흥미가 당기기도 했다.

그러나 바위산과 계곡이 한곳에 그토록 많이 모여 있다는 것은 분명 진기하다고 생각한다. 본지가 조선 소개판이라고 해서 굳이 이 졸문을 썼는데 이는 나처럼 실망하는 사람이 있을지도 모르기 때문에 그것을 미연에 방지하고 문필가에게 약간의 반성을 촉구하고자 함이다.

(소설가)

종로의 범종

김래성(金來成)[97]

도쿄에 빗대어 말하면 종로 거리는 어디에 해당할까? 긴자일까? 신주쿠일까? 그 어느 쪽이어도 상관은 없으나 아마 신주쿠 주변 정도로 만족해야 할 것이다.

종로는 경성의 심장으로 순수 조선인 거리이다. 관광객들은 우선 경성역 앞 남대문의 웅장한 모습을 보며 조선을 느끼고 다음으로는 이 종로통 사거리에 서서 흰 물고기처럼 굽이치며 걸어가는 흰 옷차림의 조선인을 보는 것 같다.

그러나 만약 이 종로통의 페이브먼트(pavement)에서 흰 옷차림을 없애 버린다면 과연 이국인들은 거기에서 얼마나 조선이라는 것을 느낄 수 있을까. 이런 의문을 일으킬 정도로 거기에는 조선의 전통을 자랑할 만한 오래된 옛 점포의 그림자는 점차 사라지고 어느 나라의 도회에서나 발견할 수 있는 벽돌이나 콘크리트의 이른바 근대적 빌딩이 숲처럼 서 있다.

한쪽은 화신백화점, 다른 쪽은 한청(韓靑)빌딩인데 만약 주의 깊은 관광객이라면 이 사거리의 한청빌딩과 동일(東一)은행 사이의 좁은 삼각지에 그야말로 고색창연한, 시대에 뒤떨어진 누각이 하나 서 있는 것을 발견할 것이다.

누각이라고 하면 매우 과장되게 들리지만 단층 건물이 한 동, 붉은 칠을 한 격자에 둘러싸인 종루이다. 이름하여 보신각이라고 한다.

어찌하여 이렇게 고풍스런 종루가 하필이면 화려한 종로 사거리에 그대로 남아 있는 것일까? 순간 이상스럽게 생각하는 사람도 있겠지만 종로라는 이름이 이 보신각의 범종에서 유래했다고 말하면 짐작하고 남음이 있을 것이다.

이 종루가 서 있는 삼각지의 넓이는 약 200평 정도이며 이 보신각 안마당에 이어지는 종로의 뒷골목은 신주쿠 뒷골목에서 유곽만 따로 떼어낸 듯한 네온이 화려한 카페와 바와 선술집이 늘어서 있다. 이처럼 전후좌우가 모두 현란한 가운데에 종루만이 홀로 너무나도 어두운 얼굴을 하고 서 있다. 한낮에도 이 종루 안은 어두컴컴하고, 붉은 칠을 한 격자문 사이로

안을 들여다보면 바깥쪽의 소란스러움과 대조적으로 기분이 으스스할 정도로 텅 비어 정말이지 한적하다. 밝음과 어둠, 소란과

정적의 교차점 ― 그러한 장소에서 우리는 항상 어슴푸레 올라오는 이상스런 기운을 느낀다. 다다미 10장 정도의 넓이를 가진 종각의 중심에는 하얀 먼지에 둘러싸인 엄청나게 큰 종이 설려 있다.

전해 들은 바에 의하면 이 종은 지금부터 410년 전 쯤인 세종 13년에 조선 전도에서 모은 쇠붙이로 주조한 것으로 높이 1장 5촌, 둘레 7척 3분, 두께 1척이나 되는 거대한 종이다.

이 거대한 종이 주조된 목적은 새벽과 저녁에 타종하여 시민에게 생활의 개시와 종료를 알림과 함께 도성을 경계하는 사명을 담당하고 있었다고 하는데 그 타종 규칙이 매우 엄격하여 초경(初更)에는 28숙 숫자에 따라 28회 타종하고, 5경에는 33천에 따라 33번 타종했다고 한다. 그리고 전자를 인정(人定)이라고 하고 후자는 누파(漏罷)라고 했는데 지금도 이 종을 '인경'이라고 하는 것은 전자의 인정에서 와전된 말이다.

그런데 그러한 것은 아무래도 좋으나 이 종소리가 당시의 시민, 나아가서는 근교의 일반 민중의 생활 중에서 얼마나 중요한 역할을 했는지는 정교한 시계를 갖고 있는 지금의 우리들 생활에서도 정오의 사이렌 소리가 중요한 비중을 차지하고 있는 것을 보면 알 수 있다. 그뿐 아니라 어떤 이변이 있을 때 이 대종 소리가 일종의 경종이 되어 도시의 넓은 하늘에 울려 퍼지는 데에 있어서는 말할 것도 없다.

이런 이야기가 있다. 어떤 시골 노인이 70이 넘어서 처음 경성 구경을 하고 돌아갔는데 노인은 언젠가 경성에 사는 어느 학생에게 "자네는 경성에 살고 있는 것 같은데 종로의 보신각을 잘 알고 있겠지?"라고 물었다.

"네, 그거야 매일처럼 보고 있습니다."

"그래, 그럼 그 종각의 격자가 모두 몇 개로 되어 있는지 아는가?"

학생은 어안이 벙벙했다.

"저런, 학생이 그런 것도 몰라? 모두 150개야."

그만큼 민중의 관심을 한 몸에 받고 있던 보신각종도 지금은 점차 사람들의 머리에서 잊혀져 단지 종로 거리라는 이름을 붙인 장본인으로서 수호신으로서 그 십자로의 구석에 웅크리고 앉아 변해 가는 세상의 덧없는 모습을 쓸쓸하게 바라보면서 때때로 구경거리를 좋아하는 관광객의 시선을 끄는 존재로 전락해 버린 것이다.

나는 항상 이 종루 앞을 지나갈 때마다 발을 멈추어 단청이 벗겨진 난간을 바라보고 색이 바랜 붉은 격자 사이로 안쪽을 엿보는 것을 유일한 즐거움으로 삼고 있다. 현대 문화의 중심지에 있으면서도 그 문화에서 홀로 남겨진 이 종각의 창연한 모습을 보며 나는 옛날을 회상하는 취미에 빠지기보다는 오히려 이 썰렁하고 어두컴컴한 종루 안에서 어렴풋이 피어오르는 뭔지 모를 불안한 냄새와 무언가 으스스한 일종의 이상한 환영(幻影)을 즐기는 방법을 알고 있다.

그 두께 1척이나 되는 대종의 철판 속에 묘령의 미인의 피와 살과 뼈가 섞여있다는 전설도 있다.

이것에 관해서 나는 언젠가 야사의 대가 신정언(申鼎言) 선생에게 물어본 적이 있다. 그러자 선생은 "그런 탐정소설 같은 이야기는 없지만요, 그냥 좀 재미있는 이야기가 하나 있지요."라고 말하며 다음과 같은 이야기를 해 주었다.

앞에서도 말한 것처럼 이 종은 아침과 저녁 그리고 비상시 외에는 절대로 친 일이 없는데 딱 한 번 당시의 풍자객인 정만서(鄭萬瑞)라는 사람이 마음대로 이 종을 울리게 한 적이 있다고 한다.

어느 날, 정만서가 어느 대관의 저택에 뛰어 들어갔다. 거기에는 소위 과거(현재의 고등문관시험과 같은 것)에 떨어진 지방 출신 사람들이 많이 모여 있었는데 무슨 이야기를 하던 중 우연히 종로의 인경(종)이 화제가 되었다. 그러자 그 대관이 "자, 이 가운데에서 저 인경을 칠 용기 있는 자는 없는가."라며 서 있는 사람을 둘러봤는데 대답하는 사람도 없이 조용했다. 대관은 한심하다는 듯이 미소 지었는데 그때 정만서가 걸어 나와 "그것을 치면 상은 무엇입니까?"라고 물었다. 대관이 잠시 망설이다가 "내년 과거에 급제시켜주지."라고 말했다.

"그래도 이렇게 많은 사람 가운데 자기 혼자만 급제하는 것은 동료들에게 체면이 서지 않습니다만,"

"그럼, 전부 급제시켜 주지."

정만서는 용기 충천하여 대관 앞에서 물러났다. 그는 전부터 알고 지내던 궁중의 무감인 모 씨를 만나 그 사람으로부터 무관복을 빌려 입고 궁전 앞에서 종로를 향해 달리면서 "인경 쳐라!(종을 치라는 뜻)"라고 소리쳤다. 당번은 놀랐다. 궁궐의 무감이 저렇게까지 소란을 피우는 것은 분명 무언가 심상치 않은 이변이 발생했음에 틀림없다.

"댕 —"하며 종이 울렸다. 이어서 "대 — 앵, 대 — 앵, 대 — 앵" 곧 체포된 정만서의 변명은 다음과 같았다.

"아닙니다. 사실 저는 종을 치라고 말한 것이 아닙니다. 인경철이라는 것은 저의 아들놈 이름인데 이 녀석이 난봉꾼이어서 제 모습을 보면 도망가서 잡지를 못했는데 그때도 실은 아들 뒤를 쫓다가 그만. 당치도 않은 실수를 저지르게 해서 죄송합니다." 물론 이것은 만들어 낸 이야기일지 모른다.

(소설가)

선술집에 대하여

김진섭(金晉燮)[98]

조선의 여름은 올해도 대단한 더위라 여름에는 아무리 시원한 곳에서 술을 마셔도 어묵가게만큼이나 때로는 그 이상으로 금방 더워지기 마련 인 선술집을 순례할 용기를 끝내 내지 못해 아쉽기 짝이 없다.

그러나 이제 가을이니 선술집도 서서히 활기를 띨 계절이다. 언제나 딱 히 이렇다 할 재미있는 일도 색다른 일도 없는 우리 같은 주당에게는 그 나마 이것이 최소한의 즐거움이라고 말하면 사람들은 틀림없이 비웃을 것이다. 그러나 비웃음을 당해도 할 수 없다. 뭐니뭐니 해도 나는 단연 선 술집이 좋다. 가난한 우리들 형편에 유쾌하면서 싸게 술을 마실 수 있는 곳이라곤 어차피 선술집 정도밖에 없기 때문이다. 그건 그렇다 치더라도 달리 적당한 주제가 얼마든지 있을 텐데 하필이면 먹고 마시는 것을 선택 하여 쓰다니 한심스럽다는 점이 좀 신경 쓰이긴 하지만, 그러나 거기에는 제법 그럴듯한 이유가 있다. 그 이유를 말해 보면, 음식에 관한 한 내지에 서 오는 손님들은 하나같이 조선에 오면 명월관이나 식도원 등 일류 요리 집에 안내되어 그들은 모두 조선요리가 일본요리와 아주 비슷하다는 데 감탄하는 것이 고작이어서 본 잡지의 조선 소개호에는 이것에 대해 꼭 써야겠다고 생각했던 것이다.

선술집이란 음식물을 통하여 조선을 맛보는 데에 가장 적합한, 말하자면 조선 특유의 간이 주점이다. 소박함, 간편함 등은 물론이고, 형식 또한 매우 자유롭고 재미있으니 앞으로 조선 민정 이해에 흥미를 갖고 있는 분은 조선에 와서 반드시 선술집에 한번 들러 보시라. 사람이 북적대는 주점에 발을 옮겨 보면 여기에서는 실로 여러 계급의 사람들이 삼삼오오 모여서 북적대는 가운데 즐거워하며 술잔을 기울이는 색다른 풍경을 접하게 될 것이다. 술 한 잔에 안주를 곁들여 5전이라는 파격적인 가격뿐 아니라, 선술집에 들어가면 조금도 기다릴 필요 없이 금방 술이 나온다. 마음에 들지 않으면 한 잔으로 끝내도 상관없다. 선술집은 서서 마시는 것이 원칙이기 때문에 의자가 없는 것에 실망하는 경우도 있지만 원래 바쁜 세상이니 천천히 앉아서 마실 여유 따위는 없는 것이 당연하다. 가는 곳마다 느긋해 보이는 우리 조선인의 생활에 이런 형태의 주점이 생기다니 얼마나 기이한 풍경인가?

우선 우리가 선술집에 들어가면 거기에는 바카스의 제단이라고 할 만한 긴 탁자로 된 주청(酒廳)이 정면에 약간 높게 자리하고 있고 주청 뒤에는 대체로 아름다운 작부가 쪼그리고 앉아 있는 것이 눈에 띤다. 술을 먹기 위해서는 큰 술잔이 죽 늘어서 있는 이 주청 앞에 서기만 하면 되지만, 그 전에 우리는 작부가 건네주는 젓가락을 받아들고 안주를 각자 준비하지 않으면 안 된다. 술안주가 될 만한 재료는 주청의 오른쪽이나 왼쪽 어딘가에 망으로 된 선반 안에 이미 넉넉하게 준비되어 있어서 우리들은 이것을 취향대로 선택하여 구석진 곳에 설치되어 있는 큰 화로의 석탄불에 굽든지 삶든지 혹은 양념만을 뿌려달라고 해서 받으면 그만이다. 이러한 절차를 귀찮아하는 사람을 위해서 선술집에는 반드시 조리해 주는 사람이 선반 쪽에 서서 손님이 선택과 명령을 내리기를 기다리고 있으니 전혀 수고스러울 필요는 없다. 그러므로 우리는 이 안에서 술 한 잔에 안주 한 점의 비율로 걷고 말하면서 술잔을 비워가기만 하면 된다. 그러나 여기에는 물론 순수하게 술안주가 될 것만 준비되어 있는 것은 아니다. 그 외에도 아이들이 좋아할 과자나 성냥, 장난감, 그 밖에 약간의 일용품까지 준비되어 있어서 배가 불러 안주가 필요 없어진 사람에게는 아주 소박한 선물도 되기 때문에 정말로 선술집은 이용하기에 편리한 곳이다. 선술집에서 싸게 술을 마시는 즐거움뿐만 아니라 가정이나 아이들까지 참여할 수 있게 한 것은 참 기발한 생각이다. 보통 여기에서 파는 술은 약주라고 하는 조선의 술로 문자 그대로 약처럼 다소 입에 쓰고 시큼하지만 익숙해지면 누구나 마실 수 있고 한 잔 분량은 약 5작(勺) 정도일까? 우리들은 그것을 조금씩 마시지 않고 한꺼번에 주욱 마셔버리는 습관이 있다. 우리들이 거나하게 취하려면 대체로 스무 잔 내외 마셔야 하지만 물론 한 곳에서 취해버리는 일은 하지 않는다. 선술집은 저마다 특색이 있어서 한 번에 네댓 군데를 전전하며 마시는 것이 보통인데, 이런 때에 우리들은 좋은 술과 좋은 안주를 제공하는 숨은 선술집을 발견하려고 애쓰고, 그 결과 성공했을 때의 기쁨은 이루 말할 수 없이 크다. 주당들은 모두 훌륭한 선술집을 알고 있어서 멀리 떨어진 곳인 경우에도 자동차로 찾아가는 것을 마다하지 않는다. 우리들은 친구를 만나면 "설까?" "서자"라는 말을 사용한다. 말할 것도 없이 선술집에 들리자는 의미이다. 쉽고 유쾌하게 술을 마실 수 있는 자유분방한 선술집은 우리들의 우정을 돈독하게 해 주는 장소가 될 뿐 아니라 이곳저곳 옮겨다니며 술을 마시는 우리들의 좋은 기초공사가 된다. 즉 우리들은 여기에서 어느 정도 취한 다음에 바 혹은 요리집 등으로 옮겨가는 것이다.

(외국문학가)

짧은 여행, 소감(寸旅小感)

이헌구(李軒求)[99]

금년 여름은 30년 만의 더위였다고 한다. 매일 찜통 같은 더위가 뭉게뭉게 회사 2층까지 올라왔다. 숨이 막힐 것 같았다. 어느 날 나는 어떻게든 이 더위에서 해방되고 싶어서 무언가 방법을 생각하고 있었다. 잠시 인천에라도 다녀올까? 변덕이라고밖에 여겨지지 않는 묘안이 하나 머리에 떠올랐다.

5시에 회사를 나와 역으로 가는 전차를 기다리고 있을 때, 아까부터 묘하게 동쪽을 서성이던 먹구름이 움직이더니 순식간에 소나기로 변해 버렸다. 무엇이든 한순간에 집어삼킬 듯한 기세로 비가 내렸다. "스콜이군!"하고 나는 온몸이 젖는 것도 잊은 채 서 있었다. 큰 물방울이 밀짚모자 위에서 쏟아져 내렸다.

역으로 갔을 때 벌써 비는 그쳤다. 상쾌한 공기가 거울처럼 빛나는 아스팔트의 물기와 함께 시원하게 얼굴을 스쳤다. 열차 뒤편 한량의 반을 차지하고 있는 2등실에 들어갔다. 손에서 언제나 놓지 않는 스틱이 함께 열차에 들어와 내 옆에 서 있었다.

열차가 움직이기 시작했다. 한강을 건널 때, 문득 멀리 서쪽으로 눈을 돌렸다. 모래밭 끝에 열을 지어 서 있는 포플러가 숨을 쉬듯 싱그럽게 빛나고 있었다. 한 폭의 수채화 같았다. 여름 들어 처음 맛보는 상쾌함, 후우하고 한숨을 돌린다기보다 뭔가 짙푸르게 무성한 잔디 위를 활주하는 느낌이었다. 창으로 불어오는 나무, 풀, 논밭의 흙 냄새까지 한 덩어리가 되어 뺨에 부딪쳐오는 이 미묘하면서 생동하는 기운에 나는 꿈을 꾸는 듯한 기분이었다.

누런 소를 끄는 아이도, 국도 위를 달리는 자전거도, 또한 귀가를 서두르는 농부의 모습도 생생하게 눈에 비쳐 가슴에 되살아났다. 기차를 타 본 것도 반년 이상이나 되고, 이 더위로부터 탈출했다는 것도 함께 작용하여 이렇게 날아갈 듯한 기쁨을 준 것임에 틀림없었다. 살아있다, 움직이고 있다는 이 확연한 사실 앞에서 나는 황홀해하지 않을 수 없었다.

김인승 그림

M.R.

마침내 영등포를 지나면서부터 내가 탄 열차는 지금까지 달려온 선로에서 벗어나 다른 코스로 접어들었다. 부산행의 궤도와 갈라지는 것이다. 그야말로 한 걸음의 차이가 천리의 차이를 만드는 것이다. 나는 혼자 부산으로 가는 궤도를 보고 묘하게 우울해졌다. 곧바로 평행으로 가다가 점점 한 점에 가까워지면서 저 멀리 떠나는 열차의 뒷모습 쪽으로 생각이 가는 대로 내버려둘 때, 왠지 모르는 어떤 슬픔이 가슴 깊숙이 다가오는 것을 느꼈다. 거리! 라고 하는 것이 지금의 나에게 희미하면서도 덧없음으로 파도치며 다가왔다. 소중하게 마음에 감춰 둔 어떤 것이 나로부터 멀리 떠나가는 느낌이 들었다. 결국 인생의 낙오자가 되어 아무것도 하지 못한 채 그렇게 홀로 남겨지고 만다는 견딜 수 없는 기분…….

그러나 나에게는 그것에 대한 포기 이외에 선망 — 실로 순백의 동경의 마음을 갖고 바라보고 있었다 — 그 자체를 통감하고 있었다. 넓디넓은 대자연 가운데 순식간에 사라져 버릴 것 같은 기분이 들었다. 절망도 아니고 단념은 더욱 아니었다. 단지 어느 땅 모퉁이에서 서로 헤어져서 어딘가에 맥박치는 생명의 선을 하나 그리고 또 그것에 연결되지 않고는 견딜 수 없는 막연하게 미소 짓는 자연의 그윽한 빛에 둘러싸인 일종의 경이라고 할 만한 희열이기도 했다.

자랑스레 미소 지어 보고 싶다는 기분이 무럭무럭 가슴에 용솟음쳤다. 이 순간 나는 모두와도 떨어져 있었고, 아무에게도 기억되지 않는 이 순간에 혼자 실컷 이러한 기쁨을 맛볼 수 있다는 것은 얼마나 감사한 일인가라고 생각했다.

열차는 달렸다. 저녁 무렵의 석양이 야산 가득히 빛나고 있었다. 닫힌 좁은 문에서 탈출했을 때의 '해방'이라는 느낌이 내 마음의 창에 무늬를 그렸다…….

한 시간 동안 예기치 않게 얻은 환상의 기쁨이며 여행의 꿈이기도 했다.

(평론가)

차이와 이해

한식(韓植)

풍속이나 습관, 언어에 대한 이해만큼 어려운 것은 없을 것 같다. 우리들이 아직 외국어를 배우기 전에는 영어, 독어, 불어의 소양이 없는 내지인이 중국어와 조선어가 완전히 같다고 생각하거나 같은 것처럼 들린다고 하는 것은 무리가 아닐지도 모른다. 그러나 조금 더 깊이 살펴보면 중국어와 조선어는 친척이기는커녕 언어체계나 계통이 전혀 다르며 같은 한자를 읽는 방식도 다르다. 이와 달리 풍습의 경우는 조선의 많은 부분이 의외로 일본의 헤이안시대와 똑같은 것도 있다. 그러한 예는 얼마든지

있다는 것을 깨닫게 된다. 즉 겉모습
으로 판단하지 못하는 것이 있다. 그
러한 표면상의 차이에 얽매여서 진
정한 유래와 성질을 바르게 이해하
지 못한다면 옛날 자신들의 역사나
풍속과 같은 것을 함부로 경멸하기
도 한다. 혹은 다른 점 가운데에도
함부로 버릴 수 없는 우수한 것이 있
음에도 불구하고 덮어놓고 일률적으
로 배척해 버리려고 하지는 않는가?

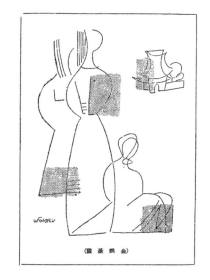

(蠻基燦金)

　예를 들면 반도인 여자의 앉는 방법 중에 한쪽 다리를 구부려 무릎을
세우는 것을 내지인은 이상하게 생각하는 것 같으나 그것은 일본 무사의
준비 자세와 같은 연원이 있는 것으로 지금은 오랜 습관이 되어 있다. 또
한 조선의 딱딱한 깔개 위에 몸의 자세에 가장 적합하게 평형을 유지하며
앉는 방법이다. 도쿄 주변에서 성장한 내지인은 반도인 여자가 머리에 짐
을 이고 걸어가는 것을 보고 놀라는 모양이지만 그것은 내지에서도 가까
이는 오시마(大島), 이즈(伊豆)는 물론, 니가타(新潟), 호쿠리쿠(北陸) 지방에
서도 흔히 볼 수 있는 풍경이다.

　의상의 경우에도 현재 겉으로 드러나는 것과는 달리 옛날에는 크게 다
르지 않았던 것 같다. 17, 18년 전 내가 처음 도쿄에 왔을 때, 가을 마쓰리
에서 가구라자카(神樂坂) 거리를 천천히 걸어가는 오미코시(お神輿)와 함께
침착하고 여유롭게 말을 타고 있는 신관의 복장을 보고 우리 아버지가 시
골 제례 때 입었던 것과 완전히 같은 것이어서 매우 놀랐을 정도이다. 어
린 시절, 반도의 나이든 여자들이 외출할 때 남성에게 함부로 얼굴을 드
러내지 않기 위해서 하얀 두건을 쓰고 나가는 것을 본 적이 있는데, 지금

의 내지인도 헤이안시대까지는 와후쿠 (和服)의 긴 소매로 얼굴을 가렸다고 한다. 반도 어자의 복장을 보면 일본 중세기 여자의 성장에 사용했다는 12겹 기모노의 두루마기와 같은 계통의 두루마기를 입고 있다. 현재 내지의 여자가 앗팟파(あっぱっぱ)[100]를 착용하게 되면서 와후쿠를 불편하게 여기는 것처럼 두루마기를 입지 않는 세대가 중세시대의 여성이 오랫동안 두루마기를

원통사의 부엌 김인승 그림

단정히 갖춰 입은 복장을 우스꽝스럽게 생각하는 격이므로 간이복이 성장을 비웃는 것과 같은 경우일지 모른다.

성씨도 내선 모두 공통된 임(林), 진(秦), 백(白), 유(柳), 오(吳) 등은 물론이고 글자체를 음이나 그 외의 이유로 약간 고쳤다고 생각되는 예로 양(梁)을 양(簗), 한(韓)을 관(菅)으로 유(劉)를 립(笠)으로 한 것이 있다. 또한 아카호 로시(赤穂浪士) 중 다케바야시(武林)에서 다카노(高野), 이시카와(石川), 히로타(廣田), 아다치(安達), 다무라(田村)에 이르기까지 옛날 반도에서 이주해온 사람의 후예인들의 성씨가 무수하게 있다는 점에서 학자들의 설이 일치한다. 언어학적으로 봐도 매우 흥미로운 것은 가나자와(金澤) 박사나 오구라(小倉) 박사의 주장을 들어봐도 얼마든지 수긍이 가는 공통점이 있다. 무사시(武藏)나 구마소(熊襲)가 조선어이고 지명에 특히 많다고 한다. 또한 규슈 주변 상점 등에서 물건에 대해 질문을 받았을 때 '하이'라는 답 대신에 나오는 '나이?'는 조선어와 마찬가지로 '하이'의 의미이며 그것이 변화한 것이 이바라기(茨城) 현 주변의 '네에'이며, 어미에 붙이거나 강조하는 말(詞)로 사용하게 되었다고 한다. 언어학에서 보면 조선어와

중국어는 전혀 다르고 오히려 일본어와 같이 우랄 알타이어계이면서 첨착어(添着語)여서 같은 투란 계통이기도 하다. 이러한 점에서 알 수 있듯이 서로의 언어를 이해하고 존중하며 비교연구하여 그러한 긴밀한 연관성을 이해함으로써 일본어도 풍부해지고 일본어가 대륙으로 발전하는 문제도 순조롭게 진행될 수 있을 것이다.

이상과 같은 사례는 헤아릴 수 없다. 중앙아시아, 티베트 , 파미르고원 주변에서 출발한 동일한 민족이 동방으로 이동하여 여러 방면으로 분포한 것이기 때문에 오늘날처럼 외형적으로 달라진 것이 오히려 신기하게 여겨질 정도이다. 고대 일본은 오로지 신라, 백제에서만 문화를 받아들였으므로 연원을 거슬러 올라가면 대체로 비슷한 점이 발견되는 것은 그다지 놀랄 일이 아니다. 내지는 그러한 옛 스승을 제치고 여러 가지로 새로운 모습을 만들어 온 만큼 청출어람(靑出於藍)의 명예를 누리는 것은 사실이지만, 남상(濫觴)[101]을 돌아보지 않고 표면에 나타나는 차이만을 포착하는 것은 올바른 이해 방법이 아니라고 하겠다.

과거의 모범이었다고 해서 세대와 생활의 변천을 무시하면서까지 옛것을 유지하고 지키는 것은 오하(吳下)의 구가몽(旧柯蒙)[102]에 불과하다. 전통이나 역사라고 하더라도 그것을 존중하는 의의를 잘못 아는 경우, 즉 생활양식이나 풍습 등을 옛날 그대로 지켜가는 것이 진정한 존중은 아니다. 거슬러 올라가면 모두 불교나 유교문화의 유물임에 틀림없고, 잘 조사해 보면 반도의 남자 옷은 명나라 때의 풍속 그대로를 습용한 것이며 여자의 복장은 원나라 쿠빌라이의 모방임을 알게 된다면, 오늘날 불편함을 고려하지 않고 명과 원의 직계 자손들조차 여러 가지로 바꾸었음에도 불구하고 그 방계의 방계나 타인들이 여전히 명, 원 시대의 것을 고집해야 할 이유는 없으며 그러한 의리를 내세울 일도 없다. 옛 시절 얼마나 훌륭한 사람이 착용했는지는 모르나 예복으로써 더럽혀지기 쉽고 비경제

순수 동백
으로 만든

이즈쓰 향유

퍼머넌트를
그만둔 분에게
비듬이나
갈라짐을 막고
붉은 머리나
곱슬머리를
곧고 아름다운
흑발로 만들어 주는

善 井·京東·鋪本

적이며 더욱이 남자의 복장으로 활동에 불편한 흰옷을 그대로 착용하는 것은 미학적으로도 그다지 공감할 만한 일도 아니다. 이처럼 전통이나 옛날의 의식주 형식 등에 관한 연원을 잘 알게 되면 의리도 필요없을 뿐 아니라 여러 가지 어색한 점이 있다는 것을 깨닫게 된다. 한학자인 나의 아버지의 경우는 기자(箕子)를 한씨 성의 조상으로 끄집어내서 어깨에 힘을 줬는데, 이것은 아무래도 중국의 사대사상의 영향이라고 생각한다. 억지로 기자를 끌어내지 않아도 여러 가지 점에서 볼 때 나는 오히려 징기스칸의 후예일지 모른다고 생각하지만 이에 대해서도 확실한 근거가 있어 주장하는 것은 아니다. 만일 그것이 사실이라고 하더라도 오히려 그쪽에서 그렇게 옛날에 의절당하여 집을 나간 자손이 지금 와서 가까이 하려는 것을 어색해할지도 모른다. 어느 쪽이 진짜인지는 모르지만 이제 그런 것은 장래의 역사가나 학자의 연구에 맡기도록 하고 지금은 개인으로서 조급하게 단정하거나 참견하지 않는 쪽이 좋을지 모른다. 그런 일에 얽매여 자신들만의 사정이나 비현실적인 생각에 근거하여 조상의 조상으로 점점 거슬러 올라가면 가계도의 가장 윗부분에는 원숭이 그림이 그려져 있어서 이것이 최초의 조상이라고 하는 풍자의 재료가 될지도 모를 일이다.

(평론가)

소설

기억 속의 모습

오사라기 지로(大佛次郎)[103]

기무라 도시노리(木村俊德) 그림

1

안개 속에 내가 있다. 나는 바다 위 깊은 안개 속 맞은 편에 모토코(素子)의 모습을 지켜보고 있다. 자네도 알다시피 산속 새너토리엄에서 숨을 거둔 그녀를. 그렇다. 내 마음엔 그녀가 틀림없이 모토코였다.

이 편지를 읽으며 자네는 나를 동정하며 웃을 것이다. 모토코가 죽었을 때, 자네의 친절한 위로의 말에 다시는 아내를 얻지 않겠다고 장담해서 자네를 놀라게 한 나이니 말이다. 자네는 그 말을 고인에 대한 애석함의 표현이라고 처음에는 받아들인 듯했다. 내가 한 말은 더 냉정한 마음에서 나온 것이었다. 그걸 자네에게 이해시키려고 말했다. 결혼은 한 번으로 족하다고. 모토코도 결국 '나'라는 사람을 이해하지 못하고 가버렸다. — 자네라면 당시에 내가 느꼈던 고독의 감정을 이해하리라 믿고 그렇게 말한 것이다. 나의 고독은 모토코가 그렇게 가버려서가 아니라 우리처럼 남들에게 부러움을 산 사이좋은 부부의 생활에서도 결국 이런 감동을 경험하지 못했다는 다소 감상적인 고백이었다. 자네는 내 눈빛을 보고 내 마음속 움직임을 희미하게 알아차린 듯이 보였다. 하지만 그 말을 할 때가 아니라고 생각한 것이 틀림없었다. 자네는 말없이 담배를 피우고 있었지만 항의하는 듯한 어조로 '그런 건가'라고 말하며 내 얘기를 피했다. 착한 자네는 나의 무정함에 분노를 느꼈을 것이다.

배가 안개 속을 서행하고 있다. 부르짖듯 울리는 기적소리가 우리들의 마음을 불안하게 하고 선상에서의 익숙하지 않은 하룻밤을 더욱 잠 못 이루게 했다. 육지에서 멀어졌다는 것이 신기하게 여겨질 정도로 밝은 전등빛이 선실의 거울과 가구의 쇠장식, 침실의 깔개를 비추고 있었다. 나는 밖으로 나와 갑판에 나가 보았다. 눈앞에는 안개가 벽처럼 막고 있었고 안개 위로 내 검은 그림자가 서 있는 것을 바라보았다. 천정 전구 주위로 작은 벌레들이 모여들듯 움직이는 차가운 물보라를 지켜보고 있었다. 전등을 밝힌 것도 예기치 못할 위기에 예민해져 있기 때문일 것이라고 믿었다. 외투 깃을 세우고 무심코 흰 벽을 따라 걷고 있었다. 모토코가 거기 서 있었다. 자네는 웃을 것이다. 설명할 것도 없이 냉정하게 보면 그냥 닮았다는 문제였다. 하지만 모토코의 죽음을 계기로, 태어나 처음으로 일본을 떠나서 밤을 맞이한 나에게는 웃을 일이 아니었다. 나는 심장고동이 멈출 정도로 강한 충격을 받고 안개 속의 그림자를 유심히 바라보았다. 발소리에 돌아본 그림자의 인물은 얼른 고개를 돌렸다. 안개에 젖은 듯한 옆 얼굴의 윤곽이 아직도 내게는 모토코로 보였다. 외투 색깔도 모토코의 것과 같다. 모자 모양도 그렇게 보였다. 아직 그렇게 쇠약해지지 않은 내가 찾지 않아도 항상 내 주변에서 따뜻한 체온을 느끼게 해 주고 때때로 길바닥을 울리는 작은 구두굽 소리를 내던 때의 그녀였다. 이 편지에는 있는 그대로의 내 마음을 드러내 보이고자한다. 여름 복숭아의 얇은 껍질을 벗기고 하얀 과육에서 스며나오는 것을 보라. 처음부터 자네에게는 아무런 주저함이 없던 나이다.

두근거리는 마음으로 그 여자 옆을 지나갔다. 모토코와는 다른 불투명한 향료 냄새가 잠시 반성의 계기를 만들었다. 하지만 지나치고 나서도 내 마음은 평온하지 않았다. 안개 속에서 나는 배 후미의 불빛을 바라보고 있었다. 배가 크게 물살을 가르는 물보라 소리에 귀를 기울였다. 다시 그 자리로 돌아왔다. 그리고 모든 반대 요소들을 무시하고 다시 느꼈다. 모토코다. 어떻게 하면 이 독단적인 생각에 자네가 공감해 줄까? 나 역시 그녀가 모토코가 아님을 알고 있으니 말이다.

2

안개로 인해 보이지 않는 바다를 뒤로 하고 나는 선실로 돌아왔다. 천

정도 벽도 흰색인 이 방이 나에게 여수를 느끼게 하는 것도 사실이었다. 그러나 모토코가 아닌 여자가 모토코로 보이는 것은 반드시 그 때문만은 아니었다. 전혀 다른 이유가 있었다. 모토코가 떠난 것을 내가 슬퍼하지는 않았음을 말하고 싶다. 당시의 내 고백이 역시 거짓이나 허세가 아님을 다시 말해두자. 지금도 그녀를 생각하면 눈물이 난다. 진심으로 안됐다고 생각한다. 내가 믿고 있는 것보다 더 심각하게. 그 때문에 종종 모토코의 뒤를 따라 죽고 싶다고 바란 적도 있었다. 분명 모토코를 진심으로 사랑했다. 하지만 이런 애정은 나에게 운명을 건 여자이기 때문이라고 근거 없이 말할 수 있을까? 내가 생각해도 나는 나무랄 데 없는 남편이었다. 모토코도 생을 마감하기 며칠 전에 그렇게 말하고 고맙다며 떠나갔다. 그 감사의 말이 당연하다고 스스로 자부하면서도 왠지 거북하고 조바심이 나서 성실했던 자신의 노력을 비웃었다. 현실과 진실이 다른 것임을 나 역시 알고 있었다. 현실을 인정하는 것은 거짓이나 마음에 없는 행동마저도 그대로 받아들이는 것이 아닌가. 세상의 상식적인 이들에게 묻는다면 있을 수 없는 완전함을 기대하는 것이라며 비웃음을 살 것이다. 부부 사이에도 결과만 좋다면 거짓을 꾸미는 것도 보통이라며 틀림없이 지나치게 비상식적이라고 할 것이다. 세상의 부인잡지 기사를 보라. 이러한 대단한 사실이 아무렇게나 가볍게 치부되고 있다. 나 역시 결혼 생활의 밑바닥을 보았다. 그런 것들을 보는 일 없이 만족스럽게 적어도 행복한 마음으로 죽은 모토코라는 여자의 성격이 부럽기조차 했다. 남자인 나는 그런 안이함에 만족할 수 없었다. 나만의 기질 탓이라고는 생각하지 않는다. 종종 모토코를 바라보며 그녀처럼 단순하게 사랑하고 단순하게 미워할 수 있다면 얼마나 행복할까 생각했다. 나는 아내에게 다정했다. 하지만 스스로는 심장이 굳어 있었음을 알고 있었다. 어떤 날은 내가 모토코를 행복하게 해줄 수 있었던 것은 그런 굳어버린 마음을 감추려는 노력에서 나온 것은 아니었을까라고도 생각했다. 다시 기적 소리가 들렸다. 짐승이 울부짖는 소리처럼 들렸다. 모토코가 나와 함께 이 배에 타고 있었다. 이 안개 낀 저녁 항해에 나처럼 겁에 질려 있었다. 나는 그것을 알고 있었다. 그래서 혼자가 아닌 두 사람 분의 불안감을 느끼고 있는 것 같았다.

이건 어찌된 일일까? 모토코를 보내고도 평온했던 내가. 그 여자가 단지 닮았다는 이유로. 얼음처럼 차가운 마음을 가진 내가. 자네도 눈빛으로 비난했던 박정한 내가. 나는 천장과 벽을 노려보았다. 하얗다. 온통 하얗다. 바다 위의 회백색 안개가 여기까지 들어와서 물들여 놓은 것처럼 하얗다.

얕은 잠에서 깨보니 갑판을 걷는 사람들의 얘기 소리가 들렸다. 마치 안경처럼 생긴 창문의 열린 틈 사이로 아침 햇살이 들어왔다. 내다보니 안개가 끼었음에도 꿈틀거리는 파도가 보였다. 일본 범선과 돛의 형태가 다른 작은 배가 비스듬히 지나는 것이 보였다. 내가 탄 연락선이 무사히 해협을 건넜음을 알 수 있었다. 나는 전날 밤의 안개가 부린 마술이 끝났다고 생각하려고 애썼다. 그러나 모토코를 닮은 여자가 마음에 쓰였다. 둘이 지내던 시절 아침 눈을 떴을 때 나보다 먼저 일어나 집안 어디선가 움직이던 모토코를 의식하던 것과 같은 심정이었다.

자네는 모를 것이다. 가까이 있던 사람이 죽었다는 것은 그저 그 사람이 없어진 것만큼의, 그 사람이 차지하던 공간이 텅 비어서 언제까지나 남아있는 것이다. 모토코가 죽은 후, 끊임없이 그런 공허함을 겪고 있던 내가 어쩌면 모토코가 있던 위치에 끼워 넣어 생각하고 있는 것은 아닐까? 성 본능의 잠재적인 작용이라고 할 수도 있으리라. 세면대의 거울을 마주하며 마침내 허무하게 이 꿈이 깨질 것을 기대했다. 그때 바다 위를 수평으로 흐르던 안개가 한 조각 열리고 그 사이로 푸른 하늘이 보이면서 뜻하지 않게 아주 가깝게 푸른 산 정수리의 모습이 드러났다. 바다로 돌출한 대륙의 코 부분이었다. 안개 너머로 육지의 느낌이 전해졌다. 실루엣처럼 검은 부산 부두의 모습이 서서히 그 모습을 분명히 드러냈다. 사람들이 아직도 입고 있는 하얀 여름옷이 보였다.

낯선 땅을 처음 밟는다는 감동은 일지 않았다. 내가 오로지 생각한 것은 트랩의 혼잡함 속에서 모토코를 닮은 여자의 얼굴을 한 번 더 보는 것뿐이었다. 짐을 든 사람들이 밀려오기 시작했다. 그 여자를 잃어버리지 않으려고 서둘렀다. 아침 햇살이 보고픈 유령의 정체를 남김없이 보여줄 것임에 틀림없었다.

아침 햇살이 안개에 흠뻑 젖은 배의 금속에 비치기 시작했다. 잠을 이루지 못한 눈앞에서 벽이 눈부시게 빛났다. 좁은 갑판은 앞다투어 내리려는 군중들로 가득 차 있었다. 그녀로 보이는 이는 어디론가 숨어 버렸다. 기차 플랫폼에서 나는 약간 난감했다. 사정을 모르는 어떤 남자가 말을 걸어오더니 나를 놔주지 않았다. 어디까지 갑니까? 조선은 처음입니까? 손에 짐도 있고 해서 나는 움직일 수가 없었다. 기차가 뭉게뭉게 연기를 뿜으며 홈으로 들어왔다. 단념할 수밖에 없었다. 동시에 내 마음에 피어오른 것은 지난밤의 여자는 역시 모토코라는 기묘한 생각이었다. 사람의 그림자를 길고 가늘게 플랫폼에 붙여 놓은 아침 햇살 속에서 나만이 어젯밤 상해(上海)의 안개가 부린 마술에서 헤어나지 못한 걸까?

움직이는 기차 차창으로 반도의 민가들이 차양을 드리운 아름다운 쥐색의 초가지붕 마을을 보았다. 흰옷을 입은 여인이 바깥으로 나와 아궁이에 불을 지폈고 아이들이 기차를 배웅하고 있었다. 기차 안의 다른 손님들을 보니 아침 신문을 펼치고 있는 이가 많았다. 나 혼자만 평온하지 않았다. 그 여자는 산에 계단을 만든 것 같은 부산 거리로 모습을 감추고 만 것일까라는 생각을 끊임없이 했다.

4

몇 시간인가 지나고 민둥산을 돌아 흐르는 커다란 강이 보였다. 강물이 흐려서 맑은 가을 하늘색도 보이지 않았다. 강변의 갈대 사이로 그물을 놓는 노인이 있었다. 구름이 덩어리로 유유하게 하늘을 기어갔고 그림자가 산의 경사진 면을 따라 내려왔다. 하늘의 푸른빛이 씻은 듯이 맑디 맑았다. 나는 홀쩍 일어나 유려한 경치와 거리를 두었다. 차 칸을 건너서 그 여자를 찾기로 했다. 소용없다는 생각이 들었지만 그렇게 하지 않고는 배길 수가 없었다. 게다가 여전히 자신의 행동을 차갑게 비웃는 마음이 어딘가에 남아 있었다. 나라는 사람은 결혼한 남녀 사이의 언약에 대해서도 무상감을 끝내 버릴 수 없었던 남자이다. 사물을 그저 믿기에는 마음의 벽이 너무 컸다. 방향을 잃은 빛은 여러 각도에서 비췄고 하나의 그림자에 다른 그림자가 다시 겹쳐졌다.

복도를 건너 차 칸을 두 칸 정도 건너기도 전에 나는 그녀의 얼굴과 눈을 발견했다고 속으로 소리쳤다. 그러자 마음이 평온해졌다. 각오하고 있던 환멸감은 신기하게도 깊지 않았다. 많이 닮았다고 생각했던 얼굴도 눈빛도 모토코와 전혀 달랐다. 그러나 여자가 내 시선을 눈치챈 듯 눈길을 피하자 코가 오똑한 옆얼굴이 드러났고 그 작은 귀 옆으로 흘러내린 귀밑머리 한 가닥이 갑자기 모토코를 떠올리게 하여 내 마음에 파문이 일었다. 놀랄 정도로 빠르게 다른 운명에 대해 제멋대로 공상을 하는 자신을 발견하고 쓴웃음을 지었다. 아무렇지 않은 듯 본래의 칸으로 돌아오면서.

아무 생각 없이 있으면 자연히 그런 공상을 하는 방향으로 흐르는 것 같았다. 곧 마음을 거스를 필요가 없다고 생각하고는 나는 스스로 고삐를 늦추었다. 열차의 급사가 여행 가방을 들고 나를 따라왔다. 일본을 떠나 나는 모토코와 함께 여행을 하고 있다. 자신의 마음을 달래어 이렇게 변명했

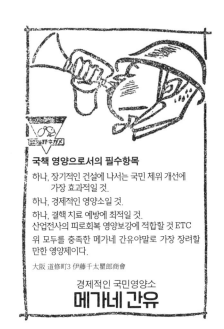

국책 영양으로서의 필수항목
하나, 장기적인 건설에 나서는 국민 체위 개선에
　　　가장 효과적일 것.
하나, 경제적인 영양소일 것.
하나, 결핵 치료 예방에 최적일 것.
산업전사의 피로회복 영양보강에 적합할 것 ETC
위 모두를 충족한 메가네 간유야말로 가장 장려할
만한 영양제이다.
大阪 道修町3 伊藤千太瞿郎商會

경제적인 국민영양소
메가네 간유

다. 스탕달이 말한 잘츠부르크의 마른 나뭇가지에 처음으로 소금의 결정이 맺힌 것이었다. 즐겁지 않았다고는 하지 않겠다. 내 마음은 밝아졌다. 겨울에 등불을 켠 방처럼 밝은 마음이다. 여행이라는 생각도 했다. 그리고 공상은 인간의 자유가 아닌가? 계절의 꽃인 백합에 싸여 차갑게 가버린 모토코를 대신해서 살아 있는 모토코가 그곳에 있었다. 창에 기댄 팔도 본 적이 있는 것 같았다. 그녀는 지위만 있는 가난한 귀족의 딸이었다.

얼굴 어딘가 몇 대에 걸친 오랜 전통의 흔적이 남아있었고 진지한 표정을 지으면 냉정한 듯 아름다웠다. 나는 모토코와 떨어져 있으면서도 눈앞에 두고 있었다. 타인인 내 시선을 엄하게 되돌려 받아들이지 않는 그녀의 피부의 탄력도 보기 좋았다. 모토코였다. 그녀는 나 이외의 사람들과는 항상 뭔가 융화되지 않는 것이 있었다. 마음씨는 부드러웠지만 흔들리기 쉬워서 경계하는 것 같았다.

기차 안에서의 몇 시간 동안 내 마음은 엉뚱한 방향을 헤매다니고 있었다. 내가 한 일은 그녀를 모토코가 있던 공간에 옮겨 놓는 것이었다. 지나간 세세한 일마저 동원해서 이때는 이랬지, 그때는 저랬지 하며 여행의 우울함 속에 그리운 기억들을 끊임없이 좇아갔다. 무엇보다 나는 내 마음이 완고해서 양보하지 않았던 것이 후회스러웠다. 차가운 마음을 상대방이 따뜻한 것으로 받아들이게 하는 일에 익숙해진 것도 되돌릴 수 없는 일로 여겨졌다. 그녀는 몸도 마음도 정교하게 만들어진 악기처럼 변덕스러운 내 손가락에 금방 반응하고 있었다. 내가 마음에도 없이 하는 일에도 받는 쪽에서는 솔직하고 민감한 건반처럼 온 마음을 모아 응해 주었다. 작은 추억거리에도 나는 눈물을 머금었다. 때로 내가 한 일은 겉으로만 한 일이었다. 그런 유희의 대가로 내가 반은 것은 모토코의 온몸에 걸친 깊은 감동이었다. 나라는 남자에게는 유희를 즐기는 자신과 거기에서 거리를 두고 바라보는 나 자신이 있었다. 현대라는 시대에 자연스럽게 생기는 녹일지도 몰랐다. 그러나 그녀는 모든 것을 진지하게 받아들였고 마지막까지 나를 둘도 없는 남편이라고 믿고 있었다. 나와의 사이에 깊은 골이 있는 지도 모른 채 지나간 순진한 사람이었다. 나 자신은 깊은 골을 없앨 수가 없었다. 남자란 그런 거라는 것을 알고 있었다. 다만 다행인지 불행인지 여자인 모토코는 그것을 보지 못했다. 보기 전에 자신의 애정으로 빈틈을 메워서 받아들였던 것이 아닐까?

여러 가지 생각으로 슬퍼하며 모토코를 닮은 그녀를 바라보고 있었다. 그녀의 표정은 나를 받아들이지 않았다. 모토코가 내 마음의 틈을 알아채고 일부러 냉담한 얼굴을 보이는 것처럼 생각되기도 했다. 살아 있을 때의 모토코에게 들지 않던 감동이 일어났다. 경성에 도착해 기차에서 내린 뒤 그녀는 인력거를 탔다. 나도 인력거를 타고 나도 모르게 앞차를 뒤쫓아 갔다. 현대식으로 포장한 광장의 한 구석에 옛날의 남대문이 크기만 할 뿐 황량한 모습으로 서 있었다. 그 외에는 조선에 와 있음을 느낄 수 없었다. 역시 거리에는 흰옷 입은 사람들이 많았지만 이것은 일본의 도시에서도 익숙한 모습이라 기이하지는 않았다. 가을의 맑은 하늘이 머리 위로 높고 푸르렀다. 멀리 보이는 산도 가까운 거리도 가뭄 뒤처럼 건조해 보였다. 나는 매우 자연스럽게 먼지가 많은 이 거리의 품 안으로 들어갔다. 앞서 차를 달리는 모토코가 나를 안내하고 있었다. 접은 덮개 위로 비스듬히 모자를 쓴 작은 머리가 보였고 폭이 좁은 언덕길을 올라갔다.

5

　거리의 모습이 갑자기 바뀌었다. 일본의 절 앞 마을을 연상시키는 빈틈없이 세운 흙벽과 지붕이 있는 문이 이어졌다. 어느 집이나 같은 형식으로 제각기 열을 지어 서 있었고 옛날 절처럼 오래되고 조용했다. 큰길에서 편하게 들어온 나는 갑자기 혼란스러움을 느꼈다. 이 조용한 거리는 외부에서 들어온 이를 받아들이지 않으려고 거부하는 듯이 보였다.

　앞차가 어느 집 문 앞에 서고 여자가 내렸다. 나는 나의 행동이 이상하게 여겨질 것을 꺼려하여 그녀 쪽을 일부러 보지 않았다. 다시 돌아보았을 때 돌아오는 빈 차를 만났다. 차부는 반도인 노인이었다. 이쪽 차부를

보며 주름 사이로 웃어 보이고 내가 모르는 말로 인사하며 지나쳤다. 거무스름한 얼굴에 땀이 빛났다.

　나는 여자가 들어간 문을 잊지 않으려고 하고 있었다. 밝은 공중에 버들잎이 날리면서 떨어졌다. 모토코와 닮은 그녀는 내지의 사람이 아니었던가. 명백한 의문에 답하듯 나무로 된 문짝은 석양을 가득 받으며 굳게 닫혀 있었다. 오래되었지만 튼튼한 나무문으로 가장자

리에 희미하게 오랜 물감 색이 남아 있었다. 버들잎이 흩어져 내려와 문을 두드렸다. 인력거를 천천히 가게 했는데 나는 지금도 그 잎이 문을 스치는 소리가 들리는 것 같다. 주변이 고요했다. 큰길의 걸음 소리도 여기까지는 들리지 않았다. 갑자기 길을 잃은 듯 나는 어찌할 바를 모르고 있었다. 마침내 인력거를 돌려세워 언덕을 내려가며 다시 그 집을 지켜볼 뿐이었다. 밝은 빛 속에 집은 한적했다. 문도 담장도 성처럼 두터워 그 안에서 어떤 생활이 이루어지고 있는지 전혀 알지 못하게 하려는 듯이 보였다. 굳건한 담장을 두른 저택이 이어져 있었다. 정원수나 나뭇가지조차 보이지 않았다. 거리에 고풍스럽고 엄격한 분위기가 돌았다. 네, 다섯 채를 지나자 한 집에서 갑자기 피아노 소리가 들려서 나를 놀라게 했다. 시계종을 1시에 맞추어 놓은 듯한 곡절은 분명히 쇼팽이었다. 그 음색을 들으며 이 오래된 거리에 들어온 지금 현대를 생각했다. 모토코를 닮은 여자도 도쿄에서 유학했을까?

어젯밤 배 위의 안개의 일은 이제 내 머리에 없었다. 그녀가 모토코가 아님은 내 마음속에서 알고 있었고 이 동네에 다시 올 일도 없을 듯 했다.

며칠 후 나는 평양 모란대에서 기자묘를 넘고 있었다. 역시 가을 하늘이 맑은 날, 적송이 빽빽한 산에 오후의 햇빛이 깊게 비추고 있었다. 어느 기생이 내가 가는 쪽의 언덕에서 내려왔다. 소나무 그늘에서 시끌벅적하게 사람들의 웃음소리가 들렸는데 그 일행이었을 것이다. 덴표(天平)[104]시대의 여자를 보듯 우아한 모습과 동작을 멀리서 보고 마음이 끌렸다. 가까워지자 엄습하듯이 그녀의 얼굴에 마음이 갔다. 모토코가 아닌가?

자네는 웃을 것이다. 나의 그런 마음의 움직임이 정상이 아니라고 할 것이다. 그러나 나는 모토코가 나와 함께 이번 여행을 하고 있다고 그 순간만큼 강하게 느꼈다. 나의 감정은 내가 믿고 있던 것보다 그렇게 차가운 것은 아니었던 것일까

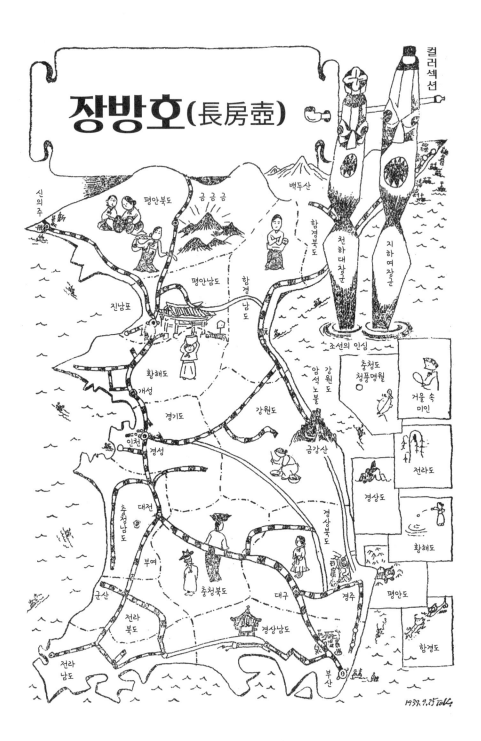

장방호(長房壺)

신의주
평안북도
금금금
백두산
함경북도
함경남도
천하대장군
지하여장군
평안남도
진남포
조선의 인심
충청도
청풍명월
거울 속
미인
황해도
개성
강원도
암석노불
경기도
강원도
인천
경성
금강산
전라도
추청남도
대전
경상도
부여
경상북도
황해도
군산
충청북도
대구
경주
평안도
전라
북도
경상남도
전라
남도
부산
함경도

1937. 9. 25 Toki

조선의 예의범절 여러 가지 축쇄판

"장소가 달라지면 사물도 달라진다. 나니와 (難波)의 갈대를 이세(伊勢)에서는 물억새[105]"라고 한다. 하물며 내지와 조선의 경우는 예부터 풍속과 습관이 크게 달랐다. 그러나 이 차이도 곰곰이 따져 보면 다른 것은 단지 형식이고 근본 정신은 거의 차이가 없다고 해도 좋다. 그러므로 그러한 정신을 참작하여 마음과 마음을 서로 이해했으면 좋겠다.

매개가 되는 것은 우선 언어와 동작의 이해이므로 자칫 큰 실패를 초래하거나 상대의 기분이 상하지 않도록 이것만은 알아두었으면 하는 예의에 대해 여러 가지 소개해 보자.

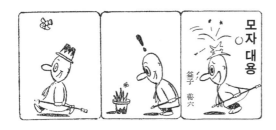

닭

조선 박식 대학

일본의 닭, 즉 니와토리(鷄)라는 말은 '마당(니와)의 새(도리)'라는 의미이다. 원래 단순히 '도리'라고 했다. 도리아와세(鷄合, 닭싸움), 도사카(鷄冠, 볏), 이치방토리(一番鷄, 첫 닭)라는 식이다. 조선에서는 닭을 '타루쿠'라고 한다. '타루'라는 소리는 내지에서 말하는 '도리(새)'와 닮았다. 옛날에는 동일한 이름이었을지 모른다.

♣ 삼가길 바라는 말은 "요보"다. 이것은 "요보, 요보, 영감탱이"라는 경멸의 의미가 포함되어 있으므로 일단 조선 땅에 발이 닿으면 입 밖에 내지 않는 편이 좋다. 조선에서는 신사, 숙녀가 쓰는 밀이 아니다.

♣ 무릎을 세우고 앉거나 책상다리(이것을 하면 시집을 못 간다는 그것이다)는 결코 무례한 것이 아니다.

♣ 손위 어른이나 나이 든 사람 앞에서 담배를 피워서는 안 되며 술도 마셔서는 안 된다. 심하다고 비명을 질러서는 안 된다. 안경을 써서도 안 되므로.

♣ 내지에서는 도코노마(床の間)가 상좌이다. 그러나 조선에서는 온돌의 아궁이가 상좌이다. 그러므로 온돌 아궁이 쪽으로 자리를 권유받았을 때 "아닙니다, 높은 자리"라고 사양하면 "젊으신데 예의가 바르시군요"라고 미인 딸에 지참금까지 얹어 줄지도 모른다.

♣ 부인의 방(內房이라고 함)에는 외간 남자 출입이 안 된다.

자웅(雌雄)

조선에는 '암', '수'라는 말이 있어서 '암'은 동물의 암컷, '수'는 동물의 수컷을 가리키는데 사용한다. 그런데 이 '암', '수'가 일본의 고어인 '이모', '세'와 음운이 닮았을 뿐 아니라 의미 또한 닮았다는 것이 흥미롭다. 이렇게 말하는 이유는 '이모'는 여자 형제, '세'는 남자 형제에게 사용하고 '이모세'라고 붙여서 말하면 부부의 의미이며, '이모'는 여성을 '세'는 남성을 가리키기 때문이다.

♣ 맨살을 드러내는 것을 극히 싫어한다. 단순히 맨살을 드러내지 않을 뿐 아니라 노인 등은 실내에서도 관을 벗지 않는 것이 예의다.

♣ 식사 향응에 부인이 나와서 함께 하는 일은 절대로 없다. 당신에게만 그러는 것이 아니므로 오해하지 않도록.

♣ 주인이 없을 때 방문했을 경우에는 문 앞에 서서 이야기하고 용건을 끝내지 않으면 안 된다.

장켄봉

내지의 아이들은 승부를 정할 때 '장켄봉, 아이코데쇼'라고 하는 것이 일반적이다. 조선의 아이들도 역시 '장케보, 아야고쓰다시'라고 하는데 그 방법은 거의 같다. 그래서 어떤 사람은 이 '장켄봉, 아이코데쇼'라는 말이 조선어 '자, 조곰 보쇼 ― , 아이고 ― 또 한본 ― 보쇼', 일본어역으로 '자, 한 번 보여줘, 망했다, 다시 한번 하자'라는 것으로 조선에서 내지로 전해져 바뀐 것으로 해석하고 있다.

♣ "저기, 차라도 한 잔"이라고 때를 가리지 않고 차를 권하지 않는다. 담배는 내놓는 경우도 있으나.

♣ 손아랫사람은 손윗사람에게 물건을 내놓을 경우, 반드시 두 손으로 드린다. 공손하게.

♣ 실내에서도 앉은 채로 절을 해서는 안 된다. 일단 서서 거동을 단정하게 한 다음 허리를 낮게 숙인다.

♣ 방석은 예부터 온돌에 갖춰져 있었다. 반드시 그 위에 앉는 것이 습관이므로 사양은 필요 없고 당당하게 앉는다. 결코 뻔뻔한 사람이라고 생각하지 않는다.

그런데 '장켄보'의 모양을 보면 바위, 가위, 보자기와 유사하므로 조선어의 석(石, 돌), 협(鋏, 가위), 보(褓, 보자기), 즉 '바위, 가위, 보'에 해당하는 것처럼도 생각된다. 그리고 가위로 물건을 자르다는 의미로 조선어 검(劍)을 쓴다면 '석, 검, 보'가 되어 한층 '장켄보'와 닮은 소리가 된다. 아무튼 내선 공통의 어린이 놀이는 흥미롭다.

영하 30도의 혹한기 훈련

다마가와 이치로(玉川一郎)[106]

경성중학교 1학년 3학기니까, 1919년 1월경이었을 것이다. 교장 선생님은 시바사키(柴崎)라는 분이셨다. 일찍이 덴노지(天王寺)중학교에서 요코즈나(横綱)[107]출신 오니시키(大錦)를 가르친 사람으로 철저한 스파르타식 교육자였다.

세계 무전여행가나 나니와부시를 잘하는 명창이 오면 전교 임시 휴교하고 강당에서 듣게 하거나 했다. 영하 30도까지 내려가는 경성에서 내지와 같은 식으로 혹한의 훈련을 시키는 것도 이 선생님이었다. 4척 높이의 커다란 오뚝이 모양의 스토브 두 개가 벌겋게 되도록 불을 때도 우천(雨天) 시에 사용하는 체조장 겸 유도장의 온도가 겨우 영하 8도 정도밖에 올라가지 않으니 상상해 보기 바란다.

최고로 기온이 낮은 새벽 5시쯤 집에서 나오지 않으면 지각이었다. 두 켤레를 신은 양말 속에는 고추를 넣었고, 3학년이라도 소심한 생도는 거의 울상을 짓곤 했다.

1. 닦을수록 더러워지는 것은 무엇?
2. 밑으로 먹고 위로 토해 내는 것은 무엇?
3. 나이를 먹으면 먹을수록 뚱뚱해지는 것은 무엇?
4. 눈이 하나고 다리도 하나인 것은 무엇?
5. 껍질을 먼저 벗기고 털을 뽑는 것은 무엇?
6. 오른손으로는 쥘 수 있어도 왼손으로는 쥘 수 없는 것은 무엇?

먼지가 날려서 수조로 가볍게 뿌린 물은 다다미 위에서 금방 살얼음이 되어 여기저기 얼어붙었기 때문에, 바닥에 몸이 부딪치거나 하면 정말 울고 싶어졌다. 우물쭈물하고 있으면 추워지므로 아수라장이 되 주무르거나 서로 주물러 주거나 해야 겨우 제 정신이 드니 여간 일이 아니었다.

동급생 중에 조계현(趙桂顯)이라는 아이가 있었다. 아버지가 한일합방 전 조선정부에서 육군대신에 상당하는 관직에 있었다고 하니 조 군도 남작인 셈인데 우리 소년들에게는 남작이든 뭐든 상관없었다. 유행가는 아니지만 '조(趙)'라고 부르면 '다마가와(玉川)'라고 대답하곤 했다.

이 조 남작은 장난기가 대단했다. 전교생이 스파르타식 교장의 명령에 따라 셋째 시간 무렵 비상 나팔로 소집되어 갑자기 경성 북쪽에 있는 북한산 답파(踏破)를 위해 출발하게 되었다.

북풍이 거센 산 정상에 도착하자 우리들의 열 바깥에서 "악~"하는 비명

---

7. 눈 밑에 사람이 서 있는 글자는 무엇?

8. ①키가 가장 작은 글자? ②그 다음으로 작은 글자? ③그 다음으로 작은 글자?

9. 위는 작고 밑은 큰 글자는?

10. 나이를 먹을수록 이가 나는 것은 무엇?

11. 젊을 때는 파란 옷을 입고 나이가 들면 빨간 옷을 입는 것은 무엇?

12. 배가 부를 때는 일어서고 배가 고플 때는 앉아버리는 것은 무엇?

이 들렸다. "저기"라는 말에 선생님들이 모여들었는데 다름 아닌 조 남작이었다. 모처럼 동면하고 있는 뱀 꼬리를 끌어내 뱀에게 물린 것이었다. 다행히 목숨에는 지장이 없었으나 덕분에 우리 반은 삭풍이 부는 가운데 한참이나 계속되는 설교를 한 시간가량 들어야 했다.

또 같은 해 1월, 오후가 되어 이번에는 9시부터 인천까지 야간 행군을 한다는 명령이 내려졌다. 아침부터 분가루 같은 눈이 내리던 날이었다. 잠들면 죽으니까 동료를 구한다고 생각하고 서로 때리라는 훈령이 나왔을 때 기뻐한 것은 조 남작을 비롯한 우리 개구쟁이 들이었다. 무서워서 꼼짝도 못했던 것을 공공연히 때리라고 하니 기뻤던 것이다. 그러나 다른 아이를 때리는 것보다 자신이 맞지 않도록 궁리하지 않으면 안 되었다. 그래서 4열 종대이므로 네 명이 팔을 끼고 그중 한 사람이 비틀거려도 걸어갈 수 있도록 궁리한 것까지는 걸작이었는데, 네 명 모두 잠자면서 걸어가고 있었으니 어찌할 도리가 없었다. 길은 굽어지고 있는데 우리들 네 명만이 곧바로 걸어가서 얼어붙은 밭으로 보기 좋게 나가떨어져 아픔과 서글픔으로 엉엉 소리 내어 울고 말았다. 스파르타식 교장 선생님도 역시 어이가 없었던 모양인지 "그게 무슨 꼴이냐?"라며 크게 야단치지는 않았다.

---

13. 밤에는 내려오고 낮에는 올라가는 것이 무엇?

14. 내장을 빼내면 노래하는 것은 무엇?

15. 이 산 저 산의 소나무를 먹어치우는 검은 소는 무엇?

16. 밑에서 밀어 올리면 혓바닥을 내미는 것은 무엇?

(답은 318쪽)

빨래

나카무라 도쿠
(中村篤九)108

① ② ③ ④

선생님은 총각

다마지로(多摩二郎)

1916년 즈음 나는 경상남도 진주에 있었다. 당시 심상소학교 5학년 무렵이었다.

"상여다, 상여다." 이웃집 1학년생이 큰 소리로 외치며 밖으로 나가기에 나도 동생을 업고 밖으로 뛰쳐나갔다.

이삼백 미터 떨어진 양반집의 장례식이었다.

꽹가리, 북, 피리 소리로 떠들썩한 수백 미터에 걸친 긴 행렬 맨 앞에는 키 작은 조선말을 탄 20여 명의 곡하는 남자들이 푸른 대나무를 짚고 절

뭐든지

ASK US

○삼한사온이라는 말을 내지인들도 생생하게 알 수 있도록 구체적인 예를 들어 설명해 주세요.

●지갑 온도와 같은 것입니다. 즉 월급날에서 10일 정도는 따뜻하고 나머지 20일 정도는 춥습니다. 이것이 1년 열두 달 주기적으로 일어나는 거죠. 이러한 현상을 말하는 것이랍니다. 보너스라든가 생각지 않았던 지출 같은 것은 이상 기후입니다. 어때요. 생생하죠?

⑤ ⑥ ⑦ ⑧

망적일 만큼 슬프게 울고 있었다. 말도 놀라 때때로 날뛰었다. 그것을 대나무 지팡이로 누르고 있었다.

"이거 돈이 많이 들겠는 걸."

이웃집 아주머니가 중얼거리던 소리를 기억하고 있다.

소학교와 보통학교로 학교는 달랐지만 언제나 놀거나 싸우던 그 집 아들 이원남 군이 축 처진 모습으로 상복을 입고 뒤따르고 있기에

"야아."

라고 했더니 이쪽을 보고 어린애같이 씨익 웃어

보였다. 그 대신에 옆집 아주머니에게

"조용히 해야지."

라고 꾸중을 들었다.

> ○조선과 혼슈를 해저터널로 연락하는 것이 현실적으로 가능한가요?
> ●이 문제를 규명하기 위해서는 해저터널이란 것이 무엇인지를 연구할 필요가 있다. 해저터널이란 결코 바다 밑 터널이 아니다. 터널 위에 바다 밑이 있는 상태를 말하는 것이다. 그런데 본사가 조사한 바에 의하면 조선과 혼슈 사이에는 분명히 바다가 존재한다. 그렇기 때문에 해저터널에 의한 연락이 실현될 가능성은 크다.
> ○아리랑 노래를 잘 부르는 방법은 없나요?

어린애같이라는 말에는 설명이 필요하다.

원남 군은 나와 동급생으로 열한두 살이었지만 당시의 풍습에 따라 이미 열일곱여덟의 부인이 있었다.

당시에는 사람들이 대부분 머리를 기르고 있었는데 미혼인 노동자들은 서른 살이 넘어도 머리를 길러 늘어뜨리고 있었고 총각, 총각이라고 불리며 호되게 부림을 당했다.

원남 군은 머리는 잘랐지만 양반가 자식의 체면상 여덟 살 무렵에 장가를 들었던 것이다.

원남 군과 놀고 있으면 저녁때 어린아이 같은 부인이 마중을 나왔다.

나는 마루마게[109]나 속발[110]한 아주머니가 아니고서는 부인이라고 생각하지 않던 시절이었으니 그 모습이 무척 한가롭게 여겨졌다.

나중에 중학교를 졸업하고 사범학교 2부[111]에 들어가 보통학교 선생으로 취직한 친구를 여름 방학에 만났을 때 그가 심각하게 말했다.

"여하튼 열 살 전후의 학생들이 대부분 유부남인데 선생인 내가 총각이니 할 말이 없지."

그때 이원남 군이 새삼 새록새록 떠올랐다.

●반드시 잘 부르는 법을 가르쳐 드리지요.

무슨 일이 있어도 절대로 불러서는 안 됩니다. 자신은 부르지 말고 친구들에게 부르게 하는 것입니다. 그리고는 "여기가 틀렸어. 거기가 좀 안 된다."며 시끄럽게 잔소리를 하는 것입니다. 그렇게 하되 당신 자신은 절대로 부르지 말고 짐짓 아주 잘 알고 있는 듯한 태도로 엄하게 구는 것입니다. 이 방법을 충분히 익혀두면 됩니다.

아리랑 가사집

아리랑 아리랑 아라리요
아리랑 고개로 넘어간다

1. 나를 버리고 가시는 님은
십 리도 못 가서 발병 난다
아리랑 아리랑 아라리요
아리랑 고개로 넘어간다
2. 사랑하는 님과 헤어진 밤에는
달빛이 눈부시다

영가대(永嘉臺)의 밤

야스이 미키치(安井三吉)

부산중학교 4학년 때니까, 1921년 무렵일 것이다. 당시 단선뿐이던 성냥갑 같은 전철을 타고 동래온천이나 해운대온천으로 놀러 갔다가 돌아오는 길에 부산진 해변에서 가까운 고니시 유키나가(小西行長)[112]의 성터에서 녹슨 화살촉 등을 주우며 놀던 여름의 일이었다.

친구 셋과 실컷 수영을 하다 보니 어느새 저녁 무렵이 되어 재채기를 하면서 경부선과 전차 노선이 교차하는 영가대라는 정류소로 나왔다.

영가대는 높은 언덕에 위치해 있고 전차 노선 쪽이 고가(高架)인데 그곳에는 몇 백 년이나 된 팽나무와 느티나무가 울창하게 자라 있었다.

당시에는 전차가 30분이나 1시간 간격밖에 다니지 않았다. 마침 도착했을 때는 가벼운 땅울림과 함께 전차가 막 출발해 전차의 뒷모습에 대고 허무하게 주먹을 휘두를 뿐이었다.

K 군이라는 친구가 아까부터 두리번거리고 있길래

"왜 그래?"

3. 석양에 붉은 아리랑 고개
바람이 차가워 옷자락을 흔드네
4. 깊은 밤 다듬이질 하는 내 마음
님에게 전해진다먼 얼마나 좋을까?
5. 널 뛰는 소리, 즐겁기도 하구나
아가씨 웃으면 새들도 따라 지저귄다
6. 아리랑 고개는 열두 고개
내가 넘은 고개는 어느 고개인가

하고 물었더니 새파랗게 질린 얼굴을 하고

"아, 아무것도 아니야."

라고 묘하게 말을 더듬었다. 유도 선수를 하던 Y 군이

"아아 여기가 영가대구나."

라고 영문을 알 것 같다는 듯이 중얼거렸다.

K 군은 깜짝 놀란 듯이 뒤를 돌아다보고는 울상이 되어

"하지마. 그만해."

라고 했다. 도쿄에서 막 전학 온 나는 뭐가 뭔지 몰랐다.

"왜 그래. 여기서 무슨 일이라도 있었어?"

라고 하자 K 군은 양손으로 자기 귀를 막고

"요산네, 요산네(よさんね, よさんね)"

라고 정색을 하고 말했다.

'요산네'라는 말은 야마구치(山口)현 방언으로, 그만하라는 뜻이다.

주위는 점점 어두워졌고 바람도 차가워졌다. Y 군은 정류소 벤치에 걸터앉더니 이야기를 시작했다.

— 3개월 정도 전에 부산의 어떤 사람이 영가대에 일이 있어서 왔다 귀가가 늦어졌는데 오늘처럼 차를 놓치는 바람에 어쩔 수 없이 기다리고 있었다. 갑자기 주변이 쥐 죽

은 듯이 고요해지더니 멀리 고니시 유키나가(小西行長)의 성터 주변에 전차의 파란 불빛이 보였다고 한다.

아이고 이제 오는구나 하고 일어섰는데 전차 안에는 불이 켜 있지 않은데도 멀리서 형체가 보여 이상하다는 생각을 한 순간 어느새 전차는 바로 코앞에 와서 멈추어 섰다.

순간 그 사람은 비명소리와 함께 정신을 잃고 말았다고 한다. 운전대에는 사람 그림자도 없었고 차창 밖으로 파란 얼굴을 한 남자와 여자가 목을 내밀어 그 사람 쪽을 보고 씨익 웃는 바람에 기절할 뻔했다고 한다.

"야, 그거 정말 무서웠어."

라고 Y 군의 말이 끝나기가 무섭게 저 멀리 밤하늘에도 거무스름하게 보이는 성터 주위에 전차 불빛이 보이더니 땅울음 소리가 들려와서 네 명은

"엄마야!"

하고 엄청나게 큰 소리를 지르며 게다도 버리고 일제히 시내 쪽을 향해 뛰어 내려갔던 기억이 있다.

K 군이 이틀 정도 몸져눕는 바람에 우리는 어머니에게 원성을 샀다.

담배

요코이 후쿠지로(橫井福次郞)**113**

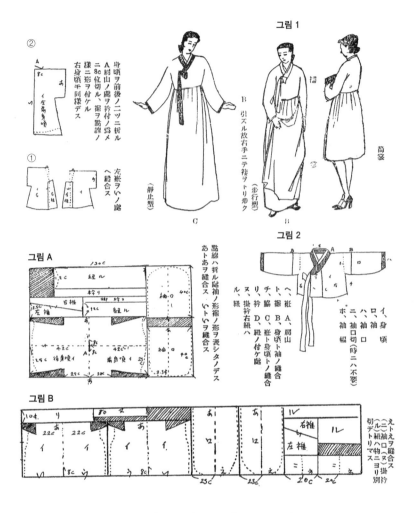

그림 1

그림 2

그림 A

그림 B

조선 부인복 만드는 법

경성 미쓰코시 미쓰이 히데오(三井秀夫)

　조선에 왔다가 누구나 놀라서 다시 보게 되는 것은 반도 부인들 복장의 아름다움이지요. 이 아름다움에 내지 부인들도 매료되어 조선옷을 입는 분들이 상당히 늘고 있습니다.

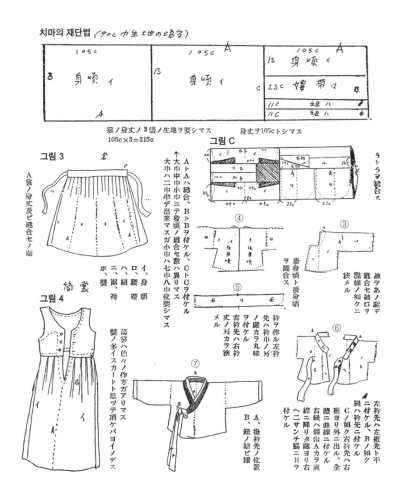

치마의 재단법 (90c 力生地の場合)

조선 부인복을 아주 간단히 소개하겠습니다. 조선 부인복은 대개 다음과 같은 구성으로 이루어져 있습니다.

1. 저고리 — 양장의 재킷이나 코트에 해당하는 상의입니다. 여름에는 적삼이라고 하는 홑겹 저고리를 입습니다.
2. 치마 — 스커트에 해당하는 것입니다.
3. 속적삼 — 저고리 아래 입는 것으로 저고리와 같은 모양의 옷입니다.

4. 단속곳 — 치마 아래 입는 것으로 슈미즈에 해당하는 옷입니다.

5. 바지 단속곳 — 단속곳 아래 입는 것으로 모양은 내지의 하카마[114]나 몬뻬[115]와 비슷한 옷입니다.

6. 마고자 — 방한용이나 장식용으로 겨울에 저고리 위에 입는 옷으로 양장의 하프 코트입니다.

7. 두루마기 — 오버 코트로 일본옷의 코트와 같은 옷입니다. 그 밖에 고풍스러운 버선이라든가 겨울 모자 등이 있습니다. 여기에서는 이러한 옷 가운데 겉옷에 대해서만 설명드리겠습니다.

먼저 저고리입니다(그림1 참조). 양장의 볼레로와 같은 옷으로 천은 어떤 것이든 상관없이 이용 가능합니다. 완성된 모양은 그림2와 같습니다.

재단하는 법은 90cm 폭의 천을 옷기장의 두 배와 소매길이의 두 배 정도로 준비합니다. 그것을 그림 A와 같이 만듭니다. 편의상 성인의 치수로 다음의 표와 같이 완성된 형태를 미터로 나타내면 기장 40cm(어깨에서 허리 윗선까지의 길이), 등 넓이 22.5cm, 가슴둘레(뒷판보다 5분의 1 좁게), 팔길이 66cm, 소매길이 21cm, 소맷부리(소매길이의 4분의 1 좁게), 왼쪽 어깨폭 8cm, 오른쪽 어깨폭 6cm(어깨밑 길이 5분의 1 짧게), 옷깃 7cm, 옷깃폭 4.5cm, 왼쪽 옷깃길이 21cm, 오른쪽 옷깃길이(왼쪽 옷깃길이보다 5cm 길게), 옷고름폭(옷깃폭보다 2분의 1cm 넓게), 옷고름길이(옷깃길이와 동일), 동정길이(옷깃길이보다 옷깃폭의 1.5배 짧게) ,동정폭(옷깃폭의 3분의 1)으로 합니다.

기장은 40cm 소매길이 21cm니까 시접을 보고 90cm 폭이면 (42cm×2+23cm×2=130cm)가 필요합니다. 40cm 폭이면 기장의 4배와 소매길이의 4배, 소맷부리의 4배로 잡습니다. (그림B 참조) 42c×4+23c×4+20c×4=340cm. 76cm 폭의 천이라면 기장의 2배 소매길이의 4배 42c×2+23c×4=176cm면 됩니다. (그림C 참조)

동정은 재료가 색깔이 있는 것일 경우 따로 떼내어 잡습니다. 소맷부리, 고름, 옷깃 등을 별색으로 할 경우에는 재단 시에 미리 생각해서 잡아주세요.

바느질은 그림 ①②③에 표시한 것과 같이 마무리합니다. 동정은 옷깃 폭의 3분의 1 정도 좁게 해서 옷깃 길이보다 짧게 옷깃을 맞추었을 때 동정 끝이 정중앙에 오게 답니다.

다음은 치마입니다. 치마에는 두 종류(그림1 참조)가 있는데 하나는 통치마라고 하는 현대적인 것인데 양장의 스커트와 같은 방법으로 만들며 길이도 스커트와 비슷합니다.

전통적인 조선식 치마는 주름이 많은 천을 허리에 달아 만들게 되어 있습니다. 길이는 허리선부터 발끝으로 좀 끌릴 정도의 길이입니다. (그림C 및 치마 재단법 참조)

이해하기 어렵겠지만 지면상의 문제로 다음 기회에 자세히 설명드리겠습니다.

담뱃대 야사키 시게시(矢崎茂四)

담뱃대를 이용하여
유유히 건널목을 지킵시다.

잘못된 지도
이시카와 요시오(石川義夫)

이 소
잘못되어
있네.

고쳐
줘야지

이제
됐다.

마스코 젠로쿠(益子善六)
담뱃대의 세 가지 유형

우산 손잡이
안에 넣은 담뱃대
소나기에 아주 편하다.

간단하게 멋을 낼 수도
있는 지팡이 담뱃대.

유유히 한 대 피우면서
물고기가 입질하는 것을
기다리는 낚시 담뱃대는
어떤가요?

어느 어리석은 남편이 밭에 괭이를 두고 와서 아내가 "괭이는 어떻게 했나요?"라고 묻자, "괭이는 말이야, 틀림없이 갑 영감과 을 영감네 밭 근처 남향에 두고 왔을 거야. 사과나무의 세 번째 뿌리가 있는 곳이야."라고 큰 소리로 설명했다. 아내는 당황하여 "뭐예요. 다른 사람이 듣고 가져가면 어떻게 해요."하고 말했다. 남편이 얼른 밭으로 와 보니 괭이는 도둑을 맞아 흔적도 없다. 서둘러 집으로 돌아온 남편은 "괭이가 정말로 없어졌어."라고 작은 소리로 속삭였다.

고질병

한문을 매우 좋아하는 사위가 어느 날 장인이 호랑이에게 잡혀가자 "원산호, 촉거오지대인, 유궁자 지궁이출, 유창자 지창이출, 무궁무창자 각지도이출(遠山虎, 趨去吾之大人. 有弓者持弓而出. 有槍者持槍而出. 無弓無槍者各持棹而出 — 먼 산의 호랑이가 제 장인을 잡아갔으니 활이 있는 자는 활을 가지고 나오고, 창이 있는 자는 창을 가지고 나오고, 활과 창이 없는 자는 각각 몽둥이를 가지고 나오시오. — 역자)"이라고 외쳤다. 그러나 누구도 그 의미를 알지 못해서 장인을 도울 수가 없었다. 이 일이 관가의 귀에 들어가자 곧바로 구속되어 곤장형에 처해졌다. 그 사위는 그래도 질리지 않고 "일절 남산지초목, 맹타오지비둔, 애호아둔호(一折南山之楚木. 猛打吾之肥臀. 哀號我臀乎 — 남산의 초목을 다 베어서 내 살진 볼기를 힘껏 때리는구나. 불쌍토다. 내 볼기여. — 역자)"라고 했다. 관리가 앞으로도 한문조의 말을 사용하면 중형에 처하겠다고 하자 겁을 먹어 엉겁결에 "차후불용경문자(此後不用更文字 — 앞으로 다시는 문자를 쓰지 않겠소. — 역자)"라고 하였다.

조선의 이솝이야기
──── 청개구리의 슬픔 ────

옛날 어느 마을에 청개구리가 살고 있었다. 청개구리는 아주 변덕쟁이여서 한 번도 어머니의 말씀을 곧이들은 적이 없었다. 결국 어머니는 나이가 들어 죽음을 앞두게 되었는데 "만일 내가 죽으면 건너편 강가에 묻어다오. 이것만큼은 꼭 들어줘야 한다."라고 말하고는 그대로 죽고 말았다. 어머니의 죽음 앞에서 태어나 처음으로 고분고분해진 아들 청개구리는 유언대로 어머니를 강가에 묻었다. 그러나 어머니는 아들이 비뚤어져 말을 듣지 않으니 강가라고 말하면 산에 묻어 줄 것이라고 생각했던 것이다. 그 후 아들 개구리는 비가 오면 "개굴 개굴 엄마 묘가 떠내려간다."며 울었다.

어느 재상에게 단 한 가지 마음대로 되지 않는 일이 있었다. 그것은 사랑하는 아내와의 사이에서 태어난 아이들 9명이 모두 딸이라는 것이었다. 사랑하는 아내가 또 산실에서 열 번째 아이를 낳으려 하고 있다. 바로 그때 우렁찬 울음소리. 재상이 "이, 이봐, 이번에는 뭔가?" 부인은 차마 이번에도 딸이라고 말하지 못하여 "아, 예에. 위쪽만은 당신과 꼭 닮았어요."

어디 내놓아도 빠지지 않을 만큼 아리따운 세 딸을 둔 아버지가 각각 좋은 인연을 얻어 순서대로 시집을 보내게 되었다.

성대한 피로연이 끝난 후 신랑 신부는 겨우 침실로 물러났다.

그런데 수줍은 신부는 부끄러운 나머지 아무리 해도 완강히 허리띠를 풀지 않았다. 신랑은 너무 화가 났고 딸은 울며불며 친정으로 돌아왔다.

둘째 딸은 언니의 실패에 신경과민이 되어 여러 가지 궁리 끝에 속옷 한 장만 입고 걸

316

조선 천야일야
이상한 벌레

옛날 고려 말기에 아주 이상한 동물이 있었다. 형태는 고양이를 닮았는데 뭐든지 먹어치웠다. 그중에서도 철제 병, 냄비, 솥, 곡괭이, 못 등 온갖 쇳덩이를 즐겨 먹었다. 빨갛게 달아오른 철도 아무렇지 않게 먹어치워서 총으로 쏘아도 소용이 없었다. 그런데 이 동물은 조선시대에 들어오자 갑자기 어디론가 사라져 행방불명이 되었는데 누구 할 것 없이 이 동물을 '불가사리(不可殺)'라고 부르게 되었다. 어느 마을에 바느질로 하루하루를 살아가는 한 과부가 있었다. 어느 날 이 과부가 바느질을 하고 있는데 정체를 알 수 없는 벌레가 기어들어 왔다. 왠지 보기 싫어서 과부가 바늘을 꺼내들자 그 벌레는 갑자기 바늘 끝을 먹어

옷을 어깨에 걸친 채 침실로 뛰어들었다.

신랑은 이것을 보고 "얼마나 헤픈 여자인고"라고 분개하며 내쫓아 버렸다.

막내딸은 어쩐지 불안해졌다. 입고 있어도 안 되고, 속옷만 입어도 안 된다. 어떻게 하면 좋을까. 진퇴양난 속에 드디어 그날이 되어 버렸다. 잔치가 끝나고 이윽고 신랑과 얼굴을 마주했을 때 조심스레

"여보, 벗을까요. 어찌할까요."라고 물었다. 그래서 그녀 역시 쫓겨나고 말았다.

笑話우스운 이야기

몸뚱아리 하나로 마침내 입신출세한 어느 대관이 이때다 싶어 첩살림을 차렸다. 이것을 안 본처는 남편이 늙기 전에는 첩이 떠나지 않을 것이라는 생각에 "여보, 머리 손질할게요."하고 흰 머리카락을 남기고 검은 것만을 뽑았다. 본집에 갈 때마다 늙어가는 대관을 보고 첩은 슬퍼져서 "꽤나 흰머리가 늘었어요. 뽑아드릴게요."라고 애교를 부리면서 남은 흰머리를 뽑아주었다. 그래서 완전히 대머리가 되어 버렸다. 거울을 본 대관은 "아아, 아주 사랑을 받았군."

笑話우스운 이야기

유명한 구두쇠 영감이 한 친구에게 "가끔 좀 놀러 오게. 맛있는 것 대접함세."라고 말했다. 친구는 노새를 타고 구두쇠 영감네 집을 찾아갔다. 당황한 구두쇠 영감 "오늘은 마침 아무 것도 없다네."라고 말했다. 하지만 이 친구도 여간내기가 아니었다. "그럼 내 노새를 잡아먹으면 되지 않겠나. 나는 저 닭을 타고 가면 되니."라고 하며 구두쇠 영감의 닭을 가리켰다.

버렸다. 이것이 '불가사리'의 유충이었던 것이다.

"어머 이상한 벌레네."

과부가 재미있어 하며 매일 바늘을 먹이자 그 벌레는 자라서 큰 쇠붙이를 먹게 되었다. 그리고 밖으로 나가 닥치는 대로 쇠붙이를 먹고 다녔다. 관청에서도 이를 모르는 체 할 수 없어서 죽이려고 해 보았지만, 칼 같은 것은 전혀 들어가지 않았다. 불 속에 집어넣어도 아무렇지 않고 불덩이 공이 되어 굴러 나와 시내를 활보했다. 그 불덩이가 지나간 곳은 여기저기 불이 붙어 시시각각 타들어갔다. 머지않아 송도(개성)는 망하고 말았다. 당시 사람들은 이 불가사의한 동물을 '불가사리'라고 불렀다.

조선어
빠르고 쉽게
이해하기

네
: 하이

아니오
: 이이에

안녕히 주무셨습니까
(잘 주무셨습니까라는 뜻)
: 오하요고자이마스

진지 잡수셨습니까
(밥 먹었습니까라는 뜻)
: 곤니치와

안녕히 주무십시오
: 오야스미나사이

안녕히 계십시오
: 고키겐요

또 만납시다
: 데와 마타

고맙습니다
: 아리가토고자이마스

천만의 말씀입니다
: 도이타시마시테

미안합니다
: 스미마셍

남대문에 어떻게 갑니까
: 남대문니 도 이키마스카

여기로 갑니다
: 고코카라 이키마스

오랜만입니다
: 히사시부리데스

이거 몇 해 만입니까
: 난넹부리데스카네

경성에 언제 오셨습니까
: 소루니 이츠 이랏샤이마시타카

오늘 아침에 왔습니다
: 게사 쓰키마시타

그간 안녕하셨습니까
: 오카와리아리마센카

아주 추운데요
: 사무쿠 나리마시타나

경치가 좋은데
: 이이 게시키다

이것 참 훌륭한데
: 고레와 릿빠다

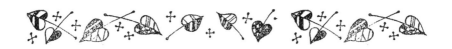

아 더럽다
: 아아 기타나이나

이것은 무엇입니까
: 고레와 난데스카

이거 얼마요
: 고레와 이쿠라데스카

오십 전이올시다
: 고줏센데고자이마스

삼차 한 잔 주시오
: 닌진차오 잇빠이 구다사이

참 맛있죠
: 지츠니 우마이

김치 좀 주시오
: 쓰케모노가 호시이

상당히 맵네요
: 도테모 가라이데스네

잘 먹었습니다
: 고치소사마데시타

이리 오너라
(문 밖에서 하인을 부를 경우)
: 고멘구다사이

이 상, 계십니까
: 이 상, 이랏샤이마스카

친구(김 군)을 소개합니다
: 유진노 기무쿤오 쇼카이시마스

처음 뵙겠습니다
: 하지메마시테

많이 사랑해 주십시오
: 도조 요로시쿠

당신을 사랑합니다
: 아나타오 아이시마스

용서해 주십시오
: 고멘나사이네

이 멍텅구리야
: 바카야로메

이 자식아
: 고이쓰메

시끄럽다
: 야카마시이

귀찮다
: 우루사이조
(조선에서 기생집에 갈 거라면 이 정도
는 외워두세요. 틀림없이 기생들에게
인기가 있을 것입니다.)

어서 오십시오
: 이랏샤이마세

당신 이름이 무엇이오
: 기미노 나마에와 난토 이이마스

○○○올시다
: ○○○데스

내지 말을 잘하는데
: 나이치고가 우미이네

담배 붙여주시오
: 다바코오 쓰케테쿠레

소리 한 마디 부르시오
: 우타오 기카세테쿠레나

저 기생 소리도 잘하고 춤도 잘 추는데
: 아노 기상 우타모 오도리모 우마이

잘한다
: 조즈다

제 잔 한 잔 받으세요
: 잇빠이 오츠기시마스

이것 참 맛있다
: 고레 혼토니 오이시이네

자네한테 반했네 어떻게 하지
: 기미니 호레탄다 도시오

아이고 오입쟁이신데
: 아라 조즈네

잘 놀고 가네 또 만납시다
: 아 유카이닷타 마타 구루요

꼭 잊지 말고 또 오십시오
: 제히 와스레나이데 마타 오이데 구다사이

조선의 수수께끼 답

1. 걸레 2. 굴뚝, 대포 3. (판독불가) 4. 바늘 5. 옥수수 6. 왼손 7. 是 8. 穴, 只, 貝
9. 잿 10. 바구니 11. 고추 12. 기와 13. 이불 14. 꽈리 15. 온돌 16. 자물쇠

대륙으로 가는 최단 경로

여행은 약진하는 조선을 인식하는 기회로…

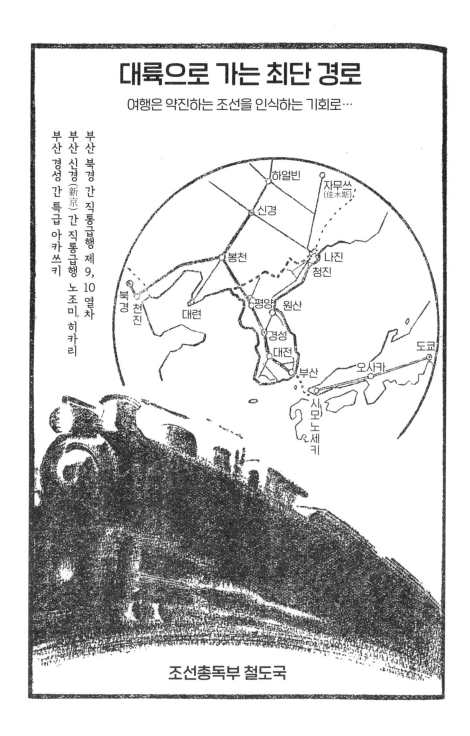

부산 북경 간 직통급행 제 9, 10 열차

부산 신경(新京) 간 직통급행 노조미, 히카리

부산 경성 간 특급 아카쓰키

조선총독부 철도국

흥興 아亞 의 교 통

　대동아건설에서 시설 완비가 가장 긴급하게 요청되는 분야는 교통운
수기관이다. 그래서 아시아 대륙의 전진기지인 조선에서도 자재가 허용
되는 범위 내에서 교통운송기관의 건설과 개선에 최대한의 노력을 기울
이고 있다. 1935년 8월 현재 조선의 국철 노선은 주요선 11선, 연장 3,
883.4킬로미터, 그 외에 만철위관(滿鐵委管)철도 4선 328.5킬로미터이다.
이 밖에 사철 개업선(私鐵開業線) 약 1,250킬로미터, 궤도 81.3킬로미터가
있다.

　한편 해상은 총독부 명령 항로로 조선 우선(郵船), 시마야 기선(島谷汽船),
규슈 우선(九州郵船), 가와사키 기선(川崎汽船), 아와 공동기선(阿波共同汽船),
조선 기선, 압록강 수선공사(輪船公司), 오사카(大阪) 상선, 남양 해운, 일본
우선 등 내지 및 외국항로 53선, 해안 및 하천 항로 144선, 사용하는 선박
은 240척이고, 323만 779톤이 있다.

　조선과 내지의 연락은 조선 내의 국철, 사철과 대부분의 성선(省線)[116]
에 여객 화물 및 조선 우선, 오사카 상선의 기선을 연결시켜 화물의 연락
수송이 실시되고 있으며, 만주와의 연락은 사변 이후 북지(北支)의 치안이
확보됨으로써 일지(日支:일본과 중국) 간 연락교통운수 심의가 시작되었다.

1938년 10월 1일을 기해 여객 수하물은 조선철도, 철도성, 만철, 오사카 상선, 근해 우선, 북일본 기선, 대련 기선과 북지사무국선 간에, 화물은 조선철도, 철도성, 만철, 오사카 상선, 근해 우선, 아와 공동기선과 북지 사무국선 간에 각각 연락운수협정이 성립되었다. 이로 인해 중일(中日) 연락운수협정은 소멸되었고 이후 일만지(日滿支:일본과 만주, 중국) 간 연락운수를 실시하고 있다.

그 결과 내선만지(內鮮滿支:일본, 조선, 만주, 중국) 간의 연락운수를 위해 1938년 10월 1일 이후 부산 — 북경 간에 직통급행 여객열차 1왕복과, 함경선에 급행 여객열차 1왕복을 신설하고 청진 — 나진 간 직통열차와 접속시켜 여객열차에 의한 접속을 3왕복, 그 밖의 것을 2왕복으로 늘렸기 때문에 내선만지 교통은 매우 편리하고 편안해졌다.

또한 중앙선 건설, 복선공사도 착실히 진행되어 관부연락선은 최근 주야 2회 혹은 3회 운항이 실시되고 있으며, 이 밖에도 일본항공수송회사의 항로는 1일 1회 내선만지 간을 연락하고 있다. 해로로 북선을 지나거나, 육로로는 관부연락선을 거치는 철도나 항로 중 하나를 이용하던 내선만지의 교통이 이제는 그 소요시간, 경비, 느낌 등 모든 점에서 완전히 옛모습을 일신하기에 이르렀다.

북北 선鮮 삼三 항港

나진, 청진, 원산은 일반적으로 '북선 3항'이라 불린다. 이들 3항은 내지 및 북만주와 북선 지방 사이에 위치하여 북부 조선의 중요한 산물인 해산물 및 농산물이 드나들고 집산하는 무역항이다. 내지 만주를 연결하는 주요 라인 중 하나이며 또 근년 더욱 중요시되고 있는 조선어업의 발전과 배양의 거점으로써 각각 적당한 위치와 지세, 시설을 보유하고 있다. 동아(東亞) 건설에 각각 중요한 위치를 차지하고 있기 때문에 '북선 3항'으로 취급되고 있는 것이다. 이 3항에 대해 간단히 소개하자면 다음과 같다.

나진

함경북도 북부에 위치하여 북위 42도 9부 26, 동경 130도 16부 35초 지점에 있으며, 동해를 사이에 두고 내지의 모든 항구를 상대한다. 러일전쟁 당시 일본 가미무라(上村)함대가 발틱함대를 추격하기 위해 2일간 정박한 항구이며, 1919년 시베리아 출병 당시에는 3개월간 일본 군함이 머물던 항구로 군사적 견지에서 군항 후보지로 되어 있지만, 1932년 8월 국책상 경도선(京圖線)[117]의 종착항이 되었다. 만철에 의해 웅기와 나진 간 철도 및 항만건설공사가 추진됨으로써 1936년 11월 웅라선 개통과 함께 부분적으로 선차(船車)연락이 가능해졌다. 같은 날 개항장으로 지정되었고, 보잘것없던 시골 나진은 일약 동아의 나들목항으로 세계시장의 무대에 화려하게 등장했다. 동해 호수화(湖水化)계획의 거점으로도 가장 중요시되는 나진은 내지의 하코다테(函館), 만주의 봉천과 거의 같은 위도에 있고, 항만 어귀에 오쿠사지마(大草島), 고쿠사지마(小草島) 두 섬이 있어 자연 방파제를 이루고 있으며 축항 완성 후 배를 매어 두는 암벽에는 만 톤급 선박도 자유로이 정박할 수 있는 양항(良港)이다. 겨울철에 섭씨 영하로 내려가 때때로 동결되는 경우도 있지만 바람이 불어 항외로 빠

져나가 부두 근처가 결빙되는 경우는 드물다. 웅기와 연결되는 웅라선이 있고 노선은 서북 소련령으로 이어진다.

시가지는 1934년 1월 이후 30만 인구를 포함하는 도시계획에 의해 제1기 공사를 1938년 10월에 끝내고, 제2 공사는 1941년에 준공될 예정이다. 상수도 시설이 있으며, 현재 인구는 5,357세대, 24,508명, 전체 인구의 4분의 3을 반도인이 차지하고 내지인은 약 5분의 1, 나머지가 만주와 중국인의 비율이다. 현재는 아직 건설 초기 단계이지만 조선총독부는 동아건설 과정의 중요 지점임을 고려하여 나진에 특별도제를 시행, 총독부 직할로 나진청을 설치하고 있는데 군사, 상업 양면에 걸쳐 앞으로 더욱 중요해질 도시이다.

청진

함경북도 중부, 나진의 서남쪽에 위치하며 북부 지방에서 가장 오래된 개항장으로 블라디보스토크(浦鹽)까지 237km, 원산항으로 379km, 쓰루가(敦賀), 후시키(伏木), 마이즈루(舞鶴), 니가타(新潟), 하코다테(函館), 오타루(小樽), 간몬(関門) 등 내지 동해의 모든 항까지는 약 870km 정도 떨어져 있다. 각각 정기항로가 개설되어 철도는 도문 및 경도선과 함경선을 연락하여 교통편이 좋고, 항만의 동부는 규모가 작아 주로 어항으로 이용되며, 서부는 청진항으로 무역에 이용되고 있다. 국철 함경선, 북선선과 경도(京圖)철로의 남북양선 및 납빈선(拉賓線), 도가선(圖佳線)으로 연결되어 이들 각 선을 통해 동북만주의 물자가 집중되고 있다.

안벽에는 3천 톤급 내지 7천 톤급 선박 일곱 척을 동시에 매어 둘 수 있는 항만건설공사가 1936년 3월 완성되었는데 만몽(滿蒙) 방면의 철도망

보급에 따라 이 방면에서 모여드는 물자가 드나드는 국제항으로서 머지 않아 더욱 그 규모가 확대될 것으로 기대되고 있다.

어항도 최근 급격한 어업의 발전으로 1937년도부터 3개년 계획으로 확장공사를 시작하여 현재 거의 완성되어 북선 어업에 커다란 기여를 하고 있다.

현재 인구는 약 1만 5천 세대, 6만 9천 명으로 그중 약 5만 5, 6천 명이 반도인, 1만 4천 명이 내지인, 나머지가 만주, 중국의 외지인 비율로 되어 있다.

시가지는 1936년 3월 말 급격한 인구 증가로 시가지 계획이 수립되어 착실히 진행 중이며, 상수도는 1931년 이미 5만 명에 달하는 급수 능력을 완비했지만 교통 운수, 항만 어항 시설확장 및 각종 공업의 부흥에 따른 인구 증가에 대응하기 위해 1937년 이후 다시 공사비 20만 4천 엔을 들여 제6차 확장 공사를 실시 중이다. 기후는 개항 이래 최고 섭씨 30도, 겨울은 최저

영하 19도 3부까지 내려간 적이 있다고 하지만 항내 결빙은 없었다.

교육기관은 초등학교, 상업보습학교를 합쳐 공립 7개 학교, 사립 6개 학교, 그 외에 청년 훈련소 1개소, 공립 도서관이 한 개 있으며, 종교는 천리교(天理敎), 금광교(金光敎), 부쌍교(扶雙敎)의 포교소 5, 불교 포교소 12, 기독교회 23, 의료기관은 각 과 합해서 내선외인 종업원 144명이다.

무역 상황을 보면 1937년 말 현재 무역 총액은 약 9,000만 엔이고, 이 중 수출이 약 4천만 엔, 수입이 5천만 엔에 이르고 있어 건설되는 과정에 있는 청진은 왕성한 소화력을 보이고 있다.

원산

조선 반도의 동해안, 동경 127도 25분 43초, 북위 29도 10분 24초 지점. 호도(虎島), 갈마(葛麻) 양 반도의 남북쪽으로 돌출한 영흥만 내에 있으며, 안벽에는 3천 톤급 선박 2척을 동시에 매어 둘 수 있다. 해상 300리 남쪽에 부산, 378리에 관문, 350리 북쪽에 블라디보스토크, 동해를 사이에 두고 470리 맞은편 해안에 쓰루가(敦賀)가 있다. 동해안선이 개통되고 연안 및 동해 항로, 경원, 함경 두 선과 합해져 원산항의 교통은 눈부시게 개발되어, 동해안 제일의 양항이 되었다. 인구는 1938년 말 6만 7천 명으로, 상업인구가 가장 많고, 다음을 잇는 것이 공업인구이다. 교육기관은 공립 중학, 여학교 이하 22개교가 있으며, 의료기관도 공립, 사립 병원, 내선외인 개업의를 합해 64개가 있다.

원산은 오래된 무역항임과 동시에 어항이며 부근 일대의 물자가 모여드는 집산지이고, 부산 방면에서 청진, 나진 방면을 연결하는 기항지이자 내지의 모든 항구를 연결하는 정기항로가 있다. 상업 다음으로 발전하고 있는 것이 공업이며, 제품은 직물, 기계류 등으로 연간 생산액은 약 3백만 엔이고, 그 뒤를 이어 수산어획고가 2백십만 엔에 이른다.

민 둥 산

민둥산은 조선의 명물 중 하나였지만, 지금은 온통 푸른 산이 내다보인다고까지는 못해도 면목을 일신하여 푸르러진 산들을 보면 그간 차근히 전념해 온 삼십 년 반도 통치의 아름다운 결실이 드러나고 있는 듯하다. 조선시대에는 봉산(封山)[118], 금산(禁山)[119]이라는 특수 보호림을 제외하고는 모두 무주공산(無主空山)이라 하여 자유롭게 땔감 나무를 채벌하게 했고 무계획적인 벌채와 화전 경작은 벌거숭이 민둥산을 민들어 폭우를 만나면 하루아침에 수해를 입었고, 가뭄을 만나면 대한발이라는 참상을 겪게 되었다. 총독부에서는 먼저 치수와 치산을 목표로 녹화를 시작하여, 1911년부터 매년 4월 3일을 기념 식수일로 삼아 총독부를 비롯한 관민이 하나가 되어 괭이를 손에 들고 반드시 나무를 심은 이래 이것이 계속 이어져 왔기에 현재의 총 식수는 합계 무려 50억 그루라고 한다. 민둥산 백만 정보(町歩)[120]를 울창하고 푸르른 산으로 변화시킨 것이다.

조선의 임야는 반도 총 면적의 7할 3푼 즉, 1,635만 정보이다. 이 중 국유림은 520만 정보, 민유림이 1,500만여 정보이다. 1정보 평균 축적은 28 체적[121]이 된다. 목재는 주로 삼나무, 적송, 낙엽송으로, 삼나무는 가격이

싸고 대패질이 용이해 내지의 적송이나 전나무의 대용으로 널리 사용되고, 적송은 균열과 팽창이 적어 나게시(長押)[122], 가모이(鴨居)[123], 창틀 등의 화장용이나 가구류에 쓰인다. 삼나무, 노송나무 대용으로 사용되는 낙엽송은 전신주, 갱목 등에 사용되지만 최근에는 모두 제지용 및 인견 펄프용으로 크게 수요가 늘고 있다. 이들 산림생산 총액은 용재가 720만 석 약 1,500만 엔, 목탄이 2천백만, 관 약 220만 엔, 그 외에 평양 밤, 호두, 오미자, 옻 등의 특용산물, 특히 일본에서 유일한 코르크 재료인 아베무키의 수피 등 여러 가지를 합산하면 1억 엔 이상이 되고 있다. 조선에 민둥산이 사라지고 덕분에 치수관개가 가능해졌을 뿐만 아니라 농경산업개발이 진전되었다. 나아가 저렴한 산림 경영비로 임업 조선으로 도

약하기 위한 준비를 하고 있는 것은 주목해 볼 만하다.

쌀

조선의 쌀은 조선의 입장에서 볼 때 조선의 농업인구를 경제적으로 윤택하게 한다는 의미뿐만 아니라 조선 경제의 상당 부분을 지배한다고 할 만큼 중요하다. 전 조선 인구의 약 3할 3부를 차지하는 것이 농업인구이고, 그중 9할 남짓이 중소농이다. 그리고 이들 중소농은 주로 조나 그 외의 잡곡류를 주식으로 하고 자신들이 생산한 쌀은 소작료로 내거나, 혹은 식량과 그 밖의 필수품을 사기 위해 전부 팔고 있다. 내지의 농업인구가 쌀 생산자임과 동시에 그중 약 40% 이상은 쌀의 구매자, 수요자인데 반해 조선의 농업인구는 대부분 오로지 공급자인 경우에 속한다.

따라서 조선의 쌀 농사는 조선 인구 약 2천3백여만 명 중의 2할 남짓의 식량을 충당하고 나머지는 모두 내지, 만주, 중국 방면에 상품으로 팔려감으로써 영위되고 있다고 보아도 된다.

그리고 조선의 쌀은 내지, 만주, 중국 방면으로 수출되어 1년에 약 3억여 엔의 금액이 조선의 경제계로 환류되어 경제를 꾸려가게 된다. 따라서 조선 쌀의 작황이나 가격의 높낮이는 조선의 일반 경기에 직접적으로 영향을 미침은 물론 그 영향의 정도가 내지의 예에 그치는 것이 아니라 경우에 따라서는 치명적이기까지 하다.

현재 조선의 쌀 생산고는 1938년의 수확고가 멥쌀 23,484,867석, 찹쌀 367,267석, 밭멥쌀 204,803석, 찹쌀 81,937석으로 합계 24,138,874석이 되고 있다. 이것을 합병 당시의 1910년 수확 10,405천 석과 비교하면 1,373만 3천 석 남짓의 수확량 증가 즉, 합병 당시의 약 두 배 정도의 수확이다. 조선 쌀의 품질과 품종은 열악한 재래종인데 이를 개선하기 위해 내지산 우량종을 도입하여 전 조선으로 보급시킨 결과, 현재는 비료에 강할 뿐만 아니라 집약적 재배에 적합하여 성숙기가 빠른 다수확성(多收性) 긴보즈(銀坊主) 고쿠료미야코(穀良都)[124], 다마니시키(多摩錦), 오마치(雄町) 등은 상표별로 대량 거래가 이루어지고 있을 정도로 질적 호조를 보이고 있다. 더욱이 최근에는 총독부의 농업 시험장에서 인공 교배로 중부 조선과 남부 조선 지방에 적합한 영광, 서광, 일진, 풍옥 등, 모양, 빛깔, 맛, 중량 모든 면에서 월등하게 다른 품종을 능가하면서도 대농경영(大農經營)에서 긴보즈 이상의 다수확을 보이는 우량 신종을 육성하는데 성공하여 이것들을 점차 전 조선으로 보급하고 있는 상황이다.

따라서 일찍이 조선 쌀은 맛이 없다고 하여 소매가도 일본 국내 쌀(內地 米)에 비해 다소 싼 가격에 거래되었는데, 최근에는 이미 일반 가정에서 상용되고 있는 우량미 중 사실은 대량의 조선 쌀이 포함되어 있으며, 식도락가들 사이에서는 초밥용으로 조선 쌀이 환영받고 있는 상태이기 때문에 앞으로 이런 신품종들이 보급됨에 따라 수확도 눈에 띄게 증가할 것이다. 등급도 최근에 오사카, 고베, 와카야마 등의 지역에서 일본 국내 쌀 정도로 가격이 인상된 것처럼 머지않아 전국적으로 가격이 인상될 것이며, 조선 쌀은 이제 조선 반도 경제의 중요 부분을 담당하면서 대륙 경영의 병참기지로서 일본의 식량 정책에 더욱 중요한 위치를 차지하게 될 것이다.

금

지금 조선에는 "무턱대고 신발에 묻은 흙을 씻어내지 말라"는 속담이 유행하고 있다. 도처에 금산이 있다. 조선 반도 총 면적 22만 788평방킬로미터에 한 치의 남김도 없이 광산 개발 청원서가 제출되고 있다고 하면 좀 과장된 이야기가 되지만, 어쨌든 맨땅에서 금을 발견하는지 못하는지에 상관없이, 캐낼 의사가 있든 없든, 금이 나올 것 같은 곳에는 계속 신청서가 제출되고 있으며, 그것이 실행에 옮겨지든 옮겨지지 않든지 간에 전시하에 금 가격 급등의 물결을 타고 나타난 골드 러쉬의 엄청난 모습은 정말로 오늘날 조선의 성격을 보여준다.

조선에서 금의 역사는 깊다. 일본서기에는 스사노오노미코토[125]의 신언(神言)에 의하면 "한국에는 금은이 있는데 우리 나라에 보화가 없는 것은 좋지 않다."라는 기록도 있고, "조선에는 금은이 있으니 왕래하는 배가 있어야 한다."는 기록도 보인다. 그 후 신공황후(神功皇后)[126]가 처음으로 금은을 조공받았다는 것이 역시 『일본서기』에 나오는데, 일본에서 '금'을 알게 된 것은 이것이 처음이었다. 즉 금의 역사는 조선이 내지보다 앞서 있었던 것이다.

그 후 3천 년이 흐르고 홍아성전(興亞聖戰 — 대동아전쟁)하에서 금·피·혼이 성전 완수의 3요소가 된 오늘날, 조선은 3천 년 동안 그러한 면모를 잃지 않았다. 1936년의 생산액은 금 4,991만 엔, 사금 944만 엔, 금은광 937만 엔, 합계 6,872만 엔이고 1937년에는 대체로 5톤, 생산이 약 2천만 엔 정도 증가하고 있다.

1910년의 506만 엔에 비하면 정말로 엄청난 약진이지만 파면 얼마든지

금이 나오는 반도라서, 우가키 총독 시대에 꿈 같은 슬로건으로 말해지던 1억 엔 증산(增産)도 눈앞에 있는 것이다. 채광 작업을 하고 있는 광구는 사금 316, 금광 3,170, 합계 3,486개소이고, 광부의 총 인원수는 2,600만 명에 육박하고 있다. 이 중 주요한 것은 평안북도의 운산 금광(1939년 8월 말 미국자본 동양광업개발주식회사(Oriental consolidated mining company)에서 일본광업주식회사 경영으로 옮겨진다)의 560만 엔, 인접한 대유동 금광산(일본광업주식회사 경영)의 450만 엔을 필두로 옹진금산(황해도), 성흥금산(평안남도), 김제사금(전라북도), 순안사금(평안남도), 금정광산(경상북도), 축안금광(황해도), 광양광산(전라남도), 의주광산(평안북도), 신연광산(평안북도) 등 모두 연간 생산 백만 엔 이상을 내고 있는 것이다. 총독부에서는 1932년 증산 10개년 계획을 세웠는데 현재는 그 계획을 더 확충해서 1938년 이후의 5개년 계획에서 ○○톤 ○억 ○천 ○백만 엔의 증산을 계획하고 있다. 첫해인 1938년의 실적은 예정의 절반인 ○톤이었지만 투자 자본에 의한 설비가 조만간 효력을 나타내 앞으로 예상 연도의 ○톤 증산은 확실할 듯하다.

정 어 리

쌀이 조선 농업의 대표인 것처럼 정어리는 조선 어업의 대표로 조선의 으뜸 품목이다. 정어리는 매년 3월경 경상남도 연안을 회유하는 난류를 타고 북상하여 4, 5, 6월경에는 경상북도의 해안에, 6, 7, 8월경에는 강원도 연안에 8, 9월경에는 함경남도 연안에 9, 10, 11월경에는 함경북도 연안에, 11, 12월경에는 다시 강원도 연안으로 내려온다. 정어리 어업은 이 회유를 쫓아 이루어지는데, 소련 영해로 휘말려 들어 나 포된 어선의 이야기 등은 이 정어리 추적이 한창일 때 일어 나는 일이다. 어획액은 대략 7천5백만 엔으로 수산 총생산액 의 약 절반의 액수를 차지하며, 이들 정어리는 대부분 정어 리기름이 되는데 이것은 경화유(硬化油) 원료가 되어 글리세 린액, 지방액이 되고 화약이 되어 전쟁터로 나간다. 물론 비 누와 인조 버터가 되기도 하지만, 정어리가 화약이 되어 성 전(聖戰)에 중대한 역할을 하고 있는 점에서 조선 수산이 기세 등등한 것이다.

전반적으로 조선은 해안선 굴곡이 심하고 긴 데다 한류 난 류의 혜택을 입어 수산자원이 풍부하다. 해안 지세, 해황(海 況) 등의 관계로 동서남 해안에서 수족 분포는 다르지만 주된 것은 다음과 같다.

- ■동해안: 정어리, 명태, 청어, 대구, 방어, 고등어, 상어, 도루묵, 연어, 송어, 빙어, 쥐노래미, 오징어, 가자미, 넙치, 고래, 가리비, 함박조개, 무당게, 털게, 해삼, 미역, 우뭇가사리, 다시마, 바다참게
- ■서해안: 조기, 새우, 삼치, 동갈민어, 전갱이, 달강어, 가오리, 긴맛, 모시조개, 해삼, 갈치, 뱅어, 넙치, 보리새우, 숭어
- ■남해안: 멸치, 정어리, 고등어, 전갱이, 삼치, 도미, 대구, 갈치, 갯장 어, 붕장어, 아귀, 숭어, 전복, 소라, 홍합, 굴, 김, 청각채, 감태

이 중 정어리에 이어지는 대표급 수산물은 김이다. 김은 주로 전라남도 에서 생산되는데 연간 생산 450만 엔을 돌파할 정도로 성황이다. 아사쿠 사(淺草) 김을 시장에서 몰아내는 날도 머지않으리라 예상된다.

내 선 일 체

내선일체는 조선 통치의 핵심이다. 일시동인(一視同仁)의 성지(聖旨)에 입각하여 반도 동포에게 광대하고 변함없는 천황의 은혜를 느끼게 하고 명실공히 완전한 황국신민이 되게 하여 일본과 조선 사이에 약간의 틈도 없게 한다. 그리하여 제국 대륙경영의 병참기지로서 사명을 완수함과 동시에 나아가 팔굉일우(八紘一宇)의 조국(肇國)정신을 확연히 드러내는 것이야말로 조선 통치의 근본이다. 역대 총독은 모두 이에 심혈을 기울여 시정방침을 세웠는데, 특히 미나미 총독은 내선일체의 강화와 철저를 평생의 대업으로 삼아 모든 시책이 물심양면 이를 기반으로 이루어지고 있다.

지원병 제도 실시, 교육령 개정과 같은 획기적인 대업은 말할 것도 없고, 부여신사 창건은 야마토 조정과 백제와의 내선일체를 역사적으로 천명(闡明)한 것이자 혈연 교류 인식의 장이다. 또한 호국신사 창건은 호국

영령들을 신으로 모시어 국민사상 고양의 근본으로 삼은 것이다.

그리고 황국신민서사는 내선일체라는 원대한 이상에 매진하는 반도 황국신민의 표어로 1937년 10월에 제정된 것이다. 현재 황국 반도 2천3백만 민중 가운데 황국신민맹세를 암송하지 못하는 사람은 드물다. 이른 아침 산촌의 숲 아래 소학교 교정에서

1. 우리들은 대일본제국의 신민입니다.
2. 우리들은 마음을 합하여 천황폐하께 충성을 다하겠습니다.
3. 우리들은 인고(忍苦)를 단련하여 훌륭하고 강한 국민이 되겠습니다.

늠름하면서도 힘차고 낭랑하게 들려오는 제창 소리를 들으며 원대한 이상이 착실히 실현되고 있음을 알 수 있다. 더욱이 근로보국대의 작업 시작 전 엄숙한 분위기 속에 궁성요배(宮城遙拜)를 하는 청년들이 나란히 제창하는 황국신민서사에서

1. 우리들은 황국신민으로서 충성을 다해 천황과 국가에 보답하겠습니다.
2. 우리 황국신민은 서로 신애하고 협력함으로써 굳게 단결하겠습니다.
3. 우리 황국신민은 인고를 단련하는 힘을 길러 황도(皇道)를 선양하겠습니다.

라고 창공을 찌르는 기백을 느낄 때, 대륙 전진기지로서 미더운 반석을 발견할 수 있다.

1939년 봄 충청북도 청주에 사는 이원하라는 72세의 노인은 자신의 임종이 임박함을 알고 가족들이 모두 깊이 잠든 사이에 병상을 빠져나와 국기게양탑 아래까지 기어가 동쪽을 향해 큰절을 하고 편안히 생을 마쳤다고 한다. 국기 아래에서 죽겠다는 기백을 몸소 보여준 이 노인처럼 현재 조선에서는 이러한 기백이 노도같이 일어나 그칠 줄 모르는 상황이다.

지 원 병

오늘날 애국 반도(半島) 최고의 표상은 육군 특별 지원병이다. 육군 특

별 지원병 제도는 1938년 2월 23일 칙령으로「육군 특별 지원병령」이 공포되고, 동 4월 3일 진무(神武) 천황제라는 좋은 날에 시행되어 조선인도 천황의 방패로서 영광스런 국방의 의무를 분담할 수 있게 되었다. 육군 특별 지원병령 제1조 1항에는 "호적법 적용을 받지 않는 17세 이상의 제국신민 남자로 육군 병역에 복역할 자는 육군대신이 정한 바에 따라 전형을 거쳐 현역 혹은 제1보충병으로 편입할 수 있다."라고 되어 있다.

'호적법 적용을 받지 않는 제국신민'이란 조선인뿐만 아니라 대만인과 그 밖의 사람들도 포함되지만 애국 반도의 실정을 참작하여 조선인에게만 적용하게 된 것이다. 제1조 2항에는 "전 규정에 의해 현역병 혹은 제1보충병으로 징집된 자의 병역과 동일하다."고 되어 있다. 본 제도가 완전한 병역법의 적용은 아니지만 지원에 의해 일단 병역의 영예를 진 후에는 신분의 처우 및 복무에 관해서 일반 징병의 경우와 전혀 차별 없이 하사관이나 장교로 나아갈 길이 열려 있다.

지원자는 본적지 관할 경찰서장을 거쳐 본적지 관할 도지사가 행하는 전형시험을 통해 추천을 받은 후, 신체검사, 구두시험, 초등학교 졸업 정도 수준의 학과 시험을 치른다. 합격자는 경기도 양주군 노해면 공덕리에 있는 육군 특별지원병 훈련소에 입소하여 훈육, 보통학과, 술과(術科) 세 항목의 훈련을 6개월간 받는다. 훈련소는 전기 후기로 나뉘어 전기는 매년 6월 입소하고 후기는 12월에 입소하여 전기 훈련 수료자는 보병대로, 후기 훈련 수료자는 특과대(特科隊)로 각각 편입된다.

조선 총독부가 제1기 입소생으로 1938년 입소생을 약 400명 모집한 결과, 응모자가 자그마치 3천5백 명에 달했다. 게다가 1939년에는 놀랍게도 만 2천여 명으로 비약적으로 증가하였으며, 이러한 여세는 앞으로 더욱 증가할 추세를 보이고 있다. 1931년의 만주사변 발발과 중일전쟁 발발을 계기로 조선인의 애국심은 비약적으로 고양되어 여기에 응집하여 구현되고 있다. 전형시험 모집과 훈련소 입소에 즈음하여 아들이 훌륭한 황국군인이 되기를 바라고 목욕재계하고 소원 기도를 드리는 노모의 이야기와 온 마을 사람들이 총동원하여 환호로 출발을 축하해 준다는 미담이 수없이 나오고 있다. 이미 지원병 중에는 무기를 들고 전선으로 싸우러 나간 사람도 있는데, 혁혁한 공을 세우고 호국의 꽃으로 산화한 최초의 전사자인 충청북도 옥천군 출신의 이인석(李仁錫) 상병에 대해서는 조선 각도에서 죽은 이의 넋을 달래고 명복을 비는 정성이 폭풍처럼 일었다.

교　육

구조선의 교육은 민중들 사이에 서당이라는 것이 있었을 뿐 거의 귀족의 전유물이었다. 게다가 교육이 유교적 교양에 근거한 인격도야에 주안점을 두어 교양이 쌓이면 쌓일수록 실생활에서 벗어나 근로를 꺼리는 식이었다. 처음 근대적 교육의 빛이 비추어진 것은 1895년 한국 정부가 시도한 근대학교 교육제도의 도입이다. 그러나 이것은 당시의 실정에 맞지 않을 뿐만 아니라 형식에 치우친 면이 많았기 때문에 실효를 거두지 못했다. 근대적 교육에 실질적인 정신과 형식이 주어진 것은 1911년의 조선교육령이었다. 정신이란 교육 칙어에 의거해 충량한 황국신민을 육성한다는 것이며, 형식이란 보통교육, 실업교육, 전문교육 등의 조직을 말한다.

1919년 총독부는 시대 상황에 적절히 대응하여 모든 문화시설을 확충하였고 특히 교육에 보다 역점을 두어 1922년 교육령을 발포했다. 이는 조선병합에 관한 성지(聖旨)를 체현하고 일시동인(一視同仁)의 혜택을 널리 보급하려는 정신에 입각한 조선인의 교양 향상을 도모한 것인데, 특히 교육에서의 내지인과 조선인 간의 차별 철폐를 근본방침으로 삼았다. 초등교육에서 대학교육까지 모든 시설이 갖춰지게 되었으며 내지와 조선이 완전히 같은 수준에까지 향상되었다. 단, 보통교육에서 풍속이나 습관의 차이, 민중들 간의 현격한 문화와 생활 정도의 차이 등으로 인해 조선인은 주로 보통학교, 고등보통학교, 여자고등보통학교에서 배우고, 내지인은 주로 소학교, 중학교, 여학교에서 배우도록 되어 있었다.

그러나 그 후 조선이 문화적으로 경이적인 약진을 거듭하여 황국신민 육성에서도 내선의 구별을 철저히 없애자는 요구가 나오기에 이르렀다. 따라서 대대적으로 교육을 쇄신하고 국체명징, 내선일체, 인고단련이라

는 3대 강령하에 진심으로 국가를 짊어지기에 충분한 황국신민 육성에 매진하게 됨으로써 1938년 4월 1일부터 개정 조선교육령을 실시하게 되었다. 현재 전 조선의 소학교는 관공립 3,120교, 사립 100교이다.

1912년의 소학교 180교, 보통학교 365교에 비하면 격세지감이라 해야 할 것이다. 아동 수는 약 115만 명이나 되며 여기에 간이학교까지 포함하면 2백만에 육박한다. 간이학교란 농촌, 산촌, 어촌 사람들의 실정에 따라 간단한 초등교육을 받게 하기 위해 마련된 것으로 수업 연한은 2년으로 되어 있다. 현재 학교 수는 1,145교를 헤아린다. 중학교, 여학교, 실업학교, 사범학교 등 모든 제도 역시 내지와 크게 다르지 않다. 대학은 1926년 경성에 설립되어 법문학 및 의학 두 개의

학부를 둔 관립 종합대학이 있다. 더욱이 1941년부터는 이공
학부가 신설될 예정이다.

기생

도고 세지(東鄕靑兒)

　여러 차례의 한국 여행으로 단골 기생도 많이 생겼지만 우리 같은 여행자 앞에 나오는 기생은 예쁘고 내지인 취향에 맞는 잘 나가는 기생인데 반해, 조선인들 자리에는 보다 조선적인 기생이 있어서 나름의 식견이 있고 자못 명기다운 품격을 갖춘 이가 나온다는 것을 알게 되었다. 내가 자리한 곳에 온 도월선, 벽명희, 유금도 등은 참으로 화려하고, 도쿄에서 노는 것과 크게 다르지 않게 명랑함을 자아내는 데 능숙했다. 한번은 복도 건너편 방에 불려들어가 안면이 있는 조선인만의 연회석에 합석한 적이 있는데 그곳에 와 있던 기생은 내게 익숙한 기생의 모습과는 전혀 달라서 볼연지도 하지 않고, 눈썹도 그리지 않은 맨 얼굴의 아름다운 이였고 피부는 물처럼 차갑고 투명했다. 나는 그 기생이 가야금을 치며 진지한 표정으로 부르는 남도의 노랫가락에서 진짜 조선을 느낀 것 같아 고개를 숙이고 노랫소리에 푹 빠져들었다.

1. 광한루의 반나절

경성 삼청동에 이한림(李翰林)이라는 양반이 있었다. 당시 남원군 부사였는데 그의 아들 몽룡은 약관의 나이 열여섯에도 불구하고 여러 가지 예도에 뛰어났고 특히 타고난 아름다운 용모는 부녀자들도 부러워할 정도였다. 자나 깨나 계속되는 공부에 지친 몽룡은 근처의 경치 좋은 곳으로 산책할 요량으로 방자(군청의 심부름꾼)를 안내자로 앞세워 절경으로 알려진 광한루로 나갔다. 몽룡은 방자를 상대로 술잔을 나눌수록 청춘의 피가 끓어올라 이내 기분이 좋아졌다. 그런데 문득 눈길을 던진 건너편에 선녀같이 아름다운 소녀가 그네를 타고 놀고 있는 것이 보였다.

단지 흘깃 본 것일 뿐인데 몽룡은 하늘을 날 것처럼 마음이 들떠 방자에게 소녀를 누각까지 데리고 오라고 명령했다. 방자는 이 아름다운 소녀가 기생이 아니라서 몽룡의 말을 따르지 않을 것이라고 생각했지만, 그럼에도 일단 그의 말을 전했다. 그러자 역시 소녀는 몽룡의 제안을 거절하며, 나아가 "기러기는 바다를 따르고, 나비는 꽃을 의지하며, 게는 구멍을 따른다고 전해주세요."라고 덧붙였다. 무시당한 줄로만 믿었던 방자가 몽룡에게 이런 사정을 전하자, "과연 감탄할 일이로구나."라고 하며 그 길로 방자를 따라 집으로 돌아갔다.

2. 미남 미녀가 부부의 인연을 맺다.

집으로 돌아온 몽룡은 기쁨으로 떨리는 가슴을 가라앉히려고 책상에 앉았지만 눈에 비치는 것이 온통 그 미모의 소녀에 대한 환상뿐이어서 아버지에게 거동을 의심받을 정도였다.

애가 타서 가만히 있을 수 없게 된 몽룡은 저녁도 먹는 둥 마는 둥 하고 발걸음은 하늘을 나는 기분으로 방자를 데리고 아름다운 소녀의 곁을 찾아갔다. 그녀의 이름은 춘향이라고 했다. 어머니는 월매라고 하여 왕년에 기생 시절 경성의 성 참판(차관)과 부부의 연을 맺어 춘향을 낳았다. 남편이 죽고 나서 아버지 없는 춘향을 목숨처럼 아끼고 보람으로 삼아 갖가지 예도를 가르치며 훌륭한 딸로 키웠는데 이제 춘향이 열여섯이 되어 좋은 사윗감이 있으면 좋겠다고 바라던 참이었다. "춘향아, 내 지금 네가 용에 휩싸여 하늘로 날아가는 꿈을 꾸었다. 반드시 머지않아 좋은 연분이 있을 징조란다."라며 딸의 아리따운 얼굴을 들여다보는데, 똑똑 문을 두드리는 사람이 있었다. 바로 몽룡이었다. 몽룡은 두말 않고 청혼을 하였다. 월매는 사랑스런 딸이 한때의 놀이감이나 첩이 될까 거절했지만 몽룡이 춘향을 본처로 맞이하려고 한다는 사실에 굴러들어온 좋은 연분이라 생각하여 냉큼 승낙하고 주안상을 차려 대접했다.

몽룡은 혼서지 대신 멋진 필치로 "물이 마르고 돌이 닳아도 두 사람의 연분은 이 세상 끝까지 영원히 끊을 수 없다. 천지신명께 맹세하노라."라고 적어 월매에게 전달하고 아침 해에 빛나는 앵두같이 이슬을 머금은 연꽃같이 수줍어하는 춘향을 데리고 두 사람을 위해 마련한 침실로 들어갔다. 이리하여 절세의 미남과 미녀는 부부의 인연을 맺게 되었다.

3. 상사(相思)의 이별

날마다 춘향을 찾아가 사랑을 나누는 몽룡은 너무나도 행복했다. 그러나 예외 없이 호사다마라고 몽룡과 춘향 두 사람에게 불행의 손길이 뻗어왔다. 그것은 몽룡의 아버지 한림이 훌륭한 치적을 인정받아 동부승지가되어 경성으로 영전(榮轉)하게 된 것이었다. 약관의 몸으로 더욱이 아직과거시험에도 합격하지 못한 처지라 춘향과의 일을 이야기하면 부모의반대에 부딪힐 뿐이기에 잠시 동안 헤어져 있었으면 좋겠다고 춘향을 설득하러 가자, "그럼 저를 아내로 맞이하겠다던 말씀은 거짓이었군요. 저는 오늘 밤 오경에 반드시 죽을 겁니다."라며 서럽게 쓰러져 울었고, 월매는 또 "남의 딸을 가지고 놀았구나. 춘향이 너는 죽어 버려라."라고 화를내며 슬퍼했다. 몽룡은 성인이 되어 임관한 날에는 반드시 정실로 맞이하겠다고 약속하고, 겨우 마음을 놓은 춘향 모녀에게 이별을 고했다.

몽룡은 장부의 변함없는 마음의 정표로 춘향에게 거울을 건네고, 춘향은 변함없는 정조의 정표로 몽룡에게 반지를 건네며 한없이 이별을 아쉬워했지만, 이윽고 몽룡은 경성으로 떠났다.

4. 신임 부사의 분에 넘치는 야망

몽룡의 아버지는 춘향과 아들의 사이를 알고 춘향을 불러들이려고 생각했지만 아들의 학업에 방해가 될 것을 우려하여 과거 급제까지 이 계획을 미루기로 하고 몰래 쌀과 의류 등을 보내어 춘향이 모녀를 위로했다.

몽룡의 아버지 후임으로 변학도라는 신임 양반이 부임해 왔다. 대단한수완가였지만 주색에 빠져서 아무도 말릴 재간이 없었다. 남원군에 미인이 많다는 소문을 듣고 몹시 탐을 내어 기생 점호를 핑계로 벌써부터 미인으로 이름난 춘향을 불러낼 꾀를 내었다. 그러나 몽룡과 헤어지고 난후 홍백분을 멀리하고 외출도 하지 않고 집에만 틀어박혀 있는 춘향이었다. "저는 기생이 아닙니다. 게다가 지금은 몸이 좋지 않아서요."라고 첫번째 사자도 두 번째 사자도 돌려보냈다. 세 번째로 온 사자에게 춘향은 억지로 끌려가 화장도 하지 않고 옷도 갈아입지 않은 채 마지못해 출두하게 되었다. 듣던 것보다 아름다운 춘향을 본 변학도는 사랑의 포로가 되어, "몽룡에게 뒤진 것은 유감이지만 지금도 늦지 않다. 내 첩이 되거라"라고 요구했다. "제게는 약속을 한 지아비 몽룡이 있습니다. 두 지아비를 섬길 마음은 털끝만큼도 없습니다."

춘향은 완강히 거절하였다.

"으음, 참으로 고집이 센 년이로다. 네 년의 죄는 죽을 죄다. 곤장으로 쳐라!"

라고 춘향이 기절할 때까지 곤장을 치게 하고는 투옥시켰다. 춘향은 울며 슬퍼하는 어머니를 위로하고, 충실한 하녀 향단에게 어머니를 보살펴줄 것을 당부한 후 모든 것을 각오하고 지독한 고문을 견디었다. 날마다 쇠약해져 가는 춘향을 동정하는 사람들의 도움으로 춘향은 몽룡에게 편지를 써서 예전에 몽룡과 춘향의 사이를 이어준 방자에게 맡겨 경성으로 보냈다.

5. 몽룡 암행어사가 되다.

한편 몽룡은 문과시험에 우수한 성적으로 급제하여 곧바로 부수찬(副修撰)에 임명되었다. 임관 후 이삼 일이 지나고 몽룡은 임금의 부름을 받았는데, 임금은 백성의 고충을 일일이 감찰하기 위해 각 도로 암행어사를 파견하기로 했으니 몽룡에게 전라도 암행어사가 되어 출발하라는 명을 내렸다. 영예로운 임명을 받은 몽룡은 가슴을 설레며 춘향이 보고 싶은 마음에 하늘을 나는 기분으로 출발했다. 몽룡은 행색이 초라한 거지 행세를 하고 숨겨진 선행, 폭정을 휘두르는 관리들을 상세히 조사하면서 걸음을 재촉했다.

가는 길에 경성을 향해 걸음을 서두르는 낯익은 방자를 우연히 만나 춘향의 편지를 보았다. 몽룡은 놀라움과 함께 춘향의 굳은 정절에 가슴이 미어지는 듯했다. 방자에게 자신의 정체를 들키고 만 몽룡은 그의 입을 막기 위해 운봉군 부사에게 맡기고 자신은 밤을 낮 삼아 여행을 계속하여 춘향의 집에 이르렀다. 마침 월매가 뒤뜰 칠성단에 향을 피워 놓고 오로지 몽룡과 춘향이를 위해 기도하고 있던 참이었다.

암행어사라는 사실을 감추고 거지꼴을 하고 있는 몽룡을 본 월매는 한탄했지만 몽룡이 부탁하는 대로 춘향이 있는 감옥으로 그를 데리고 갔다. 숨이 끊어져 가는 춘향은 다음 날 화형에 처해지는 것을 슬퍼하면서도 보이지 않는 눈으로, "설령 거지라도 제 지아비인걸요. 죽기 전에 한 번 뵐 수 있어서 기뻐요."라고 말하며 몽룡의 손을 잡고 기쁨의 눈물을 흘렸다.

6. 간신은 쫓겨나고 정녀(貞女)는 구출되다.

변학도는 춘향의 사형을 눈앞에 두고 친구들을 불러 기생을 끼고 앉아 연회를 벌이고 있었다. 그때 몽룡은 성큼성큼 연회석으로 다가가 술을 마시고 안주를 먹으며 일부러 무례한 행동을 하여 변학도를 화나게 하는 데 성공했다. 함께 자리한 사람들이 이 무례한 이에게 창피를 주어 쫓아내려고 시를 짓게 하자, 몽룡은 훌륭한 필치로

金樽美酒千人血(금준미주천인혈)

금동이의 향기로운 술은 만백성의 피요

玉盤佳肴万姓膏(옥반가효만성고)

옥소반의 맛 좋은 안주는 만백성의 기름이라

燭淚落時民淚落(촉루락시민루락)

촛불의 눈물 떨어질 때 백성의 눈물 떨어지고

歌声高処怨声高(가성고처원성고)

노랫소리 높은 곳에 원망소리 높구나

라고 써서 내밀었다. 그러자 순식간에 그가 암행어사임을 알고 사람들은 저마다 야단법석을 떨며 여기저기로 흩어져 버렸다.

이때 마침 화형에 처해질 예정이던 춘향이 끌려 나왔다. 몽룡이 자신의 죽은 시체라도 거둬줄 것이라고 위안 삼으며 형장으로 끌려 나가는 참이었다.

몽룡은 자신으로 인해 이런 고난을 당하고 고문을 당한 춘향을 보고 가슴이 미어져서 변학도를 향한 노여움이 더욱 불타올랐다. 하지만 일부러 목소리를 꾸며내어, "어떠냐 춘향아, 이 어사의 첩이 되지 않겠느냐? 총애를 베풀 터이니."라고 하자 춘향은 시력도 약해질 대로 약해져 보이지 않는 눈으로 똑바로 얼굴을 처들고, "무슨 말씀이신지요. 저는 몽룡의 처입니다. 첩이라니 당치도 않습니다. 어서 죽여 주십시오."라고 대답하는 것이었다. 몽룡도 눈물을 뚝뚝 흘리면서 춘향이 이별에 즈음하여 건네 주었던 반지를 쥐어 주었다. 암행어사가 몽룡이라는 것을 안 춘향은 그저 기쁨의 눈물만 흘릴 뿐이었다.

"나는 아직 암행어사의 임무를 다하지 않았소. 그대는 집에서 보양하고 하루 빨리 경성으로 가서 내가 돌아오기를 기다려 주시오."라고 몽룡은 따뜻한 위로의 말을 건네었다. 때마침 그 자리에 있던 어머니 월매와 향단, 그리고 운봉군에 갇혀 있던 방자는 너무나 기쁜 나머지 쓰러져 흐느껴 울었다.

(그림 이승만[127])

황해도(黃海道) 황주군(黃州郡) 도화동(桃花洞)에 심학규(沈鶴圭)라는 맹인이 있었다. 학규의 선조는 대대로 고관(高官)에 올랐던 명망가였지만 학규의 대에 와서 가운이 기울어 그가 스무살 때 맹인이 되고 나서는 관직에서도 물러나 생계는 점점 어려워질 따름이었다. 그의 처 곽부인은 곧은 정절로 이름이 높았고, 어려운 살림도 혼자서 잘 꾸려나가며 불평 하나 하지 않았다. 게다가 신변의 시중도 잘 들어 학규는 가난하지만 편안한 나날을 보냈는데, 단 하나 근심이 있다면 마흔을 넘긴 여태까지 아이가 없다는 것이었다. 부부는 마음을 다해 아이가 생기기를 기도했다. 그 보람이 있어서 인지 어느 날 밤, 곽부인은 꿈에 서왕모(西王母)의 딸이 품속으로 들어옴을 느꼈고 임신하여 달이 차서 선녀 같은 딸을 낳았다. 부부의 기쁨은 비할 데 없이 컸으며, 딸의 이름을 청(淸)이라고 하여 금지옥엽 키웠다. 그러나 기쁨도 잠시 곽부인은 출산 후 회복이 나빠 간병한 보람도 없이 죽음을 기다릴 뿐이었다.

곽부인은 이제 오래 살지 못할 몸이라고 포기하면서 남편의 손을 꼭 잡고 꺼져가는 숨소리로 눈이 보이지 않는 남편의 신변을 걱정하며 앞으로의 일을 상세히 남편에게 이르고는 결국 돌아오지 못하는 몸이 되었다. 눈이 보이지 않는 학규는 손을 더듬어 아내의 얼굴을 어루만지다가 너무 슬픈 나머지 시체 앞에 털썩 주저앉고 말았다. ― 늦은 봄의 일이었다.

마을 사람들은 곽부인의 불행을 진심으로 동정하여 서로 상의하여 장례 일체를 맡아 주고 여러 가지로 학규를 위로했다. 또 어머니를 그리워하며 우는 심청을 안고 시름에 젖어 있는 학규와 함께 울고 밤을 지새우며 대책 마련에 여념이 없었다. 그러다가 불편한 몸으로 아이를 안고 젖먹이가 있는 집 문 앞에 서서 젖동냥을 하는 거지 행색의 학규의 모습이 사람들의 눈물을 자아냈다. 이렇게 박복하게 태어난 심청이었지만 천지신명의 가호가 있으셨는지 아무런 장애도 없이 잘 자라 일곱 살이 되서는 아버지의 길잡이가 되었고, 열 살에는 일찍이 타고난 미모에 보기 드문 재능까지 갖춘 소녀가 되었다. 심청은 효심이 지극한 소녀로 이제는 아버지를 대신하여 구걸을 하러 다녔다. 기다림에 지친 학규와 심청이 애틋한 부녀의 처지에 서로 부둥켜 안고 손을 부여잡고 우는 일도 있었다. 결국 마을 사람들의 호의로 심청은 품삯일을 찾아 입에 풀칠을 할 수가 있었다. 사람들은 모두 심청이 곽부인 못지않다며 입을 모아 칭찬하였다.

어느 날 옆 마을 무릉촌(武陵村)에 사는 장승상 부인이 심청의 평판을 전해 듣고 심청을 집으로 불렀다. 만나보니 화장이야 애초에 하지 않았음에도 기품 있는 심청의 모습에 크게 감동하여 선녀의 환생이 아닐까 하는 생각이 들 정도였다. 그래서 부인은 심청을 양녀로 삼고 싶다는 요청을 하였다. 심청은 죽은 어머니를 보는 듯한 마음으로 자상한 부인을 올려다보았지만 자신이 양녀가 되면 불쌍한 아버지는 어떻게 될까 싶어 아버지의 은혜를 생각하며 눈물로 사양하였다. 승상 부인은 심청의 효심에 감동하여 아쉬운 마음으로 심청을 돌려보냈다.

한편 심청을 무릉촌으로 보낸 학규는 일찍 날이 저무는 겨울날이 어느새 저물어 가는데도 돌아오지 않는 딸을 걱정하며 나는 새의 그림자에도 흔들리는 나무 소리에도 딸인가 하고 엉덩이를 들썩이다가 끝내 참지 못하고 밖으로 나왔다. 그러나 봉사는 안타깝게도 얼음판에 발이 미끄러져 깊은 강에 빠지고 말았다. 다행히 지나가던 몽운사 주지승이 그를 구해 집까지 데려다 주었는데 학규는 그가 묻는 대로 덧없는 처지를 하소연하였다. 스님은 동정의 마음을 금할 수 없어 "우리 절의 부처님은 아주 영험한 분이어서 불공만 드리면 반드시 소원이 이루어질 것입니다."라고 하며 당신의 눈도 공양미 삼백 석을 바치고 불공을 드리면 반드시 떠질 것이라고 말했다. 학규는 지푸라기라도 잡는 심정으로 자신의 재력도 잊어버리고 공양미 삼백 석을 시주하기로 약속하고 권선장(勸善帳)에 올려달라고 간청했다. 스님은 의심스러워 하면서도 권선장을 꺼내 "공양미 삼백 석 심학규"라고 크게 쓴 뒤 기일을 정하고 절로 돌아갔다. 스님이 돌아가고 나자 학규는 새삼스레 자기 처지에 맞지 않는 약속을 했다고 비탄의 심정에 빠졌다. 때마침 서둘러 돌아온 심청은 아버지의 심상치 않은 모습에 놀라 여러 가지로 캐물었다. 학규는 결국 눈물로 딸에게 모든 것을 털어놓으며 당치도 않은 일을 저질렀다고 딸에게 용서를 구했지만 오히려 심청은 이를 듣고 크게 기뻐하며 "아버지 진심이 하늘에 통하지 않을 리 없어요. 걱정하지 마세요"라고 의기소침해 있는 아버지를 위로했다.

그날부터 심청은 매일 밤 열심히 불공을 드렸다. 그 무렵 이 마을에 수상한 사람들이 나타났다 ― 인신매매 일단이었다. 그들은 배로 장사를 하러 각지를 돌아다니는 서울 사람들인데 임당수라는 위험한 곳에서 자주 항해에 어려움을 겪어 열다섯 살이 되는 처녀를 그 물속에 던져 넣으면 바다신의 노여움이 풀린다고 믿고 처녀를 사러 온 것이었다. 마침 열다섯 살인 심청은 그들을 만나 몸을 팔기로 결심하였다. 그들은 곧 공양미 삼백 석을 몽운사로 보냈다. 이미 출범 날도 정해졌다. 심청은 다음 달 보름이 오기까지 아버지에게는 알리지 않기로 마음먹었다. 그리고 아버지 학규에게는 언젠가 말했던 승상 부인의 힘으로 공양미 삼백 석을 몽운사로 보냈다고 말했다. 그 대신 자신은 부인의 양녀가 되기로 승낙했노라고 슬픈 거짓말을 했다. 아버지는 심청이 인신매매에 팔려가는 줄도 모르고 기뻐했다. '아아, 나도 고작 열다섯의 나이에 죽을 운명이로구나. 아버지의 시중은 누가 들어 드릴까.' 심청은 아버지의 잠든 얼굴을 바라보며 소리 죽여 울었다. 새벽에 일어나 심청은 옷을 짓고 있었다. 이윽고 출범 전날 밤이 다가왔다. 날이 밝으면 이제 더 이상 아버지를 만날 수 없다. 태어나자마자 어머니와 헤어지고, 이제는 또 아버지를 두고 죽는구나. 이별을 노래한 옛 노래가 머릿속에 떠올랐다. 죽으면 어머니를 만날 수 있을까. 어머니의 얼굴조차 기억하지 못하는 심청의 가엾은 꿈이었다. 그때 하늘은 어김없이 밝아와 닭이 우렁차게 새벽을 알렸다. 심청은 눈물을 감추고 아버지가 좋아하는 나물을 정성껏 장만해 아버지와의 마지막 식사를 했다. 자칫하면 흘러나올 것 같은 눈물을 참으며 마음속으로 통곡했다. 그런 줄은 몰랐지만 학규도 딸의 모습을 수상히 여겨 "어찌 된 일이냐 청아." 하며 딸의 얼굴을 다정히 들여다보았다. 그러자 심청의 인내심도 허무하게 무너져 "아버지 저는 불효자식입니다. 아버지를 속였어요. 저는 임당수에 몸을 던지는 것입니다." 그리고는 봇물처럼 터져 나오는 눈물과 함께 쓰러져 흐느껴 울었다.

학규는 너무 놀라 눈물도 나지 않았다. 이미 체념하고 있던 심청은 학규를 위로하며 부녀가 함께 끌어안고 쓰러져 통곡했다. 소문은 순식간에 온 마을로 퍼져나가 무릉촌의 장승상 부인의 귀에까지 들어갔다. 부인은

급히 심청을 불러 내가 공양미를 낼 테니 단
념해 달라고 부탁했지만 스스로의 책임을 느
낀 심청은 은혜는 황천에서 갚겠노라고 공손
하게 사양했다. 부인은 심청의 결심이 굳은
것을 알고 화공을 불러 심청의 초상을 그리게
했다. 심청은 그 그림에 훌륭한 필치로 시를
썼다.

> 삶도 생각해 보면 꿈과 같은 것을 어찌 눈물
> 을 흘리리오. 이토록 가엾은 세상의 운명을
> 바꿀 수 없는 사람이 있는 것을.

장승상 부인도 심청의 노래에 화답했다.

> 무정한 바람이 불어 명화(名花)도 바다에 떨어지는데 하늘은 무엇을 생
> 각하고 있는고, 이 죄 없는 부녀의 이별에.

심청은 마을 사람들에게 아버지를 보살펴 줄 것을 당부하고 도선장으
로 향했다. 출항을 알리는 북소리가 구슬프던 배도 어느새 사람들의 시야
를 떠났다. 그리고 이삼일간 항해를 한 배도 목적지 임당수에 당도하였
다. 심청은 배 끝에 서서 하늘에 기도를 올렸다. 불쌍한 우리 아버지가 눈
을 뜨게 해 주세요. 말이 채 끝나기도 전에 물 속으로 몸을 던졌다. 치마
가 뒤집혀 있는 모습이 보였다. 그것이 효녀 심청의 최후였다.

이때 장승상 부인은 심청의 초상화를 들여다보고 있었는데 갑자기 초상화가 검게 흘러내렸다. 아아 심청이가 죽었구나 하고 흐느껴 우는 사이에 초상화는 다시 원래의 색으로 되돌아왔다. '심청이가 어쩌면 살아났을지도 몰라.' 부인은 심청을 위해 제단을 마련해 기도했다.

심청은 문득 제정신이 들었다. 많은 선녀들이 심청을 보호하여 수정궁(水晶宮)으로 안내하였다.

심청이 없어진 후 가엾은 학규는 마을 사람들의 동정으로 근근이 연명하고 있었는데 뱃사람들에게 받은 돈과 곡물로 생계를 충당했기 때문에 차차 가계가 나아졌다. 그런데 이웃에 사는 뺑덕어멈이라고 불리는 악녀가 재물 욕심에 학규의 첩이 되었고 두 사람은 고향을 뒤로하고 방랑길에 오르게 되었다.

한편, 심청은 수정궁에서 어느 날 옥진부인(玉眞夫人)이 오신다고 하여 누군지도 모르고 맞이했다. 이 사람이야말로 바로 심청을 낳은 생모였다. 옥진부인은 기쁨의 눈물을 흘리는 심청의 등을 어루만지면서 "청아"라고 눈물을 참으며 심청을 다정히 달래며, "너와 또 이별하는 것은 괴롭지만 옥황상제의 명령으로 나는 돌아가야만 한다. 너는 다시 아버지를 만날 것이야."라고 하였다. 이윽고 옥황상제는 "효녀 심청이를 옥련화 속에 넣어 원래 있던 임당수로 돌려보내라."라고 분부했다. 심청은 승천했지만 이름난 효녀이기에 다시 인간계로 나올 수 있던 것이다. 이리하여 심청은 왕비로 다시 태어났다. 다음 날 임금은 조칙(詔勅)으로 묘당(廟堂)에 고하고, 삼태육경(三台六卿)을 집합시켜 왕후로 삼는 의식을 서행하였는데 즉시 성대한 결혼식을 올리고 심청을 왕후에 봉하여 황궁에 살게 하였다. 심 왕후는 언제나 눈먼 아버지를 걱정하며 마음을 졸이다 어느 날 임금에게 털어놓았다. 임금도 그녀의 효심에 몹시 감동하여 즉각 전국의 눈먼 사람들을 위한 잔치를 열게 하였다. 각 도 각 군에서 모인 봉사의 수가 몇 만인지 모를 정도로 도읍지는 봉사들로 가득했다. 심 왕후는 아버지의 모습을 찾다가 드디어 한 봉사가 눈에 들어왔다. 틀림없이 아버지였다. 학규는 너무 기쁜 나머지 피눈물을 흘리며 심청의 얼굴을 보자고 외쳤다. 그러자 심청의 얼굴이 또렷하게 드러났다. 눈을 뜨게 된 것이다. 심청은 임금에게 이를 알렸고 부녀가 함께 행복한 여생을 보냈다.

(그림 이승만)

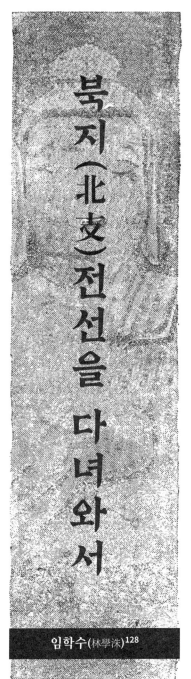

북지(北支)전선을 다녀와서

임학수(林學洙)[128]

석가장(石家莊)의 一夜

밤 11시 반이 되어서야 겨우 불을 껐는데, 여종업원이 미야카와(宮川) ○○에게 전화가 왔다고 알려주었다. 우리는 다시 옷을 입고 역으로 나갔다. 위문품이 도착했는데 오늘 밤 안으로 배송 수속을 밟아 놓지 않으면 내일 아침 태원(太原)행 열차에 실을 수 없기 때문이다. 전화를 한 사람은 오후에 ○○정거장에 들러 인사를 하고 숙소를 어디로 잡을지 걱정하며 나오던 참에

"제가 여관을 안내하지요."

라고 인력거를 불러 깨끗한 방을 잡아 주고, 차비도 내주고 숙박료까지 흥정해 주더니 방으로 함께 들어와 오래 이야기를 하고 간 사람이었다. 그는 자신이 와세다 법과 출신인데 이런 위문단을 만난 것이 기쁘고 이야기를 나누고 싶어서 뛰쳐나온 거라고 했다.

그는 이 밤중에 연락을 해서는 명령 계통이 달라서 혹시 내일 아침에 수하물이 폭주하는 바람에 위문품이 우리들과 같은 기차로 가지 못할 수도 있으니 자신이 북경에서 막 도착한 짐을 찾

아 북참(北站)으로 옮기고 그 쪽 담당자에게 부탁해 놓겠다고 했다.

구내에서 기다리고 있던 그에게 감사의 뜻을 전하자 그는 수하물표를 받아 들고 담당자에게 보이며 쿨리[129]를 재촉하여 짐을 부렸다. 그러는 사이에 잠시 홈에 서 있는데

"빵!"

하고 날카로운 총성이 들렸다. 주위를 돌아다보니 이미 역 주변은 쥐 죽은 듯 고요해졌고 ○○정거장 앞에 보초가 한 명 하얀 마스크를 쓰고 총검을 번뜩이며 서 있을 뿐 어두컴컴한 불빛 아래에는 미야카와 ○○와 우리 둘만 우두커니 서 있었다. 다시 "빵!" — 계속되는 처연한 침묵 — 주 위는 쥐죽은 듯 고요했고 역 앞 광장에는 인력거 하나 보이지 않았다. 나 는 짐짓 침착한 태도로

"무슨 일입니까?"

"글쎄요. ○○가 왔나."

라며 상황을 살폈다.

나는 어느새 그 사람 어깨 뒤에 숨어 있는 자신을 발견했다.

잠시 후 세 사람은 쿨리에게 짐을 끌게 하고 역 광장으로 나왔다. 대여섯 걸음 걸었을 때 이번에는 광장의 서쪽에서 다시 "빵!" 연달아 세 발째였다.

미야카와 씨가 깜짝 놀라 멈춰 섰기에 갑자기 긴장되었다. 이미 우리는 몸을 의지할 만한 것이 아무것도 없는 광장 한복판에 서 있는데, 총소리 는 바로 귀 옆에서 울리는 것이 아닌가! 태어나서 처음 맛보는 느낌이었 다. 그러나 잠시 후 미야카와 씨는 머뭇거림 없이 다시 깜깜한 어둠 속을 조심스럽게 나아갔다. 우리들도 그 뒤를 따랐다.

손발이 갑자기 아주 무거워졌지만 너덧 걸음을 걷자 믿기지 않을 만큼 평정을 되찾았다. 조용했다.

이윽고 북참(北站)에 도착하자 보초와 경비병이 묵묵히 철갑옷을 벗었

다. 우리를 보고도 아무런 말이 없다. 우리도 아무것도 묻지 않았다.

미야카와 ○○의 호의와 특별한 배려로 위문품을 부탁하고 나서 차를 타고 숙소로 돌아왔다. 나는 그제서야 비로소 오늘 낮에 우리가 전적지 시찰을 나가겠다고 했을 때 말리던 ○○의 말을 떠올렸다.

낭자관(娘子關)

군인 역원이 꽝꽝 징을 울리자 열차는 다시 서서히 나아갔다. 여기서부터는 참장(站長)도 차장도 모두 군인이었다. 물론 야간에는 차를 운행하지 않았다. 승객은 대개가 군인과 군속(軍屬), 일선에서 여관 겸 요식업을 하고 있는 상인들이었다. 멀리 무리지어 우뚝 솟은 산속에는 아직 패잔병들이 남아 있어서 산꼭대기에서는 모닥불을 피운 시꺼먼 연기가 여기저기 피어올랐고 토치카 위에는 검은 깃발이 나부끼고 있었다.

밤이 되면 그들이 역습해 온다고 했다. 그러나 이 일대의 패잔병은 대개 전의를 상실하여 무기도 제대로 소지하지 않고 있을 뿐 아니라 비가 오면 우산을 쓰고 나온다고 했다. 하지만 옆에 있던 병사가

"아무리 쫓아내도 끊임없이 나오는 통에 아주 어쩔 도리가 없습니다."
라고 한 말은 그들의 유격전술을 그대로 설명해 주었다.

아아 개미집처럼 뚫려 있는 몇십만 몇백만의 토치카!

올려다보면 실처럼 늘어져 우뚝 솟아 있는 층암과 그 끝에 걸려 갈기갈기 찢어진 창공. 겨우 바람이 불어오는 곳을 독수리 한 마리가 날고, 바로 아래는 시퍼런 강. 가도 가도 끝없이 절벽과 절벽 사이의 계류가 이어졌다 끊어졌다 하며 흐르고 그곳을 레일이 달리고 있다. 그리고 강가의 벼랑에는 나무 하나 풀 한 포기에도 모두 구멍이 뚫려 있고 주위에 철조망이 쳐져 있다.

산서성(山西省)

산서성은 온통 산인데 산에는 나무가 적고 물은 말라 있다. 그러나 중국은 역사와 토양이 오래된 나라이다. 무한한 부와 광활함과 태고의 신비를 간직하고 있는 나라이다. 온통 산뿐인 산서성은 언뜻 보기에는 수수하고 빈약한 것 같지만 사실은 세계 보고 중의 하나로 손색이 없다. 염세(鹽稅)와 아편세는 염석산(閻錫山)의 주요 수입원이었다. 목화도 생산된다. 포도는 산서성의 명물이다. "빛나는 술잔에 담긴 향기로운 포도주를 마시고 옛부터 전쟁터에 나가 몇 명이나 돌아왔던가(「포도미주야광배(葡萄美酒夜光杯) 고래정전기인액(古來征戰幾人厄)」)"라고 읊은 그 양주사(凉州詞)[130] 역시 수긍이 간다.

물론 지하에는 무한한 부원(富源)이 묻혀 있다. 철로변 곳곳에는 새까만 기름이 번들번들 빛나는 석탄덩이가 노출되어 있다. 이를 개발하면 수많은 민중이 복리를 누리지 않겠는가.

그러나 보라. 인근 주민들은 모두 누더기를 걸치고 기아에 허덕이고 있고 작은 역에 열차가 도착할 때마다 수많은 소년들이 손을 벌려 "주세요. 주세요."라고 외치고 있지 않은가!

전선의 장병

열차가 유차(楡次)에 도착했다. 우리는 다시 여기서 묵어야 했다. 일주일 전에도 폭격기 7대가 공격해 와서 폭탄을 투하했다고 한다. 같은 숙소의 상인의 말로는 여기서부터가 위험한 곳이며 이삼 일 전에도 열차가 피습당했다고 한다.

다음 날 다시 우리는 하루 종일 열차에 흔들리며 끝없는 골짜기를 돌고 돌아 앞으로 나아갔다. 잠시 평지가 펼쳐지나 싶더니 이내 느닷없이 산봉우리가 나타났다. 레일 양쪽 끝에는 깎아 세운 듯한 절벽이 우뚝 치솟아 산간 철로는 마치 하늘을 뒤덮은 울창한 삼림 속에 길이 하나 뚫려 있는 듯했다.

저 커브에서 아니 그 다음 커브에서 누군가 총을 쏘면 틀림없이 총알은 이 창문을 뚫고 들어올 것이다. 그럼 어디에 몸을 숨기지? 하는 생각을 하자 정말 소름이 쫙 끼쳤다. 주위를 둘러보니 아침에 가득 탔던 병사들과 선무관들은 어느새 모두 내려버리고 겨우 ○○명의 병사만 남았다.

나는 옆에 있던 병사와 이야기를 나누었다. 들어보니 내 바로 옆에 있는 군소는 ○○경비대 ○○병인데 고향이 시코쿠이고 작년에 사변이 발발하자마자 바로 천진(天津)으로 와서 ○○전선에 있다가 남하하여 상해(上海) 남경(南京) 공격전에 참가했는데 북상하여 서주회전, 거기서 다시 낭자관(娘子關)을 넘어 태원(太原)에 이르러 장가구(長家口)로 갔다가 지금은 다시 산서성으로 돌아왔다고 했다. 그야말로 거의 중국 전역을 강행군하였는데 큰 전투를 치른 것만 세 차례이고 소규모 소탕작전에 참여한 것은 헤아릴 수 없을 정도라고 했다.

"이 검으로 적군을 베었습니다."

라고 검을 어루만지면서 밝게 웃었다.

또 그 옆에 있던 서른대여섯으로 보이는 도쿄 출신의 통신부대(電信部隊) 상등병도 역시 작년에 와서 거의 중국 전역을 행군했는데 희생된 전우도 상당히 많고 그의 소대는 불과 ○○명이 남았다고 했다. 그는 감개무량한 표정으로 국내 소식을 자세히 물었다. 집에는 아이가 둘이나 있다고 했다.

마침 점심때가 되어 과자를 권해도 먹지 않더니 경성에서 가져온 귤을 자르자 만 2년 만이라고 기뻐하며 반만 받아먹었다. 가벼운 식사라고 웃으며 펼치는 도시락에는 아무 맛도 가미되지 않은 검은 빵이 겨우 두 조각 들어 있었다. 우리는 선로변에서 아무것도 사지 못해서 결국 점심을 먹지 못했다.

곧 해가 저물 텐데 옛 병사들은 고적소리에 만리 떨어진 고향을 그리워하며 오늘 밤 처연한 산서의 어느 들판 위에서 짧은 꿈을 꾸려는 것이다.

열차가 작은 역에 도착할 때마다 그들은 모두 승강대로 나가 그곳에 나와 있는 전우들을 위로하며 전황을 묻는 것이 아닌가. 닳아빠진 군복 엉덩이가 신경 쓰이는지 만지작거리며 몇 명의 부하를 데리고 들판 끝으로 멀어져가는 사관의 뒷모습…….

요순(堯舜)의 도읍지

다음 날 여정은 임분(臨汾)에서 운성(運城)까지였는데 그야말로 노란 먼지로 가득찬 세계였다. 게다가 요순(堯舜)과 우탕(寓湯)의 도읍지도 이미 심하게 황폐해진 데다 여기저기 토치카 위에 초연히 서 있는 보초 외에는 아무런 인기척도 없었다. ○○만이 풀 아래 나뒹굴고 주인 없이 버려진 개들이 수상쩍은 것을 입에 물고 어슬렁거리고 있었다.

南風之薫兮解吾民之慍也 (남풍지훈혜 해오민지온야)
여름 바람의 향기로움이 우리 백성의 걱정을 풀어줄 만하다[131]

라고 읊조리던 곳이었는데, 이제는 까마귀가 지는 해를 애도하고 전운이 하늘을 뒤덮어 병마가 어둠을 틈타 공격하는 전장터가 되어 버리다니!

비석을 갓 세운 용사의 무덤 앞에서 깨진 사이다병에 복숭아꽃 한 송이가 꽂혀 있는 것을 볼 때도 이것이 어제까지 고생을 함께 한 전우에게 바친 것이려니 하는 생각이 들어 꽃을 바친 병사의 심경을 헤아려 보다 이역 땅의 들판 풍경이 하나같이 감개무량했다.

운성(運城)에 도착하여

북경에서 기차로 꼬박 사 일째 되는 날 운성에 도착했다. 발이 온통 먼지와 티끌로 뒤덮일 정도로 밤낮 바퀴와 말발굽 소리뿐이었다. 동조산맥, 중조산맥은 여전히 수만 명의 병사가 포위하고 있어서 밤이 되면 끊임없이 타오르는 봉화 불빛이 성내를 밝게 비추었다. 물은 짭짤했고 아직 4월인데도 6월 정도의 더위였다.

우리는 역까지 마중 나온 오쿠칸 ○○와 마쓰모토 선무반장의 안내로 진지 안으로 들어가서 정해준 운성호텔에 들어갔다. 저녁 무렵이었다. 숙소는 중국식 칸으로 네 벽에는 몇 치나 되는 빨간 먼지가 온통 쌓여 있어 손 하나 댈 수가 없었다.

세 사람은 불을 켜고 마주 앉았다. 생각해 보면 머나먼 땅, 해가 지는 고지에 홀연히 와 있는 것이다. 불을 껐지만 드디어 내일부터 전투부대에 참가한다고 생각하니 이상하게도 흥분이 되어 잠이 오지 않았다. 슬그머니 문을 열고 밖으로 나왔다. 숙소의 뒷벽이 바로 성벽인데 여기저기 무너져 구멍이 뚫려 있었다. 작년에 처음으로 이 성을 점령했을 때의 상황은 어떠했을까. 황폐한 길에는 버려진 시체들이 얼마나 나뒹굴고 있었을까. 그런 생각에 잠겨 있는데 멀리 성밖에서 개 짖는 소리가 들리고 희미하게 구두 소리도 들리는 듯했다. 돌아보니 하늘에는 달이 밝고, 뜰에는 성벽의 그림자가 길게 드리운 고요하고 깊은 밤이었다.

이튿날 ○○부대 본부를 찾아갔더니 마침 북경에서 ○○각하가 와서 회의가 있다고 해서 위문품만 전달하고, 낮에는 시내를 견학하고 밤에는

경리부의 어느 한적한 방에서 우리를 위해 마련한 만찬에 참석했다. ㅇ
ㅇ고급부관과 이(李) 통역관이 와 있었다. ㅇㅇ고급부관은 출정하기 전에
대구와 평양에도 오래 있었다며 우리를 환대해 주셨다. 이 군은 스물서넛
정도의 청년인데 용모가 단정하고 중국말도 잘해서 부대장 이하의 깊은
신뢰를 얻고 있어서 각 부락에서 부대장의 강연이 있을 때에는 언제나 통
역을 맡는다고 했다.

연회를 마치고 숙소로 돌아와 작년에는 통역을 했고 지금은 운성에서
잡화상을 경영하고 있는 사람에게 여러 가지 어려운 전쟁 이야기를 듣느
라 밤이 깊어지는 것도 몰랐다. 내일부터 시작되는 안읍(安邑), 하현(夏縣),
우향(虞鄕), 포주(蒲州) 등의 코스를 염려하면서.

(시인, 황군위문조선문단 펜부대의 한 사람)

최승희와 그 외

이시이 바쿠(石井 漠)[132]

1917년 지금부터 벌써 23년 전의 일이다. 우리를 키운 부모처럼 기둥처럼 의지해 온 제국극장이 경비 문제로 갑자기 가극부를 해산하였다. 당시 교사였던 로시(Rosi) 씨는 시미즈 킨타로(清水金太郎) 부부, 하라 노부코(原信子) 씨, 그리고 고 다카다 마사오(高田雅夫) 부부를 필두로 2학년 학생들을 규합하여 아카사카 로열관에서 창단하게 되었는데 2기생을 제외한 1기생, 3기생, 4기생들은 완전히 어찌할 바를 몰라 했다. 그래서 나는 다른 사람과 숙고한 결과 나머지 사람들을 모아 아사쿠사의 일본관에 틀어박히게 되었다.

새로운 음악과 새로운 무용은 먼저 대중으로부터… 라는 표어가 효력이 있어서 소위 아사쿠사 가극의 도화선이 되었는데, 당시 응모한 연구생 중에 강홍식(姜弘植)이라는 조선인 청년이 있었다. 이 청년은 몸집도 좋고 목소리도 상당히 아름다워서 결국 무용보다도 노래 쪽에 전념하도록 지도하게 되었다. 불과 2년 만에 그만두었고 스즈키 덴메(鈴木傳明) 군의 무리에서 이시이 데루오라는 이름으로 영화배우가 되어, 그 후 경성으로 돌아가 극단을 조직한 것을 알게 되었다. 현재는 콜롬비아의 가수가 되었다는 소문을 들었는데 내가 처음으로 교류했던 조선 청년인 만큼 인상도 깊다. 물론 이제는 청년이 아니지만 어떤 얼굴로 변했을까 지금이라도 만나보고 싶은 심정이다.

중앙선 무사시 근처에 거처를 정하게 된 것은 1925년 초여름이었다. 대나무 숲 근처에 있는 친구의 서양식 집을 빌려 그 공터에 자그마한 연습실을 만들었는데 건축비를 마련하기 위해 지방 공연을 하게 되었다. 경성의 공회당에서의 공연은 분명 다음 해 4월이었던 것으로 기억한다. 당시 경성일보의 학예부장을 하고 있던 데라다 히사오 씨의 소개장을 가지고 내 분장실을 찾아온 남매가 있었다. 오빠인 승일 군의 이야기에 의하면 자기 여동생을 어떻게든 무용가로 만들고 싶다며 아무쪼록 돌봐주었으면 한다는 것이었다. 그 여동생이라는 이가 말할 것도 없이 지금의 최승희인데, 그 무렵의 최승희는 숙명여학교를 졸업했다고는 하나 아직 16살의 앳된 소녀에 불과했다.

데라다 군과 승희의 아버지, 오빠 승일 군 그리고 조선의 여학생복을 입은 승희, 이들과 여러 가지 절충 끝에 결국 제자로 삼기로 했다. 경성을 출발할 때 역사에서 관계자들과 간단히 술을 한잔 했는데 발차 시간이 다 되어 갑자기 개찰구의 인파 속에서 흰옷의 부인이 조선어로 승희의 이름을 부르면서 미친 사람처럼 뛰어오는 것을 보고 나는 깜짝 놀랐다. 그 사이에 기차는 움직이기 시작했고, 승희는 창으로 얼굴을 내밀어 어머니 어머니 하며 눈물을 훔치며 날카로운 소리를 질러서 견딜 재간이 없었다. 도쿄에 가는 것을 어머니에게는 일절 비밀로 했다는 사실을 나중에 알았다.

3년의 세월이 지나 우리가 홋카이도 공연을 마치고 도쿄로 돌아오자 최승희는 갑자기 귀국하겠다고 말했다. 마침 이 무렵, 그보다 반년 쯤 전에 산인도(山陰道) 여행 중 나는 눈병에 걸렸는데, 이때는 실명을 통지받은 지 얼마 되지 않은 때여서 안방에서 왕진 의사의 치료를 받고 붕대 감은 눈으로 소파에 누워 있었다. 그래서 아예 최승희를 말릴 용기도 없이 그대로 헤어지게 되었고 그 후 가끔 최승희가 경성에서 상당히 노력하고 있다는 소문을 들었다. 그러는 사이에 내 눈도 기적적으로 쾌유되어 다시 경성을 찾을 기회가 있었다. 3년 후에 경성에 갔을 때는 지금의 안 군과 막 결혼했던 모양인지 남산만한 배를 하고 내 숙소를 찾아왔다. 승희 부부가 전날의 잘못을 크게 뉘우치며 다시 도쿄에 가서 지도 받기를 간청해서 마음 약한 우리 부부는 결국 지고 말았다. 최승희 부부에다 갓 태어난 아이, 그리고 와카쿠사 도시코(若草敏子)까지 끌고 도쿄에 와서 그들 모두를 보살피게 되었다.

그리고 3년이 지나 내 권유로 도쿄에서 제1회 발표회를 하게 되었다. 승희의 무용에 특징을 갖추게 하기 위해서 당시 빅터사에 용무가 있어서 도쿄에 와 있던 조선 무용의 대가 한 씨에게 승희를 보내 조선 무용법을 속성으로 배우게 했다. 본인이 싫다는 것을 내가 억지로 다듬어 주고 제목도 '에헤야노아라'라고 명명해서 그것을 상연했는데 뜻하지 않게 아주 인기가 좋았다. 그 후 나도 자주 조선풍 무용을 상연하게 되었는데 정말로 최승희 본인에게도 경사스런 일이라고 생각하고 있다. 그리고 불과 이삼 년 만에 수만금을 모았다는 소문이 도는 것과 또 처음에 본인이 내키지 않아 하던 조선 무용 덕분에 미국과 유럽에서도 대단한 호평이라는 것은 나로서도 매우 기쁠 따름이다.

최승희보다 불과 1년 정도 늦게 내 연구실을 찾아온 사람 중에 조택원이라는 사람이 있다. 조 군은 중학교를 졸업하자마자 경성의 상업 은행에서 근무했는데, 당시 조선에서 테니스 선수로 매우 유명했다. 조선 대표로 도쿄 시합에서 우승을 하기도 했는데 이 청년이 우리 무용을 보고 무용가가 되고 싶다며 은행도 테니스도 버리고 곧장 내 연구소를 목표로 도쿄에 왔던 것이다.

조택원은 최승희가 깨닫기도 전에 조선 무용 부활에 뜻을 두어 경성에서도 여러 번 상연하고 있었는데 그것이 도쿄가 아니었기 때문에 최승희에게 밥그릇을 빼앗긴 형태가 되어 버렸다. 물론 한쪽이 남자인 만큼 이 세계에서 최승희를 능가하는 것은 좀처럼 어려운 일이어서 어쩔 수 없는 일이지만, 반면 조택원의 무용의 창조력은 무시할 수 없는 것이어서 최승희라고 해도 안심할 수는 없을 것이다.

이번에 무라야마(村山) 군이 각색 연출한 영화 「춘향전」의 주역을 한다고 하는데 조택원이 세상에 진출하는 것은 이제부터라고 생각한다. 그리고 그의 지론에 의한 조선 무용의 부활도 좋지만 그것으로 조 군의 무용에 관한 일이 끝났다고 생각하지는 말았으면 한다.

이 외에 조선 출신의 무용가로 구니 마사미 방정미(邦正美)가 있는데 2년쯤 전에 독일로 건너가 널리 일본 무용 강의를 하고 다닌다는 답장을 받았다. 이 전쟁으로 지금은 어떻게 되었는지 궁금하다. 처음에 대학 시절 반년 정도 내 연구소에 온 적이 있지만 이색적인 조선 출신 무용가 중 한 명으로 이름만 들어 두기로 한다.

문단 방면에서는 천하장사 이광수 씨를 차치하고라도 일본 내지에서의 중견작가 장혁주, 악단 방면에서는 음악의 나가타 겐지로(永田絃次郎), 이인선, 제금(提琴)133의 천재 계정식(桂貞植), 안병소(安炳昭) 등을 들 수 있겠다. 이들에 대한 나의 감상은 다음 기회로 미루기로 하고 특기할 만한 인물로 본지의 주관인 마해송 씨가 있음을 잊어서는 안 된다. 그러나 마 씨에 관해서는 쓰는 사람이 많을 것으로 생각되니 생략하기로 한다.

조선의 친구들

무라야마 도모요시(村山知義)

나는 조선에 좋은 친구가 많아 그들 중 누구를 들어 이야기해야 할지 고민이다. 유치진 군은 마르고 키가 커서 나와 이야기를 할 때는 상반신을 굽혀야만 한다. 그렇게 몸을 구부리는 유 군은 「춘향전」의 조선 공연을 준비할 때도 공연 내내 이루 헤아릴 수 없을 정도로 친절을 베풀어 주었다. 술을 마셔도 전혀 소리를 지르거나 화를 내지 않고, 평소보다 눈을 가늘게 뜨고 한층 싱글벙글 웃는다. 나는 끝내 유 군의 못마땅해 하는 얼굴을 한 번도 보지 못했다.

송석하(宋錫夏) 씨에게도 이루 다 말할 수 없을 정도로 폐를 끼쳤다. 그는 두말할 나위 없는 일류 고고학자이다. '춘향전의 고증'은 모두 그의 조력에 의한 것이고, 비원을 비롯해 궁전, 옛 사찰 등의 건축물을 구경할 때에도 송석하 씨의 안내와 설명이 있었기에 흥미롭고 유익했다. 부탁을 하면 아무리 까다로운 것이라도 조사해 주었다. 유 군과 아주 좋은 한 쌍의 온화하고 독실한 신사로 언제나 웃는 얼굴로 어려운 조사의 결과를 아낌없이 전달해 주었다.

이왕직(李王職) 아악부의 이종태(李鍾泰) 씨는 앞서 말한 두 사람과 비교하면 전혀 다른 타입의 열혈한이다. 그는 조선 아악에 모든 정열을 쏟아붓고 있다. 그에게 조선 아악은 세계 제일의 오케스트라이다. 아악부의 악기가 많이 진열되어 있는 케이스 앞에서 그는 얼굴에 홍조를 띠며 말했다.

"여기에는 서양 악기에 있는 것이 모두 포함되어 있습니다. 보세요. 이건 바이올린과 똑같지요? 이건 클라리넷 같구요. 이건 오카리나에요. 아주 똑같죠? 그리고 이 혜 'ㅅ'자 형태의 돌은 2천 년 전의 악기로 최근에 발견된 것입니다. 경(磬)이라고 해서 16개 발견되었는데 나열해 놓고 들어 올려 두들겨 보면 이것이 딱 서양음계와 일치하지 뭡니까!"

그는 우에노 음악학교 작곡과를 졸업하고 바로 아악의 보존, 복원, 발전에 온몸을 바쳐 만주, 중국 각지로 옛 악기를 찾아가는 여행을 계속하여 아악부의 조직, 신인 양성 등에 힘을 다하고 있으며 현재 아악을 서양의 악보로 기록하는 사업을 일으키고 있다. 아악의 전통을 유지하기 위해 수십 명의 청소년을 모아 교육하면서 서양 악기도 공부시키고 있다.

신협극단(新協劇團)의 「춘향전」을 경성 부민관에서 상연할 때 이종태 씨는 첫날 보러 와서 음악이 축음기라서 좋지 못하다, 반드시 진짜를 써야 한다고 이튿날에는 조선의 생황과 피리 악사를 데리고 와서 무대 옆에서 연주해 주었다. 그리고 그래 이거야, 이거야라며 우리보다 먼저 자신이 크게 만족해 했다.

안영일(安英一) 군은 나의 조선인 친구들 중에서도 가장 오랜 친구이다. 왕년에는 조선예술좌, 학생예술좌, 삼일극장 등의 명배우였다. 그가 새하얀 머리를 기르고 삿갓을 쓰고 긴 곰방대로 바닥을 치면서 이야기를 시작하면 뭐라 형언할 수 없는 잔잔한 유머가 인다. 신협극단의 「밑바닥에서」의 타타르인도 훌륭하고 독특한 연기였다. 그는 「춘향전」에서 조연출로 활약을 하였고 현재 연극 관계 일로 조선에서 만주로 나가 있다.

조선 사람이 내지의 극단에서 일하는 것은 언어적인 문제로도 상당히 어려운 일이다. 따라서 내지의 극단에서 일하기를 희망하여 긴 훈련을 한 후 결국 조선으로 돌아와 신극이든 영화든 하게 된다. 이는 당사자의 희망에는 반하는 것이지만 조선으로서는 기쁜 일이다. 이처럼 내지의 극단에서 일하는 것은 어려운 일이지만 안 군은 그 속에서 훌륭하게 활약하고 있다.

시인 임화(林和) 군 또한 오랜 지인이다. 7, 8년 전 도쿄에서 시인으로 또 잡지 편집자로 활약하고 있을 때부터 알고 지냈다. 작년에 경성에서 오랜만에 만났다. 나카노 시게하루(中野重治)[134]를 떠올리게 하는 신경질적인 얼굴에 부정이나 불순물을 받아들이지 않는 엄격함을 가지고 있는 듯하다. 현재 조선문고 편집이라는 좋은 일을 맡아 활기차게 일하며 공부하고 있다.

무용가 조택원도 그가 프랑스로 가기 전부터 아는 사이였고 최승희도 아직 그렇게 유명해지기 전부터 아는 사이였다. 그 밖에도 자꾸자꾸 거명하고 싶은 사람은 얼마든지 있지만 이제 지면이 남지 않았다.

기생학교에서는 무엇을 가르치나?

한재덕(韓載德)

기생학교에서는 무엇을 가르치나? 설마 요즘 세상에 적어도 학교 — 학교라고는 해도 학무 당국의 관할하에 있는 것이 아니라 보안경찰의 감독하에 있다 — 교단에서 철없는 여학생들에게 소위 미인계를 쓰는 법, 마음을 주지 않는 연애법, 부자들의 지갑을 바닥내는 법 등을 가르칠 수는 없을 것이다.

교내에는 황국신민서사가 걸려 있으며 그녀들은 당당한 국방부인회원이다. 하지만 장차 주연석의 꽃으로 나가 남성들이 좋아할 만한 서비스로 그들을 만족시키고 그것으로 생계를 책임지거나 크게 성공하려는 이 딸들에게 과연 학교는 무엇을 가르쳐야 할까.

학교 당국은 "이제 기생은 엄연한 직업여성이므로 이에 필요한 직업교육을 하고 있는 것이다."라고 강하게 주장한다. 그렇다면 학교가 가르치

월	국어	서화	가곡	내지노래	잡가(雜歌)	노래복습
화	국어	서화	가곡	내지노래	예절교육	음악
수	작문	서화	가곡	내지노래	잡가(雜歌)	노래복습
목	회화	서화	가곡	내지노래	성악	예절교육
금	독해	서화	가곡	내지노래	잡가(雜歌)	노래복습
토	독해	서화	가곡	회화		

는 것은 요컨대 '기예(技藝)'와 '기술(技術)'이요, 나아가 '기학(技學)'이라고 할 수 있다.

이것은 현재 평양 기생학교 재학생 210명의 3학년 수업 시간표이다. 여기에 나와 있지 않은 과목으로는 1학년의 창가와 무용, 2학년의 시조와 악전(樂典)이 있다. 도무지 '기학(技學)'이라는 과목이 있나 싶을 정도로 낯선 과목이 죽 늘어져 있어서 다소 설명이 필요할 것이다.

열심히 국어 수업을 듣는 기생 여학생(上)과
조선노래를 배우는 기생 여학생(下)

뭐니뭐니 해도 가장 주된 것은 노래이다. 조선 노래만 하더라도 가곡, 가사, 시조 등 옛날 상류의 소위 양반 계급이 즐기던 비교적 고상한 것에서부터 각지의 여러 대중적인 민요를 망라한 잡가에 이르기까지 4과목이나 된다. 양반들이 유유자적하면서 위엄을 잃지 않는 분위기로 노래하는 가곡, 읊조리는 풍의 시조, 마음 깊은 곳에서 짜내는 듯이 비장한 남도 소리, 혹은 애절하게 가슴을 울리는 아리랑, 서도 소리 추심가(愁心歌), 그리고 로맨틱한 도라지타령, 에로틱한 속가(俗歌)에 이르기까지 이것저것 가리지 않고 전부 배워야 한다.

일찍이 기생 시절 노래로 이름을 떨쳤던 선배 여선생들이 특기로 하는 부분을 각각 나누어 장고, 가야금 등을 연주하고 거기에 박자를 맞추어 가면서 전수한다. 처음에는 발성법부터 시작하는데 이 또한 매우 어려워서 목소리를 만들기 위해 옛날에는 석 달이고 넉 달이고 밥을 먹지 않은 채 회초리를 들고 연습시켰다고 한다. 그리고 추임새를 넣는 법과 무릎 치는 법(조선에서는 노래가 고조되는 부분마다 감흥하여 자신의 무릎을 치며 장단을 맞추는 격식이 있다) 등을 하나하나 손짓 발짓 모범을 보이며 가르치면 5, 60명의 여학생들이 이를 따라 어깨를 흔들면서 길고 유려한 노래를 세창하는 교실 풍경은 정말 신기한 광경이라 할 것이다.

그런데 옛날 기생들은 이것만 배우면 되었기에 편했을 지도 모른다. 지금은 시대가 개화하고 손님들은 모던화되어 젊은 사람들을 감흥시키기 위해 '창을 열면…', '…오늘도 비가 내린다'는 식의 우수 어린 목소리를 내는 레코드풍으로 노래를 불러야 한다.

이 학교의 무용(검무, 승무)은 상당히 유명하지만 손님들 사이에서 고전적인 취미가 엷어져 가는 경향을 반영하여 지금은 명색 유지 정도로만 가르치고 있다. 내지 무용도 있지만 그보다 인기가 있는 것은 레뷰식 무용과 사교댄스이다. 레뷰식 무용은 행사가 있을 때 하는 것이고, 사교댄스는 1년에 수차례 내지에서 댄스 교사를 초빙하여 서로 마주 잡고 교실이 좁을 정도로 2, 3학년 학생을 맹연습 시키는 과외 과목인데 졸업 후 요정에서 춤을 추어서는 안 된다는 내규가 있다.

기생에게 가장 중요한 서비스법, 즉 손님 — 남자를 다루는 법은 예절교육과 회화시간에 배우게 된다. 걷는 법, 앉는 법, 인사법, 술 따르는 법, 표정 짓는 법, 배웅하는 법 등 연회석상에서의 일거수일투족에 대해 그리고 일본 손님과 조선 손님으로 나누어 손님 모시는 법에 대해 자세히 강의를 한다. 이것은 말 그대로 예법임에 틀림이 없지만 남자의 생김새에

따라 그 사람의 성격을 파악하고 신분에 따라 심리를 구분하여 이런 손님에게는 이렇게, 저런 손님에게는 저렇게 대하라는 것에서부터, 이럴 때는 이런 식으로 웃으라는 것까지 가르치는 예절 수업은 아무리 세상이 넓다고는 해도 이 학교밖에 없을 것이다.

그러나 물론 이 정도의 기량만으로 기생이 될 수 있는 것은 아니다. 그럼 그 이상의 것은 어떻게 체득하는 것일까? 성선설(性善說)이 아닌 성요설(性妖說)에 의해 그녀들이 천성적으로 매력을 타고났기에 그렇다고 치부할 수는 없다. 다만 분명히 그녀들은 남자의 마음을 사로잡는 기술에 관한 한 '하나를 가르치면 열을 아는' 천성을 지니고 있다. 게다가 그녀들의 주위에는 훌륭한 프로 선배 기생들이 항상 모범을 보이고 있다. 학교가 권번(券番)[135] 사무소와 한 지붕 아래 있기 때문에 그녀들의 대기실에서는 언제나 선배 언니들의 고민스러운 사랑 이야기가 꽃을 피우고, 집에 돌아가더라도 그녀들의 집이 기생의 거리에 있는 만큼 그녀들의 친언니가 기생이 아니더라도 옆방에서 새

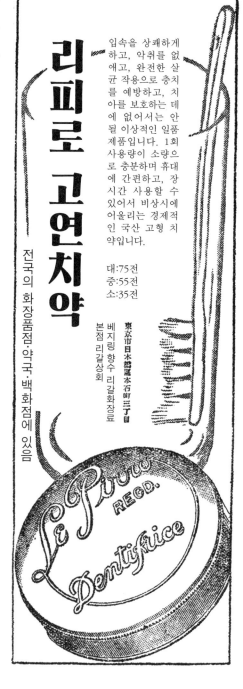

리피로 고연치약

입속을 상쾌하게 하고, 악취를 없애고, 완전한 살균 작용으로 충치를 예방하고, 치아를 보호하는 데에 없어서는 안 될 이상적인 일품 제품입니다. 1회 사용량이 소량으로 충분하며 휴대에 간편하고, 장시간 사용할 수 있어서 비상시에 어울리는 경제적인 국산 고형 치약입니다.

대:75전
중:55전
소:35전

전국의 화장품점·약국·백화점에 있음

東京市日本橋區本石町三丁目
베지링 향수리갈화장료
본점 리갈상회

어나오는 속삭임을 듣고 자연히 그 속사정을 엿보게 된다. 이리하여 그녀들은 허와 실이 있고 겉과 속이 다른 기생다운 기생으로 성장해 가는 것이다.

조선과 함께 약진하는
언론계의 최고봉

조석간 12페이지
구독료 1엔 20전
조선·만주·해외 지국 천여점

우리 문화의 사신!!
조선잡지계의 제왕

★★★

대중잡지
소년
정가
10전

대중잡지
조광
정가
40전

◇

대중잡지
유년
정가
20전

대중잡지
여성
정가
20전

대중의 집필과 최고의 독자층을 가지고 최대의 부수를 발행하며 최신의 설비를 갖고 단연 업계에 혜성같이 군림하여 타의 추종을 불허하는 잡지 왕국 대신문 조선일보사 출판부의 간행잡지를 보라.

본사 조선 경성부 태평통

★ 조선 민중이 사는 곳에 조선일보가 있고
★ 조선 민중의 의사는 조선일보가 표현한다.

사회자 아니요. 괜찮습니다. 설마 입에 오른다고 화를 내는 어른스럽지 못한 사람은 없을 겁니다. 오히려 흐뭇하게 생각할 테니

평양기생

사회자 여러분 최근에는 경기가 아주 좋아서 여러분과 같은 일류 인사들은 아침부터 불려간다고 하는데 김복희 씨와 이복화 씨는 예약까지 취소하고 와 주셔서 진심으로 감사드립니다. 아무리 평양이라고 해도 이렇게 초일류 여러분이 다 모이는 것은 좀처럼 없는 일입니다. 그럼 오늘의 화제인데요, 여러분이 연회석 같은 곳에서 만났던 내지의 명사들에 대한 인상이나 기억나는 이야기, 불평 등 뭐든지 좋으니까 아주 솔직하고 기탄없이 이야기해 주셨으면 합니다.

한정옥 하지만 손님의 험담을 할 수는 없지요.

아무쪼록 걱정 마시고 마음껏 이야기 해 주세요.

왕성숙 하지만 험담보다는 그리운 추억이 많아요.

사회자 그럼 먼저 여러분이 가장 좋아하는 연극이나 영화인부터 점검할까요. 지난번에 엔노스케(猿之助)가 왔었지요? 오마키라는 차야에서 연회가 있었을 텐데 누가…….

조선녀 저도 갔었어요.

사회자 엔노스케는 어떤 사람이었

376

나요?

조선녀 전 몰라요. 다카스기 사나에(高杉早苗) 씨에게 반해서 그쪽만 보고 있었거든요. (웃음소리)

이복화 정말로 두 사람(단시로와 사나에) 사이가 눈꼴스러울 정도였다니까요.

김연월 엔노스케 씨는 까다로운 분이세요. 아무 말 없이 술잔만 받고 제대로 말도 안 했어요.

홍도화 그랬나? 아드님과 며느리 앞이라 어쩔 수 없었던 건 아닐까?

차성실 아니, 확실히 그분은 무뚝뚝한 분이야. 사나에 씨도 단시로 씨 쪽을 좋아하던 걸.

사회자 그리고 누가 왔나요?

안명옥 우자에몬(羽左衛門) 씨가 오셨어요. 그러니까 이화선 언니가 살아 있을 때니까 벌써 3년 정도 지났을까. 그때 말이에요, 우자에몬 씨가 이화선 언니를 아주 좋아했는데요, 연회에서 처음 만난 순간부터 좋아해서 줄곧 놓지 않았지요. 그래서 식사가 끝나면 극장에도 같이 가자고 해서 덕분에 저희들도 따라갔었어요. 우자에몬 씨와 함께 극장 문을 당당히 지날 때 아주 즐거웠지요. 그리고 분장실에까지 들어가서 화장을 할 때도 언니는 옆에 있었어요. 그러고 나서 모두 호텔까지 같이 가서 부인께 인사를 하고 돌아왔어요. 그리고 그 다음 날에는 우자에몬 씨가 화선 언니네 집까지 와서

내지 명사들
이야기하다

좌담회

출석자

사회자 한재덕	최명주	조선녀	이복화	김복희	김연월	홍도화	차성중	안명화	한정옥	임양옥	왕성순	성춘선

꽤 오랫동안 이야기를 하며 좀처럼 돌아가려고 하지 않는 거에요. 화선 언니랑 짜고 우자에몬 씨를 집에서 나오게 하느라 우리도 아주 고생했었죠.

한정옥 그 후 도쿄에서 온 소문에 의하면 우자에몬 씨가 어떤 사람에게 자기가 여자에게 차인 것은 태어나서 처음이었다고 했대요.

김복희 그리고 보니 그 언니는 얼굴이 가쓰타로 씨와 비슷했지.

안명옥 게다가 재미있는 것은 우자에몬 씨의 귀가 언니의 귀와 닮았더라고요. 우자에몬 씨는 아주 기뻐하며 몇 번이나 그 말을 했어요. 대가도 어떤 면에서는 귀여운데가 있더라고요.

사회자 아이구 우자에몬 선생도 평양 기생을 만난다니 대단한 걸. 기치자에몬 씨도 오셨었죠?

김연월 아주 좋은 분이세요. 게다가 그 따님이 아주 미인인 데다 우리들에게 아주 친절히 대해 주셨던 일은 지금도 기억하고 있어요.

사회자 신협극단이 「춘향전」을 가지고 왔을 때 극단 사람과는 안 만났나요?

이도화[136] 동일관에서 환영회가 있었을 때 아주 잠시 들렀던 적

故 이화선

이 있어요. 왠지 다른 연극인 분들과는 다른 인상을 받았어요. 모두 초라한 차림을 하고 계셨지만 아주 명랑하셨어요.

김복희 그 춘향전에서 방자 역을 한 사람(미시마 마사오), 그 사람 조선인 아니니? 아주 똑같더라.

최명주 그 극단에 백발의 할아버지가 함께 왔지요? 착하고 사람 좋게 생기신 분.

사회자 아키타 우자쿠(秋田雨雀)[137] 씨지요?

최명주 나도 들은 이야기인데 그분이 기생의 가정을 보고싶다고 해서 평양 매일신문의 주 씨의 안내로 이옥란의 집으로 왔대요. 그리고 아베마

이도화

리아의 액자를 방에 장식해 둔 것을 보고 아주 신기해 하며 그 밖에도 여러 가지 자세히 물어 연구해 갔대요. 그렇게 성실한 분을 기생의 집으로 맞이한 것은 처음이었다고 하더군요.

사회자 그 극단 연출자 무라야마 도모요시(村山知義) 씨에 대해서는 왕 씨가 잘 알거에요.

왕성숙 재미있는 분이에요. 제가 처음 만났을 때는 왠지 풀이 죽은 사람 같은 인상을 받아서 함께 오신 분이 훌륭한 사람이라고 소개를 해도 거짓말 같았어요. 하지만 알면 알수록 깊이가 있어서 역시라고 생각했어요. 그런데 처음 만난 자리에서 여러 가지로 친숙하게 이야기하면서 술을 마시다가 저를 물끄러미 바라보나 했더니 갑자기 덥석 제 손등을 힘껏 무는데 정말로 깜짝 놀랐어요. 전 그래서 일주일이나 손에 붕대를 했어요. 그래서 왜 그랬냐고 물었더니 자기는 끓어오르는 격정을 어떻게 할 길이 없어서 그렇게 할 수밖에 없었다더

군요. 재미있지 않아요? 그리고 그 다음 날에는 강서 고분을 보러 간다고 일찍 호텔을 나와서는 저한테 오셔서 하루 종일 놀았어요. 그날 밤이던가 꽤 취해서 돌아가셔서 걱정이 되어 한 시경에 호텔로 전화를 걸었어요. 그랬더니 그토록 엉망으로 취해 있던 분의 목소리가 아주 반듯해져 있는 것 아니겠어요. 그리고는 이렇게 말하는 거예요. "내게는 책임이 있소. 놀러 다니는 것이 아니니 그날 일은 그 날 끝내지 않으면 안 되오. 지금도 주가이(中外)상업의 연재소설을 쓰고 있는 중이오."라고 말이에요. 전 정말 감탄했어요. 저희 집에 놀러 와서도 일일이 살림살이나 그 밖의 다른 것을 아주 자세히 조사하는 거예요. 역시 일이 우선이지요. 저 같은 사람은 요컨대 조사 대상 중 하나의 소재가 된 것에 불과할지도 몰라요.

한정옥 하지만 물어뜯을 정도

왕성숙

였으니 후일담이 있는 거겠죠.

안명옥 아니면 그 연재소설에 물어뜯는 장면이라도 있었던 걸까…….

왕성숙 설마… 왜냐면 그 후에 또 물렸었는 걸.

안명옥 상습범이구나.

김연월 죄는 언니에게 있을지도 모르지.

왕성숙 그 후로 편지도 없어요. 있을 리도 없지만 진짜로 깔끔했죠.

사회자 무라야마 씨는 아마 춘향이가 될 영화배우를 찾으러 온 거겠지요.

왕성숙 네. 두 번째는요. 그래서 제가 이복화를 데리고 와서 보여주었어요. 야마다 이스즈(山田五十鈴)를 닮았는데 유망하다고 감탄하더라고요. 하지만 제 몫을 하는 배우로 키우는 것은 큰일일 거라고 스스로도 걱정이 되는 것 같았어요. 고생하면 3개월째부터는 멋지게 쓸 수 있을 거라고 자신만만이었지만…….

이복화 3개월이나 물리면 큰일이잖아요. (웃음소리)

사회자 유명한 영화배우는 오지 않았나요?

김월중선 그러게 우에하라 겐(上原謙)이나 사부리 신(佐分利信) 씨라도 안 오나…….

조선녀 하세가와 가즈오(長谷川一夫)가 좋지.

왕성숙 어유 싫어. 고스기 이사무(小杉勇)나 오히가타 덴(大日方傳)이 오면 좋겠다.

사회자 이거 큰일 났군요. 올 스타 캐스팅이네요. 그 사람들 이야기는 만난 다음에 하고요.

차성실 전 아주 오래전 일이긴 한데요, 이런 일이 있었어요. 뱃놀이에 불려 나가 보니 그 자리에 젊은 사람이 조용히 앉아 있는 거에요. "이 사람 오가미 기쿠타로(尾上菊太郎) 씨랑 많이 닮았네요."라고 부추겼지요. 그랬더니 다들 웃잖아요. 그도 그럴 것이 진짜 기쿠타로 씨였던 걸

차성실

요. (웃음소리)

사회자 차성실 씨는 그림이 유명하니 유명한 화가에 특히 관심이 있지요?

차성실 네. 특히 올해는 여러 선생님을 만날 수 있었기에 기쁘게 생각하고 있어요. 하지만 그중에서도 지금 생각해도 화가 나는 사람이 있어요. 이름은 말하고 싶지 않지만.

사회자 누구에요? 상관없어요.

차성실 도모토 인쇼(堂本印象) 씨. 올 여름에 학생들을 데리고 왔지요. 역시 오마키 차야에서 연회가 있었어요. 그래서 제가 그림 한 점을 부탁했어요. 점이든 선이든 좋으니 함 점만 꼭 어떻게 해달라고 졸랐어요. 대가의 작품을 그렇게 간단히는 받을 수 없다는 것은 잘 알고 있지만 정말로 좋아하는데 어떻게 해요? 뭐 팔려는 것도 아니고 취흥으로라도 좋으니 하나 그려주면 좋잖아요. 대부분의 분들은 그려줘요. 그런데 도모토 씨는 아무리 해도 안 되더라고요.

한정옥 어머 그래? 난 한 장 받았어요. 하긴 그 자리에서 ××님에게 뺏겼지만요…….

차성실 그런 점에서는 같이 오셨던 이케가미 슈호(池上秀畝)[138], 야자와 겐게쓰(矢澤弦月), 야마카와 슈호(山川秀峯), 야마세 하스이(山瀬巴水) 선생님들은 정말로 친절했어요. 여러 분들이 그림도 한 장씩 그려주시고 아주 친절하셨어요.

조선녀 모두들 평양의 경치에 아주 감탄하시며 화실에서 우리들을 모델로 그림을 그리셨는데 한번 보고 싶네요. 그 그림…….

한정옥 저는 젊은 화가를 만났어요. 도고 세지(東鄕靑兒) 씨요. 부인과 함께 국일관에 오셨었는데 그 부인이 대단한 미인이시던데요. 우리들이 전혀 고개를 들지 못할 정도로 말이에요. 그렇게 아름다운 부인이 계셔서 그런 아름다운 그림을 그릴 수 있는 걸까요. 아무튼 얼굴은 못생겨도 좋으니까 조선 노래를 잘 하는 기생을 불러달라는 주문이었어요. 화가니까 얼굴이라든가 스타일 같은 것을 보는 것에 흥미를 가지고 있을 법도 한데 부인 앞이라 조심한 것인지 계속 듣는 데만 열중하시더니 최춘홍 언니의 남도가에 특히 감동하셔서 "그 비장한 리듬이 힘이 있어 좋아. 역시 조선 기생은 조선 노래가 제일이야."라며 몇 번이고 반복해서 들으셨어요. 그런 분들은 모두 조선적인 것에 굉장히 관심이 많으세요.

왕성숙 저는 좀 도도한 예술가라는 인상을 받았어요.

사회자 요전 날 가토 다케오 씨, 고지마 마사지로(小島政次郞) 씨와 하마모토 히로시(浜本浩) 씨가 왔었지요?

조선녀 그분들이라면 우리들 대부분이 모두 뵈었지요. 가토 씨와는 우리들이 그 자리에서도 "아버지 아버지."하고 부르며 금새 친해졌어요. 아주 친절한 아저씨 같았어요. 하지만 어쩐지 처음에는 좀 모자란 시골 아저씨라는 느낌이었어요.

김연월 예술가란 다 그렇더라고요. 처음 봤을 때의 인상은 왠지 맹

해 보여요. 하지만 교제를 해갈 수록 어쩐지……

조선녀

왕성숙 깊이가 있지.

차성실 가토 어르신은 정말로 친절해요.

조선녀 흥, 그렇겠지. 선물 같은 것도 받고 말이야.

사회자 받아요? 뭘 말이죠?

차성실 도쿄로 돌아가서는 바로 '슌라이(春雷)'라는 선생님의 책을 보내 주셨어요. 사인을 해서요.

사회자 오호, 많은 기생이 있었는데 어째서 특별히 당신에게만 보내준 걸까요?

차성실 전 몰라요.

이복화 성실 언니는요, 내지 분들에게 아주 인기가 좋아요.

조선녀 내지 분들만은 아니죠.

이복화 특히 말이에요.

김연월

김월중선 하여

간 선반 가득히 선물이 쌓일 정도
로 잘 나가니까요.

차성실 하지만 가토 선생님은 조
금도 이상한 마음이 있어서가 아니
에요.

사회자 하마모토 씨는요?

안명옥 그분은 단연 이일지화예요.

임양춘 맞아 맞아. 오늘 일지화가
없는 것이 안타깝네. 여러 가지 이
야기가 있는데.

사회자 그러네요. 시골에 여행 중
이지요. 하마모토 씨와 일지화 씨
의 이야기를 한번 듣도록 하죠. 하
마모토 씨는 아마 두 번 왔었지요?

임양춘 네. 처음 오셨을 때부터 일
지화를 좋아하셔서 두 번째 오셨을
때는 아예 일지화에게 몇 시에 도
착한다는 전보를 치셨을 정도에요.
하지만 공교롭게도 마침 그녀가 집
에 없어서 역으로 마중을 못 나갔
어요. 그래서 하마모토 씨는 요정
에서도 제정신이 아니었어요. 너무
질투를 하셔서 특별 수당을 주고
다른 요리집에서 일지화를 한 시간
정도 빌려와서 '짧은' 만남을 가졌

드렸어요.

김연화 그분들
강연회가 있었
지요? 전 회장에
서 하마모토 씨

김월중선

를 만났는데 갑자기 "이일지화 씨
를 아세요?"하는 거예요.

조선녀 그 강연에서는 일지화 이야
기는 안 했니?(웃음소리)

차성실 다음 날에는 같이 데리고
나가서 활동사진도 보고 찻집에
도……

왕성숙 너희들이 꽤나 졸라댔지?

사회자 하지만 아무리 졸랐다고
하더라도 도쿄에서 일부러 평양까
지 시찰하러 와서 기생을 상대로
시골의 작은 활동사진 구경이라니
재미있군요.

임양춘 친절하신 거죠. 말하자
면……

이복화 활동사
진이라면 고지
마 씨도 계락관
(階樂館)에 같이
갔어요.

이일지화

사회자 다 같이 말인가요?

이복화 아니요. 성실 언니랑 저랑 셋이서요. 처음에는 저한테만 가자고 하셨는데 둘이만 가면 왠지 이상해서 성실 언니도 같이 가자고 한 거에요.

왕성숙 하지만 그 세 분을 배웅한 것은 저뿐이었어요. 저는 사실 오사카 아사히신문의 노마(野間) 씨를 배웅하러 역에 갔었어요. 그랬더니 그분들도 떠나시지 뭐예요. 그래서 저는 그분들을 배웅하러 온 척 했던 거죠.

사회자 노마라는 사람은 어떤 사람인가요?

왕성숙 글쎄, 아사히에서 뭐하시는지는 몰라도 아주 멋진 분이세요. 모란대 뒤쪽에서 명물 불고기 파티가 있어서 다들 걸어가게 되었는데 뒤에서 그분이 앞서 가는 것을 보니 동양인 같지 않게 골격이 아주 멋진 거예요. 저는 엉겁결에 저도 모르게 "노마 씨."하고 부르고 말았어요. 그랬더니 휙 돌아다보며 미소짓는 것이 또 멋있는 거예요.

그래서 저는 "당신의 뒷모습이 너무 멋있어서 불러 봤어요."라고 속마음을 말

임양춘

하고, 하다못해 "같이 걷기라도 해요."라고 강심장 같은 말을 했어요. 그랬더니 선생님도 기꺼이 "그럽시다."하고 팔을 내미셨어요. 그래서 이렇게 서양식으로 팔짱을 끼고 모란대를 산책했지요. 여러 가지 말씀을 하셨는데 제가 만난 사람들 중에 가장 세련된 젠틀맨이자 인격자예요.

홍도화 아주 빠졌구나.

왕성숙 그리고요, 그때 이번 달(9월) 중으로 한 번 더 오신다고 했어요. 전 기다릴 거예요.

사회자 여러분들 집에는 레코드 전속 가수가 67명이나 있는데 그 방면 사람과의 교제는 상당히 많지요?

김복희 별로 없어요.

사회자 후지야마 이치로(藤山一郎) 씨가 여러 차례 오셨었죠?

안명옥 그리고 올 때마다 무슨 일을 저지르는 거예요.

사회자 운전수를 때려서 유치장에 들어가기도 하고……

한정옥 그분 무대에서는 그렇지 않은데 자리에 앉으면 아주 산만해요. 어린애 같아요. 이렇게 말하면 미안하지만.

김복희 인간적으로는 쇼지 다로(東海林太郎) 씨 쪽이 훨씬 건실한 것 같아요.

한정옥 하지만 그분은 무대에서도 좀 지나치게 딱딱하지 않아요? 꽤 오래 전의 일인데 저는 왕수복 언니가 소개해 주겠다고 해서 함께 찾아갔었어요. 그런데 진짜 쇼지 씨를 보이로 착각해서 창피를 당한 적이 있어요.

김복희 뭐 접객 자리에서 만난 것은 아니지만 도쿠야마 다마키(德山璉)[139] 씨는요, 그분과 일 관계로 여행을 같이 갔는데 꽤 친절한 분이시더군요. 더욱이 조선 민요에 많은 흥미를 가지고 계셔서 기차 안에서도 열심히 연습을 하시는 거

안명옥

예요. 그분은 얼굴만큼이나 성격이 좋은 사람이라고 전 생각해요.

사회자 방향을 급전환해서 오가와치(大河內) 씨 — 덴지로(傳次郎)가 아니라 이화학연구소 소장인…….

김연월 자작이죠? 모두들 그분과는 종종 만나요. 역시 학자라 그런지는 몰라도 꽤 까다로운 사람이에요.

조선녀 으음… 그분은요 우리들이 늘 하던 대로 요리를 조금씩 젓가락으로 집어다 선생님의 접시에 가져가잖아요, 그럼 절대 안 드세요. 같이 오신 분의 말로는 남이 가져다 준 것은 절대로 안 드신다는군요. 재미있는 습관이죠?

왕성숙 하지만, 이런 일도 있었어요. 겨울이었어요. 은하수처럼 얼어붙은 대동강 위를 보름달이 비추던 멋진

김복희

밤이였지요. 조선 요릿집에서 연회를 마치고 자동차가 오기를 기다리는 동안 저는 박사님과 강가로 나갔었는데 박사님은 "춥지." 하시며 자기 오버코트 속으로 저를 감싸고 어깨를 안은 채 물끄러미 강을 바라보고 계시다가 갑자기 이런 말을 하시는 거예요. "멋있군. 내게 사랑하는 여자가 있다면 이런 밤에 죽어도 좋겠어. 자네와는 어떨까."라고. 그리고는 강가로 나가시길래 어쩌시려는 걸까 걱정하고 있는데 빙그르르 건너편을 향해 소변을 보시지 뭐예요. (웃음소리)

차성실 저는 시바타 사다카즈(柴田貞一)라는 분이 무슨 어려운 책을 보내주셨는데 전혀 모르겠어요. 하지만 기뻐요. 그 정성이… 책상에 장식되어 있어요.

조선녀 그러나 가장 돈을 잘 쓰시는 분은 일본공업의 이시카와(石川) 사장님이에요. 요전에도 경성까지 같이 오라고 하셔서 성실과 설중월, 셋이서 반도호텔에 진을 치고 4, 5일 동안 큰돈을 쓰며 화려하게

놀고 왔어요.

홍도화

차성실 이시카와 씨는 우리들 10명 정도를 도쿄로 불러 거기서 게이샤를 시키면 좋겠다고 여러 차례 말하시더니 심각하게 방법을 생각하셨지요.

사회자 그거 재미있는 계획인데요. 그래서 여러분들은 갈 생각이었나요?

조선녀 그야 가지요. 부모님만 허락하시면…….

홍도화 먹고 살 수 있을까.

김복화 괜찮을 거야.

한정옥 이제 끝인 것 같은데 저 꼭 말씀드리고 싶은 분이 있어요. 그 장기로 유명한 기무라 명인과 함께 오셨던 낚시의 사토(佐藤) 씨…….

사회자 아, 그분. 주오(中央)공론에 여러분들에 대해 재미있는 글을 쓰셨죠. 여러분의 서비스가 상당히 좋았던

한정옥

모양이던데요. 하나에서 열까지 무턱대고 칭찬만 해대고 있잖아요.

최명주 제가 그림을 그렸다고 칭찬을 하고 계시지만 그건 제가 그린 것이 아니라 정옥이가 그린 거예요.

한정옥 그런 거 보다도요, 저는 처음 연회에 불려갔을 때 "꽤나 대단한 환영식 같은데 손님은 누구냐."고 물었어요. 그랬더니 장기 선수라고 하더군요. '기껏 장기 두는 사람이야'하고 처음에는 무시했었어요. 그런데 기무라 씨는요 만나 보니 아주 매력적인 남자인데다 자상하더라고요. 그리고 말이죠. "사람은 뭐든지 한 가지 일만은 잘할 필요가 있고, 또 한 가지 일만 잘하면 된다."고 하며 계속 우리를 격려해 주시는 거예요. 감격했어요.

최명주 같이 오셨던 사토 씨도 재미있는 분이더라. 아주 유머가 있으시던데.

사회자 그 밖에도 여러 방면의 유명한 분들이 오셨지요?

김연월 그야 더 많이 있지요. 하지만 막상 이렇게 떠올리려고 하니까 누구라고 딱히 떠오르질 않네요.

최명주

조선녀 떠오르지 않는 쪽이 그 사람에겐 다행이에요. 이런 심한 말을 들을 것 같으면……

임양춘 정말로 이렇게 뭐든 다 말해도 되는 건가요. 손님들께 죄송하네요. 특히 평양 기생들에게는 손님들에 관한 것은 절대로 말하지 않는 것이 철칙으로 되어 있는데 말이에요.

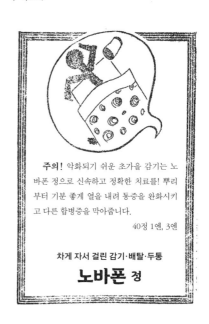

주의! 악화되기 쉬운 초가을 감기는 노바폰 정으로 신속하고 정확한 치료를! 뿌리부터 기분 좋게 열을 내려 통증을 완화시키고 다른 합병증을 막아줍니다.

40정 1엔, 3엔

차게 자서 걸린 감기·배탈·두통
노바폰 정

사회자 신경 쓰지 않아도 돼요. 다 허물없는 거잖아요.

왕성숙 하지만 정말로 그분들이 그립네요. 다시 한번 보고 싶어요.

조선녀 마지막 서비스인가요? 덤인가요?

왕성숙 그런 장삿속이 아니고요.

사회자 안부 잘 전해드리지요.

(평양 가네치요(金千代)회관에서)

조선영화를 말한다

하즈미 쓰네오(筈見恒夫)140

조선 영화계가 클로즈업되기 시작한 것은 이규환, 스즈키 주키치(鈴木重吉) 공동 감독의 「여로」가 처음이지만 조선 영화의 역사는 오래전 무성영화 시절부터 이어져 왔다. 단편적인 기억으로 교토 주변의 변두리 상설관에서 조선영화가 상영되고 윈도우에 조선옷을 입은 남녀의 스틸 사진을 발견하는 일은 한두 번이 아니다. 무성영화 시대 말기의 것은 이미 필자의 손에 두세 장의 스틸 사진이 있을 정도이다. 달콤한 연애물에서부터 당시 내지 영화의 유행에 뒤지지 않으려는 좌익에 물든 스틸 사진도 보인다. 구도며 분장이 지금 보면 유치하기 짝이 없지만 당시의 일본 영화를 생각하면 크게 우쭐댈 수도 없다.

그러나 조선 영화의 역사는 한 마디로 말하면 작은 프로덕션의 흥망사와도 같다. 형식상으로는 그 무렵부터 무수히 수입된 미국 영화에 매료되었고, 내용상으로는 내지 영화에 영향을 받기도 하고 때로는 반발하기도 했겠지만, 기업으로서의 영화제작에서 반도의 영화인들은 독자적인 길을 걸어온 것에 불과했다. 한 대의 카메라와 한 사람의 열정적인 영화 청년만 있으면 그것은 곧 프로덕션의 설립을 의미했고, 한 편의 영화가 탄생했다. 경제적인 전망은 아무래도 좋았다. 사실을 말하자면 결코 아무래도 좋았던 것은 아니지만 그들에게는 한 편의 영화를 만들기에도 빠듯했다. 그러니 만들어진 영화의 흥행에까지 신경쓸 여력이 있었겠는가?

이러한 조선 영화제작의 원시적인 상태는 지금도 계속되고 있다. 카메라에 마이크가 딸려 완비된 녹음장치가 필요하게 되자 영화제작에 많은 곤란이 뒤따르게 되었다. 경제적인 전망도 세우지 않으면 안 되었다. 이는 한때 조선 영화를 양적으로 저하시킨 원인이 되기도 했지만, 이 땅의 영화를 일본 전역에 소개하고 알리는 계기가 되었기에 객관적인 성격을 갖게 한다면, 토키영화가 조선 영화에 불행을 초래한 것만은 아닐 것이다. 경제적 어려움이 그들을 독선으로부터 해방시켰다고 할 수 있다. 실제로 「한강」이든 「국경」이든 이제 조선 영화는 그 좁은 땅에서 해방되어 가차없는 비판이 가해지는 시기가 되었다. 영화에 조선적인 성격이 다양한 각도에서 다루어지지 않으면 안 되게 되었다.

조선 영화가 내지에서 거둔 흥행의 성과나 대중적인 반향은 잠시 접어 두고 일부 영화제작자나 비평가들은 이제 이 사변(중일전쟁)에서 조선이 차지하는 위치에 대하여 관심을 가지고 바라볼 필요가 있다.

작품은 비참히 실패를 했지만 도호(東寶)가 발 빠르게 공동 제작에 나선 서광제(徐光霽), 사토 다케시(佐藤武) 공동 감독의 「군용열차」의 의의도 평가될 것이다. 예를 들어 조선 영화의 장래에 대해 두 가지를 생각할 수 있다. 하나는 「군용열차」, 혹은 야기 야스타로(八木保太郎)의 시나리오에 최인규(崔仁奎)가 감독한 「수업료」와 같이 내지인과 접촉한 생활상, 협력한 사상에 의한 기획이다.

다른 하나는 어디까지나 로컬영화로서의 성격으로 일관하는 것이다. 「한강」이나 「여로」, 「국경」의 노선이 그것이다. 어떤 이는 조선 영화를 체코슬로바키아 영화 「흐름」의 느낌과 결부시켰는데 영탄적이면서 여린 듯한 조선의 지방색은 역시 체코 영화와 비슷한 성격일지도 모른다. 하지만 원래 이 두 개의 분류는 궁극적으로 하나이지 둘이 아니다. 일본 영화가 동양 영화의 선진국으로서 만주나 중국을 제패하고 지도해나가야 한다면 이런 두 개의 분류는 불필요하다.

내지인이건 반도인이건, 모두 일본인임에는 변함이 없으니 적재적소의 작품을 가지고 여러 각도에서 다루어야 할 것이다. 최근에 겨우 조선영화주식회사와 같은 통합된 조직의 회사가 성립되어 무라야마 도모요시(村山知義)를 영입한 「춘향전」과 같은 큰 기획을 발표하고 있지만 그 실현성 면에서는 그다지 큰 기대를 할 수 없다. 내지의 자본가나 문화 단체의 진정한 이해 없이는 조선 영화의 건전한 발전은 기대할 수 없다. 경제적 원조 이외에 필요한 것은 연출가, 기술자, 배우 등의 교류이다. 내지의 영화회사가 어떤 영화에 조선인 배역을 필요로 할 경우에 가까운 반도에서 배우를 불러들여 영화적 훈련을 제공하는 정도는 아주 손쉽게 할 수 있다. 이렇게 할 때 내선융화의 실효가 있고 일본 영화의 대륙 진출의 기반은 더욱 공고한 것이 되지 않을까.

내지에 있으면 조선의 사정에 어두워진다. 경성이라는 거리가 어떤 풍속과 어떤 지형으로 이루어져 있는지, 경성의 풍속이나 그곳에 살고 있는 사람들의 생활상을 파리나 뉴욕이나 할리우드의 십분의 일, 백분의 일 정도도 모른다는 것은 일본 영화의 기형적인 발전을 떠올리게 할 뿐이다. 따라서 지리, 풍속, 산물 등을 소개하는 조선의 문화 영화도 적극적으로 만들어야 하겠지만 그것을 증명하기 위해서 인정과 풍습, 생활을 입체화한 극영화가 만들어져 내지의 대중 앞에 상영되는 기회를 가져야만 한다. 필자는 조선 영화의 의의를 이러한 국책적인 관점에서 강조해 두고 싶은 것이다.

미즈노 렌타로(水野連太郎)

저는 과거 조선에 살면서 조선 통치에 관여하여 조선에 깊은 관심을 가지고 있었습니다. 1919년에 조선에 와서 어느덧 20년이 흘렀습니다. 오늘날에는 물심양면으로 진보하여 인심도 평정을 되찾았고 중일전쟁 이후 조선동포는 새롭게 충성스런 황국신민이 되어 내선일체(內鮮一體)가 되었습니다.

왕년의 일을 생각하면 실로 금석지감을 금할 길이 없습니다. 이는 오로지 일시동인(一視同仁)의 성지(聖旨)를 받들어 성심성의껏 조선을 위해 애쓰는 총독부 당국자 및 민간 유력자의 노력에 의한 것이라 믿고 감격하고 있습니다.

구보가와 이네코(窪川稻子)[141]

조선에는 간 적이 없지만 조선 사람들과는 교우관계도 있고 친근감을 가지고 있어요. 언제부턴가 일본에 와서 생활하고 있는 조선 사람들의 감정을 작품으로 쓰고 싶다는 생각을 하고 있으면서도 여태 쓰지 못하고 있습니다.

과자 한 봉지라는 단편 속에 조선 아이를 등장시켰어요. 진과라는 이름인데 이것이 어떤 글자를 쓰는지는 모르겠습니다. 들은 적이 있는 이름입니다. 작중인물인데 이 아이에게는 아주 애착을 느끼고 있습니다. 얼굴도 확실히 기억하고 있습니다.

이토 나가노스케(伊藤永之介)

7, 8년 동안 소식이 없던 경상남도의 이 군에게서 최근 오랜만에 편지가 왔다. 외판원 같은 일을 했는데 먹고 살기가 힘들어 잠시 우리 집에 있었던 적이 있다. 이 군은 지금도 문학적 정열을 잃지 않고 있는 것 같아 아주 반가웠다.

나는 아직 가 본 적은 없지만 조선에 관해 두세 번 글을 쓴 적이 있다. 그로 인해 조선에는 다소 내 독자가 있는 것 같은데 이 군도 그중의 한 사람이다.

시미즈 이쿠타로(清水幾太郎)[142]

백부가 우리 집에 와서 돌아가신 것은 20년 쯤 전의 일이다. 백부는 양자로 집을 떠났는데 가족이 뿔뿔이 흩어지게 되어 본가로 돌아온 것이다. 백부의 유품 중에 양자로 갔던 양가(養家)의 족보가 있었다. 두루마리를 마지막까지 펼쳐 보니 거기에는 백제왕의 이름이 써 있었다. 그 양가는 아주 오랜 옛날에 일본으로 귀화한 것이리라. 당시 초등학생이던 내게는 그것밖에 기억이 없다. 제대로 읽을 수 있을 무렵에는 이미 족보는 없었다. 대지진으로 불타버린 것이다. 그러나 이 작은 사실이 그 후 나의 공상 속에서 여러 가지로 복잡하고도 아름답게 꾸며져 갔다. 중학교, 고등학교 때 조선에서 온 친구와 특히 사이가 좋았던 것도 그 때문일지도 모르며, 백부가 많은 친척들 중에 가장 마음에 남아 있는 것도 이것과 관계가 있을지도 모른다. 하지만 한 번쯤은 가보고 싶다는 생각을 하면서도 아직 조선에 가보지는 못했다.

가와카미 기쿠코(川上喜久子)[143]

나는 어렸을 적부터 조선에 꽤 오랫동안 살았다. 에치고(현재의 니가타현)로 시집갈 때 이제 이것으로 작별이라고 생각했었는데 남편이 동양척식주식회사에 근무하게 되어 다시 조선으로 건너가 경성과 목포에서 살았다.

부모님은 지금도 줄곧 경성에 살고 있고, 남동생과 여동생, 친척들, 친구들도 많이 있어서 조선으로 여행가는 것은 마치 고향으로 돌아가는 듯한 기분이 든다. 그런 이유로 내 경우에는 소설의 제재를 조선에서 얻는 것이 아주 자연스러운 것이다.

시모무라 가이난(下村海南)

1902년 의화단 사건 직후 북지(北支)에서 돌아오는 길에 지부(芝罘)에서 인천으로 가 첫발을 내딛었고, 다이쇼기에는 타이완 재직 중에 한 번, 아사히 신문사에 들어가서 한 번, 다시 일개 낭인이 되어 두 차례, 조선에 갔으며 최근에 다시 니가타에서 북조선을 찾아갈 예정이다. 작품은 낙수집(落穗集).

야마모토 사네히코(山本實彦)[144]

나는 조선에 상당히 지인이 많지만 그중에 학문과 인격에서 뛰어난 이가 한 사람 있다. 그 사람의 소식은 요즘 뜸하여 잘 모르지만 건강하게 있어 주면 좋겠다는 생각을 하고 있다. 그 사람과 올여름 금강산이라도 걸어 보고 싶었지만 세상사가

생각과는 달라 나는 뜻밖의 곳으로 떠나게 되었다. 내가 돌아올 때까지 금 강산도 그 사람도 건강하게 있어 주길 바란다.

사토 하치로

현재 킹레코드사의 간판 가수 나가타 겐지로(永田絃次郎) 군은 조선 사람 입니다. 본명은 김(金)이고, 도야마(戶山) 학교의 군악대 출신입니다. 함께 폴리돌(POLYDOR)에 있을 때 자주 만나 음악 이야기를 했습니다. 나가타 군을 위해서 보헤미안 걸을 번역하기도 하고 카발레리아의 노래를 만들 기도 했던 것은 즐거운 추억입니다.

아마노 데유(天野貞祐)[145]

조선총독부 판사를 지낸 형은 평생 남보다 건강했고, 특히 배 여행에 강해서 다들 멀미가 나는 험한 해협에서도 자신은 아무렇지도 않게 뒤치 다꺼리를 해 줄 정도로 건강했었다. 그런데 감기에 걸렸는데도 무리하게 일을 해서 결국 폐렴에 걸려 1주일도 채 안 되어 죽고 말았다. 형의 죽음 은 감기 때문이었지만, 원인은 강건함과 의무감이었다고도 할 수 있다. 조선이라는 말을 들을 때마다 나는 형을 떠올리지 않을 수 없다.

아카마쓰 가쓰마로(赤松克麿)[146]

나는 원래 조선인에 대해 깊은 애정을 품고 있는 사람입니다. 그래서 많은 조선인 친구가 있습니다. 우리 홋카이도 선거구에 있는 조선인도 열 성적인 나의 지지자입니다. 조선인 일반에 대해 의무교육제와 징병제를

시행함과 동시에 내지인과 똑같이 평등한 권리를 주어 완전한 일본인으로 대우해 주는 것, 이것이 나의 염원입니다.

쓰루미 유스케(鶴見祐輔)[147]

나는 대학을 졸업한 이듬해 초여름, 처음으로 이 땅을 여행하고 조선이 아름다운 나라라는 인상을 받았습니다. 그때의 첫인상을 지금도 잊을 수 없습니다.

이토 세(伊藤整)[148]

올해 처음으로 조선에 갔다. 민족 간의 접촉에는 언제 나 커다란 문제가 따라다니기 마련이며, 그것은 상당히 어려운 일이라는 인상을 받았다. 내선일체라는 것에 대해 서 내지인보다도 조선인 쪽이 실천적으로 열심인 것은 흥미로웠다. 만주 중국으로 이어지는 통로로 조선은 다시 주목을 받을 것이다.

이마 히데우미(今日出海)[149]

나는 조선의 10월 하늘을 좋아한다. 그토록 맑게 개어 있으면 머릿속까지 푸르름이 스며들어 속박당한 사상 같은 것은 표백되어 버린다. 그리고 나는 조선의 코믹하고도 정감 있는 춤을 좋아한다. 최승희 군이나 지 금 파리에 있는 화가 배운성 군은 조선이 아니면 낳지 못할 훌륭한 예술가라고 생각하고 있다.

아베 도모지(阿部知二)[150]

두 번 만주에 간 적이 있는데 그때마다 형편이 여의치 않아 조선에는 가지 못했습니다. 그러나 조선 사람은 만주에서도 자주 접하고 있습니다. 우리가 알고 있는 사람들 중에서 가장 성실한 사람인 K 군(지금은 평양에 있다)과 가장 머리가 좋은 사람인 K 씨 등이 있습니다. 조선 사람들 전체가 커다란 인간적 발전 가능성이 있음을 인정합니다. 한 마디 쓴 충고를 한다면 작은 일에 전전긍긍하지 않았으면 좋겠습니다.

모리야 가쓰미(森谷克巳)

내가 조선에 건너온 것은 학교를 졸업한 해인 1927년이었다. 그 무렵에는 조선에 온 지 10년이나 된다고 하면 꽤 긴 것 같은 생각이 들었다. 그러나 내가 살아 보니, 이미 13년이 되었지만 길다는 생각은 들지 않는다. 여러 가지 일이 있지만 모두 기억에서 사라져 가기 때문일 것이다.

그동안 시골을 여행한 것은 두 번이지만 시골은 지금이나 옛날이나 별다른 변화가 없을 것이다. 그러나 경성은 확실히 변했다. 어느 신참 친구에게 카페의 변화를 말했더니 경성 카페흥망사를 쓰라고 했는데 유감스럽게도 최근의 사정을 전혀 몰라서 못하지만 어쨌든 여기에도 격세지감이 있다. 그 무렵 하나도 없었던 찻집, 바가 많아진 것. 최근 어떤 잡지에 경성에서는 문학 지망자가 찻집에 범람하고 있다는 관찰이 실려 있었는데 확실히 번창하고 있음은 분명하다.

최근 십수 년 간 연이어 빌딩이 새롭게 들어섰고 거리 모습은 상당히 변했다. 특히 최근의 사변 경기의 영향일 것이다. 기와지붕

을 한 신식 조선 가옥의 증가가 눈에 띈다. 교외 근처에 새롭게 세워진 주택은 대개 조선 가옥이다.

처음 경성에 왔을 때 여름이 되면 매일 밤 도심 조선은행 앞 광장에 남녀 세 명이 나타나 두 사람은 거리 예능인으로 바이올린에 맞춰 「마른 참억새」 등을 부르고 한 사람은 노래책을 팔았는데, 언제부턴가 나타나지 않게 되었다. 또 다른 풍경은 11시, 12시가 되어 인적이 드물어지면 거지 아이들이 많이 모여 장난치고 노는 것이었다.

조선은 오늘날 '내선일체'라는 신단계에서 출발하여 흥아 국책수행의 거점인 동시에 '병참기지'로서 중추적인 역할을 담당하고 있다. 내지, 특히 도쿄는 이러한 조선의 새로운 역할을 통찰하여 반도를 제대로 인식할 것을 바라 마지않는다.

아베 요시오(安部磯雄)[151]

와세다대학에서 교사를 하고 있을 때 장덕수라는 조선 유학생과 친하게 지냈습니다. 너무 일본어를 잘해서 처음에는 그가 반도인인 줄 몰랐습니다. 그 후 그는 미국에서 공부하고 귀국한 후 한때 신문기자가 되었지만 지금은 교육계에 있다고 들었습니다. 그 후 나는 조선 청년 중에 많은 지인이 생겼습니다. 그러나 지금도 장 군을 잊을 수가 없습니다.

오노 겐이치로(小野賢一郞)[152]

내가 대륙에 뜻을 둔 시기는 러일전쟁 직후였다. 인천에 상륙했을 때 고레츠와 와리야크 등 격침된 러시아 함대의 잔해가 있었다. 18세에 신

문기자가 되었을 당시에는 아직 이사관(理事官)재판이 있었던 때로 조선의 경찰서에서 사형이 집행되는 것을 본 적이 있었다. 송병준과 조중응씨 등이 유배섬에서 작은 배를 타고 인천으로 상륙하는 것을 본 적도 있었다. 전쟁 직후여서 아직 군정이 시행되고 있었다. 조선에 문예적인 향기는 전혀 없었다. 우리가 주최한 경성, 인천의 하이쿠 대회에는 30명이나 모였는데 문예적 교류의 최초였을지도 모른다. 나는 신문에 조선어를 섞어 단편을 쓴 적이 있다. 이때 조선어와 일본어를 융합시키느라 고생했었다. 약 30년 전의 이야기다.

아키다 우자쿠(秋田雨雀)

1. 저는 유년기 14, 5세부터 조선인들과 접했지만 지금도 조선 및 조선 사람들을 충분히 이해하고 있다고는 할 수 없습니다. 그러나 조선의 문화 및 조선인들의 변함없는 우정에는 감사하고 있습니다.

2. 저는 작년 「춘향전」 여행 당시 받았던 조선 사람들의 호의에 대해 평생 보답할 수 있을지 걱정할 정도입니다. 예술 방면의 조선 사람들의 재능에 대해 저는 상당한 기대를 가지고 있습니다. 문학 방면에서도 환경만 좋으면 세계적인 수준에 도달할 때가 있을 것입니다.

3. 저는 인종, 문화 및 언어 교류의 역사를 다소 배우고 나서 이러한 신념이 한층 강해지고 있습니다.

후지모리 세키치(藤森成吉)[153]

꽤 친하게 지내는 조선인 지인도 있고, 조선에서 취재한 소설과 희곡도 서너 편 썼습니다. 그러나 아직 한 번도 그 땅을 밟은 적이 없어 언젠가 그런 기회가 있기를 오랫동안 바라고 있습니다.

이지마 다다시(飯島正)[154]

저는 조선을 잘 모릅니다. 경성에 하룻밤 묵은 것 외에는 기차로 그냥 지나간 것 뿐입니다. 그러나 조선 역사와 문화에는 깊은 관심을 가지고 있습니다. 조선의 농업에도 최대한 관심을 가지고 있습니다. 메이지대학과 니혼대학의 학생 제군 중에는 조선 사람이 많아서 여러 가지로 조선의 이야기를 듣고 있습니다. 또 이영근 군과 같은 내지와 조선에 대해 진지하게 생각하고 있는 청년에게 배우는 것도 많습니다. 그러나 뭐니뭐니 해도 조선의 문화 ― 특히 문학 ― 에 대해 정리된 소개나 번역이 없다는 것은 정말로 안타깝습니다. 가능한 한 알고 싶다고 생각해도 조선어를 당장 공부하지 못하는 우리들은 그 방법이 없습니다. 조선 사람들이 꼭 조선 문화를 적극적으로 소개해 주었으면 좋겠습니다.

스에가와 마스(末川 增)

내가 태어난 고향 마을 ― 야마구치현 동부에서는 어릴 때부터 조선에 가는 사람들이 상당히 많아서 조선은 거리상으로 가까울 뿐만 아니라 심정적인 면에서도 가깝다는 느낌이 들었습니다. 저는 작년에 처음 갔는데 이미 내 강의를 들었다는 제

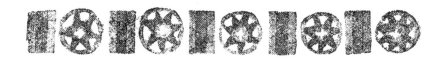

군들이 여러 방면에서 활동하고 있는 것을 보고 정말로 기쁘게 생각했습니다. 특히 재판소에서 일하고 있는 제군에게 여러 가지 이야기를 듣고 배울 점이 많아 한층 친근감이 느껴졌습니다.

우치키 무라하루(打木村治)[155]

조선인에 대한 내지인의 일반적인 감상은 처음 만났을 때는 얌전하고, 두 번 세 번 만나는 사이에 뻔뻔함과 교활함을 발휘한다는 식인 듯하다. 그럴듯해 보이지만 나는 만주나 조선에서 만난 사람들에 대해서 그렇게 생각하지 않는다. 오히려 내지인보다 느긋하고 활달함을 느꼈다. 만일 내지에 와서 조선인이 그런 태도를 취했다면 그것은 내지인에게도 책임이 있는 것이다. 이번 중일전쟁을 계기로 조선의 인텔리 사이에는 내선일체 사상이 눈물겨울 정도로 작열하고 있다. 동아에서의 일본 지위에 관한 인식과 신대륙으로 발전하기 위해서는 올가을밖에 없다는 생각에 근거한 듯하다. 경성에 있는 어느 대형 서점의 이야기인데 그곳에 있는 대부분의 고급 책은 내지인이 아니라 조선인에게 팔리고 있다. 그들의 공부하는 모습은 놀라울 따름이라고 한다. 위정자는 만주로 이민간 조선인과 만주인의 마찰이 있음을 충분히 고려해야 할 것이다. 그리고 경성에서 조선인이 경영하는 백화점에 내지인 손님은 적지만 내지인이 경영하는 백화점에는 조선인 손님이 많이 드나들고 있다.

미시마 마사오(三島雅夫)

우리는 작년에 춘향전을 상연했습니다. 그리고 이 일로 조선에 갔습니다. 우리는 지금까지 여러 번 번역극을 상연했습니다. 그래서 미국인이 되기도 하고 독일인이 되기도 했습니다. 같은 동양인이라는 것도 있겠지

만 조선에 가서 춘향전을 하고 여러 가지 환영을 받고 돌아와서 도쿄, 오사카의 거리를 다니다 조선인들을 만나면 무언가 지금까지와는 다른 느낌을 가지게 됩니다. 뭔가 몸에 절실하게 와 닿는 것이 있습니다. 이것은 말로 표현하기는 어렵습니다. 독일, 미국의 번역극을 해도 그리고 길에서 외국인을 만나도 미국대사관 앞을 지나도 말을 걸고 싶은 기분은 결코 들지 않는데 조선 사람들을 만나면 뭔가 말을 걸고 싶은 기분이 듭니다. 조선 노래를 부르고 싶어지기도 합니다. 이것은 제가 배우이기 때문일까요?

유아사 가쓰에(湯淺克衛)[156]

세 살 때 아버지와 함께 조선의 남해안으로 갔다가 그 후 조선 중부에 있는 마을에 정착해 살았기 때문에 내게 조선은 제2의 고향이라기보다 둘도 없는 소중한 고향이 되었습니다. 그래서 도쿄에 집을 짓고 살고 있어도 주위의 변화와 함께 이맘때 조선은… 하며 떠올리곤 합니다. 그래서 뭔가 용무를 만들어 매년 조선에 가고 있습니다.

하타 히데요시(秦秀吉)

작년 10월 니치게키(日劇)에서 「춘향전」을 비평한 것이 내가 처음으로

조선과 관계한 일인데 이것으로 만족하지 않고 올해 9월 말 연출, 장치 각 1명과 여자 무용수 2명을 경성에 파견하여 반드시 재미있는 조선 비평을 쓰려고 준비 중입니다. 많은 후원 바랍니다.

아오노 히데키치(靑野秀吉)[157]

나는 아직 조선 땅을 밟은 적은 없지만 조선인은 몇 명 알고 있습니다. 조선에 관한 이야기는 많이 들었습니다. 조선에 관한 책도 조금은 읽었습니다. 조선 요리는 두세 번 먹었을 뿐입니다. 결국 저는 조선을 모릅니다.

나카무라 무라오(中村武羅夫)[158]

신의주에서 왔다는 17세의 청년이 큰비가 내리는 가운데 밤새도록 문 앞에 서서 물에 빠진 생쥐 꼴이 되어 있는 데는 놀랐다. 하는 수 없이 집에 들였는데 점잖고 과묵하고 착한 청년이었으나 만 1년이 되자 또 어딘가로 행방불명이 되어 버렸다. 방랑벽 때문에 아무래도 한 장소에 오래 있지 못하는 것 같다.

고바야시 이치조(小林一三)[159]

금강산의 풍광은 세계에 둘도 없는 절경이라는 말을 들어 꼭 한번 가보고 싶다고 생각하면서도 여태 그럴 기회가 없어서 나와 조선과의 인연은 이게 다가 아닐까 하고 비관하고 있답니다.

기요사와 기요시(清澤洌)

이웃에 조선인이 살았는데 만족스럽지 못했습니다. 우리 집 안으로 들어와 아이들이 마음대로 감과 밤을 따고 돌을 던졌습니다. 그리고는 아무렇지도 않아 했습니다. 서재에서 보니 농부가 열심히 가꾼 농작물을 조선인 안주인이 마음대로 따 갔습니다. 제가 조선인에 대한 악감정에서 이런 이야기를 하는 것은 아닙니다. 저는 친선(親鮮)주의자이기 때문에 반성을 바라고 싶은 것입니다.

가와사키 나쓰(河崎なつ)[160]

내가 가르쳤던 많은 학생들 중에 조선인은 모두 좋은 인상을 남기고 있습니다. 특히 지금도 훌륭하다고 회고하는 세 명의 청년은 모두 틀림없이 조선을 위해 좋은 기둥이 되었을 것이라 생각합니다.

이한영 씨와 김 씨는 여성으로서, 어머니로서, 교육자로서 조선의 딸들을 위해 일하겠다며 귀국한 영재들이었습니다. 전동림 씨는 간도 사람으로 문학을 전공했는데 귀국해서 문화 사업에 헌신할 것이라며 열

박사와 댄스

전 도호쿠(東北)
제대 교수
이학박사

이시하라 준(石原純) 씨는 전에 댄스를 잘 하셨습니다. 연구 생활 중에 스포츠는 과격하지만 댄스라면 적당한 데다 날씨와 무관하기 때문입니다. 그러나 사변이 시작된 후로는 이것도 그만두서서 본래 그다지 튼튼하지 못했던 위장이 걸핏하면 꼬이기 십상이었습니다. 디아스타제 등 여러 가지 소화제를 시험 삼아 복용해 보시다가 결국 〈정제 와카모토〉라는 것을 알게 되셨습니다. "이것을 먹으면 속이 아주 편해. 먼저 내 경험에서 볼 때 소화제로는 이상적인 약이라고 생각해."라고 하시며 그 후로도 계속 사용하게 되었습니다.

(사진은 이시하라 준 박사)

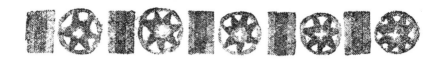

심히 했습니다.

모두 책임감이 강하며 충실하게 일을 잘 해냈고, 총명했습니다. 출세를 하든 못하든 이 사람들은 조선의 '보물'이라고 생각하며 언제나 나는 그들의 건재를 기도하고 있습니다.

야스타카 도쿠조(保高德臧)[161]

아버지가 조선에서 사업을 하고 있어서 1907년 3월에 나는 조선 경성에 갔다. 그 무렵 조선은 합병 전이어서 총독부 대신 통감부가 있었고, 통감은 이토 히로부미(伊藤博文)였는데 궐련을 피면서 말을 타고 가던 통감의 모습을 어린 마음에 바라보던 기억이 있다. 19세부터 만 3년간 다감한 청년 시절을 보냈던 경성 용산의 산수는 아직도 잊혀지지 않는다. 제2의 고향이라는 느낌이 든다. 그 때문인지 조선의 인사 중에도 아는 사람이 꽤 있다. 작가 장혁주와 김사량 군과는 지금도 여전히 자주 교류를 하고 있다.

구와키 겐요쿠(桑木嚴翌)[162]

조선은 내가 처음으로 본 외국이기 때문에 그런 점에서 인상 깊은 데가 있습니다. 러일전쟁 말기 당시의 참모차장 나가오카 장군을 수행하여 중위 자격으로 한국에 건너갔습니다. 그 후 일본으로 합병되고 나서 수차례 강습회에 초빙되었고(하긴 이것은 내지인이 주체가 되었지만), 또 유럽에서 시베리아를 경유해 귀환하는 도중에 여러 번 통과해서 왠지 친근감을 느끼고 있습니다. 학생들 중에도 이 지역 출신이 있는데 상당히 좋은 성적을

올리고 있는 사람들이 있습니다. 다만 언젠가 불쑥 모르는 조선인이 와서 어려운 형편을 호소하길래 아주 적은 액수의 돈을 주고 내심 일선융합에 작은 힘이나마 보탬이 되었다고 생각하고 있었는데 그 후 같은 청원을 하는 사람이 두세 번 와서 이래서는 안 되겠기에 이후로는 단호히 거절하기로 했습니다.

가미치카 이치코(神近市子)[163]

조선이라고 하면 나는, 로라·이는 어떻게 지내고 있을까 하는 생각을 합니다. 나가사키의 미션스쿨에서 함께 성서와 영어를 공부했던 사람으 로 미인이라 할 수는 없어도 여리면서 볼수록 정이 가는 몸집이 자그마한 아가씨였습니다. 조선 이름은 뭔지 몰라도 우리들은 로라·이라고 불렀습니다. 아마 나가사키의 학교를 졸업하면 그 후에 미국에라도 갔다와 조선의 여자교육을 위해서 일했겠지요. 또 한 사람 헬렌·리라고 하는 사람이 있었는데 이 사람은 건강하여 일을 척척 잘하고 있을 것이라고 생각하지만 로라는 요절했을 것 같은 느낌이 들어 견딜 수 없습니다. 그 밖에 아는 조선인이 3, 4명 있었습니다.

사사키 모사쿠(佐佐木茂模)

조선어도 조금은 알고 조선인 친구도 있다. 요전에 왔던 김 군과는 하루 종일 골프를 즐겼다. 경성 인천 주변 정도라면 좀 알고 있다. 조선을 무대로 한 소설을 쓴 적도 있다. 이렇기 때문에 만약 「나와 조선」이라는

제목 아래 글을 쓴다면 도저히 한 장의 엽서로는 부족하다.

후쿠다 기요토(福田淸人)[164]

올해 만주 북지(北支)를 여행하는 길에 경성과 평양에 들렀다. 경성에서는 조선의 문화인들을 많이 만나 여러 이야기를 할 기회가 있었다. 그들은 내선일체 문제를 주로 논했고 아주 열심이었다.

내지와 대륙을 연결하는 교량으로 반도에 대해 좀 더 관심을 가져야 한다고 생각했지만 오늘날과 같이 전쟁과 개척 대사업이 저편에서 이루어지고 있을 때 반도 사람들이 자기들에게 관심이 적다고 불평하는 것은 한편으론 어쩔 수 없는 일이라고도 생각했다. 서로 이해하기 위해서는 좀 더 문화인의 교류가 필요할 것이다. 논의가 정치로 귀결되는 점은 내지에서 생각하는 것 이상이다.

조선의 작가를 말한다

김사량(金史良)165

조선에서 신문학이 시작된 것은 겨우 13년밖에 되지 않아 작가들이 매우 젊다. 젊은 만큼 활기차고 패기가 있다. 그리고 조선 신문학 시작부터 맨몸으로 분투하며 선진문학을 뒤쫓아 왔기 때문에 모두 여유가 없고 급하다. 언젠가 기쿠치 간은 톨스토이, 도스토옙스키, 모파상, 발자크가 일본문학에 모두 한꺼번에 들어왔다고 쓴 적이 있는데 조선 문단 또한 그러하다. 그러나 일본문학은 70년이라는 시간이 있었는데 반해 조선 문학은 불과 30년 사이에 이루어야 했다. 그래서 허겁지겁 숨을 헐떡이는 것이다. 하지만 지금은 조선의 작가도 자기들만의 속도로 호흡을 하고 있다.

조선문학이 일본문학과 다른 점은 애초부터 북유럽의 자연주의 문학의 영향을 크게 받고 있다는 것이다. 이는 우리 땅이 대륙에 연결되어 있고, 북방적인 요소를 내적으로 가지고 있기 때문인 것 같다. 조선 문학자가 일반적으로 일본문학의 영향을 크게 받지 않은 사실도 주목할 만하다.

조선 문단의 대가인 이광수는 와세다대학 영문과에서 공부했지만 사실 그의 문학적인 교양에는 북유럽적인 요소가 우세하다. 그는 조선의 톨스토이로 불린다. 가슴속 깊이 품은 조용한 화산처럼 흐르는 듯 아름다운 필치로 다난했던 30년간 멈출 줄 모르고 쉴 줄을 몰랐다. 그의 처녀작, 「무정」이라는 장편은 지금도 중쇄를 이어가고 있다. 그의 작품만큼 조선의 일반 독자에게 인기 있는 작품은 없을 것이다. 「무정」에서 최근의 「사랑」과 「무명」에 이르기까지 일관된 것은 고귀한 사랑의 정신이다. 그리고 현재는 종교적인 경지에 도달하고 있다. 현재 만주에서 신문사업에 종사하는 염상섭은 러시아 문학 중에서도 오로지 도스토옙스키에 경도되어 있지만 소설가로서 그는 조선의 본격적인 작가로 존중받는다. 주로 장편을 쓰는데 「만세전」, 「삼대」 등의 역작이 있으며, 최근에는 「이심」이라는 장편으로 호평을 받고 있다. 현재 대중문학으로 전향한 김동인은 우수한 단편작가 중 한 사람이다. 「감자」, 「배따라기」와 같은 좋은 단편은 이미 일본어로 번역되어 있는데 대체로 서양풍이고, 과거의 자연주의 작품 중에 읽을 만한 것이 많다. 그는 여성을 묘사하는 것이 뛰어난데 특히 기생은 닥치는 대로 등장시킨다. 지난 4월 조선문단 펜부대의 일인으로 북지를 돌고 왔는데 전쟁이라는 약이 너무 효과가 있었는지 불면증에 시달리고 있다. 그리고 최근 복귀하여 잡지 『문장』에 「김연실전」과 「선구녀」 등을 발표해 여러 가지 화제를 불러일으키고 있다.

현재 조선 문단의 또 다른 거장인 이기영은 「쥐불(鼠火)」이라는 중편으로 등단한 작가인데 장편 「고향」은 조선 농민 문학의 기념비적인 작품으로 평가받는다. 3, 4년 전 일부가 『문학안내』에 번역 연재되었다. 최근 조선일보의 위촉으로 만주 조선 이민자의 생활을 집필하고 있는데 그 성과가 기대된다.

최근에는 작가의 자기비판이라는 문제를 들고 나타난 김남천의 고발문학이 있다. 아직 젊은 작가로 그동안 비평가로 일하다가 지금은 오로지 창작에 정진하고 있다. 단편소설집에 「소년행」이 있으며 가족사를 공들여 그려낸 「대하」라는 최초의 장편소설이 있다.

유명한 장혁주는 지금까지 조선 문단에서 별로 좋은 작품을 내고 있지 않지만, 조선어 장편 「여명기」 농촌편과 같은 역작을 최근 개작하여 도쿄

문단에 발표하고 있다. 그러나 어쨌든 도쿄에서 말하듯이 조선 문단이 장혁주를 질투하고 있다고 일괄적으로 말하는 것은 적합하지 않다. 현재 조선의 작가들은 자신들의 일에 매우 기쁨을 느끼고 있으며 또 고통과 노력이 너무나도 진지하기 때문이다.

조선의 순수 예술파에 속하는 사람들을 들자면 이태준, 이효석, 박태원 등일 것이다. 그들은 초기 문학의 '언어' 유산을 계승 발전시키고 있다. 더욱이 근래에는 조선어의 발견이라는 것이 일반 작가의 커다란 과제로 대두되었다. 그리고 지금은 점차 통일되고 있으나 그 풍부한 어휘와 뛰어난 뉘앙스 때문에 이태준, 이효석, 박태원, 고 김유정 등의 감각적인 작품은 거의 번역이 불가능하다고 생각한다. 이효석은 현재 대동공전의 어학 교수인데 예술적인 향기가 높은 소설을 펴내는 사람으로 「성화(聖畫)」라는 단편집을 냈으며 「메밀꽃 필 무렵」, 「돼지」 등 명작이 많다. 이태준은 이화여전의 강사로 『문장』이라는 우수한 문예지를 편집하여 문학 수준을 끌어올리고 있다. 그는 매우 아름다운 기교 있는 문장으로 동양적인 정서를 그리며, 특히 여성 독자의 인기를 독차지하고 있다. 장편도 많아 「황진이」와 「제2의 운명」 등이 있다. 박태원은 단발머리를 하고 거리를 다니며 골목이나 가난한 사람의 세태와 정서를 즐기고, 「천변풍경(川邊風景)」(장편)의 스케치에 열중하거나 고골리풍의 능숙한 필치로 「골목 안」을 그리고 있다. 조선 문단에서는 그를 세태파의 원조로 간주하고 있다. 얼마 전에 고인이 된 김유정은 아주 불우한 최후를 맞았지만, 「봄·봄」 등 재미있는 작품을 내서 실로 장래가 촉망되던 다재다능한 작가이다. 역시 아깝게도 도쿄에서 객사한 이상은 특이한 감각으로 사랑받았다. 요즘 별로 활동을 하지 않는 작가로는 이무영, 엄흥섭, 안회남이 있으며 극작가 유치진이 있다. 이무영은 최근까지 동아일보 문예부에 있던 사람으로 최근 퇴사했으니 앞으로 크게 활약할 것이고, 엄흥섭도 서서히 궤도에 올랐는지 최근에 「여명」 등을 발표하고 있다. 함대훈은 조선 제일의 다작 작가로 여러 곳에 단편과 장편을 쓰고 있는데 현재 『조선(朝鮮)』이라는 잡지의 주임이다. 채만식은 조선의 이시카와 다쓰조(石川達三)와 같은 작가인데 일을 하기 위해서인지 시골에 틀어박혀 있다고 한다. 그리고 그와는 반대로 좀 화려한 소설을 좋아하여 전에 일본어 소설도 시도한 적 있는 이석훈은 드디어 경성으로 옮겨 와서 이제부터 왕성한 활동을 하려고 한다.

지성파 작가라고 하면 많지는 않으나 유진오, 한설야, 최명익 등을 들어야 할까. 「김강사와 T교수」의 작가 유진오는 현재 보성전문 법학과 교수이면서 한편으로는 창작에 힘쓰고 있는데 특히 올해 활약이 눈부시다. 앞서 말한 이효석과 마찬가지로 경성제대 출신이며 상당한 명문가에서 태어나 작품에서도 다소 그런 부분이 엿보인다. 최근 발표한 「가을」 등은 현재 조선 인텔리의 일면을 그린 것이고, 「창랑정기(滄浪亭記)」와 「나비」 등은 지금까지의 방법과는 색다르지만 호평이었다.

한설야는 중앙에서 멀리 떨어져 착실히 창작에 전념하는 보기 드문 노력가이다. 요즘 연이어 「진흙」과 「보복」 등의 역작을 발표한 귀중한 존재이다. 작년쯤 등단한 최명익은 조선에서는 흔하지 않은 장년의 신인이지만 그 역량이 크게 기대되고 있다. 최근의 「심문(心紋)」이라는 작품은 극명하고 숙련된 필력과 구성에서 자신있게 내놓을 만한 것으로 작가로서의 위치를 굳히고 있다.

참고로 조선 문단의 신인은 실로 헤아릴 수 없이 많아 조선문학의 유망한 장래를 말해준다. 정인택, 현덕, 정비석, 김소엽, 박노갑, 김동리, 박영준, 김영수, 계용묵 등 일일이 다 열거할 수가 없다. 극작 신인으로는 이서향, 김승구 등이 있다. 정진하는 모습과 뜻과 열정 등으로 보아 내일을 짊어질 작가로서 크게 촉망받는다.

마지막으로 여류작가인데 지금까지 활약해 온 사람 중에 박화성, 강경

애와 같은 유능한 작가가 있고 조선의 요시야 노부코(吉屋信子)라 할 김말봉, 다재다능한 가인으로 최근 아깝게 단명한 백신애 등이 있으며 최정희는 「지맥」이라는 감동적인 역작을 발표하며 여류문인의 관록을 자랑하고 있다.

사변 이후 새로운 시국 인식과 함께 대두한 시국문학이 있음에도 불구하고 창작면에서 그러한 실천을 시도하는 사람은 거의 없지만 시인 김용제와 평론가 박영희, 김문한 등이 그 방면에서 활동하고 있다.

요컨대 최근 작가가 내적인 세계에 보다 깊이 빠져든 것은 기뻐해야 할 일임에 틀림없다. 조선 문단의 모든 들판에서 꽃이 피기 시작했다고 할까. 그리고 작가들은 제각기 방황을 시작하고 있는 듯하지만 점차 자기 발전과 '탈피'를 하기 시작했다고 할 수 있다. 조선의 작가들은 이전보다 한층 진지하고 냉철한 태도로 문학에 임하고 있고 평론가들도 조선문학 본연의 모습을 깊이 재검토하고 있으며 현재의 문학을 보다 충실히 고양시키기 위해 혼연의 노력을 다하고 있다. 한때는 작가 측에서 비평이 필요없다는 목소리가 높았으나 이제는 안목을 가진 유능한 비평가와 함께 조선문학의 르네상스를 건설해야 한다고 자각하기에 이르렀다.

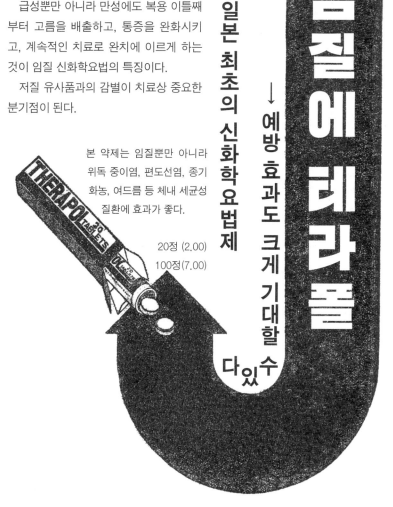

급성뿐만 아니라 만성에도 복용 이틀째부터 고름을 배출하고, 통증을 완화시키고, 계속적인 치료로 완치에 이르게 하는 것이 임질 신화학요법의 특징이다.

저질 유사품과의 감별이 치료상 중요한 분기점이 된다.

본 약제는 임질뿐만 아니라 위독 중이염, 편도선염, 종기 화농, 여드름 등 체내 세균성 질환에 효과가 좋다.

20정 (2.00)
100정 (7.00)

일본 최초의 신화학요법제

임질에 테라폴

↓ 예방 효과도 크게 기대할 수 있다

제일제약주식회사

도쿄시 니혼바시구 에도바시(東京市日本橋區江戸橋)
오사카시 히가시구 도슈마치(大阪市東區道修町)

조선의 산

아다치 겐이치로(足立源一郎)[166]

북한산

좌청룡, 우백호, 남주작, 북현무의 형상을 띠고 있는 경성은 견줄데 없는 풍광의 도시이다. 한강 줄기에서는 좀 떨어져 있지만 시내 곳곳에서 올려다보이는 북한산의 모습은 왕성을 수호하는 진산(鎭山)으로 교토의 에잔(叡山)과 비교할 만한 것이다. 특히 청량리 일대의 신시가지에서 보이는 산의 모양이 멋지다. 부엉이 우는 소리를 들으며 이 산록에서 지샌 한적한 초여름밤은 잊을 수 없다.

세존봉

　산은 많지만 산다운 산이 적은 조선에서 금강산이 최고의 보물로 간주되는 것은 당연할 것이다.

　그러나 현재 개방되고 있는 주요 코스는 문자 그대로 공원이라 산책을 즐기기에 안성맞춤이다. 정말로 산행을 하려는 사람에게 흥취가 있는 곳은 백마봉에서 내무재령(內霧在嶺)을 너머 채하봉(彩霞峯)을 종주하는 코스와 동석동곡을 거슬러 집선봉(集仙峯)과 세존봉(世尊峯)으로 오르는 코스이다.

「메밀꽃 필 무렵」[167]

이효석(李孝石)[168]

여름 장이란 애시당초에 글러서, 해는 아직 중천에 있건만 장판은 벌써 쓸쓸하고 더운 햇발이 벌려 놓은 전 휘장 밑으로 등줄기를 훅훅 볶는다. 마을 사람들은 거지반 돌아간 뒤요, 팔리지 못한 나무꾼패가 길거리에 궁싯거리고들 있으나 석유병이나 받고 고깃마리나 사면 족할 이 축들을 바라고 언제까지든지 버티고 있을 법은 없다. 춤춤스럽게 날아드는 파리떼도 장난꾼 각다귀들도 귀치않다. 얼금뱅이요 왼손잡이인 드팀전의 허생원은 기어코 동업의 조선달을 낚아 보았다.

"그만 걷을까?"

"잘 생각했네. 봉평 장에서 한 번이나 흐붓하게 사본 일 있었을까. 내일 대화 장에서나 한몫 벌어야겠네."

"오늘 밤은 밤을 새서 걸어야 될걸."

"달이 뜨렸다."

절렁절렁 소리를 내며 조선달이 그날 산 돈을 따지는 것을 보고 허생원은 말뚝에서 넓은 휘장을 걷고 벌여놓았던 물건을 거두기 시작하였다. 무명 필과 주단 바리가 두 고리짝에 꼭 찼다. 멍석 위에는 천조각이 어수선하게 남았다. 다른 축들도 벌써 거진 전들을 걷고 있었다. 약빠르게 떠나는 패도 있었다. 어물장수도 땜장이도 엿장수도 생강장수도 꼴들이 보이지 않았다. 내일은 진부와 대화에 장이 선다. 축들은 그 어느 쪽으로든지 밤을 새며 육칠십 리 밤길을 타박거리지 않으면 안 된다. 장판은 잔치 뒷마당같이 어수선하게 벌어지고 술집에서는 싸움이 터져 있었다. 주정꾼 욕지거리에 섞여 계집의 앙칼진 목소리가 찢어졌다. 장날 저녁은 정해 놓고 계집의 고함 소리로 시작되는 것이다.

"생원, 시침을 떼두 다 아네… 충줏집 말야."

계집 목소리로 문득 생각난 듯이 조선달은 비죽이 웃는다.

"화중지병이지. 면소패들을 적수로 하구야 대거리가 돼야 말이지."

"그렇지두 않을걸. 축들이 사족을 못 쓰는 것두 사실은 사실이나, 아무리 그렇다곤 해두 왜 그 동이 말일세, 감쪽같이 충줏집을 후린 눈치거든."

"무어 그 애숭이가? 물건 가지고 낚었나 부지. 착실한 녀석인 줄 알었더니."

"그 길만은 알 수 있나… 궁리 말구 가보세나 그려. 내 한턱 씀세."

그다지 마음이 당기지 않는 것을 쫓아갔다. 허생원은 계집과는 연분이 멀었다. 얼금뱅이 상판을 쳐들고 대어설 숫기도 없었으나 계집 편에서 정을 보낸 적도 없었고, 쓸쓸하고 뒤틀린 반생이었다. 충줏집을 생각만 하여도 철없이 얼굴이 붉어지고 발밑이 떨리고 그 자리에 소스라쳐 버린다. 충줏집 문을 들어서 술좌석에서 짜장 동이를 만났을 때에는 어찌 된 서슬

엔지 발끈 화가 나버렸다. 상 위에 붉은 얼굴을 쳐들고 제법 계집과 농탕치는 것을 보고서야 견딜 수 없었던 것이다. 녀석이 제법 난질꾼인데 꼴 사납다. 머리에 피도 안 마른 녀석이 낮부터 술 처먹고 계집과 농탕이야. 장돌뱅이 망신만 시키고 돌아다니누나. 그 꼴에 우리들과 한몫 보자는 셈이지. 동이 앞에 막아서면서부터 책망이었다. 걱정두 팔자요 하는 듯이 빤히 쳐다보는 상기된 눈망울에 부딪칠 때, 결김에 따귀를 하나 갈겨 주지 않고는 배길 수 없었다. 동이도 화를 쓰고 팩하게 일어서기는 하였으나, 허생원은 조금도 동색하는 법 없이 마음먹은 대로는 다 지껄였다 — 어디서 주워 먹은 선머슴인지는 모르겠으나, 네게도 아비 어미 있겠지. 그 사나운 꼴 보면 맘 좋겠다. 장사란 탐탁하게 해야 되지, 계집이 다 무어야, 나가거라, 냉큼 꼴 치워.

그러나 한마디도 대거리하지 않고 하염없이 나가는 꼴을 보려니, 도리어 측은히 여겨졌다. 아직도 서름서름한 사인데 너무 과하지 않았을까 하고 마음이 섬뜩해졌다. 주제도 넘지, 같은 술손님이면서도 아무리 젊다고 자식 낳게 되는 것을 붙들고 치고 닦아세울 것은 무어야, 원. 충줏집은 입술을 쫑긋하고 술 붓는 솜씨도 거칠었으나, 젊은애들한테는 그것이 약이 된다나 하고 그 자리는 조선달이 얼버무려 넘겼다. 너 녀석한테 반했지? 애숭이를 빨면 죄 된다. 한참 법석을 친 후이다. 담도 생긴데다가 웬일인지 흠뻑 취해 보고 싶은 생각도 있어서 허생원은 주는 술잔이면 거의 다 들이켰다. 거나해짐을 따라 계집 생각보다도 동이의 뒷일이 한결같이 궁금해졌다. 내 꼴에 계집을 가로채서는 어떡할 작정이었누 하고 어리석은 꼬락서니를 모질게 책망하는 마음도 한편에 있었다. 그러기 때문에 얼마나 지난 뒤인지 동이가 헐레벌떡거리며 황급히 부르러 왔을 때에는, 마시던 잔을 그 자리에 던지고 정신없이 허덕이며 충줏집을 뛰어나간 것이었다.

"생원 당나귀가 바를 끊구 야단이에요."

"각다귀들 장난이지 필연코."

짐승도 짐승이려니와 동이의 마음씨가 가슴을 울렸다. 뒤를 따라 장판을 달음질하려니 거슴츠레한 눈이 뜨거워질 것 같다.

"부락스런 녀석들이라 어쩌는 수 있어야죠."

"나귀를 몹시 구는 녀석들은 그냥 두지는 않는걸."

반평생을 같이 지내 온 짐승이었다. 같은 주막에서 잠자고, 같은 달빛에 젖으면서 장에서 장으로 걸어다니는 동안에 이십 년의 세월이 사람과 짐승을 함께 늙게 하였다. 까스러진 목 뒤 털은 주인의 머리털과도 같이 바스러지고, 개진개진 젖은 눈은 주인의 눈과 같이 눈꼽을 흘렸다. 몽당비처럼 짧게 쓸리운 꼬리는, 파리를 쫓으려고 기껏 휘저어 보아야 벌써 다리까지는 닿지 않았다. 닳아 없어진 굽을 몇 번이나 도려내고 새 철을 신겼는지 모른다. 굽은 벌써 더 자라나기는 틀렸고 닳아 버린 철 사이로는 피가 빼짓이 흘렀다. 냄새만 맡고도 주인을 분간하였다. 호소하는 목소리로 야단스럽게 울며 반겨한다.

어린아이를 달래듯이 목덜미를 어루만져 주니 나귀는 코를 벌름거리고 입을 투르르거렸다. 콧물이 튀었다. 허생원은 짐승 때문에 속도 무던히는 썩였다. 아이들의 장난이 심한 눈치여서 땀 배인 몸뚱어리가 부들부들 떨리고 좀체 흥분이 식지 않는 모양이었다. 굴레가 벗어지고 안장도 떨어졌다. 요 몹쓸 자식들, 하고 허생원은 호령을 하였으나 패들은 벌써 줄행랑을 논 뒤요 몇 남지 않은 아이들이 호령에 놀라 비슬비슬 멀어졌다.

"우리들 장난이 아니우. 암놈을 보고 저 혼자 발광이지."

코흘리개 한 녀석이 멀리서 소리를 쳤다.

"고 녀석 말투가."

"김첨지 당나귀가 가버리니까 왼통 흙을 차고 거품을 흘리면서 미친 소같이 날뛰는걸. 꼴이 우스워 우리는 보고만 있었다우. 배를 좀 보지."

아이는 앵돌아진 투로 소리를 치며 깔깔 웃었다. 허생원은 모르는 결에 낯이 뜨거워졌다. 뭇시선을 막으려고 그는 짐승의 배 앞을 가려 서지 않으면 안 되었다. "늙은 주제에 암새를 내는 셈야, 저놈의 짐승이."

아이의 웃음 소리에 허생원은 주춤하면서 기어코 견딜 수 없어 채찍을 들더니 아이를 쫓았다.

"쫓으려거든 쫓아 보지. 왼손잡이가 사람을 때려."

줄달음에 달아나는 각다귀에는 당하는 재주가 없었다. 왼손잡이는 아이 하나도 후릴 수 없다. 그만 채찍을 던졌다. 술기도 돌아 몸이 유난스럽게 화끈거렸다.

"그만 떠나세. 녀석들과 어울리다가는 한이 없어. 장판의 각다귀들이란 어른보다도 더 무서운 것들인걸."

조선달과 동이는 각각 제 나귀에 안장을 얹고 짐을 싣기 시작하였다. 해가 꽤 많이 기울어진 모양이었다.

드팀전 장돌이를 시작한 지 이십 년이나 되어도 허생원은 봉평 장을 빼논 적은 드물었다. 충주 제천 등의 이웃 군에도 가고, 멀리 영남 지방도 헤매이기는 하였으나 강릉쯤에 물건하러 가는 외에는 처음부터 끝까지 군내를 돌아다녔다. 닷새만큼씩의 장날에는 달보다도 확실하게 면에서 면으로 건너간다. 고향이 청주라고 자랑삼아 말하였으나 고향에 돌보러 간 일도 있는 것 같지는 않았다. 장에서 장으로 가는 길의 아름다운 강산이 그대로 그에게는 그리운 고향이었다. 반날 동안이나 뚜벅뚜벅 걷고 장터 있는 마을에 거지반 가까웠을 때, 거친 나귀가 한바탕 우렁차게 울면 ― 더구나 그것이 저녁녘이어서 등불들이 어둠 속에 깜박거릴 무렵이면 늘 당하는 것이건만 허생원은 변치 않고 언제든지 가슴이 뛰놀았다.

젊은 시절에는 알뜰하게 벌어 돈푼이나 모아 본 적도 있기는 있었으나, 읍내에 백중이 열린 해 호탕스럽게 놀고 투전을 하여 사흘 동안에 다 털어 버렸다. 나귀까지 팔게 된 판이었으나 애끓는 정분에 그것만은 이를 물고 단념하였다. 결국 도로아미타불로 장돌이를 다시 시작할 수밖에는 없었다. 짐승을 데리고 읍내를 도망해 나왔을 때에는 너를 팔지 않기 다행이었다고 길가에서 울면서 짐승의 등을 어루만졌던 것이었다. 빚을 지기 시작하니 재산을 모을 염은 당초에 틀리고 간신히 입에 풀칠을 하러 장에서 장으로 돌아다니게 되었다. 호탕스럽게 놀았다고는 하여도 계집 하나 후려 보지는 못하였다. 계집이란 좀 쌀쌀하고 매정한 것이었다. 평생 인연이 없는 것이라고 신세가 서글퍼졌다. 일신에 가까운 것이라고는 언제나 변함없는 한 필의 당나귀였다.

그렇다고는 하여도 꼭 한번의 첫 일을 잊을 수는 없었다. 뒤에도 처음에도 없는 단 한 번의 괴이한 인연! 봉평에 다니기 시작한 젊은 시절의 일이었으나 그것을 생각할 적만은 그도 산 보람을 느꼈다.

달밤이었으나 어떻게 해서 그렇게 됐는지 지금 생각해도 도무지 알 수는 없었다.

허생원은 오늘 밤도 또 그 이야기를 끄집어내려는 것이다. 조선달은 친구가 된 이래 귀에 못이 박히도록 들어 왔다. 그렇다고 싫증을 낼 수도 없었으나 허생원은 시침을 떼고 되풀이할 대로는 되풀이하고야 말았다.

"달밤에는 그런 이야기가 격에 맞거든."

조선달 편을 바라는 보았으나 물론 미안해서가 아니라 달빛에 감동하여서였다. 이지러는 졌으나 보름을 가제 지난 달은 부드러운 빛을 흐붓이 흘리고 있다. 대화까지는 칠십 리의 밤길, 고개를 둘이나 넘고 개울을 하나 건너고 벌판과 산길을 걸어야 된다. 달은 지금 긴 산허리에 걸려 있다. 밤중을 지난 무렵인지 죽은 듯이 고요한 속에서 짐승 같은 달의 숨소리가 손에 잡힐 듯이 들리며, 콩포기와 옥수수 잎새가 한층 달에 푸르게 젖었다. 산허리는 온통 메밀밭이어서 피기 시작한 꽃이 소금을 뿌린 듯이 흐뭇한 달빛에 숨이 막힐 지경이다. 붉은 대궁이 향기같이 애잔하고 나귀들의 걸음도 시원하다. 길이 좁은 까닭에 세 사람은 나귀를 타고 외줄로 늘어섰다. 방울 소리가 시원스럽게 딸랑딸랑 메밀밭께로 흘러간다. 앞장선 허생원의 이야기 소리는 꽁무니에 선 동이에게는 확적히는 안 들렸으나, 그는 그대로 개운한 제멋에 적적하지는 않았다.

"장 선 꼭 이런 날 밤이었네. 객줏집 토방이란 무더워서 잠이 들어야지. 밤중은 돼서 혼자 일어나 개울가에 목욕하러 나갔지. 봉평은 지금이나 그제나 마찬가지나 보이는 곳마다 메밀밭이어서 개울가가 어디 없이 하얀 꽃이야. 돌밭에 벗어도 좋을 것을, 달이 너무도 밝은 까닭에 옷을 벗으러 물방앗간으로 들어가지 않았나. 이상한 일도 많지. 거기서 난데없는 성서방네 처녀와 마주쳤단 말이네. 봉평서야 제일가는 일색이었지."

"팔자에 있었나 부지."

아무렴 하고 응답하면서 말머리를 아끼는 듯이 한참이나 담배를 빨 뿐이었다.

구수한 자줏빛 연기가 밤기운 속에 흘러서는 녹았다.

"날 기다린 것은 아니었으나 그렇다고 달리 기다리는 놈팽이가 있는 것두 아니었네. 처녀는 울고 있단 말야. 짐작은 대고 있었으나 성서방네는 한창 어려워서 들고날 판인 때였지. 한집안 일이니 딸에겐들 걱정이 없을 리 있겠나. 좋은 데만 있으면 시집도 보내련만 시집은 죽어도 싫다지… 그러나 처녀란 울 때 같이 정을 끄는 때가 있을까. 처음에는 놀라기도 한 눈치였으나 걱정 있을 때는 누그러지기도 쉬운 듯해서 이럭저럭 이야기가 되었네… 생각하면 무섭고도 기막힌 밤이었어."

"제천연지로 줄행랑을 놓은 건 그 다음날이었나?"

"다음 장도막에는 벌써 온 집안이 사라진 뒤였네. 장판은 소문에 발끈 뒤집혀 고작해야 술집에 팔려가기가 상수라고 처녀의 뒷공론이 자자들 하단 말이야. 제천 장판을 몇 번이나 뒤졌겠나. 하나 처녀의 꼴은 꿩 귀먹은 자리야. 첫날 밤이 마지막 밤이었지. 그때부터 봉평이 마음에 든 것이 반평생을 두고 다니게 되었네. 평생인들 잊을 수 있겠나." "수 좋았지. 그렇게 신통한 일이란 쉽지 않어. 항용 못난 것 얻어 새끼 낳고, 걱정 늘고 생각만 해두 진저리나지… 그러나 늘그막바지까지 장돌뱅이로 지내기도 힘드는 노릇 아닌가? 난 가을까지만 하구 이 생애와두 하직하려네. 대화쯤에 조그만 전방이나 하나 벌이구 식구들을 부르겠어. 사시장철 뚜벅뚜벅 걷기란 여간이래야지."

"옛 처녀나 만나면 같이나 살까……. 난 거꾸러질 때까지 이 길 걷고 저 달 볼 테야." 산길을 벗어나니 큰길로 틔어졌다. 꽁무니의 동이도 앞으로 나서 나귀들은 가로 늘어섰다.

"총각두 젊겠다, 지금이 한창 시절이렷다. 충줏집에서는 그만 실수를 해서 그 꼴이 되었으나 설게 생각 말게."

"처 천만에요. 되려 부끄러워요. 계집이란 지금 웬 제격인가요. 자나깨나 어머니 생각뿐인데요."

허생원의 이야기로 실심해한 끝이라 동이의 어조는 한풀 수그러진 것이었다.

"애비 에미란 말에 가슴이 터지는 것도 같았으나 제겐 아버지가 없어요. 피붙이라고는 어머니 하나뿐인걸요."

"돌아가셨나?"

"당초부터 없어요."

"그런 법이 세상에."

생원과 선달이 야단스럽게 껄껄들 웃으니, 동이는 정색하고 우길 수밖에는 없었다.

"부끄러워서 말하지 않으려 했으나 정말예요. 제천촌에서 달도 차지 않은 아이를 낳고 어머니는 집을 쫓겨났죠. 우스운 이야기나, 그러기 때문에 지금까지 아버지 얼굴도 본 적 없고, 있는 고장도 모르고 지내 와요."

고개가 앞에 놓인 까닭에 세 사람은 나귀를 내렸다. 둔덕은 험하고 입을 벌리기도 대견하여 이야기는 한동안 끊겼다. 나귀는 건듯하면 미끄러졌다. 허생원은 숨이 차 몇 번이고 다리를 쉬지 않으면 안 되었다. 고개를 넘을 때마다 나이가 알렸다. 동이 같은 젊은 축이 그지없이 부러웠다. 땀이 등을 한바탕 쪽 씻어 내렸다.

고개 너머는 바로 개울이었다. 장마에 흘러 버린 널다리가 아직도 걸리지 않은 채로 있는 까닭에 벗고 건너야 되었다. 고의를 벗어 띠로 등에 얽어매고 반벌거숭이의 우스꽝스런 꼴로 물속에 뛰어들었다. 금방 땀을 흘린 뒤였으나 밤 물은 뼈를 찔렀다.

"그래, 대체 기르긴 누가 기르구?"

"어머니는 하는 수 없이 의부를 얻어 가서 술장사를 시작했죠. 술이 고주래서 의부라고 전망나니예요. 철들어서부터 맞기 시작한 것이 하룬들 편할 날 있었을까. 어머니는 말리다가 채고 맞고 칼부림을 당하곤 하니 집 꼴이 무어겠소. 열여덟 살 때 집을 뛰어나와서부터 이 짓이죠."

"총각 낯세론 심이 무던하다고 생각했더니 듣고 보니 딱한 신세로군."

물은 깊어 허리까지 찼다. 속 물살도 어지간히 센데다가 발에 채는 돌멩이도 미끄러워 금시에 홀칠 듯하였다. 나귀와 조선달은 재빨리 거의 건넜으나 동이는 허생원을 붙드느라고 두 사람은 훨씬 떨어졌다.

"모친의 친정은 원래부터 제천이었던가?"

"웬걸요, 시원스리 말은 안 해주나 봉평이라는 것만은 들었죠."

"봉평? 그래 그 아비 성은 무엇인구?"

金
仁
承
畵

NHS

백억 저축으로 양로의 부담을 더는

넛싱생명

本社·東京丸の内

"알 수 있나요. 도무지 듣지를 못했으니까."

"그 그렇겠지."

하고 중얼거리며 흐려지는 눈을 까물까물하다가 허생원은 경망하게도 발을 빗디디었다. 앞으로 고꾸라지기가 바쁘게 몸째 풍덩 빠져 버렸다. 허비적거릴수록 몸을 걷잡을 수 없어 동이가 소리를 치며 가까이 왔을 때에는 벌써 퍽으나 흘렀었다. 옷째 쫄짝 젖으니 물에 젖은 개보다도 참혹한 꼴이었다. 동이는 물속에서 어른을 해깝게 업을 수 있었다. 젖었다고는 하여도 여윈 몸이라 장정 등에는 오히려 가벼웠다.

"이렇게까지 해서 안됐네. 내 오늘은 정신이 빠진 모양이야."

"염려하실 것 없어요."

"그래 모친은 아비를 찾지는 않는 눈치지."

"늘 한번 만나고 싶다고는 하는데요."

"지금 어디 계신가?"

"의부와도 갈라져 제천에 있죠. 가을에는 봉평에 모셔 오려고 생각 중인데요. 이를 물고 벌면 이럭저럭 살아갈 수 있겠죠."

"아무렴, 기특한 생각이야. 가을이랬다?"

동이의 탐탁한 등허리가 뼈에 사무쳐 따뜻하다. 물을 다 건넜을 때에는 도리어 서글픈 생각에 좀더 업혔으면도 하였다.

"진종일 실수만 하니 웬일이오, 생원."

조선달은 바라보며 기어코 웃음이 터졌다.

"나귀야. 나귀 생각하다 실족을 했어. 말 안 했던가. 저 꼴에 제법 새끼를 얻었단 말이지. 읍내 강릉집 피마에게 말일세. 귀를 쫑긋 세우고 달랑달랑 뛰는 것이 나귀 새끼같이 귀여운 것이 있을까. 그것 보러 나는 일부러 읍내를 도는 때가 있다네."

"사람을 물에 빠치울 젠 딴은 대단한 나귀 새끼군."

허생원은 젖은 옷을 웬만큼 짜서 입었다. 이가 덜덜 갈리고 가슴이 떨리며 몹시도 추웠으나 마음은 알 수 없이 둥실둥실 가벼웠다.

"주막까지 부지런히들 가세나. 뜰에 불을 피우고 훗훗이 쉬어. 나귀에겐 더운 물을 끓여 주고. 내일 대화 장 보고는 제천이다."

"생원도 제천으로?"

"오래간만에 가보고 싶어. 동행하려나, 동이?"

나귀가 걷기 시작하였을 때 동이의 채찍은 왼손에 있었다. 오랫동안 아둑시니같이 눈이 어둡던 허생원도 요번만은 동이의 왼손잡이가 눈에 띄지 않을 수 없었다.

걸음도 해깝고 방울 소리가 밤 벌판에 한층 청청하게 울렸다.

달이 어지간히 기울어졌다.

「까마귀」[169]

이태준(李泰俊)

"호."

새로 사온 것이라 등피에서는 아직 석유내도 나지 않는다. 닦을 것도 별로 없지만, 전에 하던 버릇으로 그렇게 입김부터 불어 가지고 어스름해진 하늘에 비춰보았다. 등피는 과민하게도 대뜸 뽀얗게 흐려지고 만다.

"날이 꽤 차졌군……."

그는 등피를 닦으면서 아직 눈에 익지 않은 정원을 둘러보았다. 이끼 앉은 돌층계 밑에는 발이 묻히게 낙엽이 쌓여 있고, 상나무, 전나무 같은 상록수를 빼놓고는 단풍나무까지 이미 반 넘어 이울어 어떤 나무는 잎이라고 하나도 없이 설명하게 서 있다. '무장해제를 당한 포로들처럼'하는 생각을 하면서 그런 쓸쓸한 나무들이 이 구석 저 구석에 묵묵히 섰는 것을 그는 등피를 다 닦고도 다시 한참이나 바라보다가야 자기 방으로 정한 바깥채 작은 사랑으로 올라갔다.

여기는 그의 어느 친구네 별장이다. 늘 괴벽한 문체를 고집하여 독자를 널리 갖지 못하는 그는 한 달에 이십 원 남짓하면 독방을 차지할 수 있는 학생층의 하숙 생활조차 뜻대로 되지 않았다. 궁여의 일책으로 이렇게 임시로나마 겨우내 그냥 비워 두는 친구네 별장 방 하나를 빌린 것이다. 내년 칠월까지는 어느 방이든지 마음대로 쓰라고 해서 정자지기가 방마다 문을 열어 보이는 대로 구경하였으나, 모두 여름에나 좋을 북향들이라 너무 음습하고 너무 넓고 문들이 많아서 결국은 바깥채로 나와 상노들이나 자는 방이라는 작은 사랑을 치우게 한 것이다.

상노들이나 자는 방이라 하나 별장 전체를 그리 손색 있게 하는 방은 아니었다. 동향이어서 여름에는 늦잠을 자지 못할 것이 흠일까, 겨울에는 어느 방보다 밝고 따뜻할 수 있고, 미닫이와 들창도 다 갑창까지 들인데다 벽장문과 두껍닫이에는 유명한 화가인지 아닌지는 몰라도 낙관이 있는 사군자며 기명절지(器皿折枝)가 붙어 있다. 밖으로도 문 위에는 추성각(秋声閣)이라 추사체의 현판이 걸려 있고, 양쪽 처마 끝에는 파랗게 녹슨 풍경이 창연히 달려 있다. 또 미닫이를 열면 눈 아래 깔리는 경치도 큰사랑만 못한 것 같지 않으니, 산기슭에 나붓이 섰는 수각(水閣)과 그 밑으로 마른 연잎과 단풍이 잠긴 연당이며, 그리고 그 연당 언덕으로 올라오면서 무룡석으로 석가산을 모으고 잔디밭 새에 길을 돌린 것은 이 방에서 내려다보기가 기중일 듯싶었다. 그런데다 눈을 번뜻 들면 동편 하늘이 바다처럼 트이고, 그 한편으로 훤칠한 늙은 전나무 한 채가 절벽같이 가려 섰는 것이다. 사슴이 뿔처럼 썩정귀가 된 상가지에는 희끗희끗 새똥까지 묻히어서 고요히 바라보면 한눈에 태고(太古)가 깃들이는 듯한 그윽한 경치이다.

오래간만에 켜보는 남포불이다. 펄럭하고 성냥불이 심지어 옮기더니 좁은 등피 속은 자욱하게 연기와 김이 서리었다가 차츰차츰 밝아지는 것이었다. 그렇게 차츰차츰 밝아지는 남포불에 삥 둘러앉았던 옛날 집안 사람들의 얼굴이 생각나게, 그렇게 남포불은 추억 많은 불이다.

그는 누워 너무나 고요함에 귀를 빼앗기면서 옛 사람들의 얼굴을 그려보다가 너무나 가까운 데서 까악까악하는 까마귀 소리에 얼른 일어나 문을 열었다. 바깥은 아직 아주 어둡지 않았다. 또 까악까악하는 소리에 쳐다보니 지나가면서 우는 소리가 아니라 바로 그 전나무 썩정가지에 시커먼 세 마리가 웅크리고 앉아 그러는 것이었다.

"까마귀!"

까치나 비둘기를 본 것만은 못하였다. 그러나 자연이 준 그의 검음과 그의 탁한 음성을 까닭 없이 저주할 필요는 느끼지 않았다. 마침 정자지기가 올라와서

"아, 진지는 어떡하십니까?"

하는 말에, 우유하고 빵이나 먹고 밥 생각이 나면 문안 들어가 사먹는다고, 그래도 자기는 괜찮다고 어름어름하고 말막음으로

"웬 까마귀들이?……."

하고 물었다.

"네, 이 동네 많습니다. 저 나무엔 늘 와 사는 걸입쇼……."

"그래요? 그럼 내 친구가 되겠군……."

하고 그는 웃었다.

"요 아래 돼지 기르는 데가 있읍죠니까, 거기 밥찌꺼기 같은 게 흔하니까, 그래 까마귀가 떠나질 않습니다."

하면서 정자지기는 한 걸음 나서 풀매 치는 형용을 하니, 까마귀들은 주춤하고 날 듯한 자세를 가지다가 아래를 보더니 도로 앉아서 이번에는 "까르르……."하고 GA아래 R이 한없이 붙은 발음을 하는 것이다.

정자지기가 내려간 후 그는 다시 호젓하니 문을 닫고 아까와 같이 아무

렇게나 다리를 뻗고 누워 버렸다.

배가 고팠다. 그는 또 그 어느 학자의 수면 습관설(睡眠習慣說)이 생각났다. 사람이 밤새도록 그 여러 시간을 자는 것은 불을 발명하기 전에 할 일이 없어 자기만 한 것이 습관으로 전해진 것뿐이요, 꼭 그렇게 여러 시간을 자야만 될 리는 없다는 것이다. 그는 이 수면 습관설에 관련하여 식용이란 것도 그런 것으로 믿어 보고 싶었다. 사람은 하루 꼭꼭 세 번씩 으레 먹어야 될 것처럼 충실히 먹는 것이나, 이것도 그렇게 많이 먹어야만 되게 되어서가 아니라, 애초에는 수효 적은 사람들이 넓은 자연 속에서 먹을 것이 쉽사리 손에 들어오니까 먹기만 하던 것이 습관으로 전해진 것뿐이요, 꼭 그렇게 세 끼씩이나 계획적으로 먹어야만 될 리는 없을 것 같았다. 그런데, 사람이 잠을 자기 위해서는 그처럼 큰 부담이 있는 것은 아니나, 먹기 위해서는, 하루 세 번씩 먹는 그 습관을 지키기 위해서는 얼마나 큰, 얼마나 무거운 부담이 있는 것인가. 그러기에 살려고 먹는 것이 아니라 먹으려고 산다는 말까지 생긴 것이 아닌가 생각되었다.

"먹으려고 산다! 평생을 먹으려고만 눈이 뻘개 허둥거리다 죽어? 그건 실로 인간의 모욕이다."

그는 쓴웃음을 지으며, 지금 자기의 속이 쓰려 올라오는 것과 입속이 빡빡해지며 눈에는 자꾸 기름진 식탁이 나타나는 것을 한낱 무가치한 습관의 발작으로만 돌려버리려 노력해 보는 것이다.

"어디선가 르누아르가 예술가는 한 근의 빵보다 한 송이의 꽃을 꺾는다고 했지만, 배가 고프면? 하고 자신에게 물었다. 그러면 그는 괴로워하고 훔치고 혹은 사람을 죽일지도 모른다. 그렇더라도 글쓰기를 버리지는 않을 거라고 했다. 난 배가 고파할 줄 아는 그 얄미운 습관부터 아예 망각시켜 보리라. 잉크는 새것이 한 병 새벽 우물처럼 충충히 담겨 있것다. 원고지도 두툼한 게 여남은 축 쌓여 있것다!" 그는 우선, 그분 앞으로 살랑살랑 지나다니면서 "쌀값은 오르기만 허구… 석탄도 돌려야겠는데…….".를 입버릇처럼 하던 주인마누라의 목소리로부터 멀리 떨어져서, 은은한 풍경 소리와 짙은 어둠에 흠뻑 쌓인 이 산장 호젓한 방에서 옛 애인을 만난 듯한 다정스러운 남포불을 돋우고 글만을 생각하는데 취할 수 있는 것이 갑자기 몸이 비단에 싸이는 듯, 살이 찔 듯한 행복이었다.

저녁마다 그는 남포에 새 석유를 붓고 등피를 닦고 그리고 까마귀 소리를 들으면서 어둠을 기다리었다. 방 구석구석에서 밤의 신비가 소근거려 나을 때, 살며시 무릎을 꿇고 귀한 손님의 의관처럼 공손히 남포갓을 들어 올리고 불을 켜는 것이며, 펄럭거리던 불방울이 가만히 자리 잡는 것을 보고야 아랫목으로 물러나, 그제는 눕든지 앉든지 마음대로 하며 혼자 밤이 깊도록 무얼 읽고 무얼 생각하고 무얼 쓰고 하는 것이다. 그래서 아침이면 늘 늦도록 자곤 하였다. 어떤 날은 큰사랑 뒤에 있는 우물에 올라가 세수를 하고 나면 산 너머로 정오의 사이렌 소리가 울려오기도 했다. 그러다가 이 날은 무슨 무서운 꿈을 꾸고 그 서슬에 소스라쳐 깨어 보니 밤은 벌써 아니었다. 미닫이에는 전나무 가지가 꿩의 장북처럼 비끼었고 쨍쨍한 햇볕은 쏴 소리가 날 듯 쬐어 있었다. 어수선한 꿈자리를 떨쳐버리는 홀가분한 기분과 여기 나와서는 처음 일찍 깨어보는 호기심에서 그는 머리를 흔들고 미닫이부터 쫙 밀어 놓았다. 문턱을 넘어드는 바깥 공기는 체온에 부딪치는 것이 찬물 같았다. 여윈 손으로 눈을 비비며, 얼마나 아름다울 아침일까를 내다보았다. 해는 역광선이어서 부신 눈으로 수각을 더듬고 연당을 더듬고 잔디밭 길을 더듬다가, 그 실뱀 같은 잔디밭 길에서다. 그는 문득 어떤 여자의 그림자 하나를 발견한 것이다.

여태 꿈인가 해서 다시금 눈부터 비비었다. 확실히 여자요, 또 확실히 고요히 섰으되 산 사람이었다. 그는 너무 넓게 열렸던 문을 당황히 닫아

버리고 다시 조그만 틈으로 내다보았다.

여자는 잊어버린 듯 오래도록 햇볕만 쏘이고 서 있다가 어디선지 산새 한 마리가 날아와 가까운 나뭇가지에 앉는 것을 보더니 그제야 사뿐 발을 떼어 놓았다. 머리는 틀어 올리었고 저고리는 노르스름한 명주 빛인데, 고동색 스웨터를, 아이 업듯, 두 소매는 앞으로 늘어뜨리고 등에만 걸치었을 뿐, 꽤 날씬한 허리 아래엔 옥색 치맛자락이 부드러운 물결처럼 가벼운 주름살을 일으키었다. 빨간 단풍잎 하나를 들었을 뿐, 고요한 아침 산보인 듯하다.

"누굴까?"

그는 장정 고운 신간서(新刊書)에처럼 호기심이 일어났다. 가까이 축대 아래로 지나가는 것을 보니 새 양봉투 같은 깨끗한 이마에 눈결은 뉘어 쓴 영어 글씨같이 채근하다. 꼭 다문 입술, 그리고 뽀로통한 콧봉오리에는 약간치 않은 프라이드가 느껴지는 얼굴이었다.

"웬 여잔데?"

이튿날 아침에도 비교적 이르게 잠이 깨었다. 살며시 연당 쪽을 내다보니 연당 앞에도 잔디밭 길에도 아무도 사람이라고는 보이지 않았다. 왜 그런지 붙들었던 새를 날려 보낸 듯 서운하였다.

이날 오후이다. 그는 낙엽을 긁어다가 불을 때고 있었다. 누군지 축대 아래에서 인기척이 났다. 머리를 쓸어넘기며 내려다보니 어제 아침의 그 여자다. 어제 그 옷, 그 모양, 그 고요함으로 약간 발그레해진 얼굴을 쳐들고, 사뭇 아는 사람을 보듯 얼굴을 돌리려 하지 않고 걸음을 멈추고 섰는 것이다. 그는 당황하여 다시 머리를 쓸어넘기며 일어섰다.

"×선생님 아니세요?"

여자가 거의 자신을 가지고 먼저 묻는다.

"네, ×××입니다."

"……."

여자는 먼저 물어 놓고 더 말이 없이 귀밑까지 발그레해지는 얼굴을 푹 수그렸다. 한참이나 아궁이에서 낙엽 타는 소리뿐이었다.

"절 아십니까?"

"……."

여자는 다시 얼굴을 들 뿐 말은 없다가 수줍은 웃음을 머금고 옆에 있는 돌층계를 횟둑횟둑 올라왔다. 그는 낙엽 한 무더기를 또 아궁이에 쓸어 넣고 손을 털었다.

"문간에 명함 붙이신 걸루 알았어요?"

"네……."

"저두 선생님 독자예요, 꽤 충실한……."

"그러십니까? 부끄럽습니다."

그는 손을 비비며 여자의 눈을 보았다. 잦아든 가을 호수와 같이 약간 꺼진 듯한, 피곤한 눈이면서도 겨울 별 같은 찬 광채가 일어났다.

"손수 불을 때시나요?"

"네."

"전 이 집 정원을 저희 집처럼 날마다 산책해요. 아침이면……."

"네! 꽤나 넓고 좋은 정원이지요."

"참 좋아요……."

"이 동네 계십니까?"

"네, 요 개울 건너예요."

이날은 더 이야기가 나올 새 없이 여자는 부끄러워하며 돌아가고 말았다.

그는 한참 뒤에 바깥 행길로 나와 개울 건너를 살펴보았다. 거기는 기와집 초가집 여러 집이 언덕에 층층으로 놓여 있었다. 어느 것이 그 여자가 들어간 집인지 짐작조차 할 수 없었다.

이날 저녁에 정자지기를 만나 물었더니

"그 여자, 병자이올시다."

하였다. 보기에 그리 병자 같아 보이지는 않다고 하니

"뭐 폐병이라나요. 약 먹누라구 여기 나왔는데, 숨이 차 산엔 못 댕기구 우리 정자루만 밤낮 오죠."

하였다.

폐병! 그는 온전한 남의 일 같지 않게 마음에 쓰였다. 그렇게 똑똑하고 단아한 대화를 할 수 있는 아름다운 입술이 악마 같은 병균을 발산하리라는 사실은 상상만 하기에도 우울하였다.

그러나 그 다음날부터는 정원에서 그 여자를 만나 인사할 수 있는 것이 즐거웠고, 될 수만 있으면 그를 위로해 주고 그와 더불어 자기의 빈한한 예술을 이야기하고 싶었다. 그래서 그 여자가 자기의 방문 앞으로 왔을 때는 몇 번이나

"바람이 찹니다."

하여 보았다. 그러나 그녀는 번번이

"여기가 좋아요."

라고 말하며 마루 끝에 걸터앉아 손수건으로 계속 입과 코를 막는 것을 잊지 않았다.

어느 날,

"괜찮으니 어서 들어오세요."

하고 괜찮다는 말에 힘을 주었더니, 여자는 약간 상기가 되면서 그래도 이쪽에 밝히 따지려는 듯이

"전 전염병 환자예요."

하고 쓸쓸한 웃음을 지었다.

"글쎄 그런 줄 압니다. 괜찮으니 들어오십시오."

하니 그제야 가벼운 감격이 마음속에 파동치는 듯, 잠깐 멀리 하늘가에 눈을 던지었다가 살며시 들어왔다. 황혼이었다. 동향 방의 황혼이라 말할 때의 여자의 맑은 눈 속과 흰 잇속만이 별로 또렷또렷 빛이 났다.

"저처럼 죽음에 대면해 있는 처녀를 작품 속에서 생각해 보신 적 계서요. 선생님?"

"없습니다! 그리구, 그만 정도에 왜 죽음은 생각하십니까?"

"그래두 자꾸 생각하게 되어요."

하고 여자는 보일 듯 말 듯한 웃음으로 천장을 쳐다보았다. 한참 침묵 뒤에

"전 병을 퍽 행복스럽다 했어요, 처음엔……."

하고 또 가벼이 웃었다.

"……."

"모두 날 위해 주구, 친구들이 꽃을 가지구 찾아와 주구, 그리구 건강했을 때보다 여간 희망이 많지 않았어요. 인제 병이 나으면 누구헌테 제일 먼저 편지를 쓰겠다. 누구헌테 전에 잘못한 걸 사과하리라. 참 벨벨 희망이 다 끓어올랐어요… 병든 걸 참 감사했어요, 그땐……."

"지금은요?……."

"무서워졌어요. 죽음두 첨에는 퍽 아름다운 걸루 알았드랬어요. 언제든지 살다 귀찮으면 꽃밭에 뛰어들 듯 언제나 아름다운 죽음에 뛰어들 수 있는 걸 기뻐했어요. 그런데 이렇게 닥뜨리고 보니 겁이 자꾸 나요. 꿈을 꿔두……."

하는데 까악까악하는 소리가 바로 그 전나무 썩정가지에서인 듯, 언제나 똑같은 거리에서 울려 왔다.

"여기 나와선 까마귀가 내 친굽니다."

하고 그는 억지로 그 불길스러운 소리를 웃음으로 덮어버리려 하였다.

"선생님은 친구라구꺼정! 전 이 동네가 모두 좋은데 저게 싫어요. 죽음을 잊어버리면 안된다구 자꾸 깨쳐 주는 것 같아요.."

"건 괜한 관념인 줄 압니다. 흰 새가 있듯 검은 새도 있는 거요. 소리 맑은 새가 있듯 탁한 새도 있는 거죠. 취미에 따란 까마귀도 사랑할 수가 있는 샌 줄 압니다."

"건 죽음을 아직 남의 걸로만 아는 건강한 사람들의 두개골을 사랑하는 것 같은 악취미겠지요. 지금 저헌텐 무서운 짐승이에요. 무슨 음모를 가지구 복면허구 내 뒤를 쫓아다니는 무슨 음흉한 사내같이 소름 끼쳐요. 아마 내가 죽으면 저 새가 덥석 날아와 앞을 설 것만 같이……."

"……."

"죽음이 아름답게 생각될 때 죽는 것처럼 행복은 없을 것 같아요.."

하고 여자는 너무 길게 지껄였다는 듯이 수건으로 입을 코까지 싸서 막고 멀거니 어두워 들어오는 미닫이를 바라보았다.

이 병든 처녀가 처음으로 방에 들어와 얼마 안 되는 이야기를 그의 체온과 그의 병균과 함께 남기고 간 날 밤, 그는 몹시 우울하였다.

무슨 말을 하여야 그 여자를 위로할 수 있을까?

과연 그 여자의 병은 구할 수 없는 것일까?

어떻게 하면 그 여자에게 죽음이 다시 한번 꽃밭으로 보일 수 있을까?

그는 비스듬히 벽에 기대어 이것을 생각하다가 머릿속에서 무엇이 버스럭거리는 소리를 들었다. 가만히 이마에 손을 대니 그것은 벽장 속에서 나는 소리였다. 그는 벽장을 열고 두어 마리의 쥐를 쫓고 나무때기처럼 굳은 빵 한 쪽을 꺼내었다. 그리고 한 손으로는 뒷산에서 주워온 그 환약과 같이 동그라면서도 가랑잎처럼 무게가 없는 토끼의 배설물을 집어 보면서, 요즘은 자기의 것도 그렇게 담박한 것이 틀리지 않을 것을 미소하

（李軍嵩選）

438

였다. "사람에게서도 풀내가 나야 한다." 한 철인 소로의 말이 생각났으며, 사람도 사는 날까지 극히 겸손한 곤충처럼 맑은 이슬과 향기로운 풀잎으로만 만족하지 못하는 것을, 그 운명이 슬픈 생각도 났다.

"무슨 말을 하여 주면 그 여자에게 새 희망이 생길까?"

그는 다시 이런 궁리에 잠기었고, 그랬다가 문득

"내가 사랑하리라!"

하는 정열에 부딪치었다.

"확실히 그 여자는 애인을 갖지 못했을 거다. 누가 그 벌레먹은 가슴에 사랑을 묻었을 거냐!"

그는 그 여자의 앉았던 자리에 두 손길을 깔아 보았다. 싸늘한 장판의 감촉일 뿐, 체온은 날아간 지 오래였다.

"슬픈 아가씨여, 죽더라도 나를 사랑하면서 죽어 다오! 애인이 없이 죽는 것은 애인을 남기고 죽기보다 더욱 슬플 것이다… 오래 전부터 병균과 싸워 온 그대에겐 확실히 애인이 있을 수가 없을 게다."

그는 문풍지 떠는 소리에 덧문을 닫고 남포의 불을 낮추고 포우의 슬픈 시 '레이벤'을 생각하면서

"레노어? 레노어?"

하고, 포우가 그의 애인의 망령을 불렀듯이 슬픈 음성을 소리쳐 보기도 하였다. 그 덮을 것도 없이 애인의 헌 외투자락에 싸여서, 그러나 행복스럽게 임종하였을 레노어의 가엾고 또 아름다운 시체는, 생각하여 보면 포우의 정열 이상으로 포근히 끌어안아 보고 싶은 충동도 일어났다. 포우가 외로운 서재에 앉아 밤 깊도록 옛 책을 상고할 때, 폭풍은 와 문을 열어젖뜨렸고 검은 숲속에서는 보이지도 않는 까마귀가 울면서 머리 풀어 헤친 아름다운 레노어의 망령이 스르르 방 안 한구석에 들어서곤 하였다.

"오오, 나의 레노어! 너는 아직 확실히 애인을 갖지 못했을 거다. 내가

너를 사랑해 주며 내가 너의 주검을 지키는 슬픈 애인이 되어주마!"

그는 밤이 너무나 긴 것을 탄식하며 어서 날이 밝기를 기다리었다.

그러나 밝는 날 아침은 하늘은 너무나 두껍게 흐려 있었고 거친 바람은 구석구석에서 몰려나오며 눈발조차 희끗희끗 날리었다. 온실 속에서나 갸웃이 내다보는 한 송이 온대지방 꽃처럼, 그렇게 가냘픈 그 처녀의 얼굴이 도저히 나타나기를 바랄 수 없는 날씨였다.

"오, 가엾은 아가씨! 너는 이렇게 흐린 날 어두운 방 속에 누워 애인이 없이 죽을 것을 슬퍼하리라! 나의 가엾은 레노어!"

사흘이나 눈이 오고 또 사흘이나 눈보라가 치고 다시 며칠 흐리었다가 눈이 오고, 그리고 날이 들고 따뜻해졌다. 처마 끝에서 눈 녹는 물이 비 오듯 하는 날 오후인데, 그 가엾은 아가씨가 나타났다. 더 창백해진 얼굴에는 상장(喪章) 같은 마스크를 입에 대었고, 방에 들어와서는 눈꺼풀이 무거운 듯 자주 눈을 감았다 뜨면서

"그간 두어 번이나 몹시 각혈을 했어요."

하였다.

"그러나……."

"의사는 기관에서 터진 피래지만, 전 가슴에서 나온 줄 모르지 않아요."

"그래두 의사가 더 잘 알지 않겠어요?"

"의사가 절 속여요. 의사만 아니라 사람들이 다 날 속이려구만 들어요. 돌아서선 뻔히 내가 죽을 걸 이야기허다가두, 나보군 아닌 체들 해요. 그래서 벌써부터 난 딴 세상 사람처럼 따돌리는 게 저는 슬퍼요. 죽음이 그렇게 외로운 거란 걸 날 죽기 전부터 맛보게 해요."

아가씨의 말소리는 떨리었다.

"그래두… 만일 지금이라두 만일… 진정으루 사랑하는 사람이 있다면 그 사람의 말만은 곧이들으시겠습니까?"

"……."

눈을 고요히 감고 뜨지 않았다.

"앓으시는 병을 조금도 싫어하지 않고 정말 운명을 같이 따라 하려는 사람만 있다면……."

"그럼, 그건 아마 사람이 아니겠지요. 저헌테 사랑하는 사람이 있긴 있어요… 절 열렬히 사랑해 주어요. 요즘두 자주 저헌테 나와요."

"……."

"그는 정말 날 사랑하는 표루, 내가 이런 모두 싫어하는 병이 걸린 걸 자기만은 싫어하지 않는단 표루, 하루는 내 가슴에서 나온 피를 반 컵이나 되는 걸 먹기까지 한 사람이야요. 그렇지만 그게 내게 위로가 되는 줄 아세요?"

"……."

그는 우울할 뿐이었다.

"내 피까지 먹구 나허구 그렇게 가깝게 해두, 그는 저대로 건강하구 저대로 살아가야 할 준비를 하니까요. 머리가 자라면 이발소에 가구, 신이 해지면 새 구둘 맞추구, 날마다 대학 도서관에 다니면서 학위 받을 연구만 하구 있어요. 그러니 저허군 길이 달러요. 전 머릿속에 상여, 무덤, 그런 생각뿐인데……."

"왜 그런 생각만 자꾸 하십니까?"

"사람끼린 동정하구퍼두 동정이 안 되는 거 같아요."

"왜요?"

"병자에겐 같은 병자가 되는 것 아니곤 동정이 못 될 겁니다. 그런데 어떻게 맘대루 같은 병자가 되며 같은 정도로 앓다 같은 시각에 죽습니까? 뻔히 죽을 사람을 말로만 괜찮다 괜찮다 하구 속이는 건 이쪽을 더 빨리 외롭게만 만드는 거예요."

"어떤 상여를 생각하십니까?"

그는 대담하게 이런 것을 물어 주었다. 그렇게 하는 것이 그 아가씨의 세계를 접근하는 것이 될까 하였다.

"조선 상여는 참 타기 싫어요. 요즘 금칠 막 한 자동차두 보기두 싫어요. 하얀 말 여럿이 끌구 가는 하얀 마차가 있다면… 하구 공상해 봤어요. 그리구 무덤두 조선 무덤들은 참 암만해두 정이 가질 않어요. 서양엔 묘지가 공원처럼 아름답다는데, 조선 산소들야 어디 누구의 영원한 주택이란 그런 감정이 나요? 밖에 둘 수 없으니 흙으루 덮구, 그냥 두면 비에 패니까 잔디를 심는 것뿐이지, 꽃 한 송이 심을 데나 꽂을 데가 있어요? 조선 사람처럼 죽는 사람의 감정을 안 생각해 주는 사람들은 없는 것 같아요. 괜히 그 듣기 싫은 목소리루 울기만 허구 까마귀나 뫼들게 떡 쪼가리나 갖다 어질러 놓구……."

"……."

"선생님은 왜 이렇게 외롭게 사세요?"

"……."

그는 아무 대답도 하지 않았다. 그 여자에게 애인이 없으리라 단정한 자기의 어리석음을 마음 아프게 비웃었고, 저렇게 절망에 극하여 세상 욕심이라고는 털끝만치도 없는 거룩한 여자를 애인으로 가진 그 젊은 학도가 몹시 부러운 생각뿐이었다.

날은 이미 황혼에 가까웠다. 연당 아래 전나무 꼭대기에서는 아직 그 탁한 소리로 울지는 않으나 그 우악스런 주둥이로 그 검은 새들이 썩정귀를 쪼는 소리가 딱—딱— 울려왔다.

"까마귀가 온 게지요?"

"그렇게 그게 싫으십니까?"

"싫어요. 그것 뱃속에 아마 별별 구신딱지가 다 든 것처럼 무서워요.

한번은 꿈을 꾸었는데, 까마귀 뱃속에 무슨 부적이 들구 칼이 들구 시퍼런 불이 들구 한 걸 봤어요. 웃지 마세요. 상식은 절 떠난 지 벌써 오래요……."

"허허……."

그러나 그는 웃고 속으로, 이제 까마귀를 한 마리 잡으리라 하였다. 그 배를 갈라서 그 속에는 다른 새나 조금도 다를 것이 없는 내장뿐인 것을 보여주리라, 그래서 그 상식을 잃은 여자의 까마귀에 대한 공포심을 근절시키고, 그래서 죽음에 대한 공포심까지도 좀 덜게 해주리라 마음먹었다.

그는 이 아가씨가 간 뒤에 그길로 뒷산에 올라 물푸레나무를 베어다가 큰 활을 하나 메었다. 꼿꼿한 싸리로 살을 만들고, 끝에다는 큰 못을 갈아 촉을 박고, 여러 번 겨냥을 연습하여 보고 까마귀를 창문 가까이 유혹하였다. 눈 위에 여기저기 콩을 뿌리었더니 그들은 마침내 좌우를 의뭉스런 눈으로 두리번거리면서도 내려와 그것을 쪼았다. 먼 데 것이 없어지는 대로 그들은 곧 날듯 날듯이 어깨를 곧추세우면서도 차츰차츰 방문 가까이 놓인 것을 쪼며 들어왔다. 방 안에서는 숨을 죽이고, 조그만 문구멍에 살촉을 얹고 가장 가까이 들어온 놈의 옆구리를 겨냥하여 기운껏 활을 당겨 가지고 쏘아 버렸다.

푸드득 하더니, 날기는 다 날았으나 한 놈이 죽지에 살이 박힌 채 이내 그 자리에 떨어졌고, 다른 놈들은 까악까악거리면서 전나무 꼭대기로 올라갔다. 그는 황망히 신을 끌며 떨어진 놈을 쫓아 들어가 발로 덮치려 하였다. 그러나 까마귀는 어느 틈에 그의 발밑에 들지 않고 훨쩍 몸을 솟구어 그 찬란한 핏방울을 눈 위에 휘뿌리며 두 다리와 한 날개로 반은 날고 반은 뛰면서 잔디밭 쪽으로 더풀더풀 달아났다. 이쪽에서도 숨차게 뛰어 다우쳤다. 보기에 악한과 같은 짐승이었지만, 그도 한낱 새였다. 공중을 잃어버린 그에겐 이내 막다른 골목이 나왔다. 화살이 그냥 박힌 채 연당으로 내려가는 도랑창에 거꾸로 박히더니, 쌕쌕하면서 불덩어리인지 핏 방울인지 모를 두 눈을 뒤집어쓰고 집게 같은 입을 딱딱 벌리며 대가리를 곧추들었다. 그리고 머리 위에서는 다른 놈들이 전나무에서 내려와 까악 거리며 저희 가족을 기어이 구하려는 듯이 낮추 떠돌며 덤비었다.

그는 슬그머니 겁이 나기도 했으나, 뭉어리돌을 집어 공중의 놈들을 위 협하며 도랑에서 다시 더풀 올려 솟는 놈을 쫓아 들어가 곧은 발길로 먹 투시를 차 내던지었다. 화살은 빠져 떨어지고 까마귀만 대여섯 간 밖에 나가떨어지며 킥하고 삐들적거리었다. 다시 쫓아가 발길을 들었으나 그 때는 벌써 까마귀는 적을 볼 줄도 모르고 덮어 누르는 죽음과 싸울 뿐이 었다. 그는 두근거리는 가슴으로 이 검은 새의 죽음의 고민을 내려다보며 그 병든 처녀의 임종을 상상해 보았다. 슬픈 일이었다. 그는 이내 자기 방 으로 돌아왔고, 나중에 정자지기를 시켜 그 죽은 까마귀를 목을 매어 언 나뭇가지에 걸게 하였다. 그리고, 어서 그 아가씨가 나타나면 곧 훌륭한 외과의(外科醫)사처럼 그 검은 시체를 해부하여, 까마귀의 뱃속에도 다른 날짐승과 똑같이 단순한 조류의 내장이 있을 뿐, 결코 그런 무슨 부적이 거나 칼이거나 푸른 불이 들어 있지 않다는 것을 증명하리라 하였다.

그러나 날씨는 추워가기만 하고, 열흘에 한 번도 따뜻한 해가 비치지 않았다. 달포가 지나도록 그 아가씨는 나타나지 않았다. 날씨는 다시 풀 어져 연당의 눈이 녹고 단풍나무 가지에 걸린 까마귀의 시체도 해부하기 알맞게 녹았지만 그 아가씨는 나타나지 않았다.

하루는, 다시 추워져 싸락눈이 사륵사륵 길에 떨어져 구르는 날 오후이 다. 그는 어느 잡지사에 들어가 곤작(困作) 한 편을 팔아 가지고 약간의 식 료를 사들고 다 나온 길인데, 개울 건너 넓은 마당에는 두어 대의 검은 자 동차와 함께 금빛 영구차 한 대가 놓여 있는 것이다.

그는 가슴이 섬짓하였다. 별장 쪽을 올려다보니 전나무 꼭대기에서는 진작부터 서너 마리의 까마귀가 이 광경을 내려다보며 쭈그리고 앉아 있었다.

"그 여자가 죽은 거나 아닌가?"

영구차 안에는 이미 검은 포장에 덮인 관이 실려 있었다. 둘러서 있는 동네 사람 속에서 정자지기가 나타나더니 가까이 와 일러주었다.

"우리 정자루 늘 오던 색시가 갔답니다."

"……."

그는 고요히 영구차를 향하여 모자를 벗었다.

"저 뒤에 자동차에 지금 오르는 사람이 그 색시하구 정혼했던 남자랩니다."

그는 잠자코 그 대학 도서실에 다니며 학위 얻을 연구를 한다는 청년을 바라보았다. 그 청년은 자동차 안에 들어앉자 이내 하얀 손수건을 내어 얼굴에 대었다. 그러자 자동차들은 영구차가 앞을 서며 고요히 굴러 떠나갔다. 눈은 함박눈이 되면서 펑펑 쏟아지기 시작하였다. 그 자동차들의 굴러간 자리도 얼마 안 있어 덮여버리고 말았다.

까마귀들은 이날 저녁에도 별다른 소리는 없이 그저 까악까악 거리다가 이따금씩 까르르하고 그 GA 아래 R이 한없이 붙은 발음을 내곤 하였다.

(박원준(朴元俊) 역)

「무명(無名)」[170]

이광수(李光洙)

입감한 지 사흘째 되는 날, 나는 병감으로 보냄이 되었다. 병감이래야 따로 떨어진 건물이 아니고, 감방 한편 끝에 있는 방들이었다. 내가 들어간 곳은 일방이라는 방으로 서쪽 맨 끝 방이었다. 나를 데리고 온 간수가 문을 잠그고 간 뒤에 얼굴 희고, 눈 맑스그레한 간병부가 날더러,

"앉으시거나, 누우시거나 자유예요. 가만가만히 말씀도 해도 괜찮아요. 말소리가 크면 간수헌테 걱정 들어요."

하고 이르고는 내 번호를 따라서 자리를 정해주고 가버렸다. 나는 간병부에게 고개를 숙여 고맙다는 뜻을 표하고 나보다 먼저 들어와 있는 두 사람을 향하여 고개를 숙여서 인사를 하였다.

이때에 바로 내 곁에 있는 사람이 옛날 조선식으로 내 팔목을 잡으며,

"아이고 진상이시오. 나 윤 ○○이예요."

하고 곁방에까지 들릴 만한 큰 소리로 외쳤다.

나도 그를 알아보았다. 그는 C경찰서 유치장에서 십여 일이나 나와 함께 있다가 나보다 먼저 송국된 사람이다. 그는 빼빼 마르고 목소리만 크고 말끝마다 ○대가리라는 말을 쓰기 때문에 같은 방 사람들에게 ○대가리라는 별명을 듣고 놀림감이 되던 사람이다. 나는 이러한 기억이 날 때에 터지려는 웃음을 억제하기가 매우 어려웠다. 윤씨는 옛날 조선 선비들이 가지던 자세와 태도로 대단히 점잖게 내가 입감된 것을 걱정하고 또 곁에 있는 〈민〉이라는, 껍질과 뼈만 남은 노인에게 여러 가지 칭찬하는 말로 나를 소개하고 난 뒤에 퍼렁 미결수 옷 앞자락을 벌려서 배와 다리를 온통 내어놓고 손가락으로 발등과 정강이도 찔러 보고 두 손으로 뱃가죽을 잡아당겨 보면서,

"이거 보세요. 이렇게 전신이 부었어요. 근일에 좀 내린 것이 이 꼴이오. 일동 팔방에 있을 때에는 이보다도 더 했는디."

전라도 사투리로 제 병 중세를 길다랗게 설명하였다. 그는 마치 자기가 의사보다 더 잘 자기의 병 중세를 아는 것같이. 그리고 의사는 도저히 자기의 병을 모르므로 자기는 죽어 나갈 수밖에 없노라고 자탄하였다. 윤씨 자신의 진단과 처방에 의하건댄, 몸이 부은 것은 죽을 먹기 때문이오, 열이 나고 기침이 나고 설사가 나는 것은 원통한 죄명을 썼기 때문에 일어나는 화기라고 단언하고, 이 병을 고치자면 옥에서 나가서 고기와 술을 잘 먹는 수밖에 없다고 중언부언한 뒤에, 자기를 죽이는 것은 그의 공범들과 의사 때문이라고 눈을 흘기면서 소리를 질렀다.

윤씨의 죄라는 것은 현모(玄某), 임모(林某) 하는 자들이 공모하고 김모(金某)의 토지를 김모 모르게 어떤 대금업자에게 저당하고 삼만여 원의 돈을 얻어 쓴 것이라는데, 윤은 이 공문서 사문서 위조에 쓰는 도장을 파준

것이라고 한다. 그는,

"현가놈은 내가 모르고, 임가놈으로 말하면 나와 절친한 친고닝게, 우리는 친고 위해서는 사생을 가리지 않는 성품이닝게, 정말 우리는 친고 위해서는 목숨을 아니 애끼는 사람이닝게, 도장을 파 주었지라오. 그래서 진상도 아시다시피 내가 돈을 한 푼이나 먹었능기오? 현가놈, 임가놈 저희들끼리 수만 원 돈을 다 처먹고, 윤 ○○이 무슨 죄란 말이야?"

하고 뽐내었다.

그러나 윤의 이 말은 내게 하는 말이 아니요, 여태까지 한 방에 있는 〈민〉더러 들으라는 말인 줄 나는 알았다. 왜 그런고 하면 경찰서 유치장에 있을 때에도 첫날은 지금 이 말과 같이 뽐내더니마는 형사실에 들어가서 두어 시간 겪을 것을 겪고 두 어깨가 축 늘어져서 나오던 날 저녁에 그는 일이 성사되는 날에는 육천 원 보수를 받기로 언약이 있었던 것이며, 정작 성사된 뒤에는 현가와 임가는 윤이 새긴 도장은 잘되지를 아니하여서 쓰질 못하고, 서울서 다시 도장을 새겨서 썼노라고 하며 돈 삼십 원을 주고 하룻밤 술을 먹고 창기 집에 재워 주고 하였다는 말을 이를 갈면서 고백하였다. 생각컨대는 병감에 같이 있는 민씨에게는 자기가 무죄하다는 말밖에 아니하였던 것이, 불의에 내가 들어오매 그 뒷수습을 하노라고 예방선으로 이런 소리를 하는 것이라고 나는 생각하고 또 한 번 웃음을 억제하였다.

껍질과 뼈만 남은 민씨는 밤낮 되풀이하던 소리라는 듯이 윤이 열심으로 떠드는 말을 일부러 안 듣는 양을 보이며 해골과 같은 제 손가락을 들여다보고 앉았다가 끙 하고 일어나서 똥통으로 올라간다.

"또, 똥질이야."

하고 윤은 소리를 꽥 지른다.

"저는 누구만 못한가?"

하고 민은 끙끙 안간힘을 쓴다.

똥통은 바로 민의 머리맡에 놓여 있는데 볼 때마다 칠 아니한 관을 연상케 하였다. 그 위에 해골이 다 된 민이 올라앉아서 끙끙대는 것이 퍽으나 비참하게 보였다. 윤은 그 가늘고 날카로운 눈으로 민의 앙상한 목덜미를 흘겨보며,

"진상요, 글쎄 저것이 타작을 한 팔십 석이나 받는다는디, 또 장남한 자식이 있다는디, 또 열아홉 살 된 여편네가 있다나요. 그런데두 저렇게 제 애비, 제 서방이 다 죽게 되어두, 어리친 강아지 새끼 하나 면회도 아니 온단 말씀이지라오. 옷 한 가지, 벤또 한 그릇 차입하는 일도 없고. 나는 집이나 멀지. 인제 보아. 내가 편지를 했으닝게. 그래도 내 당숙이 돈 삼십 원 하나는 보내줄께요. 내 당숙이 면장이요. 그런디 저것은 집이 시흥이라는디 그래, 계집년 자식새끼 얼씬도 안해야 옳담? 홍, 그래도 성이 민가라고 양반 자랑은 허지. 민가문 다 양반이어? 서방도 모르고 애비도 모르는 것이 무슨 빌어먹다 죽을 양반이여?"

윤이 이런 악담을 하여도 민은 들은 체 못 들은 체. 이제는 끙끙 소리도 아니 하고 멀거니 앉아 있는 것이 마치 똥통에서 내려오기를 잊어버린 것 같았다.

민의 대답 없는 것이 더 화가 나는 듯이 윤은 벌떡 일어나더니 똥통 곁으로 가서 손가락으로 민의 옆구리를 꾹 찌르며,

"글쎄, 내가 무어랬어? 요대로 있다가는 죽고 만다닝게. 먹은 게 있어야 똥이 나오지. 그까진 쌀뜨물 같은 미음 한 모금씩 얻어먹는 것이 오줌이나 될 것이 있어? 어서 내 말대로 집에다 기별을 해서 돈을 갖다가 우유도 사먹고 달걀도 사먹고 그래요. 돈은 다 두었다가 무엇 하자닝게여? 애비가 죽어가도 면회도 아니 오는 자식녀석에게 물려줄 양으로? 홍, 홍. 옳지, 열아홉 살 먹은 계집이 젊은 서방 얻어서 재미있게 살라고?"

하고 민의 비위를 박박 긁는다.

민도 더 참을 수 없던지,

"글쎄, 웬 걱정이야? 나는 자네 악담과 그 독살스러운 눈깔딱지만 안 보게 되었으면 좀 살겠네. 말을 해도 할 말이 다 있지, 남의 아내를 왜 거들어? 그러니까 시골 상것이란 헐 수 없단 말이지."

이런 말을 하면서도 민은 그렇게 성낸 모양조차 보이지 아니한다. 그 움펑눈이 독기를 띠면서도 또한 침착한 천품을 보이는 것이었다.

그 후에도 날마다 몇 차례씩 윤은 민에게 같은 소리로 그를 박박 긁었다. 민은 그 소리가 듣기 싫으면 눈을 감고 자는 체를 하거나, 그렇지 아니하면 유리창으로 내다보이는 여름 하늘의 구름이 나는 것을 언제까지나 바라보고 있었다. 이렇게 민이 침착하면 침착할수록 윤은 더욱 기를 내어서 악담을 퍼부었다. 그리고 그 끝에는 반드시 열아홉 살 된 민의 아내를 거들었다. 이것이 윤이 민의 기를 올리려 하는 최후 수단이었으니 민은 아내의 말만 나면 양미간을 찡기며 한두 마디 불쾌한 소리를 던졌다.

윤이 아무리 민을 긁어도 민이 못 들은 체하고 도무지 반항이 없으면 윤은 나를 향하여 민의 험구를 하는 것이 버릇이었다. 도무지 민이 의사가 이르는 말을 아니 듣는다는 말, 먹으라는 약도 아니 먹는다는 둥, 천하에 깍정이라는 둥, 민의 코끝이 빨간 것이 죽을 때가 가까와서 회가 동하는 것이라는 둥, 민의 아내에게는 벌써 어떤 젊은 놈팡이가 붙었으리라는 둥, 한량없이 이런 소리를 하였다. 그러다가 제가 졸리거나 밥이 들어오거나 해야 말을 끊었다. 마치 윤은 먹고, 민을 못 견디게 굴고, 똥질하고, 자고, 이 네 가지만을 위해서 살아가는 사람인 것 같았다. 또 한 가지 있다면 그것은 자기의 병 타령과 공범에 대한 원망이었다. 어찌했거나 윤의 입은 잠시도 다물고 있을 새는 없었고, 쨍쨍하는 그 목소리는 가끔 간수의 꾸지람을 받으면서도 간수가 돌아선 뒤에는 곧 그 쨍쨍거리는 목소리로 간수에게 또 욕을 퍼부었다.

나는 윤 때문에 도무지 맘이 편안하기가 어려웠다. 윤의 말은 마디마디 이상하게 사람의 신경을 자극하였다. 민에게 하는 악담이라든지, 밥을 대할 때에 나오는 형무소에 대한 악담, 의사, 간병부, 간수, 자기 공범, 무릇 그의 입에 오르는 사람은 모조리 악담을 받는데, 말들이 칼끝같이, 바늘 끝같이 나의 약한 신경을 찔렀다. 내가 가장 원하는 것은 마음에 아무 생각도 없이 가만히 누워 있는 것인데, 윤은 내게 이러한 기회를 허락지 아니하였다. 그가 재재거리는 말이 끝이 나서 '인제 살아났다'하고 눈을 좀 감으면 윤은 코를 골기 시작하였다. 그는 두 다리를 벌리고, 배를 내어놓고, 베개를 목에다 걸고, 눈을 반쯤 뜨고 그리고는 코를 골고, 입으로 불고, 이따금 꺽꺽 숨이 막히는 소리를 하고, 그렇지 아니하면 백일해 기침과 같은 기침을 하고, 차라리 그 잔소리를 듣던 것이 나은 것 같았다. 그럴 때면 흔히 민이,

"어떻게 생긴 자식인지 깨어서도 사람을 못 견디게 굴고, 잠이 들어서도 사람을 못 견디게 굴어."

하고 중얼거릴 때에는 나도 픽 웃지 아니할 수가 없었다.

"자 배 가리워. 십오 호, 자 배 가리워. 사타구니 가리우고. 웬 낮잠을 저렇게 자? 낮잠을 저렇게 자니까 밤에는 똥통만 타고 앉아서 다른 사람을 못 견디게 굴지."

하고 순회하는 간수가 소리를 지르면 윤은,

"자기는 누가 자거디오?"

하고 배와 사타구니를 쓸며,

"이렇게 화기가 떠서, 열기가 떠서, 더워서 그러오!"

그리고는 옷자락을 잠깐 여미었다가 간수가 가 버리면 윤은 간수 섰던

자리를 그 독한 눈으로 흘겨보며,

"왜 나를 그렇게 못 먹어 해?"

하고는 다시 옷자락을 열어젖힌다.

민이 의분심에 못 이기는 듯이,

"왜, 간수 말이 옳지. 배때기를 내놓고 자빠져 자니까 밤낮 똥질을 하지. 자네 비위에는 옳은 말도 다 악담으로 듣기나바. 또 그게 무에야, 밤낮 사타구니를 내놓고 자빠졌으니?"

그래도 윤은 내게 대해서는 끔찍이 친절하였다. 내가 몸을 움직이지 못하는 병인 것을 안다고 하여서, 그는 내가 할 일을 많이 대신해 주었다.

"무슨 일이 있으면 내게 말씀하시란게요. 왜 일어나시능기오?"

하고 내가 움직일 때에는 번번이 나를 아끼는 말을 하여 주었다. 내가 사식 차입이 들어오기 전, 윤은 제가 먹는 죽과 내 밥과를 바꾸어 먹기를 주장하였다. 그는,

"글쎄, 이 좁쌀 절반, 콩 절반, 이것을 진상이 잡수신다는 것이 말이 되능기오?"

하고 굳이 내 밥을 빼앗고, 제 죽을 내 앞에 밀어놓았다. 나는 그 뜻이 고마왔으나, 첫째로는 법을 어기는 것이 내 뜻에 맞지 아니하고, 둘째로는 의사가 죽을 먹으라고 명령한 환자에게 밥을 먹이는 것이 죄스러워 끝내 사양하였다. 윤과 내가 이렇게 서로 다투는 것을 보고 민은 미음 양재기를 앞에 놓고, 입맛이 없어서 입에 대일 생각도 아니하면서,

"글쎄 이 사람아. 그 쥐똥 냄새 나는 멀건 죽 국물이 무엇이 그리 좋은 게라고 진상에게 권하나? 진상, 어서 그 진지를 잡수시오. 그래도 콩밥 한 덩이가 죽보다는 낫지요."

하면 윤은 민을 흘겨보며,

"어서 저 먹을 거나 처먹어. 그래두 먹어야 사는 게여."

하고 억지로 내 조밥을 빼앗아 먹기를 시작한다.

나는 양심에 법을 어긴다는 가책을 받으면서도 윤의 정성을 물리치는 것이 미안해서 죽 국물을 한 모금만 마시고는 속이 불편하다는 핑계로 자리에 와서 누워버린다.

윤은 내 밥과 제 죽을 다 먹어 버리는 모양이다. 민도 미음을 두어 모금 마시고는 자리에 돌아와 눕건마는 윤은 밥덩이를 들고 창 밑에 서서 연해 간수가 오는가 아니 오는가를 바라보면서 입소리 요란하게 밥과 국을 먹고 있다.

민은 입맛을 쩝쩝 다시며,

"그저 좋은 배갈에 육회를 한 그릇 먹었으면 살 것 같은데."

하고 잠깐 쉬었다가 또 한 번,

"좋은 배갈을 한 잔 먹었으면 요 속에 맺힌 것이 확 풀려버릴 것 같은데."

하고 중얼거린다.

밥과 죽을 다 먹고 나서 물을 벌꺽벌꺽 들이키던 윤은,

"흥, 게다가 또 육회여? 멀건 미음두 안 내리는 배때기에 육회를 먹어? 금방 뒤어지게. 그렇지 않아도 코끝이 빨간데. 벌써 회가 동했어. 그렇게 되구 안 죽는 법이 있나?"

하며 밥그릇을 부시고 있다. 콧물이 흐르면 윤은 손등으로 씻지 아니하고 세 손가락을 모아서 마치 버러지나 떼어버리는 것같이 콧물을 집어서 아무데나 확 뿌리고는 그 손으로 밥그릇을 부신다. 그러다가 기침이 나기 시작하면 고개를 돌리려 하지도 아니하고 개수통에, 밥그릇에, 더 가까이 고개를 숙여가며 기침을 한다. 그래도 우리 세 사람 중에는 자기가 그 중 몸이 성하다고 해서 밥을 받아들이는 것이나, 밥그릇을 부시는 것이나, 밥 먹은 자리에 걸레질을 하는 것이나 다 제가 맡아서 하였고, 또 자기는

이러한 일에 대해서 썩 잘하는 줄로 믿고 있는 모양이었다. 더구나 아침이 끝나고 '벵끼 준비'하는 구령이 나서 똥통을 들어낼 때면 사실상 우리 셋 중에는 윤밖에 그 일을 할 사람이 없었다. 그는 끙끙거리고 똥통을 들어낼 때마다 민을 원망하였다. 민이 밤낮 똥질을 하기 때문에 이렇게 똥통이 무겁다는 불평이었다. 그러면 민은,

"글쎄 이 사람아, 내가 하루에 미음 한 공기도 다 못 먹는 사람이 오줌똥을 누기로 얼마나 누겠나? 자네야말로 죽두 두 그릇, 국두 두 그릇, 냉수두 두 주전자씩이나 처먹고는 밤새도록 똥통을 타고 앉아서 남 잠도 못 자게 하지."

하는 민의 말은 내가 보기에도 옳았다. 더구나 내게 사식 차입이 들어온 뒤로부터는 윤은 번번이 내가 먹다가 남긴 밥과 반찬을 다 먹어버리기 때문에 그의 소화불량은 더욱 심하게 되었다. 과식을 하기 때문에 조갈증이 나서 수없이 물을 퍼먹고, 그리고는 하루에, 많은 날은 스무 차례나 똥질을 하였다. 그러면서도 자기 말은,

"똥이 나왈 주어야지. 꼬챙이로 파내기나 하면 나올까? 허기야 먹은 것이 있어야 똥이 나오지."

이렇게 하루에도 몇 차례씩 혹은 민을 보고 혹은 나를 보고 자탄하였다.

윤의 병은 점점 악화하였다. 그것은 확실히 과식하는 것이 한 원인이 되는 것이 분명하였다.

나는 내가 사식 차입을 먹기 때문에 윤의 병이 더해 가는 것을 퍽 괴롭게 생각하여서, 이제부터는 내가 먹고 남은 것을 윤에게 주지 아니하리라고 결심하고 나 먹을 것을 다 먹고 나서는 윤의 손이 오기 전에 벤또 그릇을 창틀 위에 갖다 놓았다. 그리고 나는 부드러운 말로 윤을 향하여,

"그렇게 잡수시다가는 큰일나십니다. 내가 어저께는 세어보니까 스물

네 번이나 설사를 하십디다. 또 그 위에 열이 오르는 것도 너무 잡수시기 때문인가 하는데요."

하고 간절히 말하였으나 그는 듣지 아니하고 창틀에 놓은 벤또를 집어다가 먹었다.

나는 중대한 결심을 하지 아니할 수 없었다. 그것은 내가 사식을 끊어 버리는 것이었다. 그래서 나는 저녁 한 때만 사식을 먹고 아침과 점심은 관식을 먹기로 하였다. 나는 아무쪼록 영양분을 섭취하지 아니하면 아니 될 병자이기 때문에 이것은 적지 아니한 고통이었으나 나로 해서 곁에 사람이 법을 범하고, 병이 더치게 하는 것은 차마 못할 일이었다. 민도 내가 사식을 끊은 까닭을 알고 두어 번 윤의 주책 없음을 책망하였으나, 윤은 도리어 내가 사식을 끊은 것이 저를 미워하여서나 하는 것같이 나를 원망하였다. 더구나 윤의 아들에게서 현금 삼 원 차입이 와서 우유니 사식을 사먹게 되고 지리가미도 사서 쓰게 된 뒤로부터는 내게 대한 태도가 심히 냉랭하게 되었다. 예전에는 내가 충고하는 말이면 "선생님 말씀이 옳아요."하고 순순히 듣던 것이 이제는 나를 향해서도 눈을 흘기게 되었다.

윤은 아들이 보낸 삼 원 중에서 수건과 비누와 지리가미를 샀다.

"붓빙 고오뉴(물건 사라)."

하는 날은 한 주일에 한 번밖에 없었고, 물건을 주문한 후에 그 물건이 올 때까지는 한 주일 내지 십여 일이 걸렸다. 윤은 자기가 주문한 물건이 오는 것이 늦다고 하여 날마다 하루에도 몇 차례씩 형무소 당국의 태만함을 책망하였다. 그러다가 물건이 들어온 날 윤은 수건과 비누와 지리가미를 받아서 이리 뒤적 저리 뒤적 하면서,

"글쎄 이걸 수건이라고 가져와? 망할 자식들 같으니. 걸레감도 못 되는 걸. 비누는 또 이게 다 무어여, 워디 향내 하나 나나?"

하고 큰소리로 불평을 하였다.

민이, 아니꼬와 못 견디는 듯이 입맛을 몇 번 다시더니,

"글쎄 이 사람아. 자네네 집에서 언제 그런 수건과 비누를 써보았단 말인가? 그 돈 삼 원 가지고 밥술이나 사먹을 게지, 비누 수건은 왜 사? 자네나 내나 그 상판대기에 비누는 발라서 무엇하자는 게구, 또 여기서 주는 수건이면 고만이지 타월 수건은 해서 무엇하자는 게야? 자네가 그따위로 소견머리 없이 살림을 하니까 평생에 가난 껍질을 못 벗어 놓지."

이렇게 책망하였다.

윤은 그날부터 세수할 때에만은 제 비누를 썼다. 그러나 수건을 빨 때라든지 발을 씻을 때에는 웬일인지 여전히 내 비누를 쓰고 있었다.

윤은 수건 거는 줄에 제 타월 수건이 걸리고, 비누와 잇솔과 치마분이 있고, 이불 밑에 지리가미가 있고, 조석으로 차입 밥과 우유가 들어오는 동안 심히 호기가 있었다. 그는 부채도 하나 샀다. 그 부채가 내 부채 모양으로 합죽선이 아닌 것을 하루에도 몇 번씩 원망하였으나 그는 허리를 쭉 뻗고 고개를 젖히고 부채를 딱딱거리며 도사리고 앉아서, 그가 좋아하는 양반 상놈 타령이며, 공범 원망이며, 형무소 공격이며, 민에 대한 책망이며, 이런 것을 가장 점잖게 하였다.

윤은 이삼 원어치 차입 때문에 자기의 지위가 대단히 높아지는 것을 느끼는 모양이었다. 간수를 보고도 이제는 겁낼 필요가 없이, "나도 차입을 먹노라."고 호기를 부렸다.

윤이 차입을 먹게 되매 나도 십여 일 끊었던 사식 차입을 받게 되었다. 윤과 나와 두 사람만은 노긋노긋한 흰밥에 생선이며 고기를 먹으면서, 민 혼자만이 미음 국물을 마시고 앉았는 것이 차마 볼 수 없었다. 민은 미음 국물을 앞에 받아 놓고는 연해 나와 내 밥그릇을 바라보는 것 같고 또 침을 꼴딱꼴딱 삼키는 모양이 보였다. 노긋노긋한 흰밥, 이것이 이 세상에서 가장 귀하고 고마운 것인 줄은 감옥에 들어와 본 사람이라야 알 것이

다. 밥의 하얀빛, 그 향기, 젓갈로 집고 입에 넣어 씹을 때에 그 촉각. 그 맛. 이것은 천지간에 있는 모든 물건 가운데 가장 귀한 것이라고 느끼지 아니할 수 없었다. 쌀밥, 이러한 말까지도 신기한 거룩한 음향을 가진 것 같이 느껴졌다. 이렇게 밥의 고마움을 느낄 때에 합장하고 하늘을 우러러,

'모든 중생으로 하여금 밥의 즐거움을 골고루 받게 하소서!'

하고 빌지 아니할 사람이 있을까? 이때에 나는 형무소의 법도 잊어버리고, 민의 병도 잊어버리고 지리가미에 한 숟갈쯤 되는 밥 덩어리를 덜어서,

"꼭꼭 씹어 잡수세요."

하고 민에게 주었다. 민은 그것을 받아서 입에 넣었다. 그의 몸에는 경련이 일어나는 것 같고 그의 눈에는 눈물이 글썽글썽하는 것 같음은 내 마음 탓일까?

민은 종이에 붙은 밥 알갱이를 하나 안 남기고 다 뜯어서 먹고,

"참 꿀같이 달게 먹었습니다. 어쩌면 그렇게도 맛이 있을까? 지금 죽어도 한이 없을 것 같습니다."

하고 더 먹고 싶어 하는 모양 같으나 나는 더 주지 아니하고 그릇에 밥을 좀 편겨서 내어놓았다. 윤은 제 것을 다 먹고 나서 내가 편긴 것까지 마자 휘몰아 넣었다.

윤의 삼 원어치 차입은 일주일이 못해서 끊어지고 말았다. 윤의 당숙 되는 면장에게서 오리라고 윤이 장담하던 삼십 원은 오지 아니하였다. 윤이 노 말하기를 자기가 옥에서 죽으면 자기 당숙이 아니 올 수 없고 오면은 자기의 장례를 아니 지낼 수 없으니 그러면 적어도 삼십 원은 들 것이라 죽은 뒤에 삼십 원을 쓰는 것보다 살아서 삼십 원을 보내어 먹고 싶은 것을 먹으면, 자기가 죽지 아니할 터이니 당숙이 면장의 신분으로 형무소

까지 올 필요도 없고, 또 설사 자기가 옥에서 죽더라도 이왕 장례비 삼십 원을 받아 먹었으니 친족에게 폐를 끼치지 아니하고 형무소에서 화장을 할 터인즉, 지금 삼십 원을 청구하는 것이 부당한 일이 아니라고, 이렇게 면장 당숙에게 편지를 하였으므로 반드시 삼십 원은 오리라는 것이었다.

나도 윤의 당숙 되는 면장이 윤의 이론을 믿어서 돈 삼십 원을 보내어 주기를 진실로 바랐다. 더구나 윤의 사식 차입이 끊어짐으로부터 내가 먹다가 남긴 밥을 윤과 민이 다투게 되매 그러하였다. 내가 민에게 밥 한 숟갈 준 것이 빌미가 됨인지, 민은 끼니 때마다 밥 한 숟가락을 내게 청하였고, 그럴 때마다 윤은 민에게 욕설을 퍼붓고 심하면 밥그릇을 둘러엎었다. 한 번은 윤과 민과 사이에 큰 싸움이 일어나서 차마 입에 담지 못할 욕설을 서로 주고받고 하였다. 그때에 마침 간수가 지나가다가 두 사람이 싸우는 소리를 듣고 윤을 나무랐다. 간수가 간 뒤에 윤은 자기가 간수에게 꾸지람 들은 것이 민 때문이라고 하여 더욱 민을 못 견디게 굴었다. 그 방법은 여전히 며칠 안 있으면 민이 죽으리라는 둥, 열아홉 살 된 민의 아내가 벌써 어떤 젊은 놈하고 붙었으리라는 둥, 민의 아들들은 개돼지만도 못한 놈들이라는 둥 악담이었다.

나는 다시 사식을 중지하여 달라고 간수에게 청하였다.

그러나 내가 사식을 중지하는 것으로 두 사람의 감정을 완화할 수는 없었다. 별로 말이 없던 민도 내가 사식을 중지한 뒤로부터는 윤에게 지지 않게 악담을 하였다.

"요놈, 요 좀도적놈. 그래, 백주에 남의 땅을 빼앗아 먹겠다고 재판소 도장을 위조를 해? 고 도장 파던 손목쟁이가 썩어 문드러지지 않을 줄 알구."

이렇게 민이 윤을 공격하면 윤은,

"남의 집에 불 논 놈은 어떻고? 그 사람이 밉거든 차라리 칼을 가지고 가서 그 사람만 찔러 죽일 게지, 그래, 그 집 식구는 다 태워 죽이고 저는 죄를 면하잔 말이지? 너 같은 놈은 자식새끼까지 다 잡아먹어야 해! 네 자식 녀석들이 살아남으면 또 남의 집에 불을 놓겠거든."

이렇게 대꾸를 하였다.

하루는 간수가 우리 방문을 열어젖히고,

"구십구 호!"

하고 불렀다.

구십구 호를 십오 호로 잘못 들었는지, 윤이 벌떡 일어나며,

"네, 내게 편지 왔능기오?"

하였다.

윤은 당숙 면장의 편지를 간절히 기다리는 마음에 구십구 호를 십오 호로 잘못 들은 모양이다.

"네가 구십구 호냐?"

하고 간수는 소리를 질렀다.

정작 구십구 호인 민은 나를 부를 자가 천지에 어디 있으랴 하는 듯이 그 옴팍눈으로 팔월 하늘의 흰 구름을 바라보고 누워 있었다.

"구십구 호 귀먹었니?"

하는 소리와,

"이건 눈 뜨고 꿈을 꾸고 있는 셈인가? 단또상이 부르시는 소리도 못 들어?"

하고 윤이 옆구리를 찌르는 바람에 민은 비로소 누운 대로 고개를 젖혀서 문을 열고 섰는 간수를 바라보았다.

"구십구 호, 네 물건 다 가지고 이리 나와."

그제야 민은 정신이 드는 듯이 일어나 앉으며,

"우리 집으로 내어보내 주세요?"

459

하고 그 해골 같은 얼굴에 숨길 수 없는 기쁜 빛이 드러난다.

"어서 나오라면 나와. 나와 보면 알지."

"우리 집에서 면회하러 왔어요?"

하고 민의 얼굴에 나타났던 기쁨은 반 이상이나 스러져 버린다.

간수 뒤에 있던 키 큰 간병부가,

"전방이에요, 전방. 어서 그 약병이랑 다 들고 나와요."

하는 말에 민은 약병과 수건과 제가 베고 있던 베개를 들고 지척거리고 문을 향하여 나간다. 민은 전방이라는 뜻을 알아들었는지 분명치 아니하였다. 간병부가,

"베게는 두고 나와요. 요 웃방으로 가는 게야요."

하는 말에 비로소 민은 자기가 어디로 끌려가는지 알아차린 모양이어서 힘없이 베개를 내어던지고 잠깐 기쁨으로 빛나던 얼굴이 다시 해골같이 되어서 나가 버리고 말았다. 다음 방인 이 방에 문 열리는 소리가 나고 또 문이 닫히고 짤깍하고 쇠 잠그는 소리가 들렸다. 나는 민이 처음 보는 사람들 틈에 어리둥절하여 누울 자리를 찾는 모양을 눈앞에 그려보았다.

"에잇, 고 자식 잘 나간다. 젠장, 더러워서 견딜 수가 있나? 목욕이란 한 번도 안 했으닝게. 아침에 세수하고 양치질하는 것 보셨능기오? 어떻게 생긴 자식인지 새 옷을 갈아입으래도 싫다는고만."

하고 일변 민이 내어버리고 간 베개를 자기 베개 밑에 넣으며 떠나간 민의 험구를 계속 한다 —

"민가가 왜 불을 놓았는지 진상 아시능기오? 성이 민가기 때문에 그랬던지, 서울 민○○ 대감네 마름 노릇을 수십 년 했지라오. 진상도 보시는 바와 같이 자식이 저렇게 독종으로 깍정이로 생겼으닝게 그 밑에 작인들이 배겨날 게요? 팔십 석이나 타작을 한다는 것도 작인들의 등을 쳐 먹은 게지 무엇잉게라오? 그래 작인들이 원망이 생겨서 지주 집에 등장을 갔

（大 木 卓 藏）

461

더라나요. 그래서 작년에 마름을 떼였단 말이오. 그리고 김 무엇인가 한 사람이 마름이 났는데요, 민가 녀석은 제 마름을 뗀 것이 새로 마름이 된 김가 때문이라고 해서 금년 음력설 날에 어디서 만났더라나, 만나서 욕지거리를 하고 한바탕 싸우고, 그리고는 요 뱅충맞은 것이 분해서 그날 밤중에 김가 집에 불을 냈단 말야. 마침 설날 밤이라, 밤이 깊도록 동네 사람들이 놀러 다니다가 불이야! 소리를 쳐서 얼른 잡았기에 망정이지 하마터면 김가네 집 식구가 죄다 타 죽을 뻔하지 않았능기오?"

하고 방화죄가 어떻게 흉악한 죄인 것을 한바탕 연설을 할 즈음에 간병부가 오는 것을 보고 말을 뚝 끊는다. 그것은 간병부도 방화범인 까닭이었다.

간병부가 다녀간 뒤에 윤은 계속하여 그 간병부들의 방화한 죄상을 또 한바탕 설명하고 나서,

"모두 흉악한 놈들이지요. 남의 집에 불을 놓다니! 그런 놈들은 씨알머리도 없이 없애 버려야 하는 기라오."

하고 심히 세상을 개탄하는 듯이 길게 한숨을 쉰다.

일방에 윤과 나와 단둘이 있게 되어서부터는 큰소리가 날 필요가 없었다. 밤이면 우리 방에 들어와 자는 간병부가 윤을 윤 서방이라고 부른다고 해서 윤이 대단히 불평하였으나 간병부의 감정을 상하는 것이 이롭지 못한 줄을 잘 아는 윤은 간병부와 정면충돌을 하는 일은 별로 없고 다만 낮에 나하고만 있을 때에,

"서울말로는 무슨 서방이라고 부르는 말이 높은 말잉기오? 우리 전라도서는 나 많은 사람보고 무슨 서방이라고 하면 머슴이나 하인이나 부르는 소리랑기오."

하고 곁눈으로 나를 바라본다. 나는 그가 묻는 뜻을 알았으므로 대답하기가 심히 거북살스러워서 잠깐 주저하다가,

"글쎄 서방님이라고 하는 것만 못하겠지요."

하고 웃었다. 윤은 그제야 자신을 얻은 듯이,

"그야 우리 전라도에서도 서방님이라고 하면사 대접하는 말이지요. 글쎄, 진상도 보시다시피 저 간병부 놈이 언필칭 날더러 윤 서방, 윤 서방하니, 그래 그놈의 자식은 제 애비나 아재비더러도 무슨 서방 무슨 서방할 텐가? 나이로 따져도 내가 제 애비뻘은 되렷다. 어 고약한 놈 같으니."

하고 그 앞에 책망 받을 사람이 섰기나 한 것처럼 뽐낸다.

윤 씨는 윤 서방이라는 말이 대단히 분한 모양이어서 어떤 날 저녁엔 간병부가 들어올 때에도 눈만 흘겨보고 잘 다녀왔느냐 하는 늘 하던 인사도 아니 하는 적도 있었다. 그러다가 하루 저녁에는 또 "윤 서방"이라고 간병부가 부른 것을 기회로 마침내 정면충돌이 일어나고 말았다. 윤이,

"댁은 나를 무어로 보고 윤 서방이라고 부르오?"

하는 정식 항의에 간병부가 뜻밖인 듯이 눈을 크게 뜨고 한참이나 윤을 바라보고 앉았더니, 허허 하고 경멸하는 웃음을 웃으면서,

"그럼 댁더러 무어라고 부르라는 말이오? 댁의 직업이 도장쟁이니, 도장쟁이라고 부르라는 말이오? 죄명이 사기니 사기쟁이라고 부르라는 말이오? 밤낮 똥질만 하니 윤 똥질이라고 부르라는 말이오? 옳지 윤 선생이라고 불러줄까? 왜 되지 못하게 이 모양이야? 윤 서방이라고 불러주면 고마운 줄이나 알지. 낫살을 먹었으면 몇 살이나 더 먹었길래. 괜스리 그러다가는 윤가놈이라고 부를걸."

하고 주먹으로 삿대질을 한다.

윤은 처음에 있던 호기도 다 없어지고 그만 수그러지고 말았다. 간병부는 민영감 모양으로 만만치 않은 것도 있거니와 간병부하고 싸운댔자 결국은 약 한 봉지 얻어먹기도 어려운 줄을 깨달은 것이었다.

윤은 침묵하고 있건마는 간병부는 누워 잘 때에까지도 공격을 중지하

지 아니하였다.

이튿날 아침, 진찰도 다 끝나고 난 뒤에 우리 방에 있는 키 큰 간병부는 다음 방에 있는 간병부를 데리고 와서,

"흥, 저 양반이, 내가 윤 서방이라고 부른다고 아주 대노하셨다나."

하며 턱으로 윤을 가리키는 것을 보고 키 작은 간병부가,

"여보! 윤 서방. 어디 고개 좀 이리 돌리오. 그럼 무어라고 부르리까, 윤 동지라고 부를까? 윤 선달이 어떨꼬? 막 싸구려판이니 어디 그 중에서 맘에 드는 것을 고르시유."

하고 놀려먹는다.

윤은 눈을 깜박깜박하고 도무지 아무 대답이 없었다.

본래 간병부에게 호감을 못 주던 윤은 윤 서방 사건이 있은 뒤부터 더욱 미움을 받았다. 심심하면 두 간병부가 와서 여러 가지 별명을 부르면서 윤을 놀려먹었고, 간병부들이 간 뒤에는 윤은 나를 향하여,

"두 놈이 옥 속에서 썩어져라."

하고 악담을 퍼부었다.

이렇게 윤이 불쾌한 그날그날을 보낼 때에 더욱 불쾌한 일 하나가 생겼다. 그것은 정이라는 역시 사기범으로 일동 팔방에서 윤하고 같이 있던 사람이 설사병으로 우리 감방에 들어온 것이었다. 나는 윤에게서 정씨의 말을 여러 번 들었다. 설사를 하면서도 우유니 달걀이니 하고 막 처먹는다는 둥, 한다는 소리가 모두 거짓말뿐이라는 둥, 자기가 아무리 타일러도 말을 듣지 않는 꼭 막힌 놈이라는 둥, 이러한 비평을 하는 것을 여러 번 들었다. 하루는 윤하고 나하고 운동을 나갔다가 들어와 보니 웬 키가 커다랗고 얼굴이 허연 사람이 똥통을 타고 앉아서 싱글싱글 웃고 있었다. 윤은 대단히 못마땅한 듯이 나를 돌아보고 입을 삐죽하고 나서 자리에 앉아서 부채를 딱딱거리면서,

"데이상, 입대까지 설사가 안 막혔능기오? 사람이란 친구가 충고하는 옳은 말을 들어야 하는 법이여. 일동 팔방에 있을 때에 내가 그만큼이나 음식을 삼가하라고 말 안했거디? 그런데 내가 병감에 온 지가 석 달이나 되는디 아직도 설사여?"

하고 똥통에 올라앉은 사람을 흘겨본다. 윤의 이 말에 나는 그가 윤이 늘 말하던 정씨인 줄을 알았다.

똥통에서 내려온 정씨는 윤의 말을 탓하지 않는, 지어서 하는 듯한 태도로,

"인상, 우리 이거 얼마만이오? 그래 아직도 예심중이시오?"

하고 얼굴 전체가 다 웃음이 되는 듯이 싱글벙글하며 윤의 손을 잡는다. 그리고 나서는 내게 앉은절을 하며,

"제 성명은 정 홍태올시다. 얼마나 고생이 되십니까?"

하고 대단히 구변이 좋았다. 나는 그의 말의 발음으로 보아 그가 평안도 사람으로 서울말을 배운 사람인 줄을 알았다. 그러나 저녁에 인천 사는 간병부와 인사할 때에는 자기도 고향이 인천이라 하였고, 다음에 강원도 철원 사는 간병부와 인사를 할 때에는 자기 고향이 철원이라 하였고, 또 그 다음에 평양 사는 죄수가 들어와서 인사하게 된 때에는 자기 고향은 평양이라고 하였다. 그때에 곁에 있던 윤이 정을 흘겨보며,

"왜 또 해주도 고향이라고 아니했소? 대체 고향이 몇이나 되능기오?"

이렇게 오금을 박은 일이 있었다. 정은 한두 달 살아본 데면 그 지방 사람을 만날 때 다 고향이라고 하는 모양이었다.

정은 우리 방에 오는 길로,

"이거 방이 더러워 쓰겠느냐?"

고 벗어붙이고 마룻바닥이며 식기를 걸레질을 하고 또 자리 밑을 떠들어 보고는,

"이거 대체 소제라고는 안 하고 사셨군? 이거 더러워 쓸 수가 있나?"

하고 방을 소제하기를 주장하였다.

"그 너머 혼자 깨끗한 체하지 마시오. 어디 그 수선에 정신 차리겠능기오?"

하고 윤은 돗자리 떨어내는 것을 반대하였다. 여기서부터 윤과 정의 의견 충돌이 시작되었다.

저녁밥 먹을 때가 되어 정이 일어나 물을 받는 것까지는 참았으나, 밥과 국을 받으려고 할 때에는 윤이 벌떡 일어나 정을 떼밀치고 기어이 제가 받고야 말았다. 창 옆에서 음식을 받아들이는 것은 감방 안에서는 큰 권리로 여기는 것이었다.

정은 윤에게 떼밀치어 머쓱해 물러서면서,

"그렇게 사람을 떼밀 거야 무엇이오? 그러니깐으로 간 데마다 인심을 잃지. 나 같은 사람과는 아무렇게 해도 관계치 않소마는 다른 사람보고는 그리 마시오! 뺨 맞지요! 뺨 맞아요."

하고 나를 돌아보며 싱그레 웃었다. 그것은 마치 자기는 그만한 일에 성을 내는 사람이 아니라는 것을 보이려 함인 것 같으나 그의 눈에는 속일 수 없이 분한 빛이 나타났다.

밥을 먹는 동안 폭풍우 전의 침묵이 계속되었으나 밥이 끝나고 먹은 그릇을 설거지 할 때에 또 충돌이 일어났다. 윤이 사타구니를 내어놓고 있다는 것과 제 그릇을 먼저 씻고 나서 내 그릇과 정의 그릇을 씻는다는 것과 개수통에 입을 대고 기침을 한다는 이유로 정은 윤을 책망하고 윤이 씻어 놓은 제 밥그릇을 주전자의 물로 다시 씻어서 윤의 밥그릇에 닿지 않도록 따로 포개 놓았다. 윤은 정더러,

"여보 당신은 당신 생각만 하고 다른 사람 생각은 못 하오? 그 주전자 물을 다 써 버리면 밤에는 무엇을 먹고 아침에 네 식구가 세수는 무엇으

로 한단 말이요? 사람이란 다른 사람 생각을 해야 쓰는 거여."

하고 공격하였으나 정은 못 들은 체하고 주전자 물을 거진 다 써서 제 밥그릇과 국그릇과 젓가락을 한껏 정하게 씻고 있었던 것이다.

이 모양으로 윤과 정과의 충돌은 그칠 사이가 없었다. 그러나 정은 간 병부와 내게 대해서는 아첨에 가까우리만치 공손하였다. 더구나 그가 농업이나, 광업이나, 한방의술이나, 신의술이나 심지어 법률까지도 모르는 것이 없었고, 또 구변이 좋아서 이야기를 썩 잘하기 때문에 간병부들은 그를 크게 환영하였다.

이렇게 잠깐 동안에 간병부들의 환심을 샀기 때문에 처음에는 한 그릇씩 받아야 할 죽이나 국을 두 그릇씩도 받고, 또 소화약이나 고약이나 이러한 약도 가외로 더 얻을 수가 있었다. 정이 싱글싱글 웃으며 졸라대면 간병부들은 여간한 것은 거절하지 아니하였다. 그리고 이따금 밥을 한 덩이씩 가외로 얻어서 맛날 듯한 것을 젓가락으로 휘저어서 골라 먹고 그리고 남은 찌꺼기를 행주에다가 싸고 소금을 치고 그리고는 그것을 떡반죽 하는 듯이 이겨서 떡을 만들어서는 요리로 한 입, 조리로 한 입 맛남직한 데는 다 뜯어 먹고, 그리고 나머지를 싸두었다가 밤에 자러 들어온 간병부에게 주고는 크게 생색을 내었다. 한 번은 정이 조밥으로 떡을 만들며 나를 돌아보고,

"간병부녀석들은 이렇게 좀 먹여야 합니다. 이따금 달걀도 사주고 우유도 사주면 좋아하지요. 젊은 녀석들이 밤낮 굶주리고 있거든요. 이렇게 녹여 놓아야 말을 잘 듣는단 말이야요. 간병부와 틀렸다가는 해가 많습니다. 그 녀석들이 제가 미워하는 사람의 일은 좋지 못하게 간수들한테 일러바치거든요."

하면서 이겨진 떡을 요모조모 떼어 먹는다.

"여보, 그게 무에요? 데이상은 간병부를 대할 때엔 십년 만에 만나는 아

자씨나 대한 듯이 살이라도 베어 먹일 듯이 아첨을 하다가 간병부가 나가기만 하면 언필칭 이 녀석 저 녀석 하니 사람이 그렇게 표리가 부동해서는 못 쓰는 게여. 우리는 그런 사람은 아니어든. 대해 앉아서도 할 말은 하고 안 할 말은 안하지. 사내대장부가 그렇게 간사를 부려서는 못 쓰는 게여! 또 여보, 당신이 떡을 해 주겠거든 숫밥으로 해주는 게지 당신 입에 들어왔다 나갔다 하던 젓가락으로 휘저어서 밥 알갱이마다 당신의 더러운 침을 발라가지고, 그리고 먹다가 먹기가 싫으닝게 남을 주고 생색을 낸다? 그런 일을 해선 못 쓰는 게여. 남 주고도 죄받는 일이어든. 당신 하는 일이 모두 그렇단 말여. 정말 간병부를 주고 싶거든 당신 돈으로 달걀한 개라도 사서 주어. 흥, 공으로 밥 얻어서 실컷 처먹고 먹기가 싫으닝게 남을 주고 생색을 낸다 — 웃기는 왜 웃소, 싱글싱글? 그래 내가 그른 말해? 옳은 말은 들어 두어요. 사람 되려거든. 나, 그 당신 싱글싱글 웃는 거 보면 느글느글해서 배창수가 다 나오려 든다닝게. 웃긴 왜 웃어? 무엇이 좋다고 웃는 게여?"

이렇게 윤은 정을 몰아세웠다.

정은 어이없는 듯이 듣고만 앉았더니,

"내가 할 소리를 당신이 하는구려? 그 배때기나 가리고 앉아요."

그날 저녁이었다. 간병부가 하루 일이 끝이 나서 빨가벗고 뛰어 들어왔다. 정은,

"아이, 오늘 얼마나 고생스러우셨어요? 그래도 하루가 지나가면 그만큼 나가실 날이 가까운 것 아니오? 그걸로나 위로를 삼으셔야지. 그까진 한 삼사 년 잠깐 갑니다. 아 참, 백 호하고 무슨 말다툼을 하시던 모양이든데."

이 모양으로 아주 친절하게 위로하는 말을 하였다. 백 호라는 것은 다음 방에 있는 키 작은 간병부의 번호이다. 나도 "이놈 저놈"하며 둘이서

싸우는 소리를 아까 들었다.

간병부는 감빛 기결수 옷을 입고 제자리에 앉으면서,

"고놈의 자식을 찢어 죽이려다가 참았지요. 아니꼬운 자식 같으니. 제가 무어길래? 제나 내나 다 마찬가지 전중이고 다 마찬가지 간병부지. 홍, 제 놈이 나보다 며칠이나 먼저 왔다고 나를 명령을 하려 들어? 쥐새끼같은 놈 같으니. 나이로 말해도 내가 제 형뻘은 되고, 세상에 있을 때에 사회적 지위로 보더래도 나는 먼서기까지 지낸 사람인데. 그래 제따위, 한 자요 두 자요 하던 놈과 같은 줄 알고? 요놈의 자식, 내가 오늘은 참았지마는 다시 한번만 고 따위로 주둥아리를 놀려 봐? 고놈의 아가리를 찢어 놓고 다릿마댕이를 분질러놓을걸. 우리는 목에 칼이 들어오더라도 할 말은 하고, 할 일은 하고야 마는 사람이어든!"

하고 곁방에 있는 〈백 호〉라는 간병부에게 들리라 하는 말로 남은 분풀이를 하였다. 정은 간병부에게 동정하는 듯이 혀를 여러 번 차고 나서,

"쯧쯧, 아 참으서요. 신상 체면을 보셔야지. 고까짓 어린애 녀석하고 무얼 말다툼을 하세요. 아이 나쁜 녀석! 고 녀석 눈깔딱지하고 주둥아리하고 독살스럽게도 생겨 먹었지. 방정은 고게 또 무슨 방정이야? 고 녀석 인제 또 옥에서 나가는 날로 또 뉘 집에 불 놓고 들어올걸. 원, 고 녀석, 글쎄, 남의 집에 불을 놓다니?"

간병부는 정의 마지막 말에 눈이 둥그래지며,

"그래, 나도 남의 집에 불 놓았어. 그랬으니 어떻단 말이여? 귀신같이 남의 돈을 속여 먹는 것은 괜찮고, 남의 집에 불 놓는 것만 나쁘단 말이오? 원, 별 아니꼬운 소리를 다 듣겠네. 여보, 그래 내가 불을 놓았으니 어떡허란 말이오? 웃기는 싱글싱글 왜 웃어? 그래 백 호나 내가 남의 집에 불을 놓았으니 어떡허란 말이야?"

하고 정에게 향하여 상앗대질을 하였다. 정의 얼굴이 뻘개졌다. 정은

모처럼 간병부의 비위를 맞추려고 하던 것이 그만 탈선이 되어서 이 봉변을 당하게 된 것이었다. 그러나 정의 얼굴에는 다시 웃음이 떠돌면서,

"아니 내 말이 어디 그런 말이오? 신상이 오해지."

하고 변명하려는 것을 간병부는,

"오해? 육회가 어떠우?"

"아니 그런 말이 아니라, 신상도 불을 놓으셨지마는 신상은 술이 취해서 술김에 놓으신 것이어든. 그 술김이 아니면 신상이 어디 불 놓으실 양반이오? 신상이 우락부락해서 홧김에 때려 죽인다면 몰라도 천성이 대장부다우시니까 사기나 방화나 그런 죄는 안 지을 것이란 말이오! 그저 애매하게 방화죄를 지으셨다는 말씀이지요. 내 말이 그 말이거든. 그런데 말이오. 저 백 호, 그 녀석이야말로 정신이 말쩡해서 불을 논 것이 아니오? 그게 정말 방화죄거든. 내 말이 그 말씀이야, 인제 알아들으셨어요?"

정은 제 말에 신이라는 간병부의 분이 풀린 것을 보고,

"자 이거나 잡수세요."

하며 밥그릇 통 속에 감추어 두었던 조밥 떡을 내어 팔을 길다랗게 늘여서 간병부에게 준다.

"날마다 이거 미안해서 어떻게 하오?"

하고 간병부는 그 떡을 받았다.

간병부가 잠깐 일어나서 간수가 오나 아니 오나를 엿보고 난 뒤에 그 떡을 한 입 베어물었다.

아까부터 간병부와 정과의 언쟁을 흥미있는 눈으로 힐끗힐끗 곁눈질하던 윤이,

"아뿔싸, 신상, 그것 잡숫지 마시오."

하고 말만으로도 부족하여 손까지 살래살래 내혼들었다.

간병부는 꺼림칙한 듯이 떡을 입에 문 채로,

"왜요?"

하며 제자리에 와 앉는다. 간병부 다음에 내가 누워 있고, 그 다음에 정, 그 다음에 윤, 우리들의 자리 순서는 이러하였다. 윤은 점잖게 도사리고 앉아서 부채를 딱딱 하며,

"내가 말라면 마슈. 내가 언제 거짓말 했거디? 우리는 목에 칼이 오더라도 바른 말만 하는 사람이어든."

그러는 동안에 간병부는 입에 베어 물었던 떡을 삼켜버린다. 그리고 그 나머지를 지리가미에 싸서 등 뒤에 놓으면서,

"아니, 어째 먹지 말란 말이오?"

"그건 그리 아실 것 무어 있소? 자시면 좋지 못하겠으닝게 먹지 말랑 게지."

"아이, 말해요. 우리는 속이 갑갑해서, 그렇게 변죽만 울리는 소리를 듣고는 가슴에 불이 일어나서 못 견디어."

이때에 정이 매우 불쾌한 얼굴로,

"신상, 그 미친 소리 듣지 마시오. 어서 잡수세요. 내가 신상께 설마 못 잡수실 것을 드릴라구?"

하였건마는 간병부는 정의 말만으로 안심이 안 되는 모양이어서,

"윤 서방, 어서 말씀하시오."

하고 약간 노기를 띤 언성으로 재차 묻는다.

"그렇게 아시고 싶을 건 무엇 있어서? 그저 부정한 것으로만 아시라닝게. 내가 신상께 해로운 말씀할 사람은 아니닝게."

"아따, 그 아가리 좀 못 닫쳐?"

하고 정이 참다못해 벌떡 일어나서 윤을 흘겨본다.

윤은 까딱 아니하고 여전히 몸을 좌우로 흔들흔들하면서,

"당신네 평안도서는 사람의 입을 아가리라고 하는지 모르겠소마는, 우

리네 전라도서는 점잖은 사람이 그런 소리는 아니하오. 종교가 노릇을 이십 년이나 했다는 양반이 그 무슨 말버릇이란 말이오? 종교가 노릇을 이십 년이나 했길래도 남 먹으라고 주는 음식에 침만 발러주었지, 십 년만 했드면 코 발러 줄 뻔했소 그려? 내가 아까 그러시 않아도 이르지 않았거디? 사람에게 먹을 것을 주려거든 숫으로 덜어서 주는 법이어. 침 묻은 젓가락으로 휘저어가면서 맛날 듯한 노란 좁쌀은 죄다 골라먹고 콩도 이것 집었다가 놓고, 저것 집었다가 놓고, 입에 댔다가 놓고, 노르스름한 놈은 죄다 골라먹고, 그리고는 퍼렇게 뜬 좁쌀, 썩은 콩만 남겨서 제 밥그릇, 죽그릇, 젓가락 다 씻은 개숫물에 행주를 축여가지고는 코 묻은 손으로 주물럭주물럭해서 떡이라고 만들어 가지고 그런 뒤에도 요모조모 맛날 듯싶은 데는 다 떼어먹고 그것을 남겼다가 사람을 먹으라고 주니, 벼락이 무섭지 않어? 그런 것은 남을 주고도 벌을 받는 법이라고 내가 그만큼 일렀단 말이여. 우리는 남의 흠담은 도무지 싫어하는 사람이닝게 이런 말도 안 하려고 했거든. 신상, 내 어디 처음에야 말했가디? 저 진상도 증인이어. 내가 그만큼 옳은 말로 타일렀고, 또 덮어 주었으면 평안도 상것이 '고맙습니다'하는 말은 못할망정 잠자코나 있어야 할 게지. 사람이면 그렇게 뻔뻔해서는 못 쓰는 게어."

윤의 말에 정은 어쩔 줄을 모르고 얼굴만 푸르락누르락하더니 얼른 다시 기막히고 우습다는 표정을 하며,

"참 기가 막히오. 어쩌면 그렇게 빤빤스럽게도 거짓말을 꾸며대오? 내가 밥에 모래와 쥐똥, 썩은 콩, 티검불 이런 걸 고르느라고 젓가락으로 밥을 저었지, 그래 내가 어떻게 보면 저 먹다 남은 찌꺼기를 신상더러 자시라고 할 사람 같아 보여? 앗으우, 앗으우. 그렇게 거짓말을 꾸며대면 혓바닥 잘린다고 했어. 신상, 아예 그 미친 소리 듣지 마시고 잡수시오. 내 말이 거짓말이면 마른하늘에 벼락을 맞겠소!"

하고 할 말 다 했다는 듯이 자리에 눕는다. 정이 맹세하는 것을 듣고 머리가 쭈뼛함을 깨달았다.

어쩌면 그렇게 영절스럽게 곁에다가 증인을 둘씩이나 두고도 벼락 맞을 맹세까지 할 수가 있을까? 사람의 마음이란 헤아릴 수 없이 무서운 것이라고 깊이깊이 느껴졌다. 내가 설마 나서서 증거야 서랴? 정은 이렇게 내 성격을 판단하고서 맘 놓고 이렇게 꾸며대인 것이다. 나는,

"윤씨 말이 옳소, 정씨 말은 거짓말이오."

이렇게 말할 용기가 없었다. 내게 이러한 용기 없는 것을 정이 뻔히 들여다 본 것이다. 윤도 정의 엄청난 거짓말에 기가 막힌 듯이 아무 말도 없이 딴 데만 바라보고 앉아 있었다. 간병부는 사건의 진상을 내게서나 알려는 듯이 가만히 누워 있는 내 얼굴을 들여다보고 있었다. 내게 직접 말로 묻기는 어려운 모양이었다. 내게서 아무 말이 없음을 보고 간병부는 슬그머니 떡을 집어서 정의 머리맡에 밀어 놓으며,

"옛소, 데이상이나 잡수시오. 나 두 분 더 쌈 시키고 싶지 않소."

하고는 쩝쩝 입맛을 다신다. 나는 속으로 참 잘 한다 하고 간병부의 지혜로운 판단에 탄복하였다.

그러나 이 사건은 정의 윤에게 대한 깊은 원한을 맺히게 한 원인이었다. 윤이 기침을 하면 저쪽으로 고개를 돌리라는 둥, 입을 막고 하라는 둥, 캥캥하는 소리를 좀 작게 하라는 둥, 소갈머리가 고약하게 생겨먹어서 기침도 고약하게 한다는 둥, 또 윤이 낮잠이 들어 코를 골면 팔꿈치로 윤의 옆구리를 찌르며 소갈머리가 고약하니깐 잘 때까지도 사람을 못 견디게 군다는 둥, 부채를 딱딱거리지 말라, 핼끔핼끔 곁눈질하는 것 보기 싫다, 이 모양으로 일일이 윤의 오금을 박았다. 윤도 지지 않고 정을 해 댔으나, 입심으론 도저히 정의 적수가 아닐뿐더러, 성미가 급한 사람이라 매양 윤이 곯아떨어지는 것 같았다. 코를 골기로 말하면 정도 윤에게 지

지 아니하였다. 더구나 정은 이가 뻐드러지고 입술이 뒤둥그러져서 코를 골기에는 십상이었지마는, 그래도 정은, 자기는 코를 골지 않노라고 언명하였다. 워낙 잠이 많은 윤은 정이 코를 고는 줄을 모르는 모양이었다. 간병부도 목침에 머리만 붙이면 잠이 드는 사람이므로, 정과 윤이 코를 고는 데에 희생이 되는 사람은 잠이 잘 들지 못하는 나뿐이었다. 윤은 소프라노로, 정은 바리톤으로 코를 골아 대면 언제까지든지 눈을 뜨고 창을 통하여 보이는 하늘에 별을 바라보고 있을 수밖에 없었다. 더구나 정은 윤의 입김이 싫다 하여 꼭 내 편으로 고개를 향하고 자고, 나는 반듯이 밖에는 누울 수 없는 병자이기 때문에 정은 내 왼편 귀에다가 코를 골아 넣었다. 위확장병으로 위 속에서 음식이 썩는 정의 입김은 실로 참을 수 없으리만큼 냄새가 고약한데, 이 입김을 후끈후끈 밤새도록 내 왼편 뺨에 불어 붙였다. 나는 속으로 정이 반듯이 누워 주었으면 하였으나, 차마 그 말을 못 하였다. 나는 이것을 향기로운 냄새로 생각해 보리라, 이렇게 힘도 써 보았다. 만일 그 입김이 아름다운 젊은 여자의 입김이라면 내가 불쾌하게 여기지 아니할 것이 아닌가? 아름다운 젊은 여자의 뱃속엔들 똥은 없으며 썩은 음식은 없으랴? 모두 평등이 아니냐? 이러한 생각으로 코 고는 소리와 냄새나는 입김을 잊어버릴 공부를 해 보았으나 공부가 그렇게 일조일석에 될 리가 만무하였다. 정더러 좀 돌아누워 달랄까 이런 생각을 하고는 또 하였다. 뒷절에서 울려오는 목탁소리가 들릴 때까지 잠을 이루지 못하는 날이 많았다. 새벽 목탁소리가 나면 아침 세시 반이다. 딱딱딱 하는 새벽 목탁소리는 퍽이나 사람의 맘을 맑게 하는 힘이 있다.

"원컨대는 이 종소리 법계에 고루 퍼져지이다."

한다든지,

"일체 중생이 바로 깨달음을 얻어지이다."

하는 새벽 종소리 귀절이 언제나 생각키었다. 인생이 괴로움의 바다요,

불 붙는 집이라면, 감옥은 그 중에도 가장 괴로운 데다. 게다가 옥중에서 병까지 들어서 병감에 한정 없이 뒹구는 것은 이 괴로움의 세 겹 괴로움이다. 이 괴로운 중생들이 서로서로 괴로워함을 볼 때에 중생의 업보는 '헤여 알기 어려워라.'한 말씀을 다시금 생각하지 아니할 수 없었다.

새벽 목탁소리를 듣고 나서 잠이 좀 들만 하면, 윤과 정은 번갈아 똥통에 오르기를 시작하고, 더구나 제 생각만 하지 남의 생각이라고는 전연 하지 아니하는 정은 제가 흐뭇이 자고 난 것만 생각하고, 소리를 내어서 책을 읽거나, 또는 남들이 일어나기 전에 먼저 마음대로 물을 쓸 작정으로 세수를 하고, 전신에 냉수마찰을 하고, 그리고는 운동이 잘 된다 하여 걸레질을 치고, 이 모양으로 수선을 떨어서 도무지 잠이 들 수가 없었다. 정은 기상 시간 전에 이런 짓을 하다가 간수에게 들켜서 여러 번 꾸지람을 받았지마는 그래도 막무가내였다.

떡 사건이 일어난 이튿날 키 작은 간병부가 우리 방 앞에 와서 누구를 향하여 하는 말인지 모르게 키 큰 간병부의 흉을 보기 시작한다. 그것은 어저께 싸움에 관한 이야기였다.

"키다리가 어저께 무어라고 해요? 꽤 분해 하지요? 그놈 미친놈이지. 내게 대들어서 무슨 이를 보겠다고, 밥이라도 더 얻어먹고 상표라도 하나 타 보려거든 내 눈밖에 나고는 어림도 없지, 간수나 부장이나 내 말을 믿지 제 말을 믿겠어요? 그런 줄도 모르고 걸핏하면 대든단 말야. 건방진 자식 같으니! 제가 아무리 지랄을 하기로니 내가 눈이나 깜짝할 사람이오? 가만히 내버려 두지, 이따금 박박 긁어서 약을 올려놓고는 가만히 두고 보지. 그러면 똥구멍 찔린 소 모양으로, 저 혼자 영각을 하고 날치지. 목이 다 쉬도록 저 혼자 떠들다가 좀 짐짓하게 되면 내가 또 듣기 싫은 소리를 한마디 해서 박박 긁어놓지. 그러면 또 길길이 뛰면서 악을 고래고래 쓰지. 그리고는 가만히 내버려 두지. 그러면 제가 어쩔 테야? 제가 아무러기로 손찌검은 못 할 터이지? 그러다가 간수나 부장한테 들키면 경을 제가 치지."

하고 매우 고소한 듯이 웃는다. 아마 키 큰 간병부는 본감에 심부름을 가고 없는 모양이었다.

"참, 구 호(키 큰 간병부)는 미련퉁이야. 글쎄 햐꾸고오상하고 다투다니 말이 되나? 햐꾸고오상은 주임이신데, 주임의 명령에 복종을 해야지."

이것은 정의 말이다.

"사뭇 소라닝게. 경우를 타일러야 알아듣기나 하거디? 밤낮 면서기 당기던 게나 내세우지. 햐꾸고오상도 퍽으나 속이 상하실 게요?"

이것은 윤의 말이다.

"무얼 할 줄이나 아나요? 아무것도 모르지. 게다가 흘게가 늦고 게을러 빠지고 눈치는 없고……."

이것은 키 작은 간병부의 말.

"그렇고말고요. 내가 다 아는걸. 일이야 햐꾸고오상이 다 하시지. 규고오상이야 무얼 하거디? 게다가 뽐내기는 경치게 뽐내지 —"

이것은 윤의 말이다.

"그까짓 녀석 간수한테 말해서 쫓아보내지? 나도 밑에 많은 사람을 부려 봤지마는 손 안 맞는 사람을 어떻게 부리오? 나 같으면 사흘 안에 내쫓아 버리겠오."

이것은 정의 말이다.

"그렇기로 인정 간에 그럴 수도 없고, 나만 꾹꾹 참으면 고만이라고 여태껏 참아 왔지요. 그렇지만 또 한 번 그런 버르장머리를 해봐라, 이번엔 내가 가만 두지 않을걸."

이것은 키 작은 간병부의 말이다. 이때에 키 큰 간병부가 약병과 약봉지를 가지고 왔다. 키 작은 간병부는,

"아마 오늘 전방들 하시게 될까 보오."

하고 우리 방으로 장질부사 환자가 하나 오기 때문에 우리들은 다음 방으로 옮아가게 되었으니, 준비를 해두라는 말을 하고 무슨 바쁜 일이나 있는 듯이 가버리고 말았다. 키 큰 간병부는 '윤 참봉', '정 주사', 이 모양으로 농담 삼아 이름을 불러가며 병에 든 물약과 종이 주머니에 든 가루약을 쇠창살 틈으로 들여보낸다.

윤은 약을 받을 때마다 늘 하는 소리로,

"이깐 놈의 약 암만 먹으면 낫거디? 좋은 한약을 서너 첩 먹었으면 금시에 열이 내리고 기침도 안 나고 부기도 빠지겠지만……."

하며 일어나서 약을 받아 가지고 돌아와 앉는다.

다음에는 정이 일어나서 창살 틈으로 바싹 다가서서 물약과 가루약을 받아들고 물러서려 할 때에 키 큰 간병부가 약봉지 하나를 정에게 더 주며,

"이거 내가 먹는다고 비리발괄을 해서 얻어온 게오. 애껴 먹어요. 많이만 먹으면 되는 줄 알고 다른 사람 사흘에 먹을 것을 하루에 다 먹어버리니 어떻게 해? 그 약을 누가 이루 댄단 말이오?"

"그러니깐 고맙단 말씀이지. 규고오상, 나 그 알콜 솜 좀 얻어주슈. 이번에 좀 많이 줘요. 그냥 알콜은 좀 얻을 수 없나? 그냥 알콜 한 고뿌 얻어주시오 그려, 사회에 나가면 내가 그 신세 잊어버릴 사람은 아니오."

"이건 누굴 경을 치울 양으로 그런 소리를 하오?"

"아따 그 햐꾸고오는 살랑살랑 오는 것만 봐도 몸에 소름이 쪽쪽 끼쳐. 제가 무엔데 제 형님뻘이나 되는 규고오상을 그렇게 몰아세워? 나 같으면 가만 두지 않을 테야."

"홍, 주먹을 대면 고 쥐새끼 같은 놈 어스러지긴 하겠구."

정이 이렇게 키 큰 간병부에게 아첨하는 것을 보고 있던 윤이,

"규고오상이 용하게 참으시거든, 그 악담을 내가 옆에서 들어도 이가 갈리건만 — 용하게 참으서 — 성미가 그렇게 괄괄하신 이가 참 용하게 참으시거든!"

하고 깊이 감복하는 듯이 혀를 찬다.

얼마 뒤에 키 큰 간병부는 알콜 솜을 한 웅큼 가져다가,

"세 분이 논아 쓰시오."

하고 들여민다. 정이 부리나케 일어나서,

"아리가도오 고자이마쓰."

하고는 그 솜을 받아서 우선 코에 대고 한참 맡아 본 뒤에 알콜이 제일 많이 먹은 듯한 데로 삼분의 이쯤 떼어서 제가 가지고, 그리고 나머지 삼분의 일을 둘에 갈라서 윤과 나에게 줄 줄 알았더니, 그것을 또 삼분에 갈라서 그 중에 한 분은 윤을 주고, 한 분은 나를 주고, 나머지 한 분을 또 둘에 갈라서 한 분은 큰 솜 뭉텅이에 넣어서 유지로 꽁꽁 싸 놓고 나머지 한 분으로 얼굴을 닦고 손을 닦고 머리를 닦고 발바닥까지 닦아서 내어 버린다. 그는 알콜 솜을 이렇게 많이 얻어서 유지에 싸 두고는 하루에도 몇 번씩 얼굴과 손과 모가지를 닦는데 그것은 살결이 곱고 부드러워지게 하기 위함이라고 한다.

저녁을 먹고 나서 전방을 할 줄 알았더니, 거진 다 저녁때가 되어서 키 작고 통통한 간수가 와서 철컥 하고 문을 열어젖히며,

"뎀보오, 뎀보오!"

하고 소리를 친다. 그 뒤로 키 작은 간병부가 와서,

"전방이요, 전방."

하고 통역을 한다. 정이 제 베개와 알루미늄 밥그릇을 싸가지고 가려는 것을,

"안 돼, 안 돼!"

하고 간수가 소리를 질러서 아까운 듯이 도로 내어놓고 간신히 겨우 알콜 솜 뭉텅이만은 간수 못 보는데 집어넣고, 우리는 주렁주렁 용수를 쓰고 방에서 나와서 다음 방으로 들어갔다. 철컥 하고 문이 도로 잠겼다. 아랫목에는 민이 우리가 들어오는 것을 보고 어린애 모양으로 방글방글 웃고 앉아 있었다. 서로 떠난 지 이십여 일 동안에 민은 무섭게 수척하였다. 얼굴에는 두 눈만 있는 것 같고 그 눈도 자유로 돌지를 못하는 것 같았다. 두 무릎 위에 늘인 팔과 손에는 혈관만이 불룩불룩 솟아 있고 정강이는 무르팍 밑보다도 발목이 더 굵었다. 저러고 어떻게 목숨이 붙어 있나 하고 나는 이 해골과 같은 민을 보면서,

"요새는 무얼 잡수세요?"

하고 큰 소리로 물었다. 그의 귀가 여간한 소리는 듣지 못할 것같이 생각됐던 까닭이다.

민은 머리맡에 삼분의 이쯤 남은 우유병을 가리키면서,

"서울 있는 매부가 돈 오 원을 차입을 해서 날마다 우유 한 병씩 사 먹지요. 그것도 한 모금 먹으면 더 넘어가지를 않아요. 맛은 고소하건만 목구멍에 넘어를 가야지. 내 매부가 부자지요. 한 칠백 석 하고 잘살아요. 나가기만 하면 매부네 집에 가 있을 텐데, 사랑도 널찍하고 좋지요. 그래도 누이가 있으니깐, 매부도 사람이 좋구요. 육회도 해 먹고 배갈도 한 잔씩 따뜻하게 데워 먹고 하면 살아날 것도 같구먼!"

이런 소리를 하고 있었다. 그는 매부가 부자라는 것을 자랑하기 위해서 이런 말을 하는 모양이었다.

또 민의 바로 곁에 자리를 잡게 된 윤은 부채를 딱딱거리며,

"그래도 매부는 좀 사람인 모양이지? 집에선 아직도 아무 소식이 없단 말여? 이봐. 내 말대로 하라닝게. 간수장한테 면회를 청하고 집에 있는 세간을 다 팔아서 먹구푼 것 사 먹기도 하고, 변호사를 대어서 보석 청원

도 해요. 저렇게 송장이 다 된 것을 보석을 안 시킬 리가 있나? 인제는 광대뼈꺼정 빨갛다닝게. 저렇게 되면 한 달을 못 간다 말이어. 서방이 다 죽게 돼도 모르는 체하는 열아홉 살 먹은 계집년을 천 냥을 남겨 주겠다고, 또 그까진 자식새끼, 나 같으면 모가지를 비틀어 빼어 버릴 테야! 저 봐. 할딱할딱하는 게 숨이 목구멍에서만 나와. 다 죽었어, 다 죽었어."

하고 앙잘거린다.

"글쎄, 이 자식이 오래간만에 만났거든 그래도 좀 어떠냐 말이나 묻는 게지. 그저 댓바람에 악담이야? 네 녀석의 악담을 며칠 안 들어서 맘이 좀 편안하더니 또 요길 왔어? 너도 손발이 통통 분 게 며칠 살 것 같지 못하다. 아이고 제발 그 악담 좀 말아라."

민은 이렇게 말하고 한숨을 쉬고는 자리에 눕는다.

이 방에는 민 외에 강이라고 하는 키 커다랗고 건장한 청년 하나가 아랫배에 붕대를 감고 벽에 기대어 앉아 있었다. 나중에 들으니 그는 어떤 신문 지국 기자로서, 과부 며느리와 추한 관계가 있다는 부자 하나를 공갈을 해서 돈 천 육백 원을 빼앗아 먹은 죄로 붙들려 온 사람이라고 하며, 대단히 성미가 괄괄하고 비위에 거슬리는 일은 참지를 못하는 사람이 되어서, 가끔 윤과 정을 몰아세웠다. 윤이 민을 못 견디게 굴면 반드시 윤을 책망하였고, 정이 윤을 못 견디게 굴면 또 정을 몰아세웠다. 정과 윤은 강을 향하여 이를 갈았으나 강은 두 사람을 깍정이같이 멸시하였다. 윤 다음에 정이 눕고 정의 곁에 강이 눕고, 강 다음에 내가 눕게 된 관계로 강과 정과가 충돌할 기회가 자연 많아졌다. 강은 전문학교까지 졸업한 사람이기 때문에 지식이 상당하여서 정이 아는 체하는 소리를 할 때마다, 사정없이 오금을 박았다.

"어디서 한 마디 두 마디 주워들은 소리를 가지고 아는 체하고 지절대오? 시골구석에서 무식한 농민들 속여먹던 버르장머리를 아무 데서나 하려들어? 싱글벙글하는 당신 상판대기에 나는 거짓말장이오 하고 뚜렷이 써 붙였어. 인젠 낮살도 마흔댓 살 먹었으니 죽기 전에 사람 구실을 좀 해 보지. 댁이 의학은 무슨 의학을 아노라고 걸핏하면 남에게 약처방을 하 오? 다른 사기는 다 해 먹더라도 잘 알지도 못하는 의원 노릇을랑 아예 말 어. 침도 아노라, 한방의도 양의도 아노라, 그렇게 아는 사람이 어디 있 어? 당신이 그 따위로 사람을 많이 속여먹었으니 배때기가 온전할 수가 있나? 욕심은 많아서 한 끼에 두 사람 세 사람 먹을 것을 처먹고는 약을 처먹어, 물을 처먹어, 그리고는 방귀질, 또 똥질, 트림질, 게다가 자꾸 토 하기까지 하니 그놈의 냄새에 곁에 사람이 살 수가 있나? 그렇게 처먹고 밥주머니가 늘어나지 않어? 게다가 한다는 소리가 밤낮 거짓말—싱글벙 글 웃기는 왜 웃어? 누가 이쁘다는 게야? 알콜 솜으로 문지르기만 하면 상판대기가 예뻐지는 줄 아슈? 그 알콜 솜도 나랏돈이오. 당신네 집에서 언제 제 돈 가지고 알콜 한 병 사봤어? 벌써 꼬락서니가 생전 사람 구실 해보기는 틀렸소마는, 제발 나 보는 데서만은 그 주둥아리 좀 닫치고 있 어요."

강은 자기보다 근 이십 년이나 나이 많은 정을 이렇게 몰아세웠다.

한 번은 점심때에 자반 머루치 한 그릇이 들어왔다. 이것은 온 방 안에 있는 사람들이 골고루 나누어 먹으라는 것이다. 머루치라야 성한 것은 한 개도 없고, 꼬랑지, 대가리, 모두 부스러진 것뿐이요, 게다가 짚검불이며, 막대기며, 별의 별 것이 다 섞여 있는 것들이나, 그래도 감옥에서는 한 주 일에 한 번이나 두 주일에 한 번밖에는 못 얻어먹는 별미여서, 이러한 반 찬이 들어오는 날은 모두들 생일이나 명절을 당한 것처럼 기뻐하였다. 정 은 여전히 밥 받아들이는 일을 맡았기 때문에 이 머루치 그릇을 받아서 젓가락으로 뒤적거리며 살이 많은 것은 골라서 제 그릇에 먼저 덜어놓고, 대가리와 꼬랑지만을 다른 네 사람을 위하여 내어놓았다. 내가 보기에도 정이 가진 것은 절반은 다 못 되어도 삼분의 일은 훨씬 넘었다. 그러나 정의 눈에는 그것이 며루치 전체의 오분지 일로 보인 모양이었다.

나는 강의 입에서 반드시 벼락이 내릴 것을 예기하고, 그것을 완화해 볼 양으로 정더러,

"여보시오, 며루치가 고르게 분배되지 않은 모양이니 다시 분배를 하시오."

하였으나, 정은 자기 그릇에 담았던 며루치 속에서 그 중 맛없을 만한 것 서너 개를 골라서 이쪽 그릇에 덜어 놓을 뿐이었다. 그리고는 대단히 맛나는 듯이 제 그릇의 며루치를 집어먹는데, 그것도 그 중 맛나 보이는 것을 골라서 먼저 먹었다.

민은 아무 욕심도 없는 듯이 쌀뜨물 같은 미음을 한 모금 마시고는 놓고, 또 한 모금 마시고는 놓고 할 뿐이요, 며루치에 대해서는 아무 관심이 없는 모양이었으나, 윤은 못마땅한 듯이 연해 정을 곁눈으로 흘겨보면서 그래도 며루치를 골라 먹고 있었다. 강만은 며루치에는 젓가락을 대어 보지도 않고, 조밥 한 덩이를 다 먹고 나더니마는, 며루치 그릇을 들어서 정의 그릇에 쏟아 버렸다. 나도 웬일인지 며루치에는 젓가락을 대지 아니하였다.

정은 고개를 번쩍 들어 강을 바라보며,

"왜, 며루치 좋아 안하서요?"

"우린 좋아 아니해요. 두었다 저녁에 자시오."

하고 강은 아무 말 없이 물을 먹고는 제자리에 가서 드러누웠다. 나는 강의 속에 무슨 생각이 났는지 몰라 우습기도 하고 궁금하기도 하였다.

정은 역시 강의 속이 무서운 모양이었으나, 다섯 사람이 먹을 며루치를 게다가 소금 절반이라고 할 만한 며루치를 거진 다 먹고 조금 남은 것을 저녁에 먹는다고 라디에이터 밑에 감추어 두었다.

정은 대단히 만족한 듯이 싱글싱글 웃으며 제자리에 와 드러누웠다. 그러더니 얼마 아니해서 코를 골았다. 식곤증이 난 모양이라고 나는 생각하였다. 아무리 위장이 튼튼한 장정 일꾼이라도 자반 며루치 한 사발을 다 먹고 무사히 내릴 리는 없을 것 같았다. 강도 그 눈치를 알았는지 배에 붕대를 끌러 놓고 부채로 수술한 자리에 바람을 넣으면서 픽픽 웃고 앉았더니, 문득 일어나서 물 주전자 있는 자리에 와서 그것을 열어 흔들어 보고 그리고는 뚜껑을 열어 보았다. 강은 나와 윤에게 물을 한 잔씩 따라서 권하고, 그리고는 자기가 두 보시기나 마시고, 그 나머지로는 수건을 빨아서 제 배를 훔치고, 그리고는 물 한 방울도 없는 주전자를 마룻바닥에 내어던지듯이 덜컥 놓고는 제자리에 돌아와 앉았다.

강이 하는 양을 보고 앉았던 윤은,

"강 선생, 그것 잘하셨소. 흥, 이제 잠만 깨면 목구멍에 불이 일어날 것이닝게."

하고는 주전자 뚜껑을 들어 물이 한 방울도 아니 남은 것을 보고 제자리에 돌아와 앉는다.

정은 숨이 막힐 듯이 코를 골더니 한 시간쯤 지나서 눈을 번쩍 뜨며 일어나는 길로 주전자 앞으로 달려갔다. 그러나 주전자에 물이 한 방울도 없는 것을 보고 와락 화를 내며 주전자를 내동댕이를 치고 윤을 흘겨보면서,

"그래, 물을 한방울도 안 남기고 자신단 말이오? 내가 아까 물이 있는 걸 보고 잤는데 — 그렇게 남의 생각을 아니하고 제 욕심만 채우니겐 두루 밤낮 똥질을 하지."

하고 트집을 잡는다.

"뉘가 할 소리야? 그게 춘치자명이라는 것이어."

하고 윤은 점잖을 뺀다.

"물은 내가 다 먹었소."

하고 강이 나앉는다.

"며루치는 댁이 다 먹었으니, 우리는 물로나 배를 채워야 아니하오? 며루치도 혼자 다 먹고 물도 혼자 다 먹었으면 속이 시원하겠소?"

정은 아무 말도 아니하였다. 그러나 목이 말라 죽을 지경인 모양이었다. 그는 누웠다 앉았다 도무지 자리를 잡지 못하였다. 그가 가끔 일어나서 철창으로 복도를 바라보는 것은 간병부더러 물을 청하려는 것인 듯하였다. 그러나 간병부는 어디 갔는지 좀체로 보이지 아니하였고, 그 동안에 간수와 부장이 두어 번 지나갔으나 차마 물 달라는 말은 나오지 않는 모양이었다. 그 동안에 퍽 오래 지난 것 같았다. 이때에 키 작은 간병부가 왔다. 정은 주전자를 들고 일어나서 창으로 마주 가며,

"햐꾸고오상, 여기 물 좀 주세요. 도무지 무엇을 먹지를 못하니깐 두루 헛헛증이 나고, 목이 말라서. 물이 한 방울도 없구먼요."

하고 얼굴 전체가 웃음이 되어 아첨하는 빛을 보인다.

"여기를 어딘 줄 아슈? 감옥살이를 일년이나 해도 감옥소 규칙도 몰라? 저녁때 아니고 무슨 물이 있단 말이오?"

백 호는 이렇게 웃어 버린다. 정은 주전자를 높이 들어 흔들며,

"그러니까 청이지요, 목마른 사람에게 물 한 잔 주는 것도 급수공덕이라는 말을 못 들으셨어요? 한 잔만 주세요. 수통에서 얼른 길어 오면 안 되오?"

"그렇게 배도 곯아 보고, 목도 좀 말라 보아야 합니다. 남의 돈 공으로 먹으려다가 붙들려 왔으면 그만한 고생도 안 해?"

하고 말하다가 간수 오는 것을 봄인지, 간병부는 얼른 가버리고 만다. 정은 머쓱해서 주전자를 방바닥에 놓고 자리에 와 앉는다. 옆방 장질부사 환자의 간호를 하고 있는 키 큰 간병부가 통행금지하는 줄 저편에서 고개

를 갸웃하여 우리들이 있는 방을 들여다보며,

"정 주사, 물 좀 줄까? 얼음 냉수 좀 줄까?"

하고 환자 머리 식히는 얼음 주머니에 넣던 얼음 조각을 한 줌 들어 보인다. 정은 벌떡 일어나서 창 밑으로 가며,

"규고오상, 그거 한 덩이만 던져 주슈."

하고 손을 내민다.

"이건 왜 이래? 장질부사 무섭지 않어? 내 손에 장질부사균이 득시글득시글한다나."

"아따, 그 소독물에 좀 씻어서 한 덩어리만 던져 주세요. 아주 목이 타는 것 같구려. 그렇찮으면 이 주전자에다가 물 한 국이만 넣어 주세요. 아주 가슴에 불이 인다니깐."

"아까 들으니까 머루치를 혼자 자시는 모양입디다 그려. 그걸 그냥 새겨야지, 물을 먹으면 다 오줌으로 나가지 않우? 그냥 새겨야 얼굴이 반드르해진단 말야."

그리고는 키 큰 간병부는 새끼손가락만한 얼음 한 덩이를 정을 향하고 집어 던졌으나, 그것이 하필 쇠창살에 맞고 복도에 떨어져버리고 말았다. 그리고는 키 큰 간병부는 얼음주머니를 가지고 방으로 들어가 버렸다.

정은 제자리에 돌아와 고개를 숙이고 앉았다.

"소금을 자슈. 체한 데는 소금을 먹어야 하는 게야."

이것은 강의 처방이었다. 정은 원망스러운 듯이 강을 한 번 힐끔 돌아보고는 입맛을 다셨다.

"저 타구에 물이 좀 있지 않어? 양추물은 남의 세 갑절 쓰지? 그게 저 타구에 있지 않어? 그거라도 마시지."

이것은 윤의 말이었다.

"아까 짠 것을 너무 자십디다. 속도 좋지 않은 이가 그렇게 자시고 무사

할 리가 있소?"

하며 민이 자기 머리맡에 놓았던 반쯤 남은 우유병을 정에게 주었다.

"이거라도 자셔 보슈."

"고맙습니다. 그저 병환이 하루바삐 나으시고 무죄가 되어서 나갑소사."

하고 정은 정말 합장하여 민에게 절을 하고 나서 그 우유병을 단숨에 들이켰다.

"사람들이 그래서는 못쓰는 것이오. 남을 위할 줄을 알아야 쓰는 게지. 남을 괴롭게 하고 비웃고 하면 천벌을 받는 법이오. 하느님이 다 내려다보시고 계시거든."

정은 이렇게 한바탕 설교를 하고 다시는 물 얻어먹을 생각도 못하고 누워 버리고 말았다.

"당신이 사람은 아니오. 너무 처먹어서 목이 잘한데다가 또 우유를 먹으면 어떡허자는 말이오? 홍, 뱃속에서 야단이 나겠수. 탐욕이 많으면 그런 법입니다. 저 먹을 만큼만 먹으면 배탈이 왜 난단 말이오? 그저 이건 들여라 들여라니 당신 그러다가는 장 위가 아주 결단이 나서 나중엔 미음도 못 먹게 되오! 알긴 경치게 많이 알면서 왜 제 몸 돌아볼 줄만은 몰라? 그리고는 남더러 천벌을 받는다고. 인제 오늘 밤중쯤 되면 당신이야말로 천벌 받는 것을 내가 볼걸."

이러는 동안에 또 저녁 먹을 때가 되었다. 저녁 한때만은 사식을 먹는 정은 분명히 저녁을 굶어야 옳을 것이언만, 받아 놓고 보니 하얀 밥과 섭산적과 자반고등어와 쇠꼬리국과를 그냥 내어놓을 수는 없는 모양이었다.

"저녁을랑 좀 적제 자시지요."

하는 내 말에 정은,

"내가 점심에 무얼 먹었다고 그러십니까? 왜 다들 나를 철없는 어린애로 아슈?"

하고 화를 내었다.

정은 저녁 차입을 다 먹고 점심에 남겼던 며루치도 다 핥아 먹고, 그렇게도 그립던 물을 세 보시기나 벌꺽벌꺽 마셨다.

"시우신(취침)"하는 소리에 우리들은 다 자리에 누워서 잠을 기다리고 있었다. 정은 대단히 속이 거북한 모양이어서 두어 번이나 일어나서 소금을 먹고는 물을 마셨다. 그리고도 내 약봉지에 남은 소화약을 세 봉지나 달래서 다 먹었다.

옆방에 옮아 온 장질부사 환자는 연해 앓는 소리와 헛소리를 하고 있었다. 집으로 보내어 달라고 소리를 지르고 "아주머니 아주머니"하고 목을 놓아 울기도 하였다. 이 젊은 장질부사 환자의 앓는 소리에 자극이 되어서 좀체로 잠이 들지 아니하였다. 내 곁에 누운 간병부는 그 환자에 대하여 내 귀에 대고 이렇게 설명하였다.

"저 사람이 ○전 출신이라는데, 지금 스물일곱 살이래요. 황금정에 가게를 내고 장사를 하다가 그만 밑져서 화재보험을 타먹을 양으로 불을 놓았다나요. 그래 검사한테 십 년 구형을 받았대요. 십 년 구형을 받고는 법정에서 졸도를 했다고요. 의사의 말이, 살기가 어렵다는 걸요. 집엔 부모도 없고, 형수 손에 길리었다고요. 그래서 저렇게 아주머니만 찾아요. 사람은 괜찮은데 어쩌다가 나 모양으로 불 놓을 생각이 났는지."

장질부사 환자는 여전히 아주머니를 찾고 있었다.

정은 밤에 세 번이나 일어나서 토하였다. 방 안에는 며루치 비린내 나는 시큼한 냄새가 가득 찼다. 윤과 강은 이거 어디 살겠느냐고 정에게 핀잔을 주었으나 정은 대꾸할 기운도 없는 모양인지 토하는 일이 끝나고는 뱃멀미하는 사람 모양으로 비틀비틀 제자리에 돌아와 쓰러져 버렸다. 이것이 빌미가 되어서 정은 이틀이나 사흘 만에 한 번씩은 토하는 증세가 생겼는데, 그래도 정은 여전히 끼니때마다 두 사람 먹을 것을 먹었고, 그러면서도 토할 때에 간수한테 들키면 아무것도 먹은 것은 없는데 저절로 뱃속에 물이 생겨서 이렇게 토하노라고 변명을 하였다. 그리고는 우리들을 향하여서도,

"글쎄, 조화 아니야요? 아무것도 먹은 것이 없는데 이렇게 물이 한 타구씩 배에 고인단 말이야요. 나를 이 주일만 놓아 주면 약을 먹어서 단박에 고칠 수가 있건마는."

이렇게 아무도 믿지 아니하는 소리를 지껄이는 것이었다.

민의 모양이 시간 시간 글러지는 양이 눈에 띄었다. 요새 며칠째는 윤이 아무리 긁적거려도 한 마디의 대꾸도 아니 하였고, 똥통에서 내려오다가도 두어 번이나 딩굴었다. 그는 눈알도 굴리지 못하는 것 같고 입도 다물 기운이 없는 것 같았다. 우리는 밤에 자다가도 가끔 그가 숨이 남았나 하고 고개를 쳐들어 바라보게 되었다. 그래도 어떤 때에는 흰밥이 먹고 싶다고 한 숟가락을 얻어서 입에 물고 어물어물하다가 도로 뱉으며,

"인제는 밥도 무슨 맛인지 모르겠어. 배갈이나 한 잔 먹으면 어떨지?"

하고 심히 비감한 빛을 보였다. 민은 하루에 미음 두어 숟갈, 물 두어 모금만으로 목숨을 부지하고 있었다. 하루는 의무과장이 와서 진찰을 하고 복막에서 고름을 빼어 보고 나가더니, 이삼 일 지나서 취침시간이 지난 뒤에 보석이 되어 나갔다. 그래도 집으로 나간단 말이 기뻐서, 그는 병글병글 웃으면서 보퉁이를 들고 비틀비틀 걸어 나갔다.

"흥, 저거 인제 나가는 길로 뒈지네."

하고 윤이 코웃음을 하였다. 얼마 있다가 민을 부축하고 나갔던 간병부가 들어와서,

"곧잘 걸어요. 곧잘 걸어 나가요. 펄펄 날뛰던데!"

하고 웃었다.

"나도 보석이나 나갔으면 살아날 텐데 ― "

하고 정이 퉁퉁 부운 얼굴에 싱글싱글 웃으면서 입맛을 다셨다.

"내가 무어라고 했어? 코끝이 고렇게 빨개지고는 못 산다닝게. 그리고 성미가 고 따위로 생겨먹고 병이 낫거디? 의사가 하라는 건 죽여라 하고 안 하거든. 약을 먹으라니 약을 처먹나. 그건 무가내닝게."

윤은 이런 소리를 하였다.

"흥, 똥 묻은 개가 겨 묻은 개 흉본다. 댁이 누구 흉을 보아? 밤낮 똥질을 하면서도 자꾸 처먹고."

이것은 정이 윤을 나무라는 것이었다.

"허허허허. 참 입들이 보배요. 남이 제게 할 소리를 제가 남에게 하고 있다니까. 아아 참."

이것은 강이 정을 보고 하는 소리였다.

민이 보석으로 나가던 날 밤, 내가 한잠을 자고 무슨 소리에 놀라 깨었을 때에, 나는 곁방 장질부사 환자가 방금 운명하는 중임을 깨달았다. 끙끙 소리와 함께 목에 가래 끓는 소리가 고요한 새벽 공기를 울려오는 것이었다. 그 방에 있는 간병부도 잠이 든 모양이어서 앓는 사람의 숨 모으는 소리뿐이요, 도무지 인기척이 없었다. 나는 내 곁에서 자는 간병부를 깨워서 이 뜻을 알렸다. 간병부는 간수를 부르고, 간수는 비상 경보하는 벨을 눌러서 간수부장이며 간수장이 달려오고, 얼마 있다가 의사가 달려왔다. 그러나 의사가 주사를 놓고 간 뒤 반시간이 못하여 장질부사 환자는 마침내 죽어버렸다.

이튿날 아침에 죽은 청년의 시체가 그 방에서 나가는 것을 우리는 엿보았다. 붕대로 싸맨 얼굴은 아니 보이나 길다란 검은 머리카락이 비죽이 내어민 것이 처량하였다. 그는 머리를 무척 아낀 모양이어서 감옥에 들

JUNG

（鄭玄雄畵）

어온 지 여러 달이 되도록 머리를 남겨둔 것이었다. 아직 장가도 아니든 청년이니 머리에 향내 나는 포마드를 발라 산뜻하게 갈라붙이고 면도를 곱게 하고, 얼굴에 파우다를 바르고 나섰을 법도 한 일이었다. 그는 인생 향락의 밑천을 얻을 양으로 장사를 시작하였다가 실패하자 돈에 대한 탐욕은 마침내 제 집에 불을 놓아 화재보험금을 사기하리라는 생각까지 내게 하였고, 탐욕으로 원인을 하고 이 큰 죄악에서 오는 당연한 결과로 경철서 유치장을 거쳐 감옥살이를 하다가, 믿지 못할 인생을 끝마감한 것이다. 나는 그가 어느 날 밤에 집에 불을 놓을 결심을 하던 양을 상상하다가, 이왕 죽어 버린 불쌍한 젊은 혼에게 대하여 미안한 생각이 나서, 뒷문으로 나가는 그의 시체를 향하여 합장하고 고개를 숙였다. 그 시체의 뒤에는 그가 헛소리로까지 부르던 아주머니가 그 남편과 함께 눈물을 씻으며 소리 없이 따라가는 것이 보였다. 그를 간호하던 키 큰 간병부 말이, 그는 죽기 전 이삼 일 동안은 정신만 들면 예수교식으로 기도를 올렸다고 하며, 또 잠꼬대 모양으로 "하느님 하느님"하고 부르고 예수의 십자가의 공로로 이 죄인을 용서하여 달라고 중얼거리더라고 한다. 그는 본래 예수교의 가정에서 자라서, 중학교나 전문학교를 다 교회학교에서 마쳤다고 한다. 생각컨대는, 재물이 풍성함으로 사는 것이 아니라는 예수의 말씀이 잘 믿어지지 아니하여 돈에서 세상 영화를 구하려는 데 돈의 유혹에 걸렸다가 거진 다 죽게 된 때에야 본심에 돌아간 모양이었다.

이날은 날이 심히 덥고 볕이 잘 나서, 죽은 사람의 방에 있던 돗자리와 매트리스와 이불과 베개와를 우리가 일광욕하는 마당에 내어 널었다. 그 베개가 축축이 젖은 것은 죽은 사람이 마지막으로 흘린 땀인 모양이었다. 입에다가 가제 마스크를 대고 시체가 있던 방을 치우고 소독하던 키 큰 간병부는 크레졸 물에다가 손과 팔뚝을 뻑뻑 문지르며,

"이런 제에길, 보름 동안이나 잠 못 자고 애쓴 공로가 어디 있나? 팔자

가 사나우니깐 내 어머니 임종도 못한 녀석이 엉뚱한 다른 사람의 임종을
다 했지. 허허."

하고 웃었다.

그 청년이 죽어 나간 뒤로부터 며칠 동안 윤이나 정이나 내나 대단히
침울하였다.

윤의 기침은 점점 더하고 열도 오후면 삼십팔 도 칠 부 가량이나 올라
갔다. 그는 기침을 하고는 지리가미에 담을 뱉어서 아무데나 내어버리고,
열이 올라갈 때면 혼몽해서 잠을 자다가는 깨기만 하면 냉수를 퍼먹었다.
담을 함부로 뱉지 말고 타구에 뱉으라고 정도 말하고 나도 말하였지마는
그는 종시 듣지 아니하고 내 자리 밑에 넣은 지리가미를 제 마음대로 집
어다가는 하루에도 사오십 장씩이나 담을 뱉어서 내어던지고, 그가 기침
이 나서 누에 모양으로 고개를 내어두르며 캑캑 기침을 할 때에 곁에 누
웠던 정이 윤더러 고개를 저쪽으로 돌리고 기침을 하라고 소리를 지르면,
윤은 심사로 더욱 정의 얼굴을 향하고 캑캑거렸다.

"내가 폐병인 줄 아나. 왜? 내 기침은 폐병 기침은 아니어. 내 기침이야
깨끗하지. 당신 웩웩 돌리는 게나 좀 말어, 제발 ─ "

하고 윤은 도리어 정에게 핀잔을 주었다.

정은 마침내 간병부를 보고 윤이 기침이 대단한 것과 함부로 담을 뱉으
니, 그 담에 균이 있나 없나 검사해야 될 것을 주장하였다.

"검사해 보아, 검사해 보아, 내가 폐병일 줄 알고? 내가 이래 뵈어도 철
골이어던. 이게 해수 기침이지 폐병 기침은 아녀."

하고 윤은 정을 흘겨보았다. 그 문제로 해서 그날 온종일 윤과 정은 으
르렁거리고 있다가 이튿날 아침 진찰 시간에 정은 의사와 간병부가 있는
자리에서, 윤이 기침이 심하고 담을 많이 배앝고 또 아무데나 함부로 뱉
는 것을 말하여 의사의 주의를 끌고 윤에게 망신을 주었다. 방에 돌아오

는 길로 윤은 정을 향하여,

"댁이 나와 무슨 원수야? 댁이 끼니때마다 밥을 속여, 베개를 셋씩이나 베여, 밤마다 토해, 이런 소리를 내가 간수보고 하면 댁이 경칠 줄 몰라? 임자가 그따위 개도 안 먹을 소갈머리를 가졌으닝게 처먹는 게 살이 안 되는 게여. 속에서 폭폭 썩어서 똥구멍으로 나갈게 아가리로 나오는 게야. 댁의 상판대기를 보아요. 누렇게 들뜬 것이, 저러고 안 죽는 법 있어? 누가 여기서 먼저 죽어 나가나 내기할까?"

하고 대들었다.

담 검사한 결과는 그로부터 사흘 후에 알려졌다. 키 작은 간병부의 말이, 플라스 플라스 플라스 열십자가 세 개가 적혔더라고 한다. 윤은 멀거니 간병부와 나를 번갈아 쳐다보며,

"플라스 플라스는 무어고, 열십자 세 개는 무어여?"

하고 근심스럽게 물었다.

"폐병 버러지가 득시글득시글한단 말여."

하고 정이 가로맡아 대답을 하였다.

"당신더러 묻는 말 아니여."

하고 정에게 핀잔을 주고 나서 윤은,

"내 담에 아무것도 없지라오? 열십자 세 개란 무어여?"

하고 간병부를 쳐다본다.

간병부는 빙그레 웃으며,

"괜찮아요. 담에 무엇이 있는지야 의사가 알지 내가 알아요?"

하고는 가버리고 말았다.

정이 제자리를 윤의 자리에서 댓치나 떨어지게 내 쪽으로 당기어 깔고,

"저 담벼락 쪽으로 바싹 다가서 누워요. 기침할 때에는 담벼락을 향하고, 담을랑 타구에 배알고. 사람의 말 주릴하게도 안 듣네. 당신 담에 말

이요, 폐결핵균이 말이야, 폐병 벌레가 말이야, 대단히 많단 말이우. 열십
자가 하나면 좀 있단 말이고, 열십자가 둘이면 많이 있단 말이고, 열십자
가 셋이면 대단히 많이 있단 말이야, 인제 알아들었수? 그러니깐두루 말
이야, 다른 사람 생각을 좀 해서 함부로 담을 뱉지 말란 말이오."

하는 말을 듣고 윤의 얼굴은 해쓱해지며 내게,

"진상 그게 정말인게요?"

하고 묻는 소리도 떨렸다. 나는,

"내일 의사가 무어라고 말씀하겠지요."

할 뿐이고, 그 이상 더 할 말이 없었다.

저녁때가 되어서 키 작은 간병부가 와서,

"윤 서방! 전방이오 전방. 좋겠소, 널찍한 방에 혼자 맡아가지고 정 서
방하고 쌈도 안 하고. 인제 잘 됐어. 어서 짐이나 차려요."

하고 말하니 윤은 자리에서 벌떡 일어나 앉으며, 간병부를 눈흘겨보면
서,

"여보, 그래 댁은 나와 무슨 웬수란 말이오? 내 담을 갖다가 검사를 시
키고, 그리고 나를 사람 죽은 방에 혼자 가 있게 해? 날더러 죽으란 말이
지? 난 그 방 안 가오. 어디 어떤 놈이 와서 나를 그 방으로 끌어가나 볼라
오? 내가 그놈과 사생결단을 할 터이닝게. 그래 이따위 입으로 똥싸는 더
러운 병자는 가만 두고, 나 같은 말짱한 사람을 그래 사람 죽은 방으로 혼
자 가래? 햐꾸고오상, 나를 사람 죽은 방으로 보내고 그래 댁이 앙화를 안
받을 듯싶소?"

하고 악을 썼다.

"왜 날더러 그러오? 내가 당신을 어디로 보내고 말고 하오? 또 제가 전
염병이 있으면 가란 말 없어도 다른 사람 없는 데로 가는 게지, 다른 사람
들까지 병을 묻혀놓으려고? 심사가 그래서는 못써. 죽을 날이 가깝거든

맘을 좀 착하게 먹어. 이건 무슨 퉁명이야?"

간병부는 이렇게 말하고 코웃음을 웃으며 가버린다.

간병부가 간 뒤에는 윤은 정에게 원망하는 말을 퍼부었다. 제 담 검사를 정이 주장하였다는 것이다. 그는 정이 죽어 나가는 것을 맹세코 제 눈으로 보겠다고 장담하고, 또 만일 불행히 제가 먼저 죽으면 죽은 귀신이라도 정에게 원수를 갚을 것을 선언하였다. 정은 아무 말도 아니하고 고소한 듯이 싱글벙글 웃기만 하고 있더니,

"흥, 그리 마오. 당신이 그런 악한 마음을 가졌으니깐두루 그런 악한 병을 앓게 되는 게유. 당신이야말로 민 영감을 그렇게 못 견디게 굴었으니깐두루 민 영감 죽은 귀신이 지금 와서 원수를 갚는 게야. 흥, 내가 왜 죽어? 나는 말짱하게 살아나갈걸. 나는 얼마 아니면 공판이야. 공판만 되면 무죄야. 이거 왜 이러오?"

하고 드러누워서 소리를 내어 불경책을 읽기 시작한다.

정은 교회사를 면회하고 무량수경을 얻어다가 읽기 시작한 지가 벌써 이주일이나 되었다. 그는 순한문 경문의 뜻을 알아볼 만한 한문의 힘이 없는 모양이었으나 이렇게도 토를 달아보고 저렇게도 토를 달아보면서 그래도 부지런히 읽었고, 가끔 가다가 제가 깨달았다고 하는 구절을 장한 듯이 곁에 사람에게 설명조차 하였다. 그는 곁방에서도 다 들리리만큼 큰 소리로 서당에서 아이들이 글 읽는 모양으로 낭독을 하였고, 취침시간 후이거나 기상시간 전이거나 곁에 사람이야 자거나 말거나 제 맘만 내키면 그것을 읽었다. 한 번은 지나가던 간수가 소리를 내지 말라고 꾸중할 때에 그는 의기양양하게 자기가 읽는 것은 불경이라고 대답하였다. 그가 때때로 설명하는 것을 들으면 무량수경 속에 있는 뜻을 대충은 아는 모양이었으나, 그는 그것을 실행에 옮길 생각은 아니하는 것 같아서 불경을 읽은 지 이주일이 넘어도 남을 위한다는 생각은 조금도 나는 것 같지 아니

하였다. 한 번은 윤이,

"흥, 그래도 죽어서 좋은 데는 가고 싶어서, 경을 읽기만 하면 되는 줄 알구. 행실을 고쳐야 하는 게여?"

하고 빈정대일 때에 옆에서 강이,

"그러지 마시오. 그 양반 평생 첨으로 좋은 일 하는 게요. 입으로 읽기만 하여도, 내생 내내생쯤은 부처님 힘으로 좀 나아지겠지."

이렇게 대꾸를 하였다.

"앗으우. 불경 읽는 사람 곁에서 그렇게 비방들을 하면 지옥에 간다고 했어."

이렇게 뽐내고 정은 왕왕 소리를 내어 읽었다. 사람 죽은 방으로 간다는 걱정으로 자못 맘이 편안치 못한 윤이 글 읽는 소리에 더욱 화를 내는 모양이어서, 몇 번 입을 비쭉비쭉하더니,

"듣기 싫어! 다른 사람 생각도 좀 해야지. 제발 소리 좀 내지 말아요."

하는 것을 정은 들은 체 만 체하고 소리를 더 높여서 몇 줄을 더 읽고는 책을 덮어 놓는다.

윤은 누운 대로 고개를 돌려서 내 편을 바라보며,

"진상요, 사람 죽은 방에 처음 들어가 자면 그 사람도 죽는 게 아닝게오?"

하고 내 의견을 묻는다.

"사람 안 죽은 아랫목이 어디 있어요? 병원에선 금시에 죽어 나간 침대에 금시에 새 병자가 들어온답니다. 사람이 다 제 명이 있지요. 죽고 싶다고 죽어지는 것도 아니고, 더 살고 싶다고 살아지는 것도 아니구요. 그렇게 겁을 집어 자시지 말고 맘 편안히 염불이나 하고 누워 계셔요."

나는 이것이 그에게 대하여 내가 말할 수 있는 마지막 기회인 성싶어서, 일부러 일어나 앉아서 이 말을 하였다. 내가 한 말이 윤의 생각에 어

떠한 반향을 일으켰는지 알 수 있기 전에 감방 문이 덜컥 열리며,

"쥬고고 뎀보오."

하는 간수의 명령이 내렸다. 간수의 곁에는 키 작은 간병부가 빙글빙글 웃고 서서,

"어서 나와요. 짐 다 가지고 나와요."

하고 소리를 쳤다. 윤은 자리 위에 벌떡 일어나 앉으며,

"단또상(간수님), 제 병이 폐병이 아닝기오. 제가 기침을 하지마는 그 기침은 깨끗한 기침이닝게 —"

하고 되지도 아니한 변명을 하려다가, 마침내 어서 나오라는 호령에 잔뜩 독이 올라서 발발 떨면서 일호실로 전방을 하고 말았다. 윤이 혼자서 간수와 간병부에게 악담을 하는 소리와 자지러지게 하는 기침 소리가 들려왔다.

정은,

"에잇, 고것 잘 갔다. 무슨 사람이 고렇게 생겨먹었는지. 사뭇 독샤야 독사. 게다가 다른 사람 생각이란 영 할 줄 모르지. 아무데나 대고 기침을 하고, 아무데나 담을 뱉어버리고. 이거 대소독을 해야지. 쓸 수가 있나?"

하고 중얼거리면서 그래도 윤이 덮던 겹이불이 자기 것보다는 빛깔이 좀 새로운 것을 보고 얼른 제 것과 바꾸어 덮는다. 그리고 윤이 쓰던 알루미늄 밥그릇도 제 밥그릇과 포개 놓아서 다른 사람이 먼저 가질 것을 겁내는 빛을 보인다. 강이 물끄러미 이 모양을 보고 앉았다가,

"여보, 방까지 소독을 해야 된다면서 앓던 사람의 이불과 식기를 쓰면 어쩔 작정이오? 당신은 남의 허물은 참 용하게 보는데, 윤 씨더러 하던 소리를 당신더러 좀 해보시오 그려."

하고 핀잔을 준다.

정은 약간 부끄러운 빛을 보이며,

498

"이불은 내일 볕에 널고, 식기는 알콜 솜으로 잘 닦아서 소독을 하면 고만이지."

하고 또 고개를 흔들어가며 소리를 내어서 불경책을 읽기를 시작한다.

정은 아마 불경을 읽는 것으로, 사후에 극락세계로 가는 것보다도 재판에 무죄 되기를 바라는 모양이었다. 그러길래 그가 징역 일년 반의 선고를 받고 와서는 불경을 읽는 것이 훨씬 덜 부지런하였고, 그래도 아주 불경 읽기를 그만두지 아니하는 것은 공소 공판을 위함인 듯하였다. 그렇게 자기는 무죄라고 장담하였고, 검사와 공범들까지도 자기에게는 동정을 가진다고 몇 번인지 모르게 뇌고 뇌다가, 유죄 판결을 받고 와서는, 재판장이 야마시다 재판장이 아니고 나까무라인가 하는 변변치 못한 사람인 까닭이라고 단언하였다. 공소에서는 반드시 자기의 무죄가 판명되리라고, 공소의 불리함을 타이르는 간수에게 중언 설명하였다. 그는 수없이 억울하다는 소리를 하였고, 일년 반 징역이라는 것을 두려워함이 아니라, 자기의 일생의 명예를 위하여 끝까지 법정에서 다투지 아니하면 아니 된다고 비장한 어조로 말하였고, 자기 스스로도 제 말에 감격하는 모양이었다.

얼마 후에 강도 징역 이년의 판결을 받았다. 정이 강더러 아첨 절반으로 공소하기를 권할 때에 강은,

"난 공소 안 할라오. 고등교육까지 받은 녀석이 공갈 취재를 해먹었으니 이 년 징역도 싸지요."

하였고, 그날 밤에 간수가 공소 여부를 물을 때에,

"후꾸자이 시마스, 후꾸자이 시마스(복죄합니다)."

하고 상소권을 포기하였다. 그리고 이튿날 아침에 그는 칠십이 넘은 아버지 어머니 걱정을 하면서, 복역 중에 새 사람이 될 것을 맹세하노라고 말하고 본감으로 가고 말았다.

"자식이 싱겁기는."

하는 것이 정이 강을 보내고 나서 하는 비평이었다. 강이 정의 말에 여러 번 핀잔을 주던 것이 가슴에 맺힌 모양이었다.

강이 상소권을 포기하고 선선히 복죄해버린 것이 대조가 되어서, 정이 사기 취재를 한 사실이 확실하면서도 무죄를 주장하는 모양이 더욱 보기 흉하였다. 그래서 간수들이나 간병부들이나 정에게 대해서는, 분명히 멸시하는 태도를 가지고 있었다. 게다가 정이 보석 청원을 쓴다고 편지 쓰는 방에 간 것을 보고 키 작은 간병부는 우리 방 창밖에 와 서서,

"남의 것 사기해 먹는 놈들은 모두 염치가 없단 말이야. 땅도 없는 것을 있다고 속여서 계약금 오천 원이나 받아서 제가 천 원이나 떼어 먹고도 글쎄 일 년 반 징역이 억울하다는구먼. 흥, 게다가 또 보석 청원을 한다고 —? 저런 것은 검사도 미워하고 형무소에서도 미워해서 다 죽게 되기 전에는 보석을 안 해주어요."

이런 소리를 하였다. 그 이야기 솜씨와 아첨 잘하는 것으로 간병부들의 환심을 샀던 것조차 잃어버리고, 건강은 갈수록 쇠약하여지는 정의 모양은 심히 외롭고 가엾은 것 같았다.

윤이 전방한 지 아마 이십 일은 지나서 벌써 다알리아 철도 거의 지나고 국화꽃이 피기 시작한 어떤 날, 나는 정과 함께 감옥 마당에 운동을 나갔다. 정은 사루마다 바람으로 달음박질을 하고 있었으나, 몸을 움직일 수 없는 나는 모래 위에 엎드려서 거진 다 쇠잔한 채송화꽃을 들여다보며 일광욕을 하고 있었다. 아침 저녁은 선들선들하고, 더구나 오늘 아침에는 늦게 핀 코스모스조차 서리를 맞아 아주 후줄근하였건마는, 오정을 지난 볕은 따가울 지경이었다. 이때에 "진상"하고 부르는 소리가 들렸다. 고개를 들어 돌아보니 일방 창으로 윤의 머리가 쑥 나와 있었다. 그 얼굴은 누르스름하게 부어올라서 원래 가느다란 눈이 더욱 가늘어졌다. 나는 약간

고개를 끄덕여서 인사를 대신하였으나, 이것도 물론 법에 어그러지는 일이었다. 파수 보는 간수에게 들키면 걱정을 들을 것은 물론이다.

"진상! 저는 꼭 죽게 됐는 게라. 이렇게 얼굴까지 퉁퉁 부었능기라우. 어젯밤 꿈을 꾸닝게 제가 누런 굵은 베로 지은 제복을 입고 굴건을 쓰고 종로로 돌아다니는 꿈을 꾸었지라오. 이제 죽을 꿈이 아닝기오?"

하는 그 목소리는 눈물겹도록 부드러웠다.

그 이튿날이라고 생각한다. 또 나와 정이 운동을 하러 나가 있을 때에 전날과 같이 윤은 창으로 내다보며,

"당숙한테서 돈이 왔는디 달걀을 먹을 겡기오? 우유를 먹을 겡기오? 아무걸 먹어도 도무지 내리지를 않는디."

하고 말하였다.

또 며칠 후에는,

"오늘 의사의 말이 절더러 집안에 부어서 죽은 사람이 없느냐고 묻는데요, 선친이 꼭 나 모양으로 부어서 돌아가셨는디."

이런 말을 하고 아주 절망하는 듯이 한숨을 쉬는 것이 보였다. 그리고 나서 정에게는 들리지 않기를 원하는 듯이 정이 저쪽 편으로 가는 때를 타서

"염불을 뫼시려면 나무아미타불이라고만 하면 되능기요?"

하고 물었다. 나는 벌떡 일어나 앉으며 합장하고 약간 고개를 숙이고 나무아미타불 하고 한 번 불러 보았다.

윤은 내가 하는 모양으로 합장을 하다가, 정이 앞에 오는 것을 보고 얼른 두 팔을 내려버리고 말았다. 그리고 다시 정이 먼 곳으로 간 때를 타서,

"진상! 나무아미타불을 부르면 죽어서 분명히 지옥으로 안 가고 극락세계로 가능기오?"

하고 그 가는 눈을 할 수 있는 대로 크게 떠서 나를 바라보았다. 나는 생전에 이렇게 중대한, 이렇게 책임 무거운 질문을 받아 본 일이 없었다. 기실 나 자신도 이 문제에 대하여 확실히 대답할 만한 자신이 없었건마는 이 경우에 나는 비록 거짓말이 되더라도, 나 자신이 지옥으로 들어갈 죄인이 되더라도 주저할 수는 없었다. 나는 힘 있게 고개를 서너 번 끄덕끄덕한 뒤에,

"정성으로 염불을 하세요. 부처님의 말씀이 거짓말 될 리가 있겠습니까?"

하고 내가 듣기에도 엄청나게 큰 목소리로, 엄청나게 결정적으로 대답을 하였다.

윤은 수없이 고개를 끄덕끄덕하고 나를 향하여 크게 한 번 허리를 구부리고는 창에서 사라져 버리고 말았다.

이 일이 있은 뒤에 윤이 우유와 달걀을 주문하는 소리와 또 며칠 후에는 우유노 내리지 아니하니 그만두라는 소리가 들리고, 이 모양으로 어쩌다가 한 마디씩 그가 점점 쇠약하여 가는 것을 표시하는 말소리가 들렸을 뿐이오, 우리가 운동을 나가더라도 그가 창으로 우리를 내다보는 일은 없었다. 간병부의 말을 듣건대 그의 병 중세는 점점 악화하여 근일에는 열이 삼십구 도를 넘는다 하고, 의사도 인제는 절망이라고 해서 아마 미구에 보석이 되리라고 하였다.

어느 날 밤, 취침시간이 지난 뒤에 퉁퉁 하고 복도로 사람들 다니는 소리가 나는 것을 듣고 창을 바라보고 있노라니, 뚱뚱한 부장과 얼굴 검은 간수가 어떤 회색 두루마기 입은 사람과 같이 윤이 있는 일방 문 밖에 서 있고 얼마 아니해서 흰 겹바지 저고리를 갈아입은 윤이 키 큰 간병부의 부축을 받아 나가는 것이 보였다. 키 작은 간병부는 창에 붙어 섰다가 자리에 와 드러누우며,

"그예, 보석으로 나가는군요. 나가더라도 한 달 넘기기가 어려우리라든데요."

하였다. 그 회색 두루마기를 입은 사람이 윤의 당숙 면장일 것은 말할 것도 없다.

"나도 보석이나 나갔으면!"

하고 정은 길게 한숨을 쉬었다.

내가 출옥한 뒤에 석 달이나 지나서 가출옥으로 나온 키 작은 간병부를 만나 들은 바에 의하면, 민도 죽고, 윤도 죽고, 강은 목수 일을 하고 있고, 정은 소화불량이 더욱 심하여진 데다가 신장염도 생기고 늑막염도 생겨서 중병 환자로 본감 병감에 가 있는데, 도저히 공판정에 나가 설 가망이 없다고 한다.

(김사량(金史良) 역)

산업인을 위한

조선여행안내

부산 물산진열관, 경상남도 산업장려관을 보면 지방 산업을 개괄적으로 알 수 있다. 부산부 부평시장, 부산중앙두매시장에서 활기찬 모습을 보는 것도 좋다. 조선농회 부산 비료배급소에서는 조선농업 방면의 자료를 얻을 수 있다. 조선방적회사는 대표적인 방적회사이다. 이 회사를 시찰하고자 하는 사람은 미리 신청하여 허가를 받아놓는 것이 편리할 것이다.

부산에서 경부선을 타고 경성으로 가다 보면 도중에 대구 부근의 과수원을 구경할 수 있다. 수원에는 농업시험장이 있다. 부산에서 급행으로 약 8시간이면 경성에 도착한다.

경성 경성에서 절대 빼놓을 수 없는 곳은 조선총독부 상공장려관이다. 이곳은 산업인이 아니어도 조선을 바르게 인식하기 위해 꼭 한번은 가볼 만한 곳이다. 동광(東光), 종방(鐘紡), 편창(片倉)의 제사(製絲)공장, 조선맥주회사, 쇼와(昭和)맥주회사, 조선제분공장, 동양방적공장, 경성방적공장 등을 시찰하기 위해서는 모두 관청의 증명서가 필요하다.

인천 경성에서 경인선으로 약 1시간 걸린다. 인천항 건설 규모는 매우 참고할 만하다. 단, 갑문(閘門)은 일반인이 시찰할 수 없다. 일본제분공장, 동양방적회사, 조선정미회사의 인천공장과 조선제강소가 있다. 또 수산 방면에 경기도 수산시험장, 경기도 어업조합연합회가 있다.

해주 경의선을 타고 토성에서 황해선으로 환승하면 조선시멘트회사 공장, 조선화약 제조회사 공장, 해주 철공소가 있다.

평양 경성에서 경의선을 타고 약 5시간 걸린다. 동양제사공장, 대일본제당회사의 조선공장이 있다. 일본곡산공업회사공장, 종방(鐘紡)회사 평양공장은 방문 전에 미리 문의해 두는 편이 좋다.

진남포 평양에서 1시간 15분. 일본광업회사 진남포제련소는 조선에서도 대표적인 곳이다. 이 부근에는 과수원이 있어서 사과가 재배되고 있다.

순안 경의선으로 평양에서 2번째 역이다. 이곳의 순안 사금광(砂金鑛)은 유명하다.

신의주 평양에서 급행을 타고 4시간 걸린다. 신의주 영림서 제재공장은 오늘날 꼭 봐야 할 곳이다. 단 이곳까지는 신의주역에서 약 400리 정도 자동차로 가야 한다. 대유동 광산, 영산 금광도 각각 자동차로 200리 정도이고 이 역시 견학해야 할 곳이다.

청진 경성에서 급행을 타고 약 16시간 걸린다. 동해안 방면의 중요한 어항이다. 항구 건설과 도시계획이 참고할 만하고 또한 청진어업조합 및 함북 수출 염어 수산조합 공동시설이 있다.

성진 청진에서 남쪽으로 급행을 타고 약 4시간 정도 걸린다. 일본고주파 중공업회사는 신설회사로 각 방면에서 주목받고 있다. 성진 항구 건설도 한번 볼 만하다.

원산 성진에서 남쪽으로 약 7시간 걸린다. 조선석유회사 원산공장이 있다.

(부기)
시찰하고자 하는 회사, 조합은 미리 신청하고 문의하여 가능하면 도(道)나 부청의 소개장을 받아 두는 것이 좋다.

반도신문계의 권위

격일 간행

주간(국문)

국민신보 (國民新報)

사진시보 (寫眞時報)

본사 경성부 태평통 1정목

대표전화 ②1187번

도쿄지국 도쿄시(東京市)교바시구

(京橋區)긴자(銀座) 8-2(이즈모빌딩)

전화 긴자 (57)6658번

오사카지국 오사카시(大阪市)기타구

(北區) 다카가키초(高垣町) 16

전화 도요사키(豊崎)1046번

신 속 한 보 도

정 확 한 기 사

광고 효과100%

505

조선예술

조선예술진흥을 위해 기쿠치 간(菊池寛) 씨가 매년 자금을 제공하겠다고 제의해 주신 것에 대해 본사에서는 기쿠치 간 씨의 뜻에 감사드리고, 별도의 규정 항목과 함께 「조선예술상」을 신설했습니다. 많은 분들의 협찬을 부탁드리는 바입니다.

1939년 10월 **모던일본사**

취지

본 조선예술상은 우리나라 문화를 위해 조선에서 이루어지는 각 방면의 예술활동에 대해 표창하는 것을 목적으로 한다.

상신설

略規

— 수상 선정 범위는 조선에서 발표되는 문학, 연극, 영화, 무용, 음악, 회화 등의
분야로 한다.

— 수상은 1년에 1회, 1부문에 한하여 한 사람 혹은 한 단체에게 상패와 상금 5
백 엔을 증정한다.

— 수상 전형을 위해 조선 경성 및 도쿄에 조선예술상위원회를 설치한다. 단, 문
학작품의 경우는 아쿠타가와상(芥川賞)위원회에 위촉한다.

— 위원회는 각 예술분야에서 가장 우수한 예술작품 혹은 예술활동을 심사하고,
그중에서 본 상의 취지에 맞는 것을 선택하여 결정하도록 한다.

— 조선예술상은 그 작품 또는 제작자 혹은 제작단체에 수여한다.

— 수상은 전년도 1월부터 12월까지를 한 기간으로 정하고, 그 기간 중에 발표된
것을 심사 대상으로 하며 다음 해 3월 결정, 발표한다.

(제1회 기간은 1939년 1월부터 12월까지로 한다.)

조선예술상 제1회 수상 결과는 내년 3월 모던일본 4월호에 발표한다.

조선판
특별 현상 대모집

응모 규정

○ 마감일 — 1939년 11월 17일

○ 용지 — 관제엽서 1인 1매

○ 보내는 곳 — 도쿄시 고지마치쿠 우치
사이와이초 오사카빌딩 모던일본사
「조선판」현상계

○ 발표 — 본지 신년호(12월 5일 발매)

현상 문제

10월 20일 오전 3시 25
분에 경성역을 기차로
출발하면, 도쿄역에 도
착하는 것은 몇 일, 몇
시가 될까요?(최단 시간
을 계산할 것)

권말(卷末)에 시각표 있음.

상품　　1등 중일전쟁 저축 채권(할증금 포함) 15엔권 1매　　1명

2등 중일전쟁 저축 채권(할증금 포함) 7엔 50전권 1매　　5명

3등 고급 앨범　1권　　100명

4등 특제 그림엽서　1권　　1000명

조선명인백인현상

당선
발표

1등 상금 백원(1명)

경성부 신당정 367-8 이기철(李起哲)

2등 상금 2십원(5명)

경성부 권농정108 박정규(朴正圭)

신의주부 노송정6(광성지물상회 내) 이고직(李考直)

개성부 지정21 김형종(金亨鍾)

도쿄시 요도바시쿠 도쓰카쵸 1초메(제1와세다 고등
학원 문과 2학년) 김장석(金長碩)

경성부 내수정18 김기팔(金起八)

3등 상금5원 (20명)

경성부 아현정 85-146 박승억(朴承億)

경성부 삼청정 35-125 최병준(催炳準)

원산시 외당중리 염성구(廉成九)

황해도 연안읍 관천리 22-2 함동준(咸東晙)

개성부 북본정 722 이복철(李福哲)

대구부 남산정 717 송칠재(宋七在)

대구부 신정 265(대일상회내) 오종석(吳鍾錫)

경성부 예부정 125-1 김재선(金再旋)

경성부 수송정 중동학교 박병화(朴炳華)

경성부 제동정 57(제동여관내) 김호균(金鎬均)

평남 중화군 해암면 3가리 358 이도영(李道英)

경상북도 전천군 읍내 남산정 10-1 박병모(朴炳模)

경성부 계동1번지 중앙중학교 계용국(桂鎔國)

황해도 해주부 서영정 121 정인식(鄭仁植)

황해도 은율군 남부면 만화리 김용국(金龍國)

충남도 서산군 조금공립소학교 박광교(朴廣敎)

전남 담양군 창평면 장화리 이명수(李明秀)

경성부 아현정 387-14 최병옥(催丙玉)

개성부 북본정 515 김병수(金炳洙)

도쿄시 요도바시쿠 도쓰카쵸 1-461 스마 씨 댁내 이설(李雪)

4등 모던일본 특선 그림엽서 1세트

천명생략

먼저, 본사 10주년 기
념 임시증간 「조선판」
을 발행한다는 발표와
동시에 조선의 각 신문
을 통해 현대 조선의 각
계 인물 100명 선정을
현상 모집한 결과, 인기
가 비등하여 응모한 사
람이 무려 수만이다. 본
사 직원 전원이 밤을 새
워 엄선하는데 열흘이
나 걸렸다. 창사 이래
의 대성황을 이루어 경
사스럽게도 다음과 같
이 발표하게 되었다. 가
장 공정한 방법으로 선
출된 백인의 인물은 현
대 조선문화를 대표하
는 인걸(人傑)이라고 확
신한다.

조선명인백인

박녹주
(朴緑珠)
기생. 당
대 남도 창
단의 거장
박기홍(朴
基鴻)에게
사숙. 송
만갑(宋萬甲), 정정열(丁貞烈)에게
창법을 연마하여 오늘날 원숙지
경에 달함. 선산 출생 35세.

여운형
(呂運亨)
전(前) 조
선중앙일
보사장.
남경금릉
대학(南京
金陵大學)
졸업. 해외에 오래 거주하면서
파란만장한 반생을 보냄. 당대
빼어난 웅변가. 양평 출생. 55세.

이하 100인의 인물은 현상 모
집 결과 전형한 것이다.
각 인물에 대한 설명은 지위,
학력, 경력, 출생지, 연령 등
을 약술했다.

박한영
(朴漢永)
불교학자.
17세 때 득
도하여 오
랫동안 경
전을 연구.
40년간 조
선팔도를 순회하며 실법. 불교계
의 장로. 현 불전(佛專)교장. 전주
출생. 60세.

노익형
(盧益亨)
출판왕. 박
문서관(博
文書館) 주
인.
창업 35년
조선서적
의 과반수를 출판함. 현 경성서적
조합장. 경성 출생 56세.

윤일선
(尹日善)
병리학자.
의학박사.
경육(京六)
의학부 졸
업, 세브란
스 의전교
수로 많은 의학 박사를 배출하였
다. 44세.

박흥식
(朴興植)
실업가.
조선의 백
화점왕. 화
신선일지물
등 사장을
비롯하여
10여 개 회사의 중역을 겸함. 조
선실업계의 거물. 용강 출생.
37세.

백인제
(白麟濟)
의학박사.
경성의전 졸
업. 현 동교
(同校) 교수.
구미유학생.
외과전문의
대가로 식견과 수완 양면에서 조
선 의술계의 권위자. 정주 출생.
42세.

윤치호
(尹致昊)
조선기독교
청년회장.
상해 중서
학원(中西
學院)을 거
쳐 미국 유
학. 밴더빌트대학 졸업. 교육계,
기독교계의 원로. 아산 출생. 75
세.

박석윤
(朴錫胤)
외교관. 도
쿄대 정경
과 졸업.
런던에 유학.
캠브리지
대학에서
국제법을 수학. 만주국 초대 폴란
드 총영사. 미국신학박사. 용강
출생. 51세.

방응모
(方應謨)
조선일보
사장. 한학
을 수학하
고 교육청
년회장 등
을 역임.
강직하고 수완이 좋다. 사운(社運)
이 발전하고 있으며 인재육성에
힘씀. 정주 출생. 58세.

윤태빈
(尹泰彬)
관리. 한성
일어학교
졸업. 전
(前) 외국어
학교 교관.
이후, 관계
(官界)에 입성. 30년간 꾸밈없이 성
실하고, 온후한 지방행정의 수완가
이다. 현 강원지사. 경성 출생. 54세.

이동백
(李東伯)
명창. 13살
에 김정근
(金庭根)의
아버지에게
남도창극조
를 배우고
정진. 60년 창계의 버팀목으로, 그
에 비견할 자 없음. 서천 출생. 72
세.

조진만
(趙鎭滿)
사법관. 법
전(法專) 졸
업. 고등사
법관 합격.
해주 지방
법원 판사,
평양 지방법원 판사 등을 역임.
대구 부심법원 겸 지방법원 판사
장. 인천 출생. 37세.

박춘금
(朴春琴)
조선 출신
최초이자
유일한 대
의사(代議士)
로 유명.
당선 2회
맨몸으로 내지에 건너간 지 30년
만에 오늘을 이룸. 상애회(相愛會)
이사. 밀양 출생. 49세.

이응준
(李應俊)
육군 중사.
육사 졸업.
중일전쟁이
일어나자
용약(勇躍)
하여 북지
(北支)로 출정. 산서(山西) 전선에서
활약. 몽강(蒙疆) 방면으로도 출동
하여 무용을 날림. 덕천 출생. 49세.

심호섭
(沈浩燮)
의학박사.
총독부 부
속 의(附屬
醫)졸업. 현
세브란스
의전 교수.
온화 양순하고 독실한 학자로 내
과의학계의 제일인자. 경성 출생.
48세.

박승직
(朴承稷)
실업가. 구
한말 성진
(城津)감리
서 주사.
경성상공
회장, 상공
연합부 회장 등 역임. 현 조선직
물 사장. 조선 실업계의 장로. 경
성 출생. 76세.

이화중선
(李花仲仙)
기생. 어릴
때부터 노래
에 천재적
재능이 있어
남도창극조
를 배워 단
기간에 재능을 인정받음. 김정문
(金正文)에게 사사함. 부산 출생.
42세.

이윤재
(李允宰)
언어학자.
북경 대학
졸업. 생애
를 조선어
연구에 바
치고 철자
법 및 표준어 통일에 공헌한 바 크
다. 전(前) 연희전문 강사. 김해출
생. 52세.

박승빈
(朴勝彬)
교육가.
주오대학
법과 졸업.
조선 변호
사계의 선
구자로 보
성전문학교(普專) 교장을 역임. 현
보전 강사. 조선어 연구가로 알려
짐. 철원 출생. 60세.

이태규
(李泰圭)
이학박사,
히로시마
고등사범
이과를 거
쳐 교토대
학 이학부
졸업. 미국 프린스턴대학에서 연
구 활동을 하던 중에 교토대학 조
교수가 됨. 예산 출생. 49세.

이범익
(李範益)
관리. 외국
어학교 졸
업. 모교의
교관. 육군
통역, 농상
공부 서기
관 등을 거쳐 강원과 충남 지사를
역임. 현재 만주국 간도성 장관. 단
양 출생. 57세.

장덕수
(張德秀)
동아일보
창간 시기
부사장, 주
필.
와세다대
학 정경과
졸업. 영국과 미국에 유학하여 경
제학을 전공. 보성전문학교 교수
역임. 재령 출생. 46세.

이상협
(李相協)
매일신보
부사장. 보
성중학 졸
업. 약관의
나이에 신문
기자가 되
어 동아, 조선, 중외일보를 거쳐 현
직에 이름. 신문계의 거성. 경성 출
생. 48세.

이병기
(李秉岐)
시인. 현재
휘문중학교
교원. 조선
시조계의
최고봉. 순
박 겸허한
시풍으로 유명하다. 조선 고문학
에도 조예가 깊음. 익산 출생. 49
세.

조동식
(趙東植)
교육가.
공덕고등
여학교 교
장을 역임
하였으며
고군분투
하여 오늘날 융성하기에 이름. 교
육계에 공헌이 다대함. 경성 출
생. 52세.

511

이종만
(李鍾萬)
실업가. 대동광업, 대동농촌, 대동출판사 등의 사장을 겸함. 대동공업전문학교(大同工專)를 설립. 비운의 정신여학교를 인수하여 경영함. 울산 출생. 54세.

이기세
(李基世)
조선연예(演藝)운동의 선구자로 시종 조선연예의 발전과 지도를 담당하여 이에 기여한 바 매우 크다. 개성 출생. 52세.

이능화
(李能和)
학자, 프랑스어학교 졸업. 조선사편찬위원 학무국 편수관 등을 역임. 매우 박학하다. 『조선불교통사(朝鮮佛敎通史)』, 『소선여속고(朝鮮女俗考)』 등의 저서가 있음. 괴산 출생. 64세.

이성근
(李聖根)
관리. 전주육영학교 졸업. 전라남도 산업부장, 함북 내무부장 등을 역임. 관계(官界)에 드문 근검역행의 실천가. 현 충남지사. 전주 출생. 53세.

이명식
(李明植)
종교가. 도쿄 성서학원(聖書學院) 졸업. 조선성결교회의 제일인자로 30년간 전도에 전념함. 현 동양선교회 성서학원장. 경성 출생. 50세.

이규완
(李圭完)
한말 지사, 학력 없음. 갑신정변 당시 장사파(壯士派)로 활약. 강원 함남 지사 역임. 조선물산장려운동의 대선배. 광주 출생 78세.

유일한
(柳一韓)
실업가. 미시간대학 상과 졸업. 파크데이비스 제약회사 근무. 귀국후 제약회사로 유한양행을 설립하여 해외로 웅비. 평양출생. 46세.

이승우
(李升宇)
변호사. 주오대학 법과 졸업. 조선 법조계의 제일인자. 중추원(中樞院) 참의(參議). 조선변호사협회장. 사상보국연맹 경성지부장. 진천 출생. 51세.

이원철
(李源哲)
교육가. 미국 미시간대학 졸업. 천문학에 조예가 깊어 재미 당시 '원철성(源哲星)'을 발견. 전(前) 연희전문 교수. 경성 출생. 44세.

양주동
(梁柱東)
조선 고어학연구가. 와세다대학 문학부 졸업. 전 숭전(崇專)교수. 향가 및 고려가요 연구 중. 저명한 문예평론가로 통렬한 논필. 장연 출생. 37세.

이승기
(李升基)
조선 최초의 공학박사. 교토대학 공학부 졸업. 「섬유소 유도체 용액의 투전적 연구」로 학위취득 현 교토대학 조교수. 담양 출생. 35세.

이광수
(李光洙)
소설가. 와세다대학 철학과에서 수학. 전(前)조선일보사 부사장. 조선문단의 거물로 그의 처녀작 『무정(無情)』은 신문장(新文章)의 효시가 됨. 정주 출생. 48세.

양주삼
(梁柱三)
종교가. 미국 예일대학 신학부 졸업. 전 기독교 조선감리회 제1대 총이사. 만주 선교사업에 종사. 미국신학박사. 용강 출생. ?세.

이상범
(李象範)
동양화가. 안심전(安心田)에게 사숙. 남화의 대가. 조선미술전람회 최고참 중 한 사람. 특선 10회, 추천 3회, 현재 참여(參與). 공주 출생. 35세.

이극로
(李克魯)
독일 경제학 박사. 상해 동제(同濟)대학을 거쳐 베를린 대학에서 수학. 조선어학회 대표간사. 조선어사전 편찬에 몰두. 선녕 출생. 44세.

512

권덕규
(權悳奎)
학자. 소위 조선학의 대가로 고구려사, 어학 방면의 권위자. 박람기의 고증학자로 실제로 조선어사전 편찬원. 김포 출생.

송진우
(宋鎭禹)
전(前) 동아일보 사장. 메이지대 법과 졸업. 오랫동안 사장직에 있으며 경영에 진력함. 조선 신문계에 공적이 많음. 담양 출생. 51세.

한용운
(韓龍雲)
종교가. 조선시단의 대선배로 불교계에 입문. 성품이 고상하고 속세에 얽매이지 않는 그의 시를 애송하는 사람이 지금도 끊이지 않는다. 홍성 출생. 61세.

권상로
(權相老)
종교가. 명진(明進)학교 졸업. 대승사(大乘寺) 주지. 조선불교총보(朝鮮佛敎叢報) 사장 불교사장(佛敎社長) 등을 역임. 현 중앙불교전문학교(中央佛專)교수. 조선불교계의 거성. 문경출생. 51세.

손영목
(孫永穆)
관리. 구한말부터 관료직에 몸담고 합병 후에는 군수를 비롯하여 경상남도 참여관. 강원도지사 등을 역임. 현 전북지사. 밀양 출생. 52세.

한상용
실업가. 한성은행 전무, 동양척식회사 이사 역임.현재 조선신탁, 조선생명 등 사장 겸 재계의 일꾼으로 명성이 있다. 수원 출생. 60세.

현상윤
(玄相允)
교육가. 와세다대학 사학과 졸업. 중앙중학교에서 교편을 잡고 후에 교장이 됨. 교육계에 큰 공로를 세움. 현 중앙중학교장. 정주 출생. 46세.

손기정
(孫基禎)
마라톤왕. 메이지대학 재학중 베를린 올림픽에서 2시간 29분 19초의 세계 신기록을 세워 우승. 신의주 출생. 28세.

한성준
(韓成俊)
무용가. 고수(鼓手) 조선 음악의 장단과 무용의 대가로 전공한 지 50여 년이 되며, 추천하고 양성한 수재가 적지 않음. 홍성 출생. 66세.

현준호
(玄俊鎬)
실업가. 도쿄 유학. 호남은행을 창립하고, 사장에 취임하여 현저한 업적을 쌓았다. 인격 고결. 호남 실업계의 중진. 목포 출생. 51세.

남수일
(南壽逸)
운동선수. 역기의 세계공인기록 보유자. 작년 전일본 중량급 선수권대회에서 97킬로그램 5위의 세계기록을 세움. 경성 출생. 28세.

염상섭
(廉尙燮)
소설가. 게이오대학 문과에서 수학. 시대일보, 중외일보, 만선일보 등 각 신문사를 거쳐 현재 만주국의 관리에 이름. 조선 장편소설계의 으뜸으로 저작이 많음. 경성출생. 43세.

문예봉
(文藝峰)
여배우. 어려서부터 연극회에서 첫무대를 경험하고 일찍이 예명을 떨친다. 은막에 입문하여 『춘향전』,『여로(旅路)』 등에 주연, 호평을 받음. 함흥출생. 25세.

권동진
(權東鎭)
한국시대(대한제국)의 군수. 육군 소사. 한일합병 후 중추원 부참의(副參議)·경무총감부 촉탁 등을 역임. 천도교의 대표장로로. 괴산 출생. 78세.

조만식
(曺晩植)
종교가. 와세다대학에서 수학. 메이지대학 법과 졸업. 오산학교 교장. 평양사회의 장로. 평양 출생. 57세.

513

최남
(崔楠)
실업가. 조선 상업계의 선구자. 칠전팔기 동아부인 상회(東亞婦人商會) 동순덕(東順德) 등을 경영하여 상가(商街)에서 세력을 떨침. 현재 대동산업 전무. 수원 출생. 50세.

정인보
(鄭寅普)
한학자, 중국에 유학. 중국 철학 특히 양명학에 조예가 깊고 자타가 공인하는 조선학계의 권위자이다. 현재 연희전문학교 교수. 경성 출생. 47세.

황의돈
(黃義敦)
사학자. 휘문, 보성학교 교원이었으며, 고판본(古版本) 감정의 권위자로, 사화(史話)에 뛰어남. 저서에는 『조선역사』 등이 있음. 보령 출생. 54세.

최남선
(崔南善)
사학자. 와세다대학에서 수학. 전 시대일보 사장. 조선 신문화 운동의 선구자. 조선편수회 위원. 현재 만주 건국대학 교수. 경성 출생. 50세.

정지용
(鄭芝溶)
시인. 도시샤(同志社)대학 영문과 졸업. 현재 휘문중학 교원. 조선시단의 제일인자. 수필을 잘 쓰며 주옥 같은 명작이 많음. 옥천 출생. 37세.

흥명희
(洪命憙)
학자. 만주, 중국, 남양을 유람하였다. 시대일보 사장, 신간회 부회장, 오산학교장 역임. 박학함에 따라올 자 없으며, 역사소설에 능하다. 경성 출생. 52세.

최규동
(崔奎東)
교육가. 수학자. 중동학교 창설. 일찍이 교육에 투신하여 청소년 훈육에 전력하다. 과묵히 실행하는 선비. 현재 교장. 경주 출생. 56세.

정인과
(鄭仁果)
종교가. 프린스턴 대학에서 신학을 공부하고 귀국 후, 제일선에서 활약, 공헌한 바 적지 않음. 장로교의 원로. 순천 출생. 52세.

홍사익
(洪思翊)
육군 대좌. 육대(陸大) 졸업. 전 육군사관학교 간사. 현재 흥아원(興亞院) 제2경제 과장. 신동아 건설의 제일선에서 활약. 용인 출생. 52세.

최경렬
(崔景烈)
기사(技師). 교토대학 공학부 졸업. 조선 총독부 내무국 근무. 가교 설계에 조예가 깊고 신한강 철교 설계는 그의 대표적 산물. 영변 출생. 36세.

안병소
(安炳玿)
음악가. 베를린 국립대학 출신의 바이올리니스트. 어려서 신동이라 불림. 번득이는 재능을 소유한 기재이다. 경성 출생. 29세.

오경선
(吳競善)
교육가. 센트르대학 졸업. 현재 세브란스의 전 교장. 조선의학계의 덕망 있는 인물로 문하에 많은 인재를 배출. 공주 출생. 60세.

최현배
(崔鉉培)
언어학자. 히로시마고등사범학교를 거쳐 교토대학 철학과 졸업. 저명한 조선어학자로 조선어학에 관한 저서가 많다. 연희전문학교 교수. 울산 출생. 46세.

최린
(崔麟)
매일신보 사장. 메이지대학 경제과 졸업. 구미 각국을 순회한 후 중추원 참의가 되고 현직에 이름. 천도교 신파의 수령. 함흥 출생. 62세.

오세창
(吳世昌)
서도가. 구한말시대의 농상공부참서관을 역임. 서도의 대가로 특히 전서, 예서를 잘 쓰고, 한학에도 뛰어남. 경성 출생. 76세.

김원권
(金源權)
육상선수.
보성 전문
학교 재학
중 세계적
인 삼단뛰
기 선수.
작년 봉천 국제경기대회에서 15m
63cm의 대회 기록을 세움. 안악
출생. 22세.

김억
(金億)
시인. 게이
오 대학 문
과에서 수
학. 교사,
신문기자 등
을 거쳐 현
재 경성중앙방송국에 근무. 조선
시단의 개척자로 번역시집 다수.
정주 출생. 45세.

최승희
(崔承喜)
무용가. 숙
명 고등 여
학교 졸업.
15살 때 이
시이 바쿠
(石井漠)에
게 사사받음. 재작년 겨울, 구미
순회공연을 하고 세계에 명성을
떨침. 경성 출생. 29세.

김복진
(金榜鎭)
조각가. 도
쿄 미술학
교 졸업.
중학교 교
사, 신문기
자 등을 역
임. 제전(帝展), 문전(文展)에 수
차례 입선. 조선미술전람회에 4번
특선. 문재(文才) 정주 출생. 39세.

김활란
(金活蘭)
교육가.
이화학당 졸
업. 미국 유
학, P.H.D.
여자교육
계의 제일
인자로 기독교계의 중진. 현재 이
화여전 교장. 인천 출생. 37세.

허헌
(許憲)
실업가. 변
호사. 메
이지대학 법
학부 졸업.
일찍이 신
간회의 루
사로 제일선에서 활약. 실업계에
들어가 현재 대동광업 감사역. 명
천 출생. 55세.

김홍량
(金鴻亮)
실업가.
메이지전
문 졸업.
현재 안영
수리조합
장. 도(道)
평의원. 문중의 거금을 투자하여
안악중학을 설립. 신망이 점점 높
아짐. 안악 출생. 55세.

김용무
(金用茂)
변호사. 주
오 대학 법
학부 졸업.
전(前) 보
성전문학
교장. 조선
법조계의 중진. 육영사업에 진력
한 바가 큼. 현재 보성전문 이사.
무안 출생. 50세.

강필성
(姜弼成)
관리.
독학. 군수
를 거쳐 덕
성학교장,
중추원 참
의 등을 역
임. 재차 관계에 나와 현재는 황
해지사로 약진. 황해 개척자. 덕
원 출생. 55세.

김연수
(金秊洙)
실업가. 교
토대학 정
경과. 경성
방직, 중앙
상공삼권사
등의 사장
을 겸한 조선의 대표적인 재벌. 만
주국 명예 총영사. 장성 출생. 45
세.

김대석
(金喜錫)
전각가.
일찍이 한원
궁(閑院宮)
전하의 어인
(御印)을 만
들어 조납하
는 영광을
입음. 조선 및 청조 궁중의 인보(印
寶) 천 여점을 새김. 서도, 전각에 심
오한 경지에 이름. 경성 출생. 68세.

김은호
(金殷鎬)
일본화가.
안심전(安心
田), 조소림
(趙小琳), 유
키 소 메(結
城素明)에게
사사. 이태
왕(고종), 이왕(순종) 전하 역대 제왕
의 존영을 그림. 화단의 중진으로 조
선미술전람회에서 참여(參與)를 지
냄. 부천 출생. 48세.

김석원
(金錫源)
육군 중좌.
육사 졸업.
중일전쟁 발
발과 함께
산서성(山西
省)에서 활
약. 혁혁한
훈공을 세움. 호탕하고 도량이 넓은
성격이며, 부하를 배려하는 인정이
많은 대장. 경성 출생. 47세.

김형원
(金炯元)
신문기자.
보성중학
교 졸업. 20
세 때 동아
일보기자가
되어 동아
일보, 조선일보를 거쳐 현재 매일
신보 편집국장. 시를 잘 씀. 강원
출생. 40세.

김동인
(金東仁)
소설가. 도
쿄 가와바
타미술학교
졸업 후 문
필에 전념.
소설가로필
명이 높다. 대표작으로 「감자」, 「김
연실전」 등이 있다. 평양 출생. 40
세.

서춘
(徐椿)
경제학자. 교토 대학 경제학부 졸업. 동아일보를 거쳐 조선일보 입사. 다년간 주필로 논진을 펼침. 조선의 다카하시 가메키치(高橋龜吉). 정주 출생. 47세.

신정언
(申鼎言)
야담가. 법전(法專) 졸업. 교원. 신문기자 등을 역임. 야담계의 최고봉. 라디오 구연에 신기원을 세움. 저작 있음. 경성 출생. 52세.

김성수
(金性洙)
교육가. 와세다대학 정경과 졸업. 중앙중학교장. 동아일보사 사장 등을 역임. 구미 유람 육영사업에 진력함. 현재 보성전문학교 교장. 장성 출생. 49세.

서상천
(徐相天)
체육가. 체력증진 연구소 창설. 역기계(力技界) 육성의 공로로 조선체육협회에서 체육공로훈장을 수여받음. 대구 출생. 37세.

진학문
(秦學文)
전(前) 시대일보 편집국장. 와세다대학에서 수학. 일찍이 오사카 마이니치신문, 호치(報知)신문 등의 신문기자를 함. 신문계의 대선배. 현재 만주국 관리. 경성 출생. 46세.

유진태
(兪鎭泰)
한말 선각자 중한 사람. 국민교육협회를 일으키고 새로운 문화 도입에 진력함. 전(前) 조선교육협회 이사. 진천 출생. 68세.

민형식
(閔衡植)
서도가. 구한국시대 평안도 경남 관찰사 및 법부(法部)의 학부협판(學部協判)을 거쳐 중추원 참의. 특히 초서에 뛰어남. 한학자. 경성 출생. 65세.

주요한
(朱耀翰)
시인. 제1고등학교 이과를 중퇴하고 상해 유학. 호강(滬江)대학에서 자연과학 전공. 조선시단의 선구자. 지금은 실업계에서 활약. 평양 출생. 40세.

유억겸
(兪億兼)
교육가. 도쿄대학 법학부, 전(前) 연희전문 부교장. 교토 범태평양회의, 인도국제기독청년대회 등에 조선대표로 참석. 경성 출생. 44세.

설의식
(薛義植)
신문기자. 중학교 졸업. 동아일보사 입사. 사회부장, 편집국장으로 계속 승진. 오랫동안 명성이 높았으나 후에 사임. 단평(短評)에 능함. 정평 출생. 39세.

신용욱
(愼鏞項)
비행사. 오구리(小栗)비행학교 졸업. 조선비행학교 창립. 어군(魚群)탐견 비행 등을 하며 항공계의 기대주. 현재 신항공사업 사장. 고창 출생. 39세.

유만겸
(兪萬兼)
관리. 도쿄대학 경제학부 졸업. 경북 산업부장, 내무국 사회과장 등을 역임. 법령 개발에 많은 공헌을 함. 현재 충북지사. 경성 출생. 51세.

박영효(朴泳孝), 안일영(安一英)은 고인이 되었고, 안재홍(安在鴻), 백남운(白南雲)은 사양했고 마해송(馬海松)은 본지 관계자이므로 제외했다.

차미리사
(車美理士)
여자 교육계의 원로. 중국 및 미국에서 수학. 덕성여학교 경영. 고령이나 지금도 여전히 정정하여 의기가 장년을 능가함. 경성 출생. 61세.

신흥우
(申興雨)
종교가. 북미남가주대학 문과 졸업. 배재중학교 교장. 조선기독교청년회연합회 총무 등 역임. 감리교 원로. 청주 출생. 57세.

일본 조선 만주 중국 연락 시간표

여행하실 때는 모던 일본을 꼭 잊지 마세요!

食12 11	食 9	1031	食12 3	食1 1	食5 5	食10 19	食2 7			食2 2	食10 10	食14 14	食8 8	食6 6	1032	食12 12
9.00	10.30	1.00	1.30	3.00	8.00	10.00	11.00	東京 着		3.25	4.40	6.40	7.10	9.30	5.20	9.00
2.22	5.08	6.34	7.05	8.32	4.12	5.25	6.47	名古屋 發		9.56	11.07	1.16	10.45	11.45	2.48	11.55	3.45
4.26	7.54	8.45	9.24	10.48	7.12	8.39	9.55	京都 發		7.32	8.41	10.20	7.45	8.45	11.45	9.37	1.36
5.09	8.45	9.23	10.07	11.27	8.00	9.22	10.45	大阪 發		6.50	8.00	9.31	7.01	8.01	11.00	9.00	1.00
5.37	9.24	9.58	10.44	0.05	8.40	10.02	11.23	神戶 發		6.11	7.20	8.50	6.19	7.19	10.20	8.28	0.20
	11.43		1.13	2.30	11.01	0.33	1.49	岡山 發		3.30	4.50	6.18	9.45	4.55	7.52		
	3.04		4.22	5.45	2.06	3.55	5.17	廣島 發		0.02	1.34	2.56	0.30	1.22	4.33		
	7.00		8.00	9.25	6.00	7.30	9.00	下關 着		8.30	10.00	11.00	8.50	9.25	0.50		

食108 108	食8 8	18		食4 4	食102 102	14	16			食7 7	食107 107		13	食3 3	101	121
	10.30	8.40		0.55		8.10	1.11	鹿兒島 發		7.10			7.40	4.55		
11.00					2.45			長崎 發			7.25				3.05	6.28
5.45	6.30	6.38		7.39	6.14	5.07	10.15	博多 發		11.45	1.35		10.30	10.22	11.47	1.46
7.50	8.05	8.45		9.05	7.40	7.10	0.20	門司 着		10.05	11.00		8.05	8.50	10.15	11.40
8.20	8.57			9.30	8.00	7.20	0.35	門司 發		9.55	10.35		7.55	8.30	10.00	11.25
8.35	9.12			9.45	8.15	7.35	0.50	下關 發		9.40	10.20		7.40	8.15	9.45	11.10

1			7							2			8		
10.30			10.30					下關 着		7.30			7.15		
6.00			6.00					釜山 發		11.45			11.30		

食1 1	103	食3 3	食17 17	食7 7	食105 105	食5 5-	47			食4 4	食104 104	食2 2	48	食106 106	食10 10	食8 8	食18 18
6.55	8.00	9.15	6.50	7.30	8.15	9.00	11.40	釜山 着		8.55	10.15	11.05	7.35	9.30	10.10	10.40	11.00
7.43	9.22	10.45		8.20	9.03	10.20	0.52	三浪津 發		7.35	9.04	10.17	6.16	8.17	9.19		
9.07	11.11	0.32	8.47	9.41	10.28	0.13	2.43	大邱 發		5.55	7.06	8.46	4.23	6.25	7.43	8.28	9.10
10.12	0.43	1.58			11.38	1.53	4.20	金泉 發		4.28	5.32	7.40	2.46	4.48	6.40		
11.44	3.12	4.20	11.08	0.19	1.17	4.20	6.43	大田 發		2.15	3.25	6.10	0.22	2.34	5.05	5.47	8.47
0.53	5.00	5.51			2.30	6.23	8.25	天安 發		0.10	1.29	4.58	10.27	0.34	3.49		
	6.19	7.04			3.29	7.46	9.42	烏原 發		10.54	0.05		9.06	11.10	2.56		
2.25	7.30	8.00	1.35	3.10	4.15	8.55	10.45	京城 着		9.45	10.55	3.25	7.55	10.00	2.10	3.00	4.15
2.35		8.15		3.20	4.25	9.15	11.10	京城 發		9.30		3.15	7.20	8.30	2.00	2.50	
3.56		10.02			5.40	10.31	1.05	開城 發		7.44	1.58	5.24	7.15	0.48		1	
		2.07			8.32	1.29	5.03	黃海州 發		3.30		0.18	3.59	9.54			
7.28		3.22		8.06	9.20	2.16	6.12	平壤 發		2.30	10.31	11.10	3.15	9.12	10.07		
		5.05		9.19	10.37	3.26	7.49	新安州 發		0.37	9.18	7.58	1.44	7.50	1		
9.25		6.14		10.07	11.25	4.14	9.35	定州 發		11.37	8.34	6.58	1.00	7.05	8.07		
11.15		9.10		12.00	1.20	5.05	0.45	安東 着		8.40	6.40	4.10	10.30	5.10	6.10		
11.45		10.05		0.30	1.50	7.00	1.35	奉天 發		7.50		6.10	3.10	10.00	4.40	5.40	
4.39		5.40		6.42	7.28	0.40	8.33	新京 發		0.17		1.05	8.13	9.50	11.20	11.20	
5.10		6.00		7.15	8.00	1.00	8.55	新京 發		11.50		0.46	7.50	3.30	11.00	11.50	
9.35				11.42	1			新天 發				8.10			1	6.50	
					9.17			北京 着							9.28		
					11.35			北京 着							7.00		

303	食307 307	305	發 309	食101 101	食204 204					306	食378 378	310	食308 308	304	食203 203	食102 102
8.20	3.10	4.25	10.00	11.05				京城 着		7.50	9.40	7.22	1.55	10.05		
10.48	5.03	6.25	0.26	1.52				鐵原 發		5.30	7.39	4.50	0.04	7.46		
2.02			3.36	5.45				安元 發		2.08	1	0.35	1	4.25		
2.32	7.53	9.18	4.08	6.15				山城 發		1.45	4.30	11.50	9.02	4.01		
5.25	10.12	11.29	7.30	9.18				興津 發		10.30	2.05	8.10	6.47	1.06		
1.17	2.59	3.54	2.05					古城 發		3.55	9.30		2.03	7.15		
	3.54	4.45	3.17					朱乙 發		2.45	8.39		1.08			
	6.12	6.55	6.10					輪城 發		11.32	6.24		10.56			
	7.06	7.44	7.36					淸津 發		10.30	5.36		10.10			
	7.20	1	7.50	8.20	2.50			會寧 發		10.10	5.10		1		2.48	11.02
		9.49		10.56	5.20			上三峰 發					8.17		0.42	3.52
		10.26		11.55	6.08			訓戎 發					7.33		11.53	8.00
		11.15		0.45	6.53			南陽 發					6.58		11.15	7.15
		0.02						圖們 着					5.57			
		2.30						羅津 發					3.20			
					5.17			南陽 發							0.57	
					8.00			新京 着							10.05	
					8.00			佳木斯 着								9.45

517

모던일본 대리부(代理部) 상품 안내

본사 특선품 쇼핑백

사라사 모양, 꽃 모양, 산으로 들로 거리의 쇼핑에, 혹은 여행용 휴대 강보용으로 적합. 특제형은 받침대가 있어서 어디서나 백을 연 채로 세워두고 손뜨개도 할 수 있다. 가을 들판이나 산에 휴대하기 편함.

소형 — 1엔 50전
대형 — 2엔 내지
특제형 — 3엔 외지
송료 — 내지 26전, 외지 45전

모던일본 특선 시나노(信濃) 특산 전매특허 111513번

비단종이

옛부터 생사 등의 동물섬유만큼은 종이로 뜨는 것이 불가능하다고 여겨졌으나 이것은 생사, 견사를 원료로 만들었으며 생사 특유의 온아한 광택과 색조를 띠고 있고, 촉감이 매우 뛰어나 절대로 퇴색되지 않는 비단종이입니다.

두루마리 종이 — 옅은 색 3종 하나 40전
봉투 — 10장 25전
두루마리 종이세트 — 화장통들이 두루마리 종이 1개, 봉투 10장 80전
편지지세트 — 편지지 1첩, 봉투 10장 85전

일본인의 뻣뻣한 수염에 가장 적합한

젬 안전 면도기

독특한 특허에 의한 외과용 특수강으로 만든 젬 교체용 면도칼은 일본인처럼 뻣뻣한 수염에 가장 적합하며 칼날은 갈지 않아도 오랫동안 사용할 수 있습니다. Gem Dunple life blap이 유명한 까닭입니다.

스마트한 상자에 들어간 것. 특가 1엔 30전
칼날 1개, 가죽숫돌, 자동연마기 첨부
송료 — 시내 16전, 내지 26전

소문난

웰 만년필

보급형 — 잉크 멈춤 장치 에보나이트축 1.50
A형 — 잉크 멈춤 장치 자동 흡입식 에보나이트축 2.00
B형 — 비스크로이드축 2.50
고급품 — 흡입식 3.50
송료 — 내지 12전 그 이외 45전

펜 끝은 신합금제로 내산(耐酸), 내식(耐蝕), 사용감은 금펜과 차이 없고 금펜을 훨씬 능가한다.

모던일본 특선

만능향수 로션

향기가 풍부한 로션을 애용하는 것은 일상생활을 즐겁게 합니다. 아침 세안하는 물에 우선 한 방울, 증기타월이나 입욕 전 욕조에 몇 방울 떨어뜨리면 황홀하게 하루의 피로를 잊고, 잠자리에 뿌리면 즐거운 꿈으로 이어집니다.

¥1엔
송료 — 내지 15, 외지 45

니코틴 제거와 산소 흡입

왓서 파이프(독일제)

독일식 마도로스 파이프형, 필터가 없는 궐련으로도 필터가 달린 담배로도 피울 수 있다. 파이프를 손에 들고 안락의자에 기대는 쾌감과 오존 흡입, 니코틴 제거의 삼중주!
니코틴의 독성은 매우 무섭고, 정력 감퇴, 위장, 심장을 해치며 고혈압을 유발합니다. 독이라는 것을 알면서도 흡연 습관을 끊지 못하지요. 그러나 본 제품만 있으면 니코틴을 80퍼센트 제거할 수 있습니다. 본 제품은 담배 맛을 매우 좋게 합니다.

상등품(上製) — 1엔 70전,
특품 — 2엔 30전
송료 — 내지 15전, 대만·가라후토(樺太, 사할린)·조선 42전

사진 확대에는

성의, 신속, 저렴

확대 — 전지(신문지 한 페이지 크기) 3엔 80전
반절 2엔 80전
사절 1엔 89전
팔절 1엔

어떤 작은 사진도 크게 확대할 수 있습니다. 원판이나 사진만으로도 가능하며 삭제할 부분이나 때 묻은 부분을 제거할 경우에는 따로 에어브러쉬료로 최소 1엔이 듭니다. 인화는 2장부터 50전 할인되며 원판은 등기우편으로 보내 주세요.

518

모던일본 특매 조선특산 **인삼정차**

150개입 — 180인분 5엔
50개입 — 60인분 2엔
송료 — 내지 16전 외지 45전

인삼은 예로부터 식물성 호르몬, 정력증진제로 너무나 유명합니다. 그러나 복용은 상당히 까다롭습니다. 그래서 다년간 고심하고 연구한 결과, 인삼의 주성분을 특수한 화학적 공정을 거쳐 열량만으로 복용할 수 있도록 분말로 만들고 여기에 정제당을 배합하여 한층 맛을 좋게 했습니다. 병후의 쇠약, 식욕부진, 정력결핍, 심신피로, 숙취, 발육기의 소아 등에 좋고 건강한 사람은 평상시에 복용하면 건강에 좋습니다. '인삼정차'는 건강의 근본이며, 분말 상태이므로 더욱 효과가 큽니다. 꼭 사용해 주세요.

순은 제품 **향수 링** 2원 90전
송료 — 15

반지에서 본인 취향의 향기가 납니다.
손가락 치수를 종이나 그 밖의 다른 것으로 재서 주문해 주십시오.

영롱한 가을에는 꼭 이 향기를! 모던일본 취향의 **향수**

★화이트 로즈 ★헬리오트로프
★무게 ★미모사 ★시크라멘

원료는 직접 수입한 것으로 향은 프랑스 코티의 제품보다 뛰어날지언정 뒤떨어지지 않는 일품(逸品)

3엔 송료 — 15전

가장 앞서가는 「내쇼널 밴드」

본 제품은 「라지에타」의 과학적 작용과 약품이 발하는 효능과 협력에 의해 두뇌 혈액의 신구교체를 촉진하고 노화된 피를 정화하여 가장 손쉽게 두부(頭部)의 여러 병을 치유합니다.

정가 — 2엔 송료 16전

크라야 화장품

★ **영양크림** | 호화의 장병 3.85 보급병 1.10 | 30대의 작은 주름, 처짐을 해소하기 위한 강력 영양크림

★ **피부 손질 기초 콜드크림** | 대 1.40 소 90 | 열대산 귀중한 식물성 기름 아보카드유를 포함한 비타민ABC가 함유된 특수 콜드크림

★ **벌꿀 함유 바니싱크림** | 대 85 소 55 |

★ **약용 세안크림** 여드름, 기미, 지방, 넓어진 모공으로 고민하는 분을 위해 특별히 만든 세안 크림

★ **깨끗한 피부 화장수** 유기산 효소로 가장 효과가 큰 파파인 효소를 주제로 한 종합 아스트린젠트

★ **엘레강트기초** 마사지용

★ **렌젠** 속눈썹을 길게 하는 양모(養毛)크림

★ **레스터** 비듬 제거 양모 토닉 A는 기름을 별로 사용하지 않는 분을 위해, B는 포마드 종류를 상용하는 분을 위해.

★ **향수포마드·무향포마드** | 고연, 건연 각1.10 중연65 |

데루미 화장품

샴푸 파우더 | 17 | 구미식 분말식 샴푸(3회분 유리 튜브 용기)

올리브 브리앙 | 1.20 | 올리브유를 원료로 한 서양식 머리에 윤기를 내는 향유

웨이브 세트 로션 | 90 | 서양식 웨이브를 오래 지속시켜주는 세트 로션

레모톤 비누 | 25 | **데루미 비누** | 20 | **삼마탕** | 60 |
자외선 차단의 근대 화장의 바탕을 만드는 초콜릿색 밀화장 크림

아몬드팩 | 1.20 | 아몬드를 주제로 하는 주름 제거 표백 마사지용

겔리팩 | 1.20 | 아몬드팩의 자매품 약한 피부를 위한 팩 마사지용

레모톤 | 대70 소50 | 레몬을 원료로 한 아스트린젠트 로션

셀프톤 | 70 | 거칠고 지치기 쉬운 피부를 위한 신 화장수

콜드크림 | 대70, 소50 | 마사지용 순수 유성크림

오데코롱 | 1.20 | 두발용 타월용 만능 향수

퍼프 (용기 포함) 정가60 특히 표면의 털을 길게 짠 양모 퍼프(셀룰로이드 용기 포함)

○ ○ ○
죄송하지만 주문은 모두 선불로 해 주시기 바랍니다.

모던일본사 대리부 송금은 대체 송금이 편리합니다.

상품 주문 안내

대체(振替) 도쿄 75162

모던일본사 대리부

편집 후기

♣ 모던일본 10주년 기념 임시증간 '조선판'은 조선 반도가 군사적, 경제적, 문화적으로 대륙과 연결되는 거점으로서 중요성이 강조되고 조선에 대한 인식이 절대화되어 식자는 물론 전 국민의 애국적 관심이 팽배해지는 시점에서 간행되었다. 모던일본 조선판의 간행은 시국에 적합한 절호의 기획으로서 조선총독부를 비롯한 조선 명사들의 찬동, 전국적인 지지와 성원에 힘입어 국민운동의 하나로 표현된 감이 있다. 이러한 시대적 요망에 부응하여 본사는 전원이 하나가 되어 결사적인 노력을 계속함으로써 예상외의 훌륭한 성과를 얻게 되었는데 이는 애독자 여러분의 성원에 힘입은 바이므로 진심으로 감사드린다.

♣ 본지에 대해 특필할 것은 별항에 낸 그대로 '조선예술상'이다. 앞으로 조선문화진흥에 미력하나마 기여할 수 있으면 좋겠다.

♣ 본지 발간 발표와 동시에 현상 모집한 「조선명인백인」의 인기는 본사를 매우 분주하게 만들었는데 지면에서 보시는 바와 같이 획기적인 발표를 하게 되었다.

♣ 먼저 본지 간행을 축하하고, 전 조선총독 우가키(宇垣一成), 세키야(關屋貞三郎), 마루야마(丸山鶴吉)를 비롯하여 다수의 내지, 조선 명사의 진지한 감명과 감상(感想)을 받았던 점도 덧붙이고 싶다. 미타라이 다쓰오(御手洗辰雄) 씨의 「내선일체론」은 경성일보 부사장으로 조선에 깊은 이해를 가진 미타라이 씨의 함축된 말이므로 잘 음미해 주었으면 한다. 조선의 경제 산업 현상은 이 분야의 권위자인 아베(阿部留太), 노자키 류시치(野崎龍七) 씨들 덕분에 손바닥 보듯 잘 알게 되었다.

♣ 창작진은 오사라기 지로(大佛次郎), 가토 다케오(加藤武雄), 하마모토 히로시(濱本浩) 등 기세등등한 일류작가가 소상히 조선을 시찰하고 조선에서 취재한 이색적인 걸작을 실었다. 한편, 조선 문단과 시단에서 활약하는 이광수, 이태준, 이효석, 주요한, 백석, 김기림, 김소월, 모윤숙, 정지용 씨의 자신있는 역작의 소개는 내지 문단에 큰 파문을 일으키며 도전한 문학사상 특기할 사건으로 반드시 내지 문단에 센세이션을 일으킬 것으로 생각한다.

♣ 실제 조선에서 생활했거나 혹은 조선에 친숙한 명사(名士)들이 모여 「새로운 조선을 말하는 좌담회」를 열었다. 조선의 생생한 현실이 기대할 만한 동력으로 부각된다. 「평양 기생 내지 명사를 이야기하다」에서는 기생의 본고장 평양의 일류기생들이 모여 누가 봐도 혀를 내두를 만한 내지 명사들의 행각을 통렬하게 폭로했다. 명사들에게는 청천벽력할 좌담회이지만 원성을 각오하고 감히 게재했다.

♣ 조선의 대표적인 전설 춘향전을 비롯해 매우 슬프고 아름다운 이야기의 소개, 조선독본, 내지를 소개하는 콩트, 지원병이 본 조선인, 조선작가를 말한다, 조선교유록, 기생학교에서 무엇을 가르치나 등 등 보고 싶고 듣고 싶은 읽을거리가 가득 차 있다.

♣ 본 조선판이야말로 소설, 기사, 만화까지 조선문화를 여러 각도에서 조망한 백과사전이다. 「특별대현상」도 흥미롭고 애독자 여러분의 좋은 동반자가 되리라는 것은 애독자 여러분이 증명해 줄 것이다.

모던일본 제10권 제12호

1939년 10월 17일 인쇄
1939년 11월 1일 발행

발행 겸 편집 인쇄인 스가이 마사요시(須貝正義)
도쿄시 고지마치쿠 우치사이와이초 2·1·3

발행소 주식회사 모던일본사
오사카빌딩 신관 8층
전화 긴자(銀座)
(57)
5180
5181
5182
5183
5184
5185
5186
5187
5188
5189
2924
대체(振替) 도쿄
7
5
1
6
2

정 가

△1부 40전	△3월분 1원 20전	△반년분 2원 40전	△1년분 4원 80전

인쇄소 도쿄시 우시고메쿠에 노키초 7번지 대일본인쇄 주식회사 에노키초 공장

임시증간 특가 50전

송료 내지 3전 5리 외국 36전

○인쇄소 도쿄시 우시고메쿠에 노키초 7번지 대일본인쇄 주식회사 에노키초 공장
○외국행 송료는 일반호 1부에 28전을 접수합니다.
○본지는 매월 1회 1일 발행.
○주문은 모두 선불로 부탁드리겠습니다.
○선불금이 없어지면 봉투 앞면에 '잔액 없음'이라는 도장을 찍어 발송하겠으니 즉시 송금을 부탁드리겠습니다.
○송금하실 때에는 잡지 송금이라는 것을 명기해 주십시오.
○송금 방법은 대체송금이 가장 안전하고 도중에 분실될 염려가 없습니다.
○우표 대금은 반드시 1할 증으로 부탁드리겠습니다.
○특별하호는 정가와 송료 모두 다르므로 그때그때 차액을 알려드리겠습니다.

닛산
트럭, 버스

닛산 캡오버엔진형의 우수성은 국내는 물론 대륙의 막대한 수요로 입증된다. 사진은 대륙으로 들어가는 수백 대의 **닛산** 트럭이 요코하마 세관 구내에 대기하고 있는 모습.

京城宮業所
京城府西大門
電光化門 3035-3288
同大田판매소/忠清南道 大田府 大興町
日本自動車 주식회사 清津출장소/함경북도 清津府 浦項洞
일본자동차 주식회사 平壤 출장소/平壤府 慶上里
常磐日産自動車주식회사/全羅南道 光州 須奇慶町
同전라북도 주재소/全羅北道 全州府 相生町
慶尙日産自動車주식회사/釜山府 荣町
同 大邱출장소/大邱府 本町
同 보주출장소/慶尙南道 普州郡 普州邑

東京·日産自動車販賣株式會社·丸/內

해제

『모던일본(モダン日本)』은 일본 굴지의 출판사인 분게슌주샤(文藝春秋社)가 1930년 10월 창간한 월간잡지이다. 제3권 1호부터는 모던일본사가 발행했고 1942년 12월까지 통권 13권 12호가 발행되었다. 『분게슌주(文藝春秋)』를 창간한 기쿠치 간(菊池寬)은 『모던일본』 창간호의 '『모던일본』에 관하여'라는 글에서 시시각각 변화하는 현대일본을 표현하고자 하며 시대의 첨단을 보여주는 생활, 과학, 오락, 취미 등을 다루겠다고 잡지의 취지를 밝힌 바 있다. 이후 『모던일본』은 도시문화를 중심으로 당대의 '모더니즘'을 소개하는 대중적인 교양잡지의 성격을 띠었다.

그런데 이 잡지는 1939년 11월(10권 12호, 이하 39년판으로 약칭함)과 1940년 8월(11권 9호, 이하 40년판으로 약칭함), 두 차례에 걸쳐 임시증간을 발행했는데 이는 '조선판'이라 명명한 조선 특별호였다. 이 두 권의 조선판의 존재는 이미 일부 연구자에게 알려지긴 했으나 널리 활용되지는 못했다. 그 이유는 일본에는 간사이대학(關西大學)에 39년판이, 도쿄에 있는 니혼대학(日本大學)과 일본근대문학관에 40년판이 각각 소장되어 있는 정도여서 희귀자료로 분류되고 있는 데다가 한국의 경우는 국립중앙도서관에 이 두 권이 소장되어 있으나 자료 훼손이 심하여 일반인의 열람이 불가한 상황이기 때문이다.

조선판은 마해송(馬海松, 1905~1966)이라는 조선의 지식인에 의해 기획되고 출판되었다는 점에서도 흥미롭다. 기쿠치 간은 39년 11월호 조선판의 「조선판에 부치는 글」에서 '마해송이 수년간 갖고 있던 계획이 결실을 맺은 것'이라고 평가했다. 또한 호테이 도시히로(布袋敏博)의 언급에 따르면 마해송은 『모던일본』제3권 1호 발행 시기부터 모던일본사의 사장으로 취임했다고 한다.

마해송은 개성 출생으로 본명은 마상규(馬湘圭)이다. 일본 니혼대학 예술과를 다녔으며 『분게슌주』의 초대 편집장을 지냈다. 1923년 한글로 된 동화『바위나라 아기별』등 총 일곱 권의 동화집과 동요, 수필, 소설 등을 남겼고 해방 후에는 1957년 대한민국 어린이헌장을 기초한 것으로 알려져 있다. 그러나 그의 활동 중 1930년대와 40년대의 활동은 거의 드러나 있지 않다. 그가 모던일본사의 사장이었으며『모던일본』조선판 발행에 관여했다는 사실은 마해송과 『모던일본』연구에 있어서 새로운 접근이 필요함을 시사해 준다.

두 차례에 걸친 임시증간 조선판 중 39년판의 경우, 매일신보 1939년 12월 2일자 광고란에 '잡지계의 기록적 금자탑을 남겨 놓고 30만부 매진'을 기록했으며 그 성원에 부응하여 300부를 추가 발행했다는 글이 실려 있는 것을 보면 당시의 반향이 짐작되고 남는다. 이러한 반향에 조선판 제2탄 1940년 8월호를 기획하게 한 것으로 보이는데, 40년판은 39년판과 달리 발매 이전부터 예고 광고가 게재(매일신보 1940년 7월 9일)되어 '도착되는 즉시 매진이 예상되니 곧바로 서점에 예약하라'는 권유문이 실리기도 했다.

『모던일본』조선판은 '일본인이 조선에 대해 아는 것이라고는 기생과 금강산'뿐이라는 천편일률적인 일본인의 조선인식을 비판하며 보다 폭넓은 조선이해를 도모하기 위해 일본인 독자를 대상으로 기획되었다. 일본의 식민지가 된 지 한 세대가 지난 당시의 조선의 모습을 어떠한 시선으로 어떠한 내용을 담아냈는지 흥미진진하지 않을 수 없다.

우선 39년판 완역에 즈음하여 이 잡지 속에 어떤 내용들이 다뤄졌는지를 개관함으로써 독자들의 이해를 돕고자 한다.

1. 화보와 조선인의 문학

『모던일본』39년판에 소개된 화보는 잡지의 표지를 포함하여 총 27페이지의 분량이 앞부분에 실려 있어 1939년 당시 조선의 이미지가 어떠했는지 생생하게 보여준다.

먼저 표지 사진을 장식하고 있는 여성은 당시 영화 「국경」의 주인공으로 인기가 높았던 배우 김소영이다. 화려한 문양의 치마 아래, 어렴풋이 드러나는 다리의 각선미와 비스듬히 누운 자태가 눈길을 끈다. 흥미로운 점은 『모던일본』 다른 호의 표지디자인은 서구적 용모의 여성얼굴을 클로즈업 시킨 방식을 취하고 있는데 유독 39년판의 경우는 조선 여성의 전신사진을 어필시켰다는 점이다. 여기에서 일본인의 식민지 조선에 대한 여성의 이미지를 읽을 수 있다. 게다가 화보에 실린 여성 모델의 대부분도 평양 기생이나 여배우, 혹은 무용가들로 미모의 조선 여성들이 차지하고 있다. 부벽루에 선 평양의 기생, 조선의 옛 건물의 기둥에 기대어 선 문예봉, 양장을 한 한은진의 옆모습 등이 있다. 또한 '가을바람에 치마가 나부낀다'는 제목의 사진들은 평양의 관광 명소인 대동강변, 모란대, 현무문, 을밀대, 전금문 누각을 배경으로 평양 기생 박설중월과 장수복, 최금도, 김인숙, 김명오가 포즈를 취하고 있다.

조선 무용계에 대한 소개로는 최승희, 조택원과 김민자의 사진이 실려 있고 춘향무를 추는 일본인 무용가 이토 데코의 모습도 보인다. 또한 '조선에 꽃피는 여배우들'에서는 한은진, 신카나리아, 문예봉, 김소영과 같은 당대의 유명한 조선의 여배우를 등장시키고 이들의 출신과 소속, 활약상에 대한 설명을 곁들이고 있다.

그중 흥미로운 점은 오사라기 지로(大佛次郎), 하마모토 히로시(濱本浩), 가토 다케오(加藤武雄)와 같은 일본인 작가들이 개성과 평양을 여행하고 찍은 사진과 글이 조선의 풍경으로 기획, 소개되었다는 점이다. 하마모토 히로시의 '조선의 이모저모'에서는 모던일본사의 사장인 마해송의 집과 남대문, 선죽교, 마해송의 친척인 마종태의 별장 내 약수터 등을 소개하고 있다. 그중 주목되는 것은 하마모토 히로시가 개성을 방문한 이유이다. 개성이 고려의 수도이거나 유명한 상업도시 혹은 인삼 산지라는 점은 자신에게 별 흥미를 끌지 못하지만, 그럼에도 그곳에 간 이유는 친구 마해송의 고향이기 때문이었다고 밝히며, 마해송과 관련된 사진을 3장이나 소개하고 있다. 그 밖에 조선을 위해 희생하는 일본인들의 모습을 카메라에 담고 있는 점도 관심을 끈다. 예를 들어 조선에서 밀림, 맹수, 도적, 풍토병과 싸우는 일본인 철도측량대원의 모습, 신예무기를 갖고 후방교란 작업을 목적으로 마을에 침투하는 도적을 막다가 희생되었다는 국경경비대 순직자의 묘지, 고구려의 사적 발굴에 열심인 평양 박물관장 고이즈미 아키오(小泉顯夫)의 모습 등이 있다.

일반 조선인에 대한 일본인의 시선을 읽을 수 있는 점도 흥미롭다. 무임승차하여 잠들어 버린 조선의 아이들을 나무라지 않는 조선인 차장을 보고 "흐뭇하고 즐거운 정경"이라고 한다. 또한 관덕정의 활궁터에서 활을 쏘는 양복 차림의 조선인의 모습에서 "약진하는 개성의 진면목"을 보고 있다. 당시의 상인들이 구태의연한 의관속대를 한 것이 아니라 유행하는 양복 차림인 것을 보고 근대화에 기민한 상인들의 모습을 읽었던 것이다.

그 밖에 조선의 향토적인 모습을 담은 사진들로는 '조선의 집들', '농촌풍경', '가정생활을 엿보다'가 있다. '농촌풍경'에서는 물동이를 이고 집으로 돌아가는 여인의 뒷모습과 추수하는 모습, 담소를 나누는 아이 업은 여인의 모습, '가정생활을 엿보다'에서는 널뛰기 모습, 빨래하는 아낙네, 가야금 타는 여성의 사진이 있다. '반도 풍물시'에는 남부지방의 목화밭과 조선의 옹기항아리, 고려도자기의 제조 모습, 조선어업의 대표인 정어리 수확 모습, 사과재배와 고무신 가게 등이 소개되고 있다.

조선의 고적 명승지로는 부여의 낙화암, 논산의 은진미륵, 경성의 덕수궁 석조전과 경회루, 평양 대동강의 놀이배, 경주 불국사, 수원의 봉화대가 소개되었다. 그리고 '험준한 대금강산'에서는 금강산의 웅대한 모습을 담았다.

한편 전시체제의 모습을 담은 사진도 많은 부분을 차지하고 있는데 중일전쟁 발발 후, 조선인들의 황군 출정을 격려하는 분위기에서 경성역 앞에 일장기를 들고 황군 출정을 환영하는 사진이나 애국부인회 경성부 분회의 절미 헌납하는 모습, 조선인 남학생이 행인에게 건승을 기원하는 글씨를 받는 장면, 지원병을 자원한 혈서 사진, 위문주머니에 조선부녀자들이 위문품을 담는 모습, 조선 신궁을 청소하는 애국부인회원들의 사진을 소개하고 있어 조선에서 '열성'적으로 황국신민화와 내선일체가 진전되고 있음을 보여주기도 한다.

39년판의 큰 특징은 고적 명승지 소개와 더불어 조선 여행을 소재로 한 문장이 매우 다양하다는 점이다. 예를 들어 조선 여행을 소재로 한 장혁주의 「금강산 잡감」과 임학수의 「북지(北支)전선을 다녀와서」와 같은 여행 에세이, 다케이 모리시게(武井守成)의 「'조선의 인상'의 추억」, 「엽서회답」 등이 있다. 또한 조선을 여행하는 산업인들을 위해 교통편과 소요시간, 지역마다 유명한 산업과 공장 등을 소개한 '산업인을 위한 조선 여행 안 내'와 도쿄, 조선, 만주를 잇는 기차 시각표, 특히 조선 각 지방의 명물을 재미있게 지도로 그린 「컬러섹션 풍속천국」 등은 매우 흥미롭다.

39년판의 중요한 기획 중의 하나로 꼽을 수 있는 것이 〈조선예술상〉신 설과 조선인 문학작품의 소개이다. 〈조선예술상〉은 조선예술진흥을 위 해 각 방면의 예술 활동을 표창하기 위해 만들어진 것으로 각 예술 분야 에서 가장 우수한 예술 작품을 선정하여 상패와 상금 5백 엔을 증정한다 는 내용이다. 이는 모던일본사 사장 마해송의 기획과 기쿠치 간의 자금 제공에 의한 것이었다.

또한 당시 조선의 유명작가들의 시, 소설, 기행문, 에세이 등이 다양하 게 망라되어 있다. 우선 시는 총 6편이 실렸는데, 주요한의 '봉선화', 백석 의 '모닥불'(시집『사슴』1936년 1월), 정지용의 '백록담'(『문장』3호, 1939년 4월), 김기림의 '바다와 나비'(『여성』1939년 4월), 모윤숙의 '장미', 김소월의 '님 의 노래'(『개벽』32호, 1923년 2월)이다. 그리고 소설은 3편이 소개되었는데, 1936년 10월『조광』12호에 실렸던 이효석의 「메밀꽃 필 무렵」과 이태준 의 「까마귀」(『조광』1935년), 이광수의 「무명」(『문장』창간호, 1939년 2월)이다. 시와 소설은 이미 발표된 작품으로 김종한, 김소운, 박원준, 김사량 등이 일본어 번역을 맡았다.

위의 시, 소설 이외에 에세이가 4편 소개되었다. 장혁주의 「금강산 잡 감」, 김내성의 「종로의 범종」, 김진섭의 「선술집에 대하여」, 이헌구의 「짧은 여행 작은 느낌」, 한식의 「차이와 이해」이다. 장혁주(1905~1998)는

1932년 「아귀도」가 『개조』 5회 현상 문예에 당선된 이후 일본문단에 본격적으로 진출하여 일본어로 작품 활동을 하였으며 무라야마 도모요시(村山知義)가 연출한 「춘향전」의 대본을 쓰기도 했다. 그는 「금강산 잡감」에서 조선인이나 외국인들 사이에서 극찬되고 있는 금강산이 사실은 실제보다 다소 과장되게 선전되고 있다고 하여 직접 금강산을 접해 보니 실망감이 들었다고 쓰고 있다. 김내성(1909~1958)은 「종로의 범종」에서 추리작가답게 종로 한구석에 고색창연한 보신각종이 걸린 어두컴컴한 종루에 대해 으스스한 분위기를 자아내는 쪽으로 글을 몰아가는가 싶더니 이 종에 얽힌 조선시대의 익살스런 이야기를 소개함으로써 글을 반전시키는 재치를 발휘한다. 김진섭(1903~?)은 「선술집에 대하여」에서 조선 서민들의 질박한 선술집 풍경을 묘사하고 이를 조선의 지식인들이 어떠한 방식으로 즐기고 있는지를 소개함과 함께 일본인 여행자가 조선 문화를 알기 위해 반드시 들러야 할 곳으로 꼽는다. 이헌구(1905~1983)는 「짧은 여행 작은 느낌」에서 도시의 일상생활에서 잠시 일탈한 도시인이 인천행 열차에 몸을 싣고 상상의 나래를 편 이야기를 종횡무진 피력한다. 그리고 월북시인 한식(1907~?)은 「차이와 이해」라는 글에서 언어나 문화의 연원을 제대로 알고 조선과 일본이 서로 이해하고 존중해야 한다고 지적한다.

김 희 정

2. 일본작가의 소설과 문예란

『모던일본』 39년판에는 일본 작가의 단편 소설 세 편 외에 예술 관련 기사들이 다수 실려 있다. 소설을 살펴보면 먼저 작품 선정에서 다소 대중적인 성향이 강한 중견작가의 글을 싣고 있는 점이 특징적이다. 그리고 조선판이라는 타이틀에 걸맞게 세 편의 소설 모두 조선을 배경으로 쓰인 점이 주목된다. 일제시대의 일본인 작가에 의한 문학작품 가운데 1942년 이후 일본어만 허용되던 이른바 '국어전용시대'에는 『국민문학』지 등에 실린 조선 거주 일본인 작가의 몇몇 작품들을 제외하고는 조선을 배경으로 한 작품이 의외로 많지 않은 점을 감안한다면, 단 한 권의 잡지에 세 편의 소설 모두가 조선을 배경으로 한 소설이라는 점에서 39년판의 소설란은 주목할 만하다.

각각의 소설을 쓴 저자와 작품의 내용을 살펴보면, 먼저 소설 「여수」의 작가 하마모토 히로시(1890~1959)는 메이지시대의 대표적인 출판사 하쿠분칸(博文館)의 잡지 『중학세계』의 방문기자와 개조사의 교토지국장을 거쳐 1932년 작가 생활을 시작하였고 1937년에는 「아사쿠사의 등불」로 신초샤(新潮社)의 대중문예상을 수상한 바 있는 대중문학가이다. 소설 「여수」는 등장인물 '나'=고노가 조선을 여행하면서 써 내려간 여행기 형식의 짧은 에세이풍 소설이다. 금강산 ─ 서울(종로) ─ 평양(모란대)으로 이동하는 여행의 여정 동안 만난 사람들의 모습, 조선의 거리 풍경 등을 서정적인 필치로 그리고 있다. 소설은 일본에서 온 작가 '나'가 우연히 조선의 기생 이기화를 알게 되는 장면에서 시작되어 '나'의 그녀를 향한 연애감정 등이 세밀하게 묘사되며 종반부까지 커다란 사건 없이 잔잔한 일상의 모습을 중심으로 엮어진다. 결국 소설 「여수」는 아내를 잃고 실의에 빠져있는 일본인 작가가 조선 여행을 통해 심신이 회복되어 돌아간다는 내용에서 '위안처'로써의 조선이라는 모티브가 선명하게 드러나는 소설이다.

한편, 「평양」의 가토 다케오(加藤武雄)는 교사 생활을 하다가 신초샤가 발행하는 『분쇼쿠라부(文章俱樂部)』의 편집주임 등을 거치면서 문학 활동을 시작하였고 1919년 첫 창작 단편집 『향수(鄕愁)』를 발표하여 신진작가로서 문단에 알려지기 시작했다. 당시 그는 고향을 그린 전원풍경에 농민의 모습과 서정적인 묘사, 소박한 휴머니즘이 넘치는 제재와 작풍으로 '향토예술가'로 불렸으며 농민문학작가로 주목받았다. 그러나 곧 1923년 『구원(久遠)의 모습』부터 통속작가로 전향하게 되는데, 그는 1925년 기타다마의 기누타에 거처를 둘 시절, 조선의 작가 이연유(작가 이무영)를 서생으로 둔 적이 있으니 한국과도 이미 인연이 깊은 셈이었다. 『모던일본』에 「평양」을 발표한 1939년 즈음에는 『쇼넨쿠라부(少年俱樂部)』, 『킹』 등의 여러 잡지에 소설을 발표하여 이미 유행작가로서의 안정적인 지위를 확보하던 시기이며 '문예 총후 운동'의 순회강연 등 적극적으로 체제에 협력하던 작가이기도 했다. 단편소설 「평양」 역시 그의 이러한 성격이 보이는 소설이다. 조선을 여행하는 '나'는 평양에서 평양박물관 관장 고이즈미와 성진의 고주파 중공업 주식회사의 전무 다카하시를 만난다. 이 소설은 조선을 여행하는 일본의 지식인 '나'를 통해 조선을 건설하는 일본인의 모습을 적극적으로 미화하면서 정작 소설에 등장하는 조선의 안내자, 기생 등의 인물들은 마치 평양의 거리풍경을 묘사하듯이 조선 풍경의 일부로 처리하고 있다.

또 한 편의 소설 「기억 속의 모습」의 작가 오사라지 지로(1897~1973)의 본명은 야지리 기요히코이며 요코하마시에서 출생했고 도쿄대를 졸업했다. 구라마덴구(鞍馬天狗) 시리즈, 『아카호의 무사』, 현대소설 『귀향』, 역사소설 『파리, 불타다』 등을 발표하였고 자유롭고 균형감각이 빼어난 작가로 알려져 있다. 소설 「기억 속의 모습」은 친구에게 독백처럼 써 내려간 서간체의 소설로서 주인공 '나'가 최근 아내를 잃고 불안감과 공허함에 시달리다 조선 여행을 떠난다는 점에서 소설 「여수」에 등장하는 '나'와 흡사한 처지에 있다. 소설의 서정성과 등장인물의 심리적 움직임을 치밀하게 묘사하는 탁월한 필치가 드러나 오사라기 지로라는 이름에 걸맞게 다른 두 편의 소설에 비해 수작이라 할 만하다.

일본에서 조선행 배를 탄 '나'는 선상에서 죽은 아내 모토코를 닮은 조선의 여인을 우연히 보게 되고 기차에서 또다시 그 여인을 만나는데 자신과 눈이 마주쳐도 냉담한 그녀를 쫓아 종로까지 따라간다. 그녀를 놓친 후, 평양의 모란대에서 우아한 모습의 기생을 우연히 만나고 '나'는 그녀의 얼굴에서 다시 죽은 아내 모토코의 모습을 발견한다는 간결한 내용이다.

그런데 조선을 배경으로 한 소설을 쓴 세 명의 작가들은 공통적으로 각각 같은 시기 조선을 여행했다. 예를 들어 39년판의 기사 중 「여수」의 작가 하마모토 히로시는 「조선의 이모저모」에서, 그리고 오사라기 지로는 「여행앨범」에서 조선의 각지를 여행하며 찍은 사진과 여행기를 쓰고 있다. 전자의 '개성기'에서는 마해송의 고향 '개성'을 방문하고 이때의 여행 경험을 술회하고 있으며 오사라기 지로는 「여행앨범」 중, 개성 만월대에서 가토 다케오를 찍은 사진을 글과 함께 싣고 있는 것으로 보아 이들 세 작가들은 같은 시기 조선을 여행한 후 그것을 모티브로 소설을 썼음을 짐작할 수 있다.

한편 39년판은 문예란에서 조선의 영화와 예술에 관한 소개 등 주목할 만한 내용을 전하고 있다. 예를 들어 「나의 교유록」에 실린 두 편의 기사가 있는데 여기에서 이시이 바쿠(石井漠)는 「최승희 그 외」에서 강홍식, 최승희, 조택원을 소개한 글을 쓰고 있고, 무라야마 도모요시는 「조선의 친구들」이라는 기사에서 극작가 유치진, 민속학자 송석하, 이왕직 아악부의 이종태, 연극인 안영일 등에 관하여 언급하고 있다. 특히 무라야마 자신이 일본 신극의 대표적인 극단인 신협의 중심인물이었던 만큼 신협에서 함께 활동한 안영일에 대한 글이 각별하다. 안영일은 무라야마가 연출을 맡은 춘향전의 조연출을 했으며, 그의 일본에서의 연극활동에 대해 무라야마는 높이 평가하고 있다. 그 밖에 시인 임화 등 무라야마가 문학, 연극, 음악 등 조선의 예술계통의 인사들과 깊은 관련이 있었음을 짐작케 한다.

한편 하즈미 쓰네오(筈見恒夫)의 「조선영화를 말한다」는 조선영화를 일본의 '국책'적 관점에서 논한 글임에도 불구하고 1939년 당시의 조선영화를 둘러싼 상황을 일본의 영화평론가의 시점에서 정리하고 일본에 소개하였다는 점에서 주목된다. 특히 조선의 거리와 풍속 등 조선 문화를 소재로 하는 영화, 혹은 조선의 인정, 풍속, 생활을 그리는 극영화의 제작을 제안한 점에서 시사적이다. 그러한 의미에서 조선영화주식회사가 무라야마 도모요시를 영입하여 이 글에서도 언급되는 영화 「춘향전」의 제작을 준비중이라는 사실이 고무적이라고 지적하고 있다. 카메라 한 대와 열정만 있으면 영화 프로덕션이 생겨나는 소규모 영화사의 난립 상황과 제작 여건에 비해 다량 생산되는 조선영화의 열정을 '독선'이라 표현하였다. 특히 조선영화의 제작 상황은 열악하여 토키영화 이후 제작비 상승은 조선영화의 양을 감소시켰고, 제작비 압박이 조선영화 제작의 위축을 가져왔음을 알 수 있다. 또한 이 글에서는 「한강」, 「국경」, 「여로」 등의 조선영화가 일본의 영화제작자, 비평가들의 관심을 얻게 되었음을 알 수 있고 특히 이규환, 스즈키 주키치(鈴木重吉)가 공동감독으로 참여한 「여로」는 일본에서 조선 영화가 주목받게 된 계기가 되었다고 한다. 그리고 조선영화의 전망을 두 가지로 언급하고 있는데 하나는, 내선일체적인 영화 즉, 야기 야스타로(八木保太郎) 시나리오, 최인규 감독의 「수업료」와 같은 일본에 협력적인 내용의 기획, 다른 하나는 로컬영화로서의 성격을 견지하는 것, 즉 「한강」, 「여로」, 「국경」과 같은 영화을 제시하고 있다는 점에서 1939년 적인 발상에서 크게 벗어나지 못한 기사이다. 단, 조선의 지방색을 살린

영화가 영탄적이면서 연약한 느낌이 들어 체코 영화와 비슷하다고 하는 지적은 특이하다.

끝으로 「새로운 조선에 관한 좌담회」는 모던일본사의 사장 마해송이 주관하고 그 외 8인의 일본 지식인들이 모여 '새로운' 조선을 말하는 좌담회이다. 사회는 39년판에 소설 「여수」를 실은 하마모토 히로시가 맡았고 그 밖의 참석자의 면면을 보면 다음과 같다. 먼저 여러 번 조선을 방문하여 조선통으로 알려진 젊은 화가 도고 세지(東鄕靑兒), 극작가이자 연출가이며 일본신극의 대표적인 극단 신협의 대표 무라야마 도모요시, 조선에 7년간 거주한 경성일보 주필 이케다 린기(池田林儀), 세키구치 지로(關口次郎), 조선을 소개하는 영화음악을 작곡하기 위해 조선의 민요를 수집한 이토 센지(伊藤宣二), 무용가 이토 유지(伊藤祐司), 그리고 소설가 가토 다케오가 모였다. 이 좌담회를 개최하는 모던일본사의 희망이라며 하마모토는 '약진하는 조선의 모습'을 소개해 달라는 말을 서두에 꺼내며 경성의 매력을 '일본적인 생활양식'이 활발하게 움직이면서도 '조선적인 것'이 바로 옆에 있다는 '혼재'된 이국적인 모습(도고 세지)이라고 언급했다. 여기에서 알 수 있듯이 조선과 인연이 있는 일본의 대표적인 지식인들이 좌담회에 참여하여 동시기 경성을 비롯한 조선 각지의 변화하는 모습을 생생하게 전달하고 있다는 점에서 의미가 있다고 하겠다.

홍 선 영

3. 광고, 여성 그리고 만화

『모던일본』 39년판의 광고는 소비자의 심리를 교묘히 이용하는 오늘날의 광고에 비해 기술적 측면에서는 아직 미숙하다고 할 수 있지만 그래서 더욱 당시 사람들의 생활상을 여과 없이 보여주는 풍부한 시각적 언어적 텍스트를 제공하고 있다.

광고 상품의 내역을 대략 살펴보면 건강·의약품 16, 미용·화장품 7, 언론·출판 4, 식료품 2, 생활용품 2, 문구류 2, 백화점 2 등으로 분류된다. 이들 광고 중에 가장 많은 비중을 차지하고 있는 건강·의약품류를 보면 결핵과 성병, 소화제, 영양제 등, 약 광고가 대부분이다. 임금님표 화구나 메이지 통조림, 빅터 라디오, 콜롬비아 레코드 같은 기호품과 대중문화 관련 광고도 보이지만 약 광고가 많은 부분을 차지하고 있는 것을 보면 어느 때보다 건강에 대한 관심이 높아졌음을 알 수 있다. 이는 중일전쟁 직후 전시체제하에서 '총후국민'의 총력을 발휘할 인적자원의 확보라는 방침하에 조선총독부가 국민총력연맹과 결핵예방회 조선본부 등과 연계하여 병균 예방운동을 펼쳤는데, 이러한 시대상을 반영한 현실로서 이해할 수 있을 것이다.

이 시기의 건강담론의 대상이 유아, 아동, 여성임은 주목할 만하다. 실제로 광고에 등장하는 모델을 보면 여성과 아이들이 대부분이다. 교복 차림의 아동과 약 광고에 등장하는 여성의 모습은 상품소비의 주요 주체로서 이들의 중요성이 부각된다. 또한 이들 약 광고에는 각종 전문용어와 각각의 영양소, 세균명은 물론 0.1그램과 같은 구체적인 수치가 제시되어 있어 민간신앙과 한의학적 치료법에 익숙해 있던 조선인들에게 과학적 사고가 곧 문명이라는 계몽의 역할까지 했음이 엿보인다. 이처럼 한눈에 보아도 과학적이고 분석적인 약 광고들은 조선인들의 일상에 침투했는데 이러한 광고들을 통해 조선인들이 일상생활의 질병 속에서 어떤 세계를 상상했고, 그 세계가 어떤 내용으로 채워져 있는지 살펴보는 것도 흥미로울 것이다.

일본의 군국주의 전쟁이 치열해지는 이 시기 광고에는 당시의 상황을 반영하는 전투적이고 선동적인 표현들이 광고문구나 디자인 곳곳에 삽입되는 양상 또한 보이는데『모던일본』조선판의 약 광고도 예외는 아니었다. 역시 매사를 전쟁과 연관시켜 호전적으로 표현하고 전쟁과 관계없는 일상어를 군사용어로 표현하여 일본의 침략전쟁을 고무하고 국민을 군인 정신으로 무장시키고자 하는 광고들이 엿보인다. 예를 들어 위장약 '에비오스정'의 광고가 대표적인데 철모를 쓴 무장 군인이 삽화로 등장하고 있는데다 '위장전선 이상 있음'으로 시작하는 선전문구와 함께 '총퇴각' '위장의 보강공작' 등 군사용어를 사용한 호전적인 광고 문구가 그러하다.

그 다음으로 눈에 띄는 광고가 향수, 두발 정제를 비롯한 화장품 관련 광고이다. '늦가을 화장법과 아름다운 피부 만드는 법'이라는 기사에 기초 화장법과 눈썹화장, 입술화장, 볼화장 등의 색조 화장법, 이른바 '근대적인 화장법'을 소개하는 한편 크림 종류도 레온 세안크림, 바니싱 크림으로 나누어 설명하고 있다. 특히 향수와 화장품 광고에는 서구라는 맥락을 광고 안에 끌어들여 양장을 입은 여인을 통해 상품의 품질을 서구적 이미지에 연결시키는 경우가 많았다. 실제로 39년판의 화장품 광고의 경우, 헤치마 코롱 광고에는 짧은 퍼머 머리를 한 서양 여성이 모델로 등장하고 있으며, 우테나크림과 클럽미신크림 광고에도 이와 비슷한 서구적 이미지의 퍼머 머리 여성이 등장해 상품의 참신함을 부각시키는 역할을 하고 있다. 이러한 광고의 이미지와 메시지들은 대부분 서구 여성, 서구의 미의식을 담은 것이라 '백분도 필요 없을 정도로 하얗고 빛나는 피부'가 더욱 각광을 받게 된다.

한편 광고 형태를 보면 서술형이 아니라 광고에 등장하는 인물의 대화로 처리되어 있는 예들도 있다. 만화로 표현된 광고는 등장인물끼리 대화를 주고받게 하고 소비자는 관찰자의 입장에 놓음으로써 입소문을 전하는 듯한 느낌을 전달한다. '산책 권유'라는 제목의 생리대 광고와 더위에 체력이 약해져 여윈 신사에게 사탕의 효능에 대해 이야기 하는 '아사다 사탕' 광고가 이런 류의 광고라고 할 수 있다. 특히 생리대 광고인 '산책 권유'는 세련된 양장을 입은 여인이 전통적인 기모노를 입은 여인에게 생리대가 위생적이고 편리하다고 설명하는 형식의 광고이다. 여기서 전통적인 여인은 수동적 소비자의 역할을 맡고 있으며, 위생, 품질, 편리라는 단어는 모두 양장을 입은 현대적 여성에게 모아지고 있는 점에도 주목할 만하다.

또한 신체의 내부와 관련된 의약품과 신체의 외부와 관련된 화장품을 비롯한 기호품들은 당대의 질병과 유행, 가치관 등을 여실하게 반영하고 있기 때문에『모던일본』조선판에 보이는 광고 문구와 그 형식에 나타난 사회상과 생활상이라든가 표기법의 변천 양상, 광고 문구의 수사법 등을 살펴보는 일도 매우 의미 있는 작업이 될 것이다.

끝으로『모던일본』39년판에는 당시의 조선 여성의 다양한 삶의 모습이 소개되었다. 예를 들어 전희복의 글「조선 가정부인의 생활 모습」에는 시부모와 남편, 가족을 위해 헌신하는 '고운 마음'의 조선 가정부인, 요리와 세탁을 비롯한 힘겨운 가사 노동은 물론 대가족제 아래에서 마음고생을 하면서도 '불평 하나 하지 않고 최선을 다해 정성을 바치는' 조선 여성이 소개되었다. 그런가 하면「평양 기생 내지 명사를 이야기하다」에서는 당대 '초일류' 기생들을 모아 일본의 명사들에 대한 인상과 그들에 얽힌 에피소드를 '솔직하고 기탄없이' 이야기하는 좌담회가 마련되었다. 조선 중앙통신 주필을 역임한 한재덕이 좌담회의 사회를 맡고 '기생의 본고장 평양'에서 당대 최고의 기생으로 꼽히는 왕성숙, 임양춘, 한정옥, 안명옥, 차성실, 홍도화, 금월중선, 김연월, 김복희, 이복화, 조선녀, 최명주가 한자리에 모여 일본인 유명인사들의 행각을 폭로한다는 특이한 설정이다.

예를 들면 춘향역을 할 배우를 찾으러 온 연출가 무라야마 도모요시에게 느닷없이 두 번이나 손등을 물린 왕성숙의 후일담, 39년판에 「기생」이라는 글을 싣고 있기도 한 젊은 화가 도고 세지가 미녀 부인과 함께 와서는 '얼굴은 못생겨도 좋으니 조선노래를 잘하는 기생을 불러'달라고 하여 남도민요를 반복해 듣고 간 이야기, 조선민요에 심취해 기차 안에서도 열심히 연습을 하던 유명 음악가 도쿠야마 다마키의 이야기, 남의 젓가락으로 옮겨진 음식을 절대로 먹지 않던 이화학연구소 소장 오가와치의 일화 등을 말한다. 이 좌담회는 기생에 대한 일본인들의 관심은 물론 각계의 유명인사들에게는 '청천벽력'과도 같은 지극히 사적인 행적을 엿볼 수 있는 글이다.

한편 「기생학교에서는 무엇을 가르치나」라는 글에서는 기생들에게 어떠한 교육이 이루어지고 있는지를 말해 주고 있는데 필자는 기생 좌담회의 사회를 맡기도 한 언론인 한재덕이다. 기생은 이제 엄연한 직업여성이므로 이에 필요한 직업교육을 하고 있다는 학교 당국의 주장을 소개하며 평양 기생학교 3학년의 수업 시간표를 자세히 설명하고 있다. 기생학교의 수업은 시조, 민요를 비롯해 장고, 가야금 연주법 고전적인 검무나 승무에서 신식 사교댄스까지 개화하여 모던화된 손님을 맞기 위해서 교수 과목이 내용도 시대의 변화와 요구에 따라 새로워지고 있다고 한다. 또한 기생에게 가장 중요한 서비스업인 남성을 다루는 법은 법도와 회화 시간에 배우게 되는데 걷는 법, 앉는 법, 술 따르는 법, 표정짓는 법, 손님 배웅법, 연회석상에서 손님을 모시는 법 등 기생학교의 교육 내용을 상세히 소개하고 있어서 조선의 '기생'에 관한 기사가 조선판에서 차지하는 비중을 짐작케 한다.

그 밖에도 『모던일본』 39년판에 소개되고 있는 조선여성들의 모습은 다채롭다. 자수를 놓는 아가씨, 베를 짜고 밭을 매는 시골 아낙네, 자신보다는 가족과 가사에 헌신하는 보수적인 가정부인, 그리고 시대에 따라 빠르게 변화해 가는 '모던'한 기생의 모습 등 조선 여성들의 다양한 생활 모습을 새롭게 발견할 수 있을 것이다.

또한 야자키 시게시, 마스코 젠로쿠, 이시카와 요시오, 요코이 후쿠지로, 나카무라 등 당대의 이름난 만화가들의 만화도 감상할 수 있다. 조선이 빠져 있는 일본 지도가 잘못되어 있다며 일본 영토 안에 애써 조선을 그려 넣는 모습이나 이 시기의 조선을 기록한 외국인들의 시선에 어김없이 등장하는 담뱃대를 소재로 건널목 차단기, 지팡이, 낚시대 등으로도 대용할 수 있다는 너스레, 머리에 바구니를 인 조선 여인들의 날이 저물도록 이어지는 끝없는 수다, 당시 여성잡지뿐 아니라 일반 잡지에도 커다란 테마였던 자유연애를 소재로 한 만화 '러브레터' 등을 통해 당시의 그림과 만화라는 독특한 형식으로 그려진 조선 문화에 대한 관심을 엿볼 수도 있어 흥미롭다.

박 미 경

4. '에세이'란에 나타난 조선에 대한 시선

『모던일본』39년판이 나온 당시의 시대적 상황은 1931년 만주사변과 1937년 중일전쟁을 전후하여 소위 '전시체제'하에 '내선일체' 정책이 강행되던 시기였다. 특히 중일전쟁 발발 이후 조선이 자체적으로 병참기지가 될 수 있도록 각종 군수산업 육성과 농공병진정책이 추진되는 가운데, 1938년 조선교육령 개정으로 교육현장에서 일본어 사용원칙이 적용되어 조선어 금지, 조선역사 교수 금지가 강행되는 한편 육군특별지원병제도가 실시되어 조선인 청년의 군 지원이 장려되었다. 다른 한편으로 신사참배, 궁성요배, 황국신민의 서사 제창을 생활화하는 데서 출발한 전시체제 국민정신총동원운동이 개시되었다. 그리고 이러한 운동이 원활하게 진행될 수 있도록 민중과 군의 실천 사례가 '미담'이라는 형식으로 널리 채집되고 발간되었다.

이러한 상황을 반영하듯, 이 특집호에는 당시 조선총독 미나미 지로(南次郎)가 역설한 '내선일체'의 논리와 그 현황을 소개하는 데에 많은 지면이 할애되어 있다. 본문 「조선판에 부치는 말」을 보면 먼저 공작 고노에 후미마로(近衛文麿)가 '신동아 건설을 목표로 대륙 진출이 눈부신 현재… 조선판 간행은… 작금의 시국과 어울리는 계획'이라고 평가했고 이어 총독 미나미 지로는 '중일전쟁을 계기로 조선의 중요성이 부각되었고… 이러한 시기에 조선판의 간행은 시의적절하고 '내선일체'의 성과를 거두는 데 크게 기여할 것'이라고 하였다. 이어 내선일체운동을 주도하는 어용민간 단체인 중앙협화회의 이사장 세키야 데사부로(關屋貞三郎)는 '조선판 발간은 시대 조류의 구체적 표현'이라고 칭찬을 아끼지 않았다.

이러한 총독부의 정책을 홍보하는 내선일체의 현황과 이상에 대한 기사로 세키야 데사부로의 「내선일체와 협화사업」, 미타라이 다쓰오(御手洗辰雄)의 「내선일체론」이 있으며, 1930년대 일본의 중화학·기계 공업의 조선 진출에 힘입어 조선의 공업화가 왕성하게 전개됨을 소개한 글로는 아베 류타(阿部留太)의 「조선 경제계의 전망」, 노자키 류시치(野崎龍七)의 「조선 공업의 약진」, 「조선독본」 등이 있다. 특히 「조선독본」에 포함된 글인 「지원병제도」에서는 모범적인 조선인 지원병 이인석 상병의 예나, 72세의 노인이 임종을 앞두고 황국신민의 서사 기념탑까지 와서 천황을 향해 절을 하고 죽었다는 일화를 소개하여 마치 황국신민화정책이 조선에서 결실을 보고 있는 듯이 선전하기도 하였다. 이러한 예는 이 밖에도 니시무라 신타로(西村眞太郞)의 「보리와 병정을 번역하고」에서도 찾아볼 수 있다.

그러나 이러한 관변의 정책 의도를 반영한 기사뿐 아니라 39년판에는 조선과 인연이 있었던 일본 지식인의 에세이류도 다수 실려 있어서 당시 이들이 조선을 어떻게 보았는가를 알 수 있는 점에서 관심을 끈다. 먼저 1919년부터 1924년까지 총독부 경무국장으로 재직한 마루야마 쓰루키치(丸山鶴吉)는 3.1운동의 시기에 조선에 근무했으나 항상 정도에 따라 일을 했으며, 현재도 조선에는 자신과 깊은 친분을 쌓고 있는 조선인이 많다고 하며 자신의 조선에서의 근무내용을 자랑스럽게 피력하는 글을 쓰고 있다. 그는 이미 그의 재직 중의 회고담을 『재선사년유여반(在鮮四年有餘半)』(1924)과 『오십년 곳곳』(1934) 등으로 남기기도 했다. 도쿄제대 법학부 교수인 스즈키 다케오(鈴木武雄)는 「조선의 인식」에서 일본 내지인이 홋카이도보다 경성 전근을 기피하는 현상을 비판하며 조선은 물심양면으로 '내선일체'된 지역이라고 역설하며 조선은 식민지가 아닌 일본으로 봐야 한다고 강조한다. 경성제대 교수 가라시마 다케시(辛島驍)의 「내지인으로서」는 '시대는 변하여 지금 조선의 문단은 종군작가를 전지에 보내고 무대에서는 아편전쟁을 상연하고 작품은 대부분 일본어로 발표되기 시작'했다고 전하는데, 이러한 글에서는 조선을 식민지가 아니라 '일본제국'의 범주에서 바라봐야 한다는 '내지연장주의'의 내용이 주장되고 있다.

한편 정치성이 전면에 드러나지 않은 글로 기쿠치 간의 에세이가 있는데 그는 와세다 대학에 유학 온 가난한 조선인 학생에 대한 추억을 기고하여 그 학생이 글재주가 없다고 내심 폄하했지만 실은 한학에 밝고 재치가 넘치는 학생이었다고 경탄했던 경험을 말했다. 일본의 대표적 음악가 다케이 모리시게(武井守成)는 조선의 이왕직 궁중음악과 교류하기 위해 조선에 갔다가 우연히 길거리의 국수장사가 부는 피리 소리를 듣고 흠씬 매혹되었던 경험과 평양 겨울밤의 보름달을 모티브로 작곡한 곡이 「조선의 인상」임을 소개했다. 한편 언어학자이자 도쿄제대 교수인 오구라 신페이 (小倉進平)는 조선어와 일본어의 유사성에 대한 연구 성과를 주제로 글을 싣고 있는데 일본과 오키나와, 조선의 접경지대의 독특한 언어의 공통점을 소개하여 국경을 넘은 공통문화의 존재에 주목하기도 하였다. 시모무라 가이난(下村海南)은 일본의 고려 마을을 주제로 하여 일본인 성씨의 기원에 고려인이 존재함을 역설한 글을 실었다.

이러한 글들은 '내선일체' 이데올로기에 이용되는 결과를 낳았지만, 다른 한편으로 일본지식인의 학문과 문화연구 가운데 조선이 어떻게 영향을 끼쳤는지를 알 수 있는 사례로써 주목된다.

한편 해외에서 활동하고 있는 조선인에 대한 소개는 이 시기 식민지적 상황에도 불구하고 해외에서 두각을 나타냈던 인물들이 나열되고 있어서 흥미롭다. 특히, 한국에서 그다지 널리 알려지지 않은 인물들이 거명되고 있는 점에서 특기할 만하다. 안창호의 아들인 영화배우 안필립의 활동상, 독일에서 활동하는 화가 배운성, 영국 상선에서 활동한 신성모 외에 화학자 이태규와 이승기 등은 일본 군수산업 발전에 지대한 공을 하는 인물로 소개되었으며, 무용가 최승희의 유럽에서의 활동상도 자세히 전달하여 그야말로 '해외에서 이름을 떨친 조선인'이라는 타이틀에 걸맞는 인물들이 거명되었다.

이 특집호의 백미는 「조선 명인 백인」이 아닐까 한다. 모던일본사는 조선 백 명의 인물을 선정하기 위해 현상 모집하여 그 결과 수만 명이 응모하였고 이를 열흘 동안 밤낮으로 분석하여 조선의 대표적 인물 백 명을 선정했다고 밝히고 이들은 '가장 공평한 현대 조선 문화를 대표하는 인걸'이라고 자신하며 약력과 함께 소개했다. 이들의 구성은 학자 26명/종교인 9명/관료, 외교관, 변호사 13명/실업가 9명/언론인 10명/문학 8명/예술 12명/기생 2명/군인 3명/체육인 5명/그 외 2명인데, 1939년 현재 조선에서 어떤 이들이 유명인사로 여겨졌는지, 그들의 활동 분야에는 어떤 특징이 있는지 등도 가늠해 볼 수 있는 자료이기도 하다. 흥미로운 점은 부기에서 박영효와 안일영은 고인이 되었기 때문에, 안재홍과 백남운은 본인이 사양해서, 그리고 마해송은 본지 관계자이므로 제외되었다는 점이다. 안재홍은 언론인이자 민족 운동가로서 1920년대부터 30년대에 걸쳐 많은 옥고를 치른 인물이며 백남운은 사회경제사학자이며 사회주의 사상 계열에 속하는 인물이다. 이들이 비록 고사했을지라도 원래 이러한 이들도 포함된 조선의 유명인 100명이었다면 역으로 「조선 명인 백인」은 나름대로 당시 일반인의 인식을 반영한 선정으로 보인다.

이와 같이 『모던일본』1939년 조선 특별호는 조선을 소개하는 방법으로 많은 사진과 그림을 이용하고 있으며, 기생과 조선 전통 여성의 삶, 물동이, 담뱃대, 관광명소의 사진 등을 통해 조선의 향토색을 드러내고자 하였다. 그리고 조선의 대표적 문학가의 소설과 에세이, 시의 소개와 아울러 일본인 중견대중작가의 조선을 주제로 한 소설을 배치함으로써 조선에 대한 다양한 시선을 제시하였다. 특히 조선의 일상생활과 삶의 단면을 사진과 광고, 만화, 일상담을 통해 전달함으로써 대중잡지로서의 흥미성을 충족시키는 것도 잊지 않았다.

한편, '내선일체'라는 정치적 이데올로기와 동시대의 군국주의적 분위기에 자유롭지 못했던 당시 지식인들의 모습도 보여주었다. 특히 식민화한 지 한 세대가 지난 1939년 시점에서 조선이 얼마나 '내지화'되었는지를 밝힘과 아울러 조선인이 '대일본제국의 신민'으로서 각각의 분야에서 눈부신 활동을 보이는 사실, 내선일체에 앞서고 있는 한국과 일본의 지식인들의 체제 편향적인 글 역시 접할 수 있었다. 그 밖에 이 잡지에 이름을 올리고 있는 조선과 일본의 인물들은 대부분 각 분야의 전문가로 구성되어 있다는 점, 또한 일본인과 조선인이 문화적으로 상호교류와 상호영향을 끼친 여러 사례가 소개되어 있다는 점도 특기할 만하다.

윤 소 영

역주

1　1890~1959. 에히메(愛媛)현 마쓰야마(松山)시 출생. 도시샤(同志社)중학부 중퇴. 하쿠분칸(博文館) 중학세계 방문 기자, 가이조샤(改造社) 교토지국국장을 거쳐 1932년 작가생활을 시작.『12층 아래의 소년들』(1935년)로 인정받게 되었고『아사쿠사(淺草)의 등불』(1937년)로 제1회 신초샤(新潮社) 문예상 대중문예상을 수상했다.

2　1910~2001. 서양화가. 1932년 도쿄미술학교 서양화과 입학

3　①불교 용어. 욕계, 색계, 무색계. ②지명에 붙여 멀리 떨어진 곳이라는 의미.

4　손님에게 음식과 주색(酒色), 유흥을 제공하는 요리점.

5　1911~1976. 북한의 삽화가·출판화가·조선화가. 1929년 일본유학. 귀국 후 통속적인 내용의 유화와 출판 삽화를 그렸다. 1935년 동아일보사에 입사해 전문 삽화가로 활동하다가 다시 조선일보사로 옮겨 이후 광복이 될 때까지 소설 삽화를 그렸다. 이때까지의 대표적 작품에는 유화《3등대합실》(1933),《녀자좌상》(1934),《대합실》(1941) 등이 있다. 광복 직후에는《신천지》편집부장, 좌익 조선미술동맹 창립 간부 등으로 활동하였고, 1950년 6·25전쟁이 일어나자 남조선미술가동맹 서기장으로 있다가 월북하였다.

6　1888~1956. 신초샤(新潮社)의 저널리스트로 활동. 1925년 기타타마군(北多摩郡)에 거주하던 시절, 조선의 이연유(필명 이무영)를 서생으로 둠. 대표작『향수(鄕愁)』(1919년, 단편소설집)는 '향토예술가'라 불리는 작풍을 잘 보여준다.『고뇌의 봄(悩ましき春)』(1920년 장편소설)에서는 이후의 통속소설가로서의 면모가 엿보인다. 1927년 잡지『농민』을 발간했고 농민문학사에의 대표 작가이며 1930년대 이후에는 잡지『킹』,『모던일본』등에 통속 소설을 발표, 유행 작가가 된다.

7　895~1975. 일본의 정치평론가. 저서로『시국과 조선(時局と朝鮮)』(1936),『전환기에 선 앞으로의 일본(轉換期にたつこれからの日本)』(1937) 등이 있다.

8　신령의 상징으로서 신사(神社)에 모시는 예배의 대상물.

9　875~1950. 관료. 1899년 도쿄제국대학 법과 졸업. 내무성 입사 이래 대만총독부 참사관, 1910년 조선총독부 학무과장을 역임, 궁내부차관, 귀족원 의원 등을 지냈다.

10　사토. 혹은 히다리 토. 술을 좋아하는 사람. 이와 반대로 단 음식을 좋아하는 사람은 우당(右黨, 우토)이라고 한다.

11　만 17세에서 만 40세까지의 남자는 모두 병역에 복무해야 한다는 것.

12　1888~1948. 소설가, 극작가. 코가와(香川) 출신. 교토대학 재학중 제3차「신시초(新思潮)」동인으로 참가. 대표작으로는 희곡『아버지 돌아오다(父帰る)』(1917), 소설『진주부인』(1920) 등이 있다. 1923년 잡지『분게순주』창간. 아쿠다가와(芥川) 상과 나오키(直木) 상 제정에 관여했다.

13　1793~1841. 일본 근세의 난학자, 화가.

14　일본 고단샤(講談社)에서 발행한 대중오락잡지. 1925년 1월 창간. 일본에서 가장 재미있고 값

싼 잡지를 캐치프레이즈로 삼았다.

15 1898~1944. 화가. 교토 출신. 대표작은 〈춤의 서장〉 등. 미인화에 정통했다.

16 1890~1959. 소설가. 에히메현 출생. 하쿠분칸(博文館)의 기자로 출발. 대표작은『아사쿠사의 등불(淺草の灯)』(1938)로 신초샤문예상 제1회 대중문예상 수상.『모던일본』에 단편소설「여수 (旅愁)」(1939)를 발표했다.

17 1894-1979. 오카야마현 출신. 와세다대 영문과 졸업(1917) 문학평론가, 소설가.

18 기다유부시(義太夫節). 음곡에 맞춰 창을 하는 예능.

19 데가타리(出語り). 가부키에서 조루리를 하는 사람이 샤미센 연주자와 함께 직접 무대에 나와 조루리를 읊는 일

20 동양경제신보사에서 요코야마(橫山) 광업을 거쳐 다이아몬드사에 입사. 주필. 1942~48년까 지 3대 사장 역임.

21 dock. 선박을 건조·수리하기 위해 조선소·항만 등에 세워진 시설.

22 밧줄이나 쇠사슬을 감았다 풀었다 함으로써 물건을 위아래로 옮기는 기계를 통틀어 이르는 말. 윈치(winch).

23 부유선광(浮遊選鑛)을 이용하여 선철을 얻는 기계. 선철(銑鐵)은 용광로에서 직접 얻어 주물의 원료로 쓰는 철이며 부유선광은 20세기 초에 개발된 기술로써 표면활성이나 화학적 반응성의 차이를 이용하여 순수 광석을 얻는 첫 공정에 사용된다.

24 다양한 지층, 암반층을 굴삭할 수 있는 기계.

25 쇼와 시기 신흥재벌 중 하나. 모리 노부데루가 1928년 설립한 쇼와(昭和) 비료에서 시작하여 1937년 현재 쇼와광업(昭和鑛業), 가라후토탄업(樺太炭業), 쇼와신동(昭和伸銅), 니혼화공(日本火工), 니혼전기공업(日本電氣工業), 쇼와화약(昭和火藥), 쇼와비료(昭和肥料) 등으로 구성되어 있다.

26 1884~1941. 치바(千葉)현 출신. 모리콘체른의 창시자. 니혼요드(日本沃土)를 설립하여 국산 알 미늄생산에 성공, 1939년 쇼와비료(昭和肥料)와 합병하여 쇼와전공(昭和電工)을 설립, 만년에는 중의원 의원이 되어 정계의 인맥을 형성했다. 차녀는 총리대신을 역임한 미키 다케오(三木武 夫)의 처이다.

27 와이어를 이용하여 물이나 해수 속의 진흙 등에서 이물질을 채취, 분리하는 기계.

28 시인·평론가. 함경북도 경성군(鏡城郡) 명천(明川) 출생. 호는 을파소(乙巴素)·월전무(月田武). 니 혼대학(日本大學) 예술과 졸업. 1937년『조선일보』신춘문예에『낡은 우물이 있는 풍경』이 당 선되었다. 주요 작품으로는『해협의 달』(1938),『연봉제실』(1940),『살구꽃처럼』(1940) 등이 있다.

29 1946년 출간된 시집『바다와 나비』(신문화연구소)에는 '바다와 나비'로 되어 있다. 본 시는『김 기림전집』1권(심설당, 1988)에 의거했다.

30 시인, 수필가. 호 삼오당(三誤堂). 본명 교중(敎重). 부산 출생. 13세 때 도일(渡日), 일본 시인 기 타하라 하쿠슈(北原白秋)에게 사사하여 20세 전후부터 일본시단에서 활약하는 한편,『조선민요 집』(1929),『조선시집』(1943) 등 많은 작품을 일본에 소개하는 데 크게 공헌하였다.

31 한국 대표 시인 초간본 총서『진달래꽃』(열린책들, 2004년)을 인용했다.

32 본문은 이동순편,『백석시전집』(창작사, 1987)에 의거했다.

33 본문은 권영민,『정지용 시 126편 다시 읽기』(민음사, 2004)에 의거했다. 이 시는『문장』3호, 1939년 4호에 발표되었다.

34 1891~1960. 1910년 보성전문학교 졸, 중국 남경해양대학(南京海洋大學)과 영국 런던항해대학을 졸업하고 1등 항해사 자격을 취득한 이후 영국상선의 선장으로 일했다. 8·15해방 후 귀국하여 우익청년단체인 '대한청년단'의 초내 단상, 제2대 내무부장관, 1949년 국방부장관 역임.

35 1911~1969. 서울 출생, 1925년 숙명여학교 졸업. 이시이 바쿠(石井漠)의 제자로 무용에 입문하고 도쿄에 유학, 1931년 프롤레타리아 문학운동가인 안막(安漠)과 결혼. 1933년 이시이 바쿠의 권유로 조선무용을 시작. 대표작으로「에헤야 노아라」,「보살춤」,「승무」등이 있다. 영화「반도의 무희(舞姬)」에서 주연. 1937년 12월 미국을 거쳐 프랑스·스위스·이탈리아·네덜란드 등을 순회공연. 1947년 4월 남편을 따라 월북하여 북한에서 활동했으나 1967년에 숙청되었다.

36 1907~1976. 휘문고등보통학교를 거쳐 보성전문학교 법과에 입학. 일본 이시이 바쿠 무용연구소에서 무용 사사. 1932년 귀국 후 중앙보육학교(지금의 중앙대학교)의 무용담당교수, 조택원무용연구소 개소. 1941년 1월 도쿄 히비야 공회당과 나고야에서「학(鶴)」·「춘향전」발표. 1945년 8월까지 조선·만주·몽골·중국 등에서 위문공연. 1960년까지 주로 미국·일본에서 한국의 전통춤과 창작춤을 해외에 소개.

37 ?~1965. 작곡가, 지휘자, 첼리스트. 1918년 평양 숭실중학교 입학, 1921년 도쿄 세소쿠(正則)중학, 1926년 구니다치(國立)음악학교에 입학하여 첼로 전공. 1930년 미국 샌프란시스코 신시내티음악학교 유학, 필라델피아음악대학 3학년에 편입하여 작곡 공부. 1936년「한국환상곡 Korea Fantasy」발표. 1937년 헝가리에서 코다이의 음악지도를 받으면서「한국환상곡」을 수정. R. 슈트라우스의 제자, 유럽 각국의 오케스트라로부터 초청지휘를 받으면서 지휘자로서 명성을 떨쳤다. 주요작품으로는「애국가」,「한국환상곡」이외에도「강천성악(降天聲樂)」(1959),「진혼곡」(1962),「논개」(1962) 등이 있다.

38 1904~1974. 바이올리니스트. 평양 숭실전문학교에서 바이올린 전공, 일본 도쿄음악학교에서 음악공부. 독일 뷔르츠음악대학에서 수업, 1935년 바젤대학에서「한국고전음악연구」로 철학박사 학위를 받았다. 귀국 후 1936년 이화여자전문학교 교수. 1940년 7월 6일「매일신보」에「사변 3주년과 반도문화」라는 글을 써서 일본음악체계의 정당성을 부여하는 신동아음악(新東亞音樂) 건설을 주장. 해방 후 고려교향악단 지휘를 맡았고 대한연주가협회 위원장으로 활동했다. 주요 저서로는「동서양음악사」등이 있다.

39 생몰연대 미상. 1922년 도쿄제국대학 법학과 졸업. 1925년 조선총독부 재외연구원으로 영국 유학, 1928년 1월 귀국. 이후「동아일보」기자,「시대일보」정치부장,「매일신보」부사장 등을 지냈다. 1932년 2월 간도에서 친일 조직인 민생단(民生團)을 조직했다. 1937년 6월 만주국 국무원 외무국 조사처장, 1939년 폴란드 바르샤바 주재 만주국 총영사. 1940년 7월 조선으로 돌아왔으나 그 이후의 행적은 미상.

40 일본의 관립고등학교는 메이지시대에 설립된 제1고(도쿄), 제2고(센다이), 제3고(교토), 제4고(가나자와), 제5고(구마모토), 제6고(오카야마), 제7고(가고시마), 제8고(나고야)와 함께 다이쇼 8년(1919)부터 다이쇼 12년(1923)까지 17개의 고등학교가 증설되었다. 1906년부터 고교야구 정기전이 개최되는데, 제1고와 제3고는 라이벌 관계에 있었다.

41 재미교포 소설가. 함경남도 홍원(洪原) 출생. 3·1 운동 후 18세 때 중국과 일본을 거쳐 도미(渡美)하여 보스턴대학에서 의학을, 하버드대학에서 영미문학을 전공. 이어『대영백과사전(大英百科事典)』의 편집위원. 한일합방과 3·1 운동을 배경으로 한 자전적인 첫 영문 장편소설『초당(草堂)』(1931)을 발표, 유고슬라비아·체코슬로바키아 등의 10여 개국에서 번역·간행되었다. 그는 그 뒤 뉴욕대학 등에서 동양 문화와 비교문학을 강의하면서 소설『행복한 숲』(1934),『동

양인이 본 서양』(1965), 희곡『왕실에서의 살인』(1935), 역서『동양의 시』(1929), 아내 프란시스 킬리와 공역으로 한용운(韓龍雲)의『님의 침묵』(1971)을 냈다. 구겐하임상을 비롯하여 여러 개의 문학상을 받았고, 평생 동안 모은 장서 5,000권을 고려대학교에 기증하였다.

42 1902~1992. 충남 예산 출생.1919년 경성고등보통학교를 졸업한 후 히로시마(廣島) 고등사범학교에 관비유학생으로 입학했다. 1927년 교토제국대학 화학과를 졸업하고, 1931년 동대학원에서 박사 학위를 받았다. 1943년 교토제국대학 정교수, 8·15해방과 함께 귀국해 경성제국대학 이공학부장을 거쳐 1946년 서울대학교 초대 문리과대학장으로 취임. 조선화학회(1949년 대한화학회로 바뀜) 창립을 주도했다.

43 1905~1996. 전남 담양 출생. 1926년 일본 마쓰야마(松山)고등학교 졸업, 1931년 교토제국대학 화학공학과 졸업. 일본 화학섬유연구소 연구원을 거쳐 1938년 다카키(高木)화학연구소로 옮김. 이듬해 그는 그곳에서 석탄으로부터 합성섬유 1호를 개발하는 데 성공, 그해 교토제국대학에서 공학박사 학위를 받았다. 해방 후 이태규·박철재 등과 함께 경성제국대학을 경성대학으로 재출범시키는 작업에 착수했으나 6·25전쟁 직후 월북했다. 1952년 북한 과학원 화학연구소 소장, 1961년 북한의 비날론 생산을 주도했고, 1967년 영변 원자력연구소 초대 소장, 1980년 과학원 함흥분원 원장 등을 역임했다. 「비날론 섬유의 연구와 그 공업화」 등 수 편의 논문과 자서전『어느 조선 과학자의 수기』(1962) 등이 있다.

44 1905~1978. 본명 안정훈. 필립 안(philip ahn, 安必立) 1905년 3월 29일 캘리포니아주 로스앤젤레스 근교 리버사이드에서 도산 안창호 선생의 장남으로 출생. 캘리포니아대학 졸업. 1935년 영화 'Scream in the Night'에 출연, Wu Ting이라는 중국인 역할을 맡아 영화에 데뷔. 이후 미국 영화계에서 동양인 역할 전문 배우로 활약. 1972년에 출연했던 쿵후라는 TV 시리즈물은 1975년까지 계속되었고 국내에서도 소개되었다. 위에 소개된 「장군, 여명에 지다」의 원제는 「The General Died at Dawn(1936년)」, 「중국마을의 왕자」는 「King of Chinatown(1939년)」.

45 배우. 치바(千葉)현 출신. 1910년 도미. 시카고대학 졸업. 헐리우드에서 「타이푼」, 「불바다」(1914) 등에 출연.

46 1909~1988. 일본의 여배우. 성악가. 유럽에서 'MICHI'로 유명했음. 도쿄 출생. 부친은 화가 田中賴璋. 도쿄음악학교 졸업. 1930년 오스트리아 빈 국립음악대학 성악과 수학. 1935년 '사랑은 끝나지않는다'(독일어) 주연. 1988. 뮌헨에서 사망.

47 1884~1954. 배우. 센다이(仙台) 출신. 와세다대학 문학과 중퇴. 1919년 도미하여 헐리우드에서「바그다드의 도적」등에 출연. 성격배우로 알려졌다.

48 서울 출생. 1922년경 독일로 건너가 베를린 국립 미술종합학교 수학(1925~1930). 1940년 귀국까지 독일, 프랑스에서 수차례 개인전을 열었다. 1934년 프라하 국제 목판화전에서 〈초상화〉로 입상. 1949년 제1회 국전 서양화부 추천 작가 및 심사위원, 홍익대 교수 역임. 1950년 사회주의자인 아내를 따라 월북하여 평양미술학교 창설을 주도, 1978년 북한에서 숙청되었다.

49 '스즈다케'라고 한다. 대나무의 일종. '미스즈 가루 시나노(みすず刈る信濃)'라는 형태로 시나노지방을 가르키는 수식어로 일반화된 말이다. 기원은『만요슈(萬葉集)』의 미코모 가루(みこもかる, 水薦刈·三薦刈)를 오독하면서 널리 알려진 말이다.

50 1900~1964. 시인. 오사카(大阪) 출생. 도쿄제국대학 졸업. 『시와 시론』, 『사계』의 동인이다. 상징적이며 서정적인 격조를 중시했다.

51 대나무의 일종. 곰이 먹어서 웅세라는 이름이 붙었다. 별명은 뿌리가 굽은 대나무. 사람의 키보다 높은 조릿대나무로 홋카이도에서 주로 자생한다.

52 1892~1962. 돗토리(鳥取) 출신. 도쿄제국대학 법학부 졸업. 10년간 샐러리맨 생활을 하다가 37세에 잡지『신청년』을 통해 소설「파란 버스의 여자(靑バスの女)」로 등단. 유모어 작가로 알려져 있다.

53 나무판에 붙인 어묵.

54 평직으로 짠 견직물.

55 문양이 들어간 견직물. 문양을 넣은 다음 다시 정련하여 부드럽고 매끄럽다.

56 일본옷 위에 입는 두루마기와 같은 짧은 겉옷.

57 화살 무늬.

58 표면이 오글오글한 견직물.

59 일할 때 입는 좁은 소매 옷.

60 1908~1984. 규슈 출신. 극작가. 본명은 다카사키 히데오(高制英雄). 고쿠가쿠인(國學院)대학 졸업. 〈신주쿠 무랑루즈〉의 전속작가로 활동. 1945년 이후 하루베(春部)로 개명하고 방송작가, 시나리오작가로 활약.

61 1문=3.75g, 100문=375g

62 1907~1960. 본문의 足은 葦의 오기. 본명은 다마이 가쓰노리(玉井勝則). 후쿠오카(福岡)현 와카마쓰(若松) 출신. 와세다대학 영문과 중퇴. 1938년 출정 중에『분뇨담(糞尿譚)』으로 전쟁터인 항주(杭州)에서 제6회 아쿠다가와(芥川賞)상을 수상했다. 이어서 서주(徐州)에 종군하면서『보리와 병정(麦と兵隊)』을 써서 기고하여『改造』8월호에 실려 큰 반향을 일으켰다. 이어서『흙과 병정(土と兵隊)』을『문예춘추』11월호에,『꽃과 병정(花と兵隊)』을『아사히신문(朝日新聞)』(1938.12.19~1939.6.24)에 연재하여 단기간에 문단, 매스컴, 군부로부터 주목받았다. 1960년 자택에서 자살.

63 모야시는 한국어로 콩나물과 숙주가 모두 해당된다. 여기에서는 콩나물(숙주)무침에 대한 설명이나 제목에는 가지무침으로 되어 있어서 원본 오자나 원문을 살리기 위해 그대로 번역했다.

64 특히 중국 평야에 많은 배수, 관개를 위한 작은 운하, 수로

65 가래나무가 글자를 새기는 판목으로 사용된 데서 나왔으며 책을 출판하는 일을 말함.

66 1894~1948. 소설가, 언론인. 호는 몽몽(夢夢)·순성(舜星). 와세다(早稻田)대학 영문과 중퇴, 1916년 다시 도쿄외국어학교 러시아문학과에 입학했다. 1915년 5월 일본 유학생 잡지인『학지광』의 학예부장,『부르지즘』이라는 소설 발표. 1918년 일본 아사히신문(朝日新聞) 서울지국에 입사한 후 조선인으로서는 처음으로 조선총독부 출입기자가 되었다. 1921년 주간지『동명』주간을 거쳐『시대일보』편집국장을 지냈다. 1936년 만주국 국무원 참사관으로 선출되었으며 8·15해방 후 한국무역진흥회사 부회장 등 역임.

67 1907~1949. 소설가, 러시아어 번역문학가, 신극운동가. 호는 일보(一步). 중앙고등보통학교를 졸업하고 니혼대학 경제과를 거처 도쿄외국어학교 러시아어과로 옮겨 졸업했으며, 재학중 김진섭·손우성 등과 해외문학연구회를 조직하고『해외문학』,『문예월간』등에 글을 발표했다. 1931년 극예술연구회 창립동인으로 참여. 평론으로는『10월혁명 이후 소베트 문학』등이 있고 소설로는 1934년『폭풍전야』, 그 외『첫사랑』,『순정해협』,『무풍지대』등의 애정소설이 있다.

68 1901~? 함경북도 출생. 1921년 일본 도요(東洋)대학 영문과 진학, 1923년 관동대지진으로 중도 귀국했다. 그 후 함경북도 나남에 있는『북선일일보』와『동아일보』,『조선일보』기자로 일했다. 1929년 종합잡지『삼천리』를 펴냈다. 1937년 이후부터 점차 황국신민화운동을 벌이는 등 친일적인 글을 실었다. 해방 후 반민족행위특별조사위원회(반민특위)에 회부되었다가 6·25전쟁 때 납북되었다. 시『국경의 밤』이 유명하다.

69 1902~1999. 경남 의령 출생. 호는 한뫼. 교육자, 철학자. 1924년 중국 상해동제대학(上海同濟大學) 예과를 거쳐 1929년 독일 예나대학교를 졸업하고, 동 대학에서 철학박사 학위를 받았다. 1933~45년 8·15해방 전까지 보성전문학교 교수, 1945년 8·15해방과 함께 서울대학교 문리과대학 교수, 주요 저서로는『철학개론』,『논리학』,『민주적 민족론』,『헤겔의 판단론』(독일어),『배달동이겨레는 동아문화의개척자』(국영합본),『겨레역사 6천년』등 다수 있다.

70 1926년 문학잡지『문예시대』발행인 겸 편집인, 1945년 6월 언론출판계 중진들이 결성한 친일단체인 조선언론보국회의 사무국장 역임. 1945년 10월 자유신문 발간에 관여. 6.25때 납북.

71 1906~?. 응용화학자. 경성고등공업학교(지금의 서울공과대학)를 졸업했고, 특히 수학과 화학에 능했다. 1926년 일본 규슈(九州)제국대학 응용화학과에 진학했다. 1929년『유지(油脂)의 암모니아 감화』라는 논문을 내고 졸업. 1933년 중앙시험소 소장, 1953년 상공부장관 역임.

72 1905~1983. 경기 개풍 출신. 교육자, 사학자. 호는 하성(霞城). 1929년 일본 와세다대학(早稻田大學) 사학과를 졸업한 후 조선일보사 정치부장·편집국장을 지냈으며, 1932년 고려시보사(高麗時報) 주간. 1934년 한성도서주식회사 상무이사, 1937년 만주 만몽산업 주식회사 상무이사, 전무이사 역임. 해방 후 만주에서 귀국하여 조선청년동맹 위원장, 조선청년당 최고위원, 1947년 서울대학교 문리과대학 정치학과 교수와 학생처장을 지냈다. 1957년 성균관대학교 총장 역임. 저서로『조선최근세사』(1931),『화랑도연구』(1949),『한국독립운동사』(1956),『한국사 최근세편·현대편』(1961, 1963),『민족의 섬광』(1968),『대한국사』(1973),『국난극복사』(1976) 등이 있다.

73 1891~?. 일제시기 대표적 친일파. 학교를 다니지 못했으며 한말에 일본으로 건너가 점원·갱부·노무자 등 하층생활을 함. 1920년 이기동(李起東)과 함께 일본 당국의 후원을 얻어 조선인의 노동운동 억압 및 사상통제를 목적으로 상애회(相愛會)를 조직하고 회장이 되었다. 1932년 도쿄 제4구에서 중의원(衆議院)으로 당선된 뒤 여러 차례 재선되었다. 1934년 3월 일제의 대동아건설 지원을 목적으로 한 조선인대아세아협회 상담역, 그 뒤 일제의 침략전쟁 찬양, 학병권유, 전시협력 강요 등의 연설을 했다. 8·15해방 이후에는 일본에 거주.

74 헌 데나 다친 곳에 연쇄상구균이 들어가 생기는 급성 전염병.

75 성병의 일종으로 외성기에 반점이 생기는 증상으로 시작된다.

76 1868~1956. 다이쇼·쇼와의 육군 군인. 오카야마(岡山) 출신. 1913년 육군보병학교장, 제4대 조선총독, 1938년 외무대신 등 역임.

77 1883~1956. 히로시마 출신. 1922~1924 조선총독부 경무국장, 1926년 도쿄 시장, 1929년 경시총감, 이후 미야기(宮城)현 지사 역임.

78 스테플 화이버(staple fiber). 스프 섬유. 비스코스 레이온 섬유로 절단하여 면방타입과 모방타입으로 가공한다. 일본에서는 1932년에 시험생산한 뒤 1934년에 1.1톤 생산한 데 이어 양모대용섬유로 각광을 받았다.

79 1882~1944. 언어학자. 조선총독부 학무관료에서 경성제국대학교수, 동경제국대학 교수역임. 저서로『국어 및 조선어 발음 개설(國語及朝鮮語發音槪說)』(1920),『조선어학사(朝鮮語學史)』

(1923), 『조선어와 일본어(朝鮮語と日本語)』(1933), 『향가 및 이두 연구(鄕歌及び吏讀の硏究)』(1929).

80 일본서기(日本書紀) 킨메이(欽明) 천황 23년 7월 초에 쓰키노기시(調吉士)가 임나(任那)를 도와 신라에 출정했다가 신라군에게 포로가 되었으나 끝까지 저항하다가 죽음을 당했는데 역시 포로가 된 아내 오바코(大葉子)가 성 위에서 일본의 나니와(難波)를 향해서 수건을 흔들며 고향을 그리워했다는 이야기.

81 히노가와의 큰 구렁이 퇴치 이야기. 스사노오노미코토(須佐之男命)가 이즈모(出雲)국 히노가와 상류에 내려왔을 때 딸을 사이에 두고 비통해 하고 있는 노부부를 만난다. 사연인즉, 큰 구렁이(야마타노오로치)가 횡포를 부리고 있다는 것이었다. 스사노오노미코토는 구렁이를 퇴치하기 위해 즉시 독이 든 술을 만들어 구렁이가 마시게 하여 취해버린 틈에 검으로 퇴치하고 그로부터 천총운(天叢雲)의 검을 얻었다. 이어서 그 공주와 결혼하여 스가(須賀) 땅에 내려온 이야기.

82 1890~1949. 작곡가, 만돌린, 기타 연주가. 일본의 유명한 동요 「저녁 노을(夕燒)」의 작곡자. 그의 음악은 섬세, 우아하며 일본 전통적인 '와비'와 '사비'가 드러나 있다고 평가된다.

83 포르투갈어 charamela에서 파생되었는데 오보에 같은 목관 악기로 일본에는 16세기 경 들어왔다. 그러나 일본에서 현재 사용되는 '차르메라'라는 이름의 악기는 포르투갈어이지만 악기 모양은 당인적(唐人笛)이라고도하여 중국 전래이다. 포장마차 형태로 중국 국수를 파는 행상이 부르고 다닌다.

84 임진왜란을 말한다.

85 1901~1975. 경제학자. 경성제국대학 교수, 해방 후 도쿄대학 교수. 저서에 『조선경제의 신구상(朝鮮經濟の新構想)』, 『신경제의 태동(新しい經濟の胎動)』(1948) 등이 있다.

86 중국현대문학자. 경성제대 교수.

87 1903~1975. 소설가. 마르크스주의 이론가에서 프롤레타리아작가가 되었으며 후에 전향하여 1930년대 '일본낭만파'에 공감했으며 1940년대 대동아전쟁 긍정론을 주장했다.

88 1903~1945. 소설가. 홋카이도대학 중퇴. 일본농민조합운동에 종사, 일본공산당 당원. 대표작은 장편소설 『생활의 탐구(生活の探求)』(1937).

89 1905~?. 대구 출생. 1932년 일본어 소설 「아귀도(餓鬼道)」가 일본어 잡지 『개조(改造)』에 당선, 일본 문단에 등단. 국내에서는 조선일보에 1934년에 「연풍(戀風)」을, 사해공론에 「계곡의 정열」(1936.6)을 발표. 도시 이면의 생활상을 다룬 「무지개」(1937)와 희곡, 논문이 있다. 1930년대 후반 친일문학활동. 해방 후 일본에서 활동.

90 1908~1964. 영문학자, 평론가. 1931년 경성제대 영문과 졸업. 조선일보에서 비평활동을 했으며 1940년대 국민문학론을 주장했다. 해방 후 동국대, 한양대 교수 역임.

91 1875~1957. 저널리스트, 문학가, 정치가. 와카야마(和歌山) 출신. 저서로 『사번차(四番茶)』(1927), 『엿가래(飴ん棒)』(1930), 『움직이는 일본(動く日本)』(1937), 『장래의 일본(來るべき日本)』(1941), 전쟁기의 경험을 담은 기록문학으로서 『종전기(終戰記)』(1948) 등이 있다.

92 담징(579~631)으로 추측되나, 원문에 후리가나로 담미라고 되어 있어서 원문을 살렸다.

93 외국에서 도래한 신.

94 헤이안시대(10세기)에 이미 관사(官社)로서 인정된 신사.

95 연호. 901년부터 914년까지.

96 현(縣)에서 봉헌예식을 올리는 신사.

97 1909~1957. 추리소설작가. 대표작으로『탐정소설가의 살인(探偵小說家の殺人)』(1935),『타원형의 거울(楕圓形の鏡)』(1936) 등이 있다.

98 1903~?. 전남 목포 출신. 수필가, 독문학자. 호는 청천(聽川). 1927년 호세대학(法政大學)독문과 졸업. 재학 시절인 1926년『동아일보』에 평론「독일 문호 토마스 만의 예술」을 발표. 유학 시절 '해외문학연구회'를 만들고, 1927년 1월 기관지〈해외문학〉을 창간했다. 귀국 후 1928년 경성제국대학 도서관 촉탁, 1931년 윤백남·홍해성·유치진 등과 '극예술연구회'를 조직하여 근대희곡을 번역, 공연. 1945년 경성방송국 근무, 서울대학교 중앙도서관장, 서울대학교·성균관대학교 교수 역임. 6·25전쟁 때 납북. 수필집「인생예찬」과「생활인의 철학」등이 있다.

99 1905~1983. 문학평론가. 호는 소천(宵泉)·이구(李求)·지산(芝山). 1931년 와세다대학(早稻田大學) 제1고등학원 문과대학에 입학, 문학부 불문과 졸업. 해외문학연구회의 멤버. 1931~39년 극예술연구회 연구책임자로 있었다. 일제 말기에는 붓을 꺾고 칩거, 8·15해방이 되자『민주일보』편집국장,『민중일보』부사장 겸 편집국장을 지냈다. 1970년까지 이화여자대학교 교수로 재직. 대표적 평론으로는「조선문학은 어디로」(동아일보, 1934. 1. 1~12),「행동정신의 탐조」(조선일보, 1935. 4. 12~19) 등이 있다. 평론집으로「문화와 자유」(1952),「모색의 도전」(1965)이 있다.

100 허리를 조이지 않는 원피스형 여성 하복. 다이쇼 말기경 와후쿠에서 양복으로 이행하는 초기에 유행했다. 명칭은 바람이 불면 순간적으로 치마가 날리는 모양을 형용한 데서 유래되었다.

101 사물의 기원. 중국의 양자강 같은 큰 하천도 수원을 거슬러 올라가면 술잔을 띄울 정도의 작은 개울이라는 뜻.

102 원래는 오하아몽(吳下阿蒙). 옛날 그대로의 오나라 여몽(呂蒙)이라는 말. 학문이 진보하지 않는 사람. 삼국시대, 오나라 여몽이 주군인 손권으로부터 독서를 권유받아 학문에 정진하였는데 나중에 노숙(魯肅)을 만났을 때 노숙이 여몽의 학문의 진보에 감탄하여 "자네는 더 이상 오하의 아몽이 아니다"라고 한 고사.

103 1897~1973. 소설가 본명 야지리 기요히코(野尻淸彦). 요코하마시 출생, 도쿄제국대학 졸업. 구라마덴구(鞍馬天狗) 시리즈,『아카호의 무사(赤穗士)』, 현대소설『귀향』, 역사소설『파리, 불타다』등을 쓴 자유롭고 균형감각이 빼어난 작가이다.

104 나라시대 전반(710~794)을 가리킨다.

105 오사카 지방에서는 갈대를 '아시'라고 하고 이세 지방에서는 '하마오기'라고 한다. 즉, 같은 물건의 이름도 지방에 따라 다르다는 뜻.

106 1905~?. 유머어 소설가. 도쿄 출생. 도쿄외국어학교 불어과 졸업. 연예관계나 에도시대의 풍속에 조예가 깊다. 저서로『잡학의 권유(雜學のすすめ)』(1967) 등이 있다.

107 일본의 국기 스모의 최상의 지위를 가리키는 말로, 우리의 씨름으로 말하자면 천하장사급에 해당한다.

108 일본의 만화가. '신만화파집단(新漫畵派集團)'을 결성. 1947년 급성간염으로 향년 38세의 나이에 세상을 떠남.

109 올림머리로 일본의 부인 머리형의 하나이다.

110 트레머리로 일본에서 특히 메이지시대 이후에 유행한 머리를 말한다.

111 일본의 사범학교는 1907년부터 본과1부, 본과2부가 설치되었고 1925년에 전공과가 설치되었다. 본과1부는 1925년 이후 고등소학교 졸업 후 5년제였으며 본과2부는 중학교 및 5년제 고등여학교 졸업생은 1년제, 4년제 고등여학교 졸업생은 2년제였다. 전공과는 본과 졸업생을 대상으로 1년 과정이었다. 본과2부는 중학교 졸업자에게 평범한 진학이었다.

112 17세기경에 도요토미 히데요시(豊臣秀吉)를 보좌하며 활약했던 장수이다. 히데요시 사후에 세키가하라 전투에서 패하여 처형당했다.

113 1912~1948. 『이상한 나라의 풋차(ふしぎな國のブッチャー)』 등으로 인기를 모은 작가였으나 그후편「모험아 풋차(冒険児ブッチャー)」 연재 중에 병으로 사망. 데쓰카 오사무(手塚治虫)는 『이상한 나라의 풋차』에 자극을 받아 『메트로폴리스』(1945) 등을 썼다고 한다.

114 일본옷의 겉에 입는 하의. 허리에서 발목까지 덮으며, 넉넉하게 주름이 잡혀 있다. 바지처럼 가랑이진 것이 보통이나 스커트 모양의 것도 있음.

115 하카마와 같은 모양의 바지인데 발목 부분이 좁혀져 있어 노동을 할 때 입는 의복이다. 주로 농촌 여성들이 착용한다.

116 전 철도성, 운수성 직할하에 있던 철도선.

117 신경(新京)과 도문(圖們)을 연결하는 철도 노선.

118 국가에서 왕실의 궁궐 재건 또는 전선용 재목으로 쓸 소나무의 채벌을 금지하기 위해 일정 구역을 통제한 산.

119 나라에서 나무를 베지 못하도록 금지한 산.

120 땅 넓이의 단위이다. 정(町: 1정은 약 109미터)으로 끝나고 우수리가 없을 때 쓴다. 1정보(町步)는 3,000평으로 약 9,917.4㎡에 해당한다.

121 원문에는 척제(尺締). 목재 부피의 단위. 약 0.33세제곱미터.

122 (일본 건축에서) 기둥과 기둥 사이에 수평으로, 또 안쪽으로 댄 나무. 원래는 구조재(構造材)였으나 차차 장식재(裝飾材)로 바뀌었음.

123 (장지·맹장지 등을 끼우기 위한) 윗미닫이틀.

124 메이지 중기에 야마구치현(山口懸)의 한 농부에 의해 육성된 쌀의 품종명이다. 이후 야마구치의 우수한 쌀로 메이지 말에서 쇼와 초기에 걸쳐 서일본 일대와 조선반도에서 재배되었으며 쇼와 천황 즉위 시에는 헌곡미(獻穀米)가 되기도 했던 유서 깊은 품종이었지만 벼 이삭이 키가 크고 재배하는데 손이 많이 가서 2차 대전 후로는 점차 재배하지 않게 되어 전설 속의 쌀이 되었다.

125 일본신화에서 이즈모 계통의 조상신으로 전해지는 신이다. 『니혼쇼키(日本書紀)』에 의하면 난폭한 성격으로 인해 추방당하는데 금, 은, 목재 등을 가지고 신라로 건너가 나무심기 등을 전했다고 한다. 또 「이즈모후도키(出雲風土記)」에서는 온화한 농경신으로 전해진다.

126 『고지키(古事記)』,『니혼쇼키』에 보이는 전설상의 인물. 일본에서는 고대에 신라를 정벌한 인물로 알려져 있다.

127 호 행인(杏仁). 서울 출생. 휘문고등보통학교 재학 중에 고희동(高羲東)을 알게 되어 그로부

터 그림 지도를 받았다. 그 후 일본의 가와바타미술학교에서 그림공부를 하고 돌아와 조선미술전람회 서양화부에 제4회부터 응모하여 연 4회나 특선의 영예를 누렸다. 그러나 1928년 매일신보 학예부 기자로 입사한 뒤부터는 삽화에 전념하고, 특히 1935년 박종화(朴鍾和)의 역사소설『금삼(錦衫)의 피』의 삽화를 그리면서부터 작가와 연계를 가지면서『임진왜란』(1954~1957),『세종대왕』(1969~1975) 등 많은 연재소설에 삽화를 그렸다. 만년에는 삽화가협회 회장직을 맡기도 하였다.

128 호 악이(岳伊). 1911년 전라남도 순천에서 출생. 경성제국대학 영문과를 졸업한 뒤 성신여고·배화여고 등에서 교사로 재직. 8·15광복 후 고려대학교 교수로 재직하던 중 6·25전쟁 때 납북되었다. 주요 작품으로는『견우』,『겨울의 노래』,『자화상(自畵像)』,『석굴암』등의 시와 단편소설『까마귀』,『금혼식』,『침전한 미소』가 있다. 이 밖에 번역시집『현대영시선(現代英詩選)』(1939)을 비롯하여『팔도풍물시집』(1938),『후조(候鳥)』(1939),『전선시집(戰線詩集)』(1939),『필부(匹夫)의 노래』(1948) 등이 있다.

129 특히 짐꾼·광부·인력거꾼 등을 가리켜서 외국인이 부르던 호칭이다. 인간노동력으로서 매매되는 점에서는 노예와 같다.

130 당나라 시인 왕한(王翰)의 시.

131 중국 순(舜)임금이 지었다는 남풍가(南風歌)의 일절.

132 1886~1962. 아키타(秋田) 출신. 본명은 忠純. 1911년 제국극장 가극부 제1기 연구생. 1914년 도쿄오페라좌 결성. 1922~1925년에 유럽에 창작무용공연 여행을 하였다. 대표작은 '산을 오르다', '인간석가' 등이 있다. 일본 창작무용의 선각자.

133 명(明), 청(淸) 때 현악기(絃樂器)의 하나. 울림통은 야자나무의 열매를 박처럼 파서 만들고, 위는 뱀 껍질이나 오동나무판으로 메우고, 한 옆에 대를 세우고 두 줄을 맴. 온 길이 60cm 가량, 끝을 무릎 사이에 끼고 말총으로 맨 활로 켜서 소리를 냄.

134 1902~1979. 소설가, 평론가, 시인. 원문 표기에 의해 나카노 주지라고 하였지만, 일반적으로는 나카노 시게하루로 통한다. 도쿄제국대학 졸업. 1927년「프롤레타리아예술」을 창간. 2차 대전 이후에는 신일본문학회 창립에 참가. 1947년부터 3년간 일본공산당의 참의원의원. 전 작품을 통해 천황제와의 각투를 벌인 문학자이다.

135 일제 강점기 기생들이 기적(妓籍)을 두었던 조합.

136 원문에 이도화로 되어 있음.

137 1883~1962. 사회주의자로 극작, 소설 등 폭넓게 활약한 작가인데 특히 동화에 독보적인 위치를 차지하고 있다.

138 1874~1944. 에도 말기의 화풍을 계승한 보수파 작가의 한 사람으로, 온화하고 유려한 산수화조에 능했다.

139 1898~1972. 제2차 세계대전 전까지 직립부동의 자세로 노래를 하던 시대의 대표적인 일본 가수.

140 1908~1958. 영화평론가. 본명은 마쓰모토 에이치(松本英一).

141 1904~1998. 본명은 사타 이네(佐多イネ). 소설가. 나가사키(長崎) 출생. 프롤레타리아 문학운동가. 구보가와 이네코라는 필명으로 작품활동을 했으며 출세작「캐러멜 공장」(1930년) 등이 있다.

142 1907~1988. 사회학자, 평론가. 1960년 안보투쟁기에는 소위 「평화운동」에 활약한 진보적 문화인이었으나 그 후 전향하여 핵무장을 주장하기에 이르렀다.

143 1904~1985. 결혼 전의 성은 시노다(篠田). 평양고등여학교(平壤高女)를 거쳐 야마와키고등여학교(山脇高女専攻科)를 졸업. 남편의 전근으로 다이쇼 13년(1924)부터 쇼와 6년(1931)까지 조선에 살았다.

144 1885~1952. 출판업자, 정치가, 야마토신문 기자. 1915년에 東京毎日新聞社를 설립. 1919년에는 改造社를 일으켜 잡지『가이조(改造)』를 창간하였다.

145 1884~1980. 일본 최초의 본격적인 칸트철학 연구자. 문학박사, 문부대신을 역임하였다.

146 1894~1955. 사회운동가. 사회민중당 서기장 등을 역임하였지만 국가사회주의로 전향하여 1932년 일본국가사회당을 조직하였다.

147 1885~1973. 쇼와기의 정치가, 저술가.

148 1905~1969. 시인, 소설가, 평론가. 본명은 히토시(整). 시에서 소설로 전향하여 쇼와 초기에 「신심리주의(新心理主義)」를 주창하였으며 2차 대전 후에는 창작과 문학이론의 통일을 목표로 활약하였다.

149 1903~1984. 소설가, 평론가. 도쿄제국대학 재학 당시부터 연극활동에 참가하는 한편 「文藝首都」, 「作品」, 「行動」, 「文學界」등의 동인이 되어 평론, 수필을 썼으며, 앙드레 지드의 작품을 번역하기도 했다. 1950년에는 「천황의 모자(天皇の帽子)」로 나오키(直木)상을 수상하였다.

150 1903~1973. 소설가, 영문학자. 주지적 문학론을 주창하여 2차 대전 중의 지식인의 심상을 휴머니즘의 입장에서 그려냈다.

151 1865~1949. 정치가. 와세다대학 교수, 사회주의연구회, 사회민중당, 사회대중당 등을 결성. 기독교 사회주의의 입장에서 무산정당 우파의 지도자로서 활약하였다. 또한 학생야구 보급에도 공헌하였다.

152 1888~1943. 도예평론가, 오사카매일신문 기자, 동경일일신문 사회부장, 일본방송협회사업국차장을 역임하였다. 잡지『도기(茶わん)』를 주재, 발행하였다. 보운사(寶雲舍)를 창설하여『도기대사전』,『도기전집』등 도예 관련 도서를 중심으로 출판하였다.

153 1892~1977. 도쿄제국대학 재학 중에 쓴『물결(波)』로 소설가로서 인정을 받았다. 사회주의에 대한 관심도 많아 전일본무산자예술연맹의 초대 위원장을 역임하였다.

154 1902년 출생. 영화평론가. 도쿄제국대학 재학 중에 영화평론을 시작하여 일본의 영화평론을 개척한 사람 중 하나이다.

155 1904~1990. 대장성(大藏省)에 근무.『작가군(作家群)』을 주재. 농민문학간담회에 참가하여 2차 세계대전 후에는『농민문학(農民文學)』을 창간하였다. 한편 아동문학을 시도하기도 하였다.

156 1910~1982. 소설가. 코가와(香川)현 출신. 초·중학교를 조선에서 다녔다. 1935년 처녀작『간난이(カンナニ)』를『문학평론』에 발표. 프롤레타리아 문학운동에 참여했다.

157 1890~1961. 문예평론가. 니가타(新潟)현 출신. 니가타현립 다카다(高田)사범학교와 와세다대학 영문과 졸업. 1915년 요미우리신문사 입사. 사회주의 문예운동에 관여했다. 작품으로는 소설『어느 시대의 군상(或る時代の群像)』(1930),『아오노히데요시 선집(青野秀吉選集)』(1950) 등이 있다.

158 1886~1949. 소설가, 평론가. 홋카이도(北海道) 출신. 자연주의 문학을 지향했으나 1920~30년 대 대중잡지의 통속소설로 인기작가가 되었다.

159 1873~1957. 오사카전철의 창시자, 다카라즈카 가극단(寶塚歌劇)의 창시자. 아이디어 넘치는 사업가로 철도 경영을 비롯하여 다카라즈카 가극단과 도호(東寶)로 대표되는 대중오락을 창 조하였다. 일본 사회기반의 근대화에 관여한 많은 인물 중의 하나이다.

160 1889~1966. 메이지·다이쇼·쇼와를 거쳐 활약한 근대 일본을 대표하는 여성교육, 여성해방 운동의 지도자.

161 1889~1971. 오사카 출생. 영문과 졸업 후 신문기자 등을 거쳐 저작활동에 전념. 1933년 「문 예수도(文藝首都)」를 창간, 주재하여 많은 신인작가를 육성하였다.

162 1874~1946. 철학자. 도쿄 출생. 도쿄제대 철학과 졸업. 도쿄제대, 교토제대 교수 역임. 특히 문화주의 철학을 주장하여 다이쇼 데모크라시기의 대표적 철학사조가 되었다.

163 1888~1981. 평론가, 정치가. 쓰다주쿠 재학 시절부터 세토샤(靑鞜社)에 참가. 도쿄니치니치 신문 기자를 거쳐 문필, 평론으로 활약하였다. 1953년 사회당으로 중의원의원에 당선되었으 며 매춘방지법 성립 등에 힘썼다.

164 1904~1995. 아동문학자, 근대문학연구자이다.

165 본명 시창(時昌). 필명 구민(具岷). 평안남도 평양 출생. 도쿄대(東京大) 독문학과 졸업. 대학 재 학 중인 1936년 프롤레타리아 문학 동인지『제방(堤防)』을 발간하였고, 처녀작『토성랑(土城 廊)』을 발표했다. 1943년 배속되어 있던 일본군 보도반에서 탈출하여 팔로군(八路軍)의 조선 의용군에 종군기자로 참여했으며, 광복 후 평양에서 활동하다가 6·25전쟁 때 사망한 것으로 알려져 있다.

166 1889~1973. 서양화가. 일본미술원 서양화부 동인을 거쳐 춘양회(春陽會) 창립에 참가하였다. 산악화가로 알려져 있다. 저서로「산은 옥상에서(山は屋上から)」등이 있다.

167 번역은『조광』12(1936년 10월)에 실린 작품에 의거함.

168 호 가산(可山). 강원도 평창(平昌)에서 출생하였다. 경성제국대학 법문학부 영문과 졸업. 1928 년『조선지광(朝鮮之光)』에 단편『도시와 유령』발표.『돈(豚)』,『수탉』등 향토색이 짙은 작품을 발표하였다. 1934년 평양 숭실전문(崇實專門)학교 교수가 된 후『산』,『들』등 자연과의 교감 (交感)을 수필적인 필체로 유려하게 묘사한 작품들을 발표했고, 1936년에는 한국 단편문학의 전형적인 수작(秀作)이라고 할 수 있는『메밀꽃 필 무렵』을 발표하였다.

169 번역은『이태준전집』(제1권, 단편), 깊은샘, 1988년판에 따랐다.

170 번역은『이광수전집』(제6권), 삼중당, 1962년판에 따랐다.

개정판

잡지 《모던일본》 조선판 1939 완역

발행일 2020년 11월 13일

지은이 모던일본사
옮긴이 김희정 · 박미경 · 윤소영 · 홍선영
펴낸이 박영희
편집 박은지
디자인 최소영
마케팅 김유미
인쇄·제본 AP프린팅
펴낸곳 도서출판 어문학사
　　　　서울특별시 도봉구 해등로 357 나너울카운티 1층
　　　　대표전화: 02-998-0094/편집부1: 02-998-2267, 편집부2: 02-998-2269
　　　　홈페이지: www.amhbook.com
　　　　트위터: @with_amhbook
　　　　페이스북: www.facebook.com/amhbook
　　　　블로그: 네이버 http://blog.naver.com/amhbook
　　　　　　　다음 http://blog.daum.net/amhbook
　　　　e-mail: am@amhbook.com
　　　　등록: 2004년 7월 26일 제2009-2호

ISBN 978-89-6184-963-0 (03910)
정가 20,000원

이 도서의 국립중앙도서관 출판예정도서목록(CIP)은 서지정보유통지원시스템 홈페이지
(http://seoji.nl.go.kr)와 국가자료종합목록 구축시스템(http://kolis-net.nl.go.kr)에서 이
용하실 수 있습니다. (CIP제어번호 : CIP2020043571)

※잘못 만들어진 책은 교환해 드립니다.